教育公平研究译丛　丛书主编　袁振国　　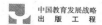

日趋加大的差距
世界各地的教育不平等

［美］保罗·阿特瓦尔（Paul Attewell）
［美］凯瑟琳·S·纽曼 (Katherine S.Newman) ◎主编

张　兵◎译

Growing Gaps
Educational Inequality around the World

华东师范大学出版社

教育公平研究译丛
编委会

主　编：袁振国
副主编：窦卫霖　张春柏
编　委：陈　舒　杜振东　胡　婧　黄忠敬
　　　　李宏鸿　彭呈军　彭正梅　汪幼枫
　　　　吴　波　张　兵　赵　刚　郅庭瑾

GROWING GAPS: EDUCATION INEQUALITY AROUND THE WORLD, FIRST EDITION
by Paul Attewell and Katherine S. Newman
Copyright © 2010 by Oxford University Press, Inc.
GROWING GAPS: EDUCATION INEQUALITY AROUND THE WORLD, FIRST EDITION was originally published in English in 2010. This translation is published by arrangement with Oxford University Press. East China Normal University Press Ltd. is solely responsible for this translation from the original work and Oxford University Press shall have no liability for any errors, omissions or inaccuracies or ambiguities in such translation or for any losses caused by reliance thereon.

上海市版权局著作权合同登记　图字:09-2017-672号

丛书序言

袁振国

教育公平是人类社会的共同追求,也是衡量一个国家文明水平的重要标志;教育公平涉及千家万户,影响个人的终身发展,是人民群众的重要关切;教育公平既与个人的利益、观念、背景有关,所以众说纷纭、莫衷一是,又取决于历史水平、文明程度,所以不断发展、渐成共识。

教育公平是一个需要不断努力无限接近的目标,在历史的进程中也许可以分为梯度推进的四个阶段:机会公平、条件公平、过程公平和结果公平。机会公平的本质是学校向每个人开门——有教无类;条件公平的本质是办好每一所学校——均衡发展;过程公平的本质是平等地对待每个学生——一视同仁;结果公平的本质是为每个学生提供适合的教育——因材施教。这四个阶段相互关联、相互促进、相辅相成。

机会公平:学校向每个人开门——有教无类

有教无类是 2500 年前孔夫子提出来的教育主张:不管什么人都可以受到教育,不因为贫富、贵贱、智愚、善恶等原因把一些人排除在教育对象之外。① 有教无类体现了深厚的人文情怀,颇有超越历史条件的先知先觉气概。有教无类的思想虽然早在 2500 年前就提出来了,但真正做到人人能上学却不是一件容易的事。30 多年前(1986年)我国才以法律的形式提出普及 9 年制义务教育,经过不懈努力,到 2008 年才真正实现了全国城乡免费 9 年制义务教育。

作为现代社会的普遍人权,教育公平体现了《世界人权宣言》(1948)的基本精神。《世界人权宣言》第二十六条第一款明确规定:"人人都有受教育的权利,教育应当免

---

① 也有一种说法,认为有教无类是有教则无类的简化,人原本是"有类"的,比如有的智有的愚,有的孝顺有的不肖,但通过教育可以消除这些差别——即便是按照这种说法,也还是强调教育的公平价值。

费,至少在初级和基本阶段应如此。初级教育应属义务性质。技术和职业教育应普遍设立。高等教育应根据成绩而对一切人平等开放。"《中华人民共和国教育法》规定:"公民不分民族、种族、性别、职业、财产状况、宗教信仰等,依法享有平等的受教育机会。"但要做到这一点,需要艰苦的努力和斗争。

拦在有教无类征途上的第一道门槛是身份歧视。所谓身份歧视,就是将人分为高低贵贱的不同身份,赋予不同权利,剥夺多数人受教育的基本权利。古代印度有种姓制度,根据某种宗教体系,把人分成婆罗门、刹帝利、吠舍、首陀罗四个等级,权利和自由等级森严,在四个等级之外还有不入等的达利特,又称贱民,不能受教育、不可穿鞋,也几乎没有社会地位,只被允许从事非常卑贱的工作,例如清洁秽物或丧葬。根据人口普查数据,印度目前有1.67亿达利特人,其文盲率竟高达60%。等级制在中国早已被废除,但身份歧视的阴影并没有完全消失。20世纪的五六十年代,"地富反坏右分子"的子女被排除在大学录取对象之外,可以说是身份歧视在现代社会的反映。

拦在有教无类征途上的第二道门槛是智力歧视。所谓智力歧视,就是主张按"智力"赋予权利和资源,而智力被认为是遗传的结果,能人、名人的大脑里携带着聪明的基因,注定要成为卓越人士。英国遗传决定论者高尔顿认为,伟人或天才出自名门世家,在有些家庭里出名人的概率是很高的。高尔顿汇集的材料"证明",在每一个例证中这些人物不仅继承了天才,像他们一些先辈人物所表现的那样,而且他们还继承了先辈才华的特定形态。这种理论迎合了资产阶级的政治需要,成为能人治国、效率分配资源的根据。根据这种理论,有色人种、穷人、底层人士被认为是因为祖先的遗传基因不好,先天愚笨,所以活该不值得受到好的教育。当然这种理论早已被历史唾弃了。

条件公平:办好每一所学校——均衡发展

能不能上学是前提,是教育公平的起点,进不了学校的大门,什么机会、福利都无从谈起。但有学上与上什么学差别很大,同样是9年义务教育,在不同地方、不同学校可能有着完全不同的办学水平。为了加快工业化的进程,在很长时间里我们采取的是农业支持工业、农村支持城市的发展战略,实行的是"双轨制",维持的是"剪刀差",城市和农村的教育政策也是双轨的,不同的教育经费标准,不同的教师工资标准,不同的师生比标准,等等;与此同时,为了集中资源培养一批优秀人才,形成了重点学校或重点班制度,在同一座城市,在同一个街区,不同的学校可能有很大差别。

2002年中国共产党第十六次全国代表大会首次把公平正义作为政治工作的重大主题,把促进公平正义作为政治工作的出发点和归属,教育公平被列为教育最核心的词汇。2004年十六届四中全会提出了"工业反哺农业、城市支持农村"的时代要求。2007年,时任中共中央总书记胡锦涛在庆祝教师节的讲话中第一次提出了"把促进教育公平作为国家基本教育政策"的要求,2010年《国家中长期教育改革和发展规划纲要(2010-2020年)》对此做了具体的政策阐释和工作部署,指出:教育公平的基本要求是保障每个公民依法享有公平接受教育的权利;促进教育公平的关键是机会公平,重点是义务教育的均衡发展和帮扶困难人群,主要措施是合理配置公共教育资源(在区域之间向西部倾斜,在城乡之间向农村倾斜,在学校之间向薄弱学校倾斜,在人群之间向困难人群倾斜)。2012年党的十八大继续把促进教育公平作为教育工作的基本方针。"十二五"期间采取了一揽子的计划和措施,促进中国的教育公平水平迈出了重大步伐。我和很多外国朋友进行过交流,他们都充分认可中国在促进教育公平方面的巨大努力和明显进展。

过程公平:平等地对待每个学生——一视同仁

在不同的学校受到的教育不同,在同一校园内甚至坐在同一个教室里也未必能受到同样的教育。这是更深层次的教育公平问题。从政府责任的角度说,促进教育公平的主要措施是合理配置公共教育资源,缩小城乡、区域、学校之间的差距,创造条件公平的环境。但是,对每个具体的学生来说,学校内、班级内的不公平对个体发展的影响更大、更直接,后果更严重。

关注一部分学生,忽视一部分学生,甚至只关注少部分学生,忽视大部分学生的现象并不在少数。只关注成绩优秀的的学生,而忽视成绩后进的学生,有人称为"厚待前10名现象"。同在一个学校里,同在一个课堂上,不同学生的学习机会和发展机会大相径庭。由于升学竞争的压力,由于人性自身的弱点,聪明伶俐的、长得漂亮的、家庭背景好的学生很容易受到更多关注,被寄予更大期望,相反,那些不那么"讨喜"的学生就经常会受到冷遇甚至嘲讽。早在20世纪80年代我就做过关于农村学生辍学的调查，发现辍学的学生 80％以上并不是因为经济原因，而是因为在班上经常受到忽视、批评甚至嘲讽。上学对他们来说没有丝毫的乐趣，而是经受煎熬，因此他们宁可逃离学校。针对期望效应的心理学研究表明，被寄予更高期望的学生会得到更多雨露阳光，性格会更加活泼可爱，学习成绩也会明显比其他同学提高得更快。优秀的学生、讨喜的学生通常会得到更多的教育资源，比如会得到更多的提问，会得到更多的鼓励，作业会得到更认真的批改，做错了事也会得到更多的原谅。有时候，课堂上的不公平可能比硬件实施上的不公平更严重，对学生成长的影响也更大。怎么把保障每个公民平等接受教育的权利这样一个现代教育的基本理念落到实处，怎样确保平等对待每个学生，保障每个学生得到平等的学习机会和发展机会，是过程公平的问题，需要更细心的维护，需要教育观念和教师素质的更大进步。

结果公平：为每个学生提供适合的教育——因材施教

说到结果公平，首先不得不申明的是，结果公平并不是让所有的人得到同样的成绩，获得同样的结果，这是不可能的，也是不应该的，事实上也从来没有一种公平理论提出过这样的主张，但是这种误解确实有一定的普遍性，所以不得不画蛇添足予以申明。教育公平并不是大家一样，更不是把高水平拉到低水平。所谓教育结果公平是指为每个人提供适合的教育，即因材施教，使每个人尽可能得到最好的发展，使不同家庭背景的学生受到同样的教育，缩小社会差距的影响，阻断贫困的代际传递。正因为如此，教育公平被称为社会公平的平衡器。

"最好"的发展其实也是一个相对的概念，随着社会文明水平和教育能力的提高，"最好"又会变得更好。这里的因材施教也已经不是局限于教育教学层面的概念，而是具有了更为广阔的社会含义。首先，社会发展到较高水平，社会形成了比较健全的人才观和就业观，形成了只有分工不同、没有贵贱之分的社会文化，人人都能有尊严地生活；其次，心理学的研究对人的身心发展规律有了更深刻的认识，对人的身心特点和个性特征可以有更为深刻和准确的认识，人的个性特点成为人的亮点，能够受到充分的尊重；第三，教育制度、教学制度、课程设计更加人性化，教师的教育教学水平得到很大的提高，信息化为个性化教育提供了极大的便利，社会各界都能自觉地围绕以人为本、以学生的发展为中心，给予更好的配合和支持；第四，教育的评价对促进学生的个性发展起到诊断、激励的作用,每个人的不可替代性能得到充分的展现,单一的评价标准、统一的选拔制度、恶性的竞争态势、僵化的课程和教学制度,自不待说大班额等得到根本性的扭转。

因材施教是为相同的人提供相同的教育,为不同的人提供不同的教育,就是在人人平等享有公共资源的前提下,为个性发展提供更好的条件。但区别对待不是等差对待,现在有些学校也在积极探索课程选修制、弹性教学制,试图增强学生的选择性,促进学生有特色地发展,这当然是值得鼓励的,但是有一种潜在的倾向值得注意,就是在分类、分层教学的时候,要防止和反对将优质资源、优秀教师集中在主课和高程度的教学班级,非主课和低程度的班级则安排相对较差的资源和较弱的师资,把分类、分层教学变成了差别教学。

机会公平、条件公平、过程公平、结果公平并不是简单的高低先后的线性关系,而是相互包含、相互影响、相辅相成的。目前机会公平在我国已经得到了相对充分的保障,也可以说有学上的问题已经基本解决,但部分进城务工人员子女、特殊儿童、家庭经济困难学生,地处边远、自然环境恶劣地区的孩子还未能平等地享有义务教育;随着大规模的学校危房和薄弱学校的改造,办学条件的标准化建设,我国的办学条件得到了大跨度的改善,但师资差距在城乡、区域、学校之间并没有得到有效缩小,在某些方面还有拉大的危险;过程公平正在受到越来越高的关注,但远远没有得到应有的重视;结果公平无疑是教育公平向纵深发展的新指向、价值引导的新路标。

在这个时候我们组织翻译《教育公平研究译丛》,就是为了进一步拓展国际视野,借鉴历史成果,也为更好地总结和提炼我们促进教育公平的理论和实践经验,促进世界不断向更高质量更加公平的教育迈进。译丛一共10册,其中既有专注的理论探讨,也有国际案例的比较研究,既有国家政策的大型调查,也有学校层面的微型访谈,在研究方法上也是多种多样,对我们深化教育公平研究无疑会有多方面的启示。这10册译著的内容摘要如下。

《教育公平:范例与经验》:本书探讨几个紧迫的问题:各国内部和国家之间差距有多大?是否有有效和负担得起的方式可以缩短这些差距?本书的作者是世界各地重要的教育创新者,他们报告了一系列独特的全球案例研究,重点了解世界各地哪些教育项目在解决不公平问题和改善教育成果方面特别有效。

《教育公平:基于学生视角的国际比较研究》:本书记录了学生在学校内外的

正义经历,并将这些经历与他们个人正义感的发展和对公平的判断标准联系起来。本书特别关注的一点是向读者呈现那些潜在弱势学生群体的看法和经历。这一小学生群体包括有学习困难或行为问题的学生,明显较不适合"学术轨道"的新移民学生,以及母语为非主流语言或是来自社会经济贫困阶层的学生。

《生活的交融:亚洲移民身份认同》:本书阐明了新的理论观点、提供新的实证依据,以了解亚洲一些国家和地区的某些移民群体在生活中如何以及为什么把文化、社会、政治和经济的特征与不同地区和聚居地的根本特点相结合。本书编著者共同推动了交叉性分析新方法的产生。交叉性分析考察大量的因素,如种族、性别、社会阶层、地理位置、技能、文化、网络位置和年龄是如何相互影响,从而进一步危害或改善人们获得所需资源的途径。

《教育、公正与人之善:教育系统中的教育公平与教育平等》:本书把对教育公正的思考与对人之善和教育目的的思考结合起来,揭示出:仅对某些分配模式作出评估还远远不够;还必须澄清分配物的价值。从这种意义上来说,对教育价值的深入思考也是解释教育公正的一部分。

《幻想公平》:本书作者探讨了平等和教育问题,特别是平等和质量之间的冲突,之后他转而探讨了诸如社会阶层之类的社会因素与教育公平之间的关系。同时,他还讨论了知识社会学的新支持者们的观点,这些人声称不平等的原因在于我们组织知识以及将知识合法化的传统方式。最后,他将注意力转向文化问题以及建立一个共同课程的愿望。在书的最后,作者犹犹豫豫地声明自己是个非平等主义者——并非因为他强烈反对平等,而是因为他热烈地相信质量之于教育的重要性。他无法理解在当前对平等主义政策趋之若鹜的情况下,教育的质量如何能够得到保证。这是一本极具争议的书,它既通俗易懂,又别出心裁,同时也不乏严厉的批评。

《科尔曼报告:教育机会公平》:该报告根据美国《1964年民权法案》的要求,经过广泛调查,以白人多数族群所获得的机会为参照,记录了公立学校向少数族裔的黑人、波多黎各人、墨西哥裔美国人、东亚裔美国人,以及美国印第安人提供公平教育机会的情况。该报告的比较评估建立在区域性及全国性的基础上。具体而言,该报告详细介绍了少数族裔学生和教师在学校里面临的种族隔离程度,以及这和学生成绩之间的关系,衡量因素包括成绩测试,以及他们所在的学校类型。调查结果中值得注意的是,黑人学生和教师在很大程度上被以不公平的方式与白人师生隔离,少数族裔学生的成绩普遍低于白人学生,并且更容易受到所在学校质量的影响。

《日趋加大的差距:世界各地的教育不平等》:经济增长究竟是造就了机会的开放(如社会民主国家),还是导致公众为公立教育机构的少数名额展开激烈竞争(如福利制度较薄弱的发达国家);民办高等教育的惊人增长,一方面弥补了高等教育机会的缺口,但另一方面也给部分家庭带来了严重的债务问题,因为这些家庭必须独自承担这种人力资本积累。在不平等日益扩大的背景下,世界各国展开了对教育优势的竞争。对于理解这个现象,比较研究是一种至关重要的方法。本书对该问题研究的贡献在于:在对不同教育体系进行描述之外,展开详细的国家案例研究。

《教育的社会公平手册》:作者指出教育的社会公平并不是什么新的理念,也不是又一个对现状修修补补的改革倡议,教育的社会公平是民主社会教育和教学的根基,是民主建设的基石。我们将迎来一个文明先进、充满希望的黄金时代,在这个时代,儿童会成为最受瞩目的社会成员,而教学将回归本真,被视为最重要、最高尚的事业。这一点虽然在政策和实践上会有分歧,但却很少被公开质疑。本书将作为教育改革斗争中的一件利器,提醒我们教育不可改变的核心地位。社会公平教育是建立在以下三大基石或原则之上的:1. 公平,即公平性原则;2. 行动主义,即主动性原则;3. 社会文化程度,即相关性原则。

《教育、平等和社会凝聚力:一种基于比较的分析》:本书采用不同的方法,主要关注两个问题:一是社会层面,而非个体、小群体及社区层面的社会凝聚力;二是教育如何影响以及在什么背景下影响这种社会凝聚力。因此,本书所探讨的是最广义上的社会凝聚力结果,作者们不仅从融入劳动力市场的角度,而且从可能与社会凝聚力相关的更广泛的社会属性角度对这个问题进行了探讨,后者包括收入不平等的结构性、社会性和经济性议题;收入低下,社会冲突,以及基于信任、容忍度、政治投入与公民自由的各种文化表现形式。

《学校与平等机会问题》:本书聚焦大众教育中的"平等—效率"困境。如今的很多教育研究将目光投向教育改革,人们期待那些改革能关注平等机会这个问题。西方国家的学校也探索了许多替代方案,诸如去分层化、更灵活的课程、重视子女的自我观感胜过重视他们的学业成绩、通过测试来确保没有子女掉队,以及为低收入家庭提供选择。本书研究者收集到的证据表明,尽管展现了一些进步的可能通道，他们仍然对于很多学校所采取的激进的改变机会结构的政策的有效性提出了质疑。根据目前所知，人们不宜期望短期能出现奇迹。最好的方法就是通过一个高效的教育体系来挑战每位受教育者，让他们都实现自己的潜力。在那个意义上，一个高效的教育体系也有助于实现平等。

2018 年 5 月

前　言

　　本书是普林斯顿大学不平等全球网络(Global Network on Inequality)主办年会的会议论文结集。不平等全球网络由分布在世界各地的 25 家研究机构组成，积极致力于研究不平等现象的成因、后果和补救措施。自 2004 年成立至今，不平等全球网络已接纳了拉丁美洲(巴西和智利)、非洲(南非)、亚洲(中国、韩国、印度、日本)、中东(以色列)和欧洲(爱尔兰、英国、西班牙、意大利、法国、芬兰、丹麦、德国和波兰)等地区的大学与研究所，并将继续吸纳新的国家、扩大新的研究领域。

　　无论是在后工业化社会，还是在经济高速增长的发展中世界，不平等都在迅速扩大。我们可以从如下几个方面来测量不平等的表征：基尼系数、封闭式小区数目、进入社会流动性机构(institutions of social mobility)的机会不平等状况、鲜明的健康差异、国际移民的流向以及隔离的本地模式。不平等现象的后果体现在：教育获取模式的不平等、选举参与的不对称、某些群体的提前死亡。事实上，社会学家、政治学家、劳工经济学家和社会心理学家感兴趣的问题几乎都涉及席卷现代世界的广义不平等。

　　接受教育的机会是这个难题的关键环节。无论我们如何看待教育——技能的代表(或磨练途径)，进而成为人力资本发展的引擎，抑或是地位群体借以紧密团结并在市场竞争中确立优势的一组文凭证书，很显然，个人生活机会和国民财富皆集中依赖于教育成果。对不平等与教育交集感兴趣的学者面临的一个很关键问题是：经济增长究竟是造就了机会的开放(如社会民主国家)，还是导致公众为公立教育机构的少数名额展开激烈竞争(如福利制度较薄弱的发达国家)。民办高等教育的惊人增长，一方面弥补了高等教育机会的缺口，但另一方面也给部分家庭带来了严重的债务问题，因为这些家庭必须独自承担这种人力资本积累。

　　在不平等日益扩大的背景下，世界各国展开了争夺教育优势的竞争。对于理解这个现象，比较研究是一种至关重要的方法。本书对该问题研究的贡献在于：在对不同教育体系进行描述之外，展开详细的国家/地区案例研究；本书将这些案例研究汇编入一个更大的、层次分明的框架之中，这也是不平等全球网络的主要关注点之一。

　　本书作者感谢普林斯顿大学国际与区域研究所对不平等全球网络的支持以及对

本研究的资助,同时感谢吉尔·弗雷泽(Jill Fraser)将原始论文编辑成书籍形式。南希·图尔科(Nancy Turco)以及牛津大学出版社编辑詹姆斯·库克(James Cook)在初稿的编制过程中发挥了重要作用。

不平等全球网络主任:凯瑟琳·S·纽曼

目 录

作者简介　　　　　　　　　　　　　　　　　　　1

1　全球背景下的教育和不平等现象
　　保罗·阿特威尔　　　　　　　　　　　　　　1
2　拉丁美洲的教育不平等模式、对策与问题
　　克里斯蒂安·考克斯　　　　　　　　　　　　31
3　遭受歧视群体考入名牌大学及其在大学入学考试
　　中的表现：圣保罗大学中的黑人学生，2001—2007
　　安东尼奥·S·A·吉马良斯　　　　　　　　　57
4　后种族隔离时代的南非教育与种族不平等
　　马尔科姆·科斯维尔　　　　　　　　　　　　79
5　韩国的社会阶级与教育不平等
　　申光永　李炳勋　　　　　　　　　　　　　103
6　以色列高等教育中的机会平等：基布兹的经验教训
　　亚科夫·基利波　摩西·贾斯特曼　　　　　123
7　中国的社会政治变迁与教育机会不平等：两种不同
　　的趋势，1940—2001
　　李春玲　　　　　　　　　　　　　　　　　141
8　中产阶级输家？情感在香港学生受教育历程中的作用
　　黄绮妮　　　　　　　　　　　　　　　　　163
9　啃老族的后半生
　　卡伦·罗布森　　　　　　　　　　　　　　187
10　法国的过度教育与社会世代：福利体度与世代间
　　 教育回报的不平等
　　 路易·肖韦尔　　　　　　　　　　　　　　211

11 教育与劳动力市场：以波兰为例
    帕维尔·伯劳斯基   239
12 欧盟境内移民的社会经济融入：原籍国和目的
    地国对第一二代移民的影响
    费奈拉·弗莱施曼　雅普·庄科斯   259
13 性别、机会感知和教育投入
    安吉尔·L·哈里斯   283

参考文献   308

索引   335

作者简介

保罗·阿特威尔(Paul Attewell)：纽约市立大学研究生院社会学教授，开设社会学以及城市教育领域的博士课程。他最近与戴维·拉文(David Lavin)合著的一本著作《薪火相传：为弱势群体提供的高等教育在代际之间是否仍有成效？》，荣获2009年格劳梅尔教育奖(Grawemeyer Award in Education)和美国教育研究协会杰出著作奖。

路易·肖韦尔(Louis Chauvel)：社会学教授、法兰西大学研究院院士、巴黎政治学院社会学博士课程负责人。

李春玲：社会学教授、中国社会科学院社会学研究所研究员。

克里斯蒂安·考克斯(Cristián Cox)：智利天主教大学教育政策与实践研究中心主任。

雅普·庄科斯(Jaap Dronkers)：荷兰马斯特里赫特大学荣誉教授，主要研究教育绩效和社会不平等的国际比较。

费奈拉·弗莱施曼(Fenella Fleischmann)：乌德勒支大学欧洲移民和民族关系研究中心(Ercomer)博士研究员，鲁汶大学社会与文化心理学研究中心(CSCP)博士研究员。

亚科夫·基利波(Yaakov Gilboa)：萨丕尔基础学院经济学高级讲师，应用经济学系的创始成员之一。

安东尼奥·S·A·吉马良斯(Antonio S. A. Guimarães)：巴西圣保罗大学名誉教授。

安吉尔·L·哈里斯(Angel L. Harris)：普林斯顿大学助理教授，主攻社会学和非裔美国人研究。

摩西·贾斯特曼(Moshe Justman)：以色列本-古里安大学经济学教授兼人文社会科学学院院长。

马尔科姆·科斯维尔(Malcolm Keswell)：南非斯泰伦博什大学经济学副教授、开普敦大学南部非洲劳动与发展研究所名誉副研究员。

李炳勋(Byoung-Hoon Lee)：韩国中央大学社会学系教授。

凯瑟琳·S·纽曼(Katherine S. Newman)：不平等全球网络创始人、约翰·霍普金斯大学克里格文理学院"詹姆斯·B·纳普(James B. Knapp)"学院院长。2010年秋以前,她一直担任普林斯顿大学国际与区域研究所所长,以及"1941级马尔科姆·福布斯(Malcolm Forbes Class of 1941)学院"[①]社会学和公共事务研究教授。她最近的著作有:《向穷人征税》(即将出版)、《谁会在乎?:从新政到第二个镀金时代期间的公众矛盾心理和政府激进主义》(2010)。

帕维尔·伯劳斯基(Pawel Polawski):华沙大学社会学研究所助理教授、夜校事务共同主任、波兰科学院社会学委员会秘书。

卡伦·罗布森(Karen Robson):英国约克大学社会学助理教授。

申光永(Kwang-Yeong Shin):韩国中央大学社会学系教授。

黄绮妮(Yi-Lee Wong):社会学家、中国澳门大学助理教授。

[①] 1941级马尔科姆·福布斯学院,又简称为福布斯学院,属于普林斯顿大学五所本科住宿学院之一,位于校园的西南。住宿学院由包含食宿功能的一系列建筑组成,供一、二年级以及一些住宿顾问居住。每个学院都包括一系列宿舍,一间食堂,其他设施(包括自习室、图书馆、舞台、暗室等等),以及管理人员和有关教师。参见 https://hres.princeton.edu/undergraduates/explore/residential-colleges/forbes-college——译者注。

1
全球背景下的教育和不平等现象

保罗·阿特威尔

在全世界范围内,年轻人的就学年限越来越长,接受高等教育的比例也在不断刷新纪录(Schofer & Meyer, 2005)。在经济合作与发展组织(OECD)的富裕成员国中,接受过大学教育的青年人比例在1995至2006年的十年间增长了20%(OECD, 2008: 13)。在中等收入的国家中,这个增长率甚至更大:[1]在过去的八年中,这些国家的大学入学率增长了77%(UNESCO, 2005: 43, 180)。

这种扩张其实是一个长期发展趋势的组成部分,这一趋势肇始于发达国家于19世纪后期开始实行的初等义务教育。随着20世纪的到来,在经合组织中的大部分国家里,越来越多的年轻人在完成最低年限的初等义务教育后继续就学。自20世纪60年代起,中等后教育迎来了转折点:许多国家建立了大学,各种各样的新型第三级教育机构也应运而生,以适应人们对高等教育高涨的需求。

迄今为止,人们对延长受教育年限的需求似乎毫无止境。人们逐渐不再满足于学士学位。接受硕士教育、专业型教育以及更高学位教育的人数正在激增。每个新生代的平均受教育年限都要超过上一代。[2]

这种教育扩张现象虽然看似源于西欧和北美的历史发展经验,然而,世界上的经济欠发达地区也呈现出了类似的发展趋势。通常来说,欠发达国家的教育扩张要晚于发达国家。许多欠发达国家仍然面临着高文盲率的挑战,完成中等教育或高等教育的人口比例要比发达国家的小很多。

尽管如此,发展中国家已经在竭力追赶,克里斯蒂安·考克斯在本书第2章关于拉丁美洲的论述中证实了这一点。一方面,公众对于接受教育的需求急剧增长,另一方面,精英群体相信教育可以促进国民经济的发展,由此政治色彩各异的政府都将公共投资优先注入到教育上(Bashir, 2007)。

任何一个国家对教育的政府性投入都使得民间投资相形见绌。[3]公共补贴进一步推高教育需求,这种情况本不会出现在纯粹市场体制中的。人们对于教育需求的不断增长,致使各国政府的财政压力越来越大,于是政府开始寻找各种办法来限制财政支出,在其他条件不变的情况下,这些举措常常会加剧受教育机会的不平等。虽然如此,在大多数国家中,教育在国民生产总值中的比值依然越来越大。[4]

即使是在最富有的国家中,公众对接受更多教育的需求程度——尤其是对第三级教育的需求——也潜在地超出了教育供给,导致教育机构开始实施配额制或限制招生人数。由于教育机构的声望各不相同，这种失衡也随之加剧：申请人纷纷要求进入最负盛名的大学就读。[5] 最常用的定额录取策略是竞争性入学考试。公众对高等教育机会的竞争与他们在其他教育阶段的竞争一脉相承：某些中学由于可为其学生进入高水平大学学习提供无与伦比的机会，因而这些学校本身变得名声彰显，炙手可热。于是，在声望和竞争力方面，一连串的不平等接踵而至，学校之间的分化和不平等随之产生并逐步强化。

由于公立机构的招生名额有限，竞争激烈，有实力的家庭会转向私立教育机构。近几年，全球经济的增长使得越来越多的家庭能够支付得起私立教育服务的费用（黄绮妮在本书的第8章中以中国香港为例描述了这种现象）。于是，在全世界范围内，私立中小学、课外辅导学校、家教服务、考试培训服务、私立学院和私立大学如雨后春笋般涌现，为付费的客户提供教育机会。种类各异的私立机构以非常不平等的方式为收入水平各异的家庭提供服务。

公立和私立教育机构经常彼此交织、相辅相成。安东尼奥·S·A·吉马良斯在本书第3章中指出，在巴西等国，最负盛名的大学都是公立的。然而，巴西的富裕家庭依然经常将子女送到私立中小学就读，认为这些学校更有能力帮助自己的子女考入高选拔性的公立大学。在包括美国在内的其他国家，教育模式却截然相反：许多富裕家庭将子女送到公立中小学就读，但是顶尖高中的毕业生却要经历一番激烈竞争才能考上最负盛名的高等院校（其中的大部分都是私立的）。[6] 无论在哪种情形中，殷实的家庭都更具战略性眼光，他们的子女在私立和公立教育机构之间来回穿梭，寻求最出众的受教育机会。如此一来，他们的做法扩大了富裕家庭和贫困家庭之间子女受教育程度的差距（Haveman & Wilson, 2007）。

与此同时，如果公立学校与社会底层走得太近，那么这些学校的正统性在人们眼中就会丧失。一些社会已经开始实施"肯定性行动"政策，以帮助弱势群体进入竞争激烈的公立大学。在本书的第3章中，吉马良斯透过一个案例展示了这些政策的运作机制。许多其他国家也作出了类似的努力。比如，印度在全国范围内推行"保留"制度，帮助低种姓的申请者进入公立大学学习（Newman & Deshpande, 出版中）。

人们对教育机会的诉求逐渐地翻越了国界：全球范围内，共有近300万学生走出国门接受高等教育。现如今，美国接收的留学生最多，占留学生总人数的20%，其次是英国占11%，德国、法国和澳大利亚紧随其后（OECD, 2008：353-354）。本科阶段的外国留学生绝大多数来自亚洲，但是也有相当一部分在欧盟内部和经合组织国家之间流动。"博洛尼亚进程"——目标在于整合欧盟内部的不同教育体制——表明了这些跨越政治界限的流动变得越来越重要。

多方力量造就了学生对海外大学教育的需求愈来愈强劲（Altbach & Knight, 2006；IOM, 2008：111 - 113）。一个常见的动机就是为了获得一份令人艳羡的文凭，说上一口流利的英语——这些都是他们在自己国家找到更好工作的垫脚石。一些本科留学生之所以接受海外教育，是因为他们在本国无法从激烈的竞争中脱颖而出，考取名牌大学。于是，在国内的教育机会有限的情况下，海外留学充当起了安全阀的角色。除此之外，海外留学还为留学生提供了往所在国移民或就业的途径。对于其他学生来说，国外教育或者为期一两个学期的短期留学在一定程度上是一次冒险经历，抑或是一种培养全球视野的方式。在种种混杂动机的驱使下，高等教育机构的留学生报名率在过去的二十年里急剧增长（OECD, 2008：353）。

高等教育的国际化起源于殖民主义，其后又受到前殖民强国的推动，这些国家试图通过向外国留学生提供奖学金来维持自己的势力范围。但是那段历史正在迅速远去。如今，国际教育更像是一场全球性的商业行为。说英语的大学招收的外国留学生最多，向国际学生收取的学杂费通常也要比本国学生高。[7] 由于本国政府的支持总是有限的，所以留学生的学费是这些大学一项宝贵的资金新来源。[8] 有一些大学的运作甚至变得更加企业化。已经约有一百所大学利用自己的"品牌"效应在输出国建立了"卫星校园"，为需求来源地提供近距离服务（IOM, 2008：114）。还有的大学则与一些机构签订合作协议，学生在本国教育机构或修习西方大学开办的课程，或修习由西方大学颁发结课证书的课程。这些课程被称作"跨境课程"，目前至少有 300000 名学生正在修习这些课程（IOM, 2008：113）。

关于国际教育自何时起对全球社会经济不平等滋生影响，相对来说，人们对此知之甚少。一方面，国际教育为较贫困国家的学生进入相对富裕国家的教育机构接受教育提供了潜在路径，因此，这也算是一种教育资源的再分配。如果这些人回到自己的国家，为本国的研究机构和高等教育机构的发展作出努力，那么这也有利于减轻国家之间在知识和能力上的差距。此种"能力建设途径"在中国已有实践：招募受过西方教育的华裔学者回到中国，携手共进提升本国科研能力。

另一方面，国际教育也可能导致"人才流失"——贫困国家中的有才华、有技能的人被吸引到经济更发达的国家，进一步加剧国家之间的教育与技能差距。比如，据国际移民组织（IOM, 2008：119）的数据，"来自欧盟国家的学生有 27% 在获得学位之后的六个月里在英国找到了工作"。而在前往诸如美国、加拿大和澳大利亚等国的高技能移民中，有五分之一至二分之一先前就是在这些国家中求学的外国留学生（Suter & Jandl，2006）。

而且，由于留学生通常出身于原籍国经济条件和社会地位更优越的特权家庭，所以他们进入澳大利亚、欧洲和北美的大学学习，会加剧原籍国的阶级差异和社会经济分化。因为，一方面，这些大学为已享有特权的社会阶层提供了更大的教育机会；另一方面，在原籍国内，特权较少的学生则要通过竞争才能在招生名额有限、资金不充足的大学占有一席之地。

对教育和不公平现象感兴趣的学者面临如下智识困惑：首先，在那么多的国家中，人们对延长教育年限的需求以及与之相关的薪酬溢价为什么持续坚挺；其次，教育在近几十年里取得的迅速发展是如何与原有阶级和社会不平等现象相互作用的，以及如何造就新型不平等。关于这些问题的答案，学者之间尚未达成任何共识。由于学者们对教育在现代经济中所起的作用存在不同的认识，所以他们对于教育和社会不平等两者之间的关系也有着截然不同的看法。因此，我们需要先厘清相关理论和概念。

"高等教育的核心职能在于创造、传播并保存系统化的知识，涉及研究、教学和学习……这些都是必不可少的。"关于这一点，泰希勒（Teichler，2007：1）从学者和政策制定者的角度，说明了人们对高等教育的传统看法及其表现或预期功能。若从本科生和消费者的角度来看，或者自下往上看，高等教育的目的似乎略有不同。对于许多或者大多数消费者来说，高等教育的主要吸引力在于它是高薪工作的敲门砖。就像社会学家所说的那样，大学教育的潜在功能就是为人们提供在劳动力市场上有价值的文凭证书。如果把高等教育当做是一种全球性产业，那么它向众多本科生售卖的商品就是社会流动的希望。正是这种"走在世界前列"、享受舒适生活的愿景在全球范围内带动了各国人民对高等教育永无止境的需求。

那么，高等教育与职业和物质成功紧密联系的方式和原因又是什么呢？在这一点上衍生出诸多理论。

人力资本视角

经济学家西奥多·舒尔茨（Theodore Schultz）、盖瑞·贝克（Gary Becker）和雅各布·明瑟(Jacob Mincer)提出了人力资本理论,用于解释同一国之内的薪酬差异,以及各国之间国民生产总值(GNP)的增长差异。舒尔茨(Schultz,1961)的核心论点是:人类的生产能力因人而异;人们可以通过培训、在职经验、正规教育等方式获得知识和技能,从而"极大地改善人力质量"。对于拥有更多人力资本的雇员,雇主愿意支付更高的工资,因为这些雇员的生产力更高,能把更多的技能带到工作之中。因此,薪酬可以被视为人力资本投资的货币回报。

人力资本理论主张教育和/或经验与生产力之间存在直接的因果关系,而薪酬则是生产力的体现,因此该理论能简约而又强有力地解释教育和薪酬之间的关系。同时,人力资本理论也能将不平等现象产生的原因解释清楚:低微的薪酬源自人力资本的缺失;相应地,受教育程度低或者缺乏工作经验的社会阶层的收入更低(Schultz,1961;Thurow,1965:85)。除此之外,如果父母在养育子女以及引导子女获得教育进步等上面投入较少的时间和精力,那么子女的人力资本和未来的创收能力将会大大减弱,从而复现代际不平等(Mulligan,1997)。如果一国对教育的投资不足,那么整个国家的未来发展都会受到限制。

尽管教育和技能上的差异造成薪酬不平等和社会不平等,但是,人力资本理论未能预见到社会群体之间会针对背景特征的获取而展开零和竞争。成就越高的社会群体或阶层并不能从另一个社会群体或阶层的教育劣势中获得经济利益。贝克(Becker,1971)从理论上对歧视进行了说明。他得出两个结论:第一,如果雇主对潜在雇员表露出"歧视倾向",那么这个雇主就会被无歧视倾向的同行竞争者赶出这个行业;第二,抱有种族主义思想的员工若想在实行种族隔离的用人单位工作,那么该员工将不得不接受薪金较低的职位。贝克认为:歧视已经不合时代潮流,在当今这个竞争性的资本主义经济中无法立足。不幸的是,这一观点与现有的实证证据相当不符。现有证据显示,在现代市场经济体中,种族歧视、民族歧视、性别歧视在劳动力市场上仍然广泛而顽固地存在着(Pager & Shepherd,2008;Centeno & Newman,2010)。

尽管如此,人力资本理论仍然认为每个人都能获益于教育和培训机会的扩张。除此之外,在人力资本借助教育扩张实现积累的问题上,该理论也并没有预设任何必要的限制。一国人口的受教育程度越高,那么该国人口的平均生产力也就越高,国民生产总值的增长也可能越快。

自20世纪70年代后期开始,在美国等几个国家里,收入不平等伴随着教育扩张急速加剧。这些"既成事实"给人力资本理论带来了挑战。收入不平等的急剧膨胀反映了一个显著转变：受教育程度不同，薪酬回报也不同。也就是说，相对于其他群体，未能完成高中教育的工人的薪酬大幅下降。仅完成高中教育的人也同样如此。与之相对的是，四年制大学毕业生的创收能力超过了学历低于他们的人。而且，拥有硕士学位、专业学位或更高学位的人与受教育程度低的人之间的收入差距拉大的速度甚至更快。这是否意味着：提高一国人口的受教育程度，将不可避免地造就收入更加不平等的社会？

人力资本理论认为，薪资不平等随着时间的推移不断扩大，由此产生的"扇形图"是反常的。通常情况下，如果接受过大学教育的劳动力人数迅速增加，那么可以预计大学文凭的薪资溢价会下降，因为供大于求会压低价格。但从经验上看，与预料相反的情况却发生了：高等教育带来的薪资溢价持续拉高，尽管高等教育入学率不断增长。经济学家们由此提出了"技能偏向型技术变革"理论，认为技术变革——尤其是信息技术和计算机技术的传播——需要劳动力具备更高的教育程度。根据这种观点，技术的急速变革催生出对高学历劳动力的更大需求，从而拉大高学历员工与低学历员工之间的收入差距(Griliches, 1969；关于国际证据，参见：Berman, Bound, & Machin, 1998)。

社会科学家广泛接受的一个观点是：技术变革具有"技能偏向性"，因此随着时间的推移，技术进步需求更多的高学历雇员。但是，也有一些人批判了该论点的下一步论证：对美国等国收入不平等日益扩大的阐释。卡德和迪纳尔多(Card & DiNardo, 2002)指出，计算机技术的传播与近来的收入不平等扩大并不同步。戈登和迪尤-贝克(Gordon & Dew-Becker, 2008)借助文献确证了最富有群体的收入出现暴涨。这一现象与教育或技能没有多大关系，但与这些人在企业或其他机构中的权利密切相关。

最重要的是，戈尔丁和卡茨(Goldin & Katz, 2008)通过论证"教育与科技之间的竞争"，改进了"技术的技能偏向性"观点。他们指出，整个20世纪以来，技术一直在变革，并以恒定的速率不断增加对高学历雇员的需求："1915至2005年间，相对于低学历劳动力，高学历劳动力的需求增长率非常恒定。(292)"因而，正如一些"技能偏向型技术变革"理论支持者所说那样，最近并未发生市场因技术变革而对受过教育的劳动力的需求激增。相反，戈尔丁和卡茨却认为，虽然美国的高等教育需求在技术驱动下出现增长，但是美国受过教育的劳动力人数仅在最近几十年并未出现相应的增长。在20世纪70年代早期，美国的"中学毕业率已趋平稳；大学毕业率呈倒退趋势；教育的代际进展陷于停顿"(324)。20世纪80年代以来，美国人的教育程度只取得了微小的进展。随着更多的女性进入大学学习，具有大学学历的劳动力人数出现"缓慢"增长，但增长速度却不足以抑制大学学历的工资溢价增长。尽管如此，教育的增长目前仍然落后于需求的增长。

总之，根据"技能偏向型技术变革"理论，技术变革需要更多受过更好教育的员工，这一趋势已经延续了一个多世纪。但是，近年来，教育在与技术的竞赛中处于下风，导致高等教育产生的收入溢价呈增长态势，由此造成收入不平等在近几十年来愈演愈烈。

如果放大至全球，那么"教育和技术之间的竞赛"则意味着，在某些时候和地点，教育发展可能落后于技术发展，导致受过教育的雇员的相对收入上升。但在另外的时间和地方，相反的可能性也会存在：教育产出可能会超出技术变革带来的需求，导致受过教育的劳动力供应过剩，从而提高高学历青年的失业率，并且/或者降低受过大学教育的劳动力的工资溢价。本书的第10章（路易·肖韦尔著）和第11章（帕维尔·伯劳斯基著）以若干国家为例，证实了上述消极态势（另见：UNESCO，2005：19）。第9章（卡伦·罗布森著）着眼于一些欧洲国家中的青年人，他们在教育与技术的竞赛中落伍，于是面临着就业困难。

人力资本理论还存在一个悬而未决的问题，即教育通过何种方式培养有用技能。信奉人力资本理论的众多研究者特别强调认知技能的重要性，而这些技能可通过智商测试或者武装部队资格考试（Armed Forces Qualification Test，简称 AFQT）来测量，研究者们将这些能力视为人力资本的核心要素。研究者们通常认为，人们主要是从家庭社会化和学校教育中习得这些认知技能，遗传并不起决定性作用（Bowles, Gintis, & Groves, 2005；Flynn, 2007）。有证据表明，近几十年来，认知技能所带来的薪酬回报已有所增长。这也暗示，相比于往年，现代职场对员工们的认知技能提出了更高要求（Murnane, Levy, & Willett, 1995）。

其他学者强调，"软技能"是人力资本的极重要表现形式；人际交往能力和行为品质，比如准时、整洁、有序、勤奋、毅力、团队精神和创新精神等，对于职场工作效率都很重要。这些技能习得自家庭教育，同时也是学校教育的副产品（Heckman, Stixrud, & Urzula, 2006；Farkas, 1996）。

人们从小学和中学教育中获得的基本读写能力、算术能力和良好的工作习惯可能会大幅影响个人在职场中的生产力。这一点很容易理解。但是，目前看来，人力资本创造的最大薪酬回报来自高等教育，这意味着大学教育能给个体带来生产力的最大提升以及最有价值的知识和技能。不过，这些技能包括那些呢？许多本科生虽然获得了大学文凭,但是他们的专业却与就业市场需求相距甚远。因此,在求职时,高中以来学到的实质性知识并没有帮上他们多少忙。学者们对一些雇主和刚毕业大学生进行了问卷调查,试图弄清楚受过大学教育的员工到底把什么样的重要技能带到工作之中,但是这些调查往往强调非常抽象的能力,比如说,批判性思维,团队合作精神等等,可是这些能力都不能从大学课程中直接学到的(Teichler,2007)。

我认为,初等教育和中等教育为学习者提供了与工作相关的重要认知和行为技能,这些技能应该带来更高的收益,在此一点上,人力资本理论提供了令人信服的论证。然而,有一个不那么完善或者说不那么具有说服力的主张认为,大学层次的教育提供的一些技能,在当下对于职场工作效率的提高已经变得愈发重要了。在最后一个问题上,另一种理论方法提供了可靠的解释。

教育信号论

关于教育与薪酬之间的关系,经济学提供了一个不同的视角。经济学一贯强调在交易过程中存在知识和信息的不对称性和不确定性。在一本获得诺贝尔经济学奖的著作中,迈克尔·斯彭斯(Michael Spence,1974)考察了市场交易双方在资讯(或者私密信息)上不对称的情景。比如说,在求职时,求职者比雇主更了解自身的工作技能和能力。反过来说,在招聘时,雇主对应聘者的资质了解有限。

斯彭斯指出,在类似情境中,如果求职者将自己的价值"信号"传递给雇主,那么双方都会获益。斯彭斯所强调的信号就是教育:一些应聘者拥有学位或资历证明,而另一些应聘者则没有。理性的雇主定会选择雇佣拥有更高学历或者资历的应聘者,而不是缺少教育信号的求职者。

对雇主而言,这种信号的价值并不在于教育本身会提高生产力。相反,斯彭斯却表示,教育可能不具有提高生产力的属性,但即使如此,教育也是一种非常有用的信号。在斯彭斯的理论模型中,最重要的一点是,每位应聘者在获取教育的过程中都要付出成本;也就是说,对于个人而言,这种信号的获取并非易事。除此之外,该理论还表明,如果员工具备雇主渴望的品质(如,更高效、更尽职、更加有抱负),那么,与效率低下的应聘者相比,这些员工就会发现资历的获取更容易或者成本更低,至少获取资历证明的意愿也会更强。阿克洛夫(Ackerlof,1976)提出了一条类似的论点:求职者之间存在"你死我活"的激烈竞争。

教育的"自主分类"特征使教育与工作之间的信号传递成为可能：经过艰苦学习顺利完成教育的人更有成为优秀员工的潜质；而若在你死我活的教育竞争中失败，则预示着缺少自律、抱负或毅力，因此雇主们会避免雇佣这样的失败者。从信号传递的角度出发，教育中的实质性内容无关紧要，旷日持久的课堂学习无需传授有用的职场技能。真正重要的是，教育是一场竞赛，通过比较参与者获得的资历证明可以轻易地分辨出赢家和输家。

教育的信号传递模型传达的寓意与人力资本理论传达的寓意大不相同。信号传递的前提是建立在两种不平等上：一是受教育机会的不平等；二是毕业获得文凭的机会不平等。只要许多人无法或者不愿意接受教育的现象依然存在，那么对于求职者和雇主来说，教育就只有信号价值。信号理论表明，对于资产阶级雇主而言，当下的社会不平等（此处指的是教育机会不平等）发挥着非常重要的功能性作用。

信号理论也可以轻而易举地解释以下现象：在全球范围内，人们的受教育程度正在经历长期性的提高，尽管该理论的拥趸尚未作出此种论断。如果一国中大部分民众都没有完成高中教育，那么对于雇主们来说，高中文凭就具有信号价值。但是，如果该国民众普遍完成了高中教育，那么高中文凭的信号价值就会降低，并且大学教育的溢价就会产生。最近，随着学士学位不断泛滥，更多的年轻人开始认为有必要获得硕士或更高学位。从该理论出发，我们便可预测到教育增长或者"学历通货膨胀"。

雇主在作录用决策时，也可能会参照教育之外的其他个性特征，信号理论并未排除此种可能性。阿罗（Arrow, 1973）认为，当雇主们对求职者的个人能力了解不全面时，将求职者的种族当作录用依据具有经济合理性。他将这个过程称之为"统计性歧视"而不是种族歧视。也就是说，依据阿罗的观点，如果从统计或者概率的角度出发，雇主有理由相信少数族裔员工的平均工作效率低于白人员工，那么，雇主就可以合理地将同一种族所有人的效率视为一致低下，并且在招聘时合理地歧视少数族裔。

信号理论的论点与贝克的观点截然相反。贝克认为，招聘歧视不具备经济理性，也不利于竞争资本主义。信号理论则暗示，歧视（无论是基于种族、教育或者其他可见的标准）是合理的，因为在通常情况下，基于特定属性的歧视是正当的行为；虽然雇主无法简单地衡量这些属性，但是他们却可以据此来加强自己的底线。因此，歧视可能会一直持续下去。

我们可以进一步推测，在整个世界范围内，随着特定形式的歧视——种族歧视、种姓歧视、阶级歧视、性别歧视——逐渐不被社会所接受,那么教育上的歧视就会变得尤为重要。雇主们以教育文凭作为参照,在招聘时实行歧视的做法具有社会合法性。根据信号理论,如果雇主更偏向于录用具备特定品质的应聘者,那么他/她会依据一些简单的信号来作决策。

放眼全球,信号理论预测,随着个体不断追求在群体中脱颖而出,那么教育深造上的竞争将永远不会停止;并且随着教育资证开始与移民政策挂钩,这种竞争也会扩散到国际上。不同于人力资本理论,信号理论并不认为这种教育竞赛能带来社会生产力。事实上,对于个人和政府来说,这都是一种消耗——相当于教育领域的军备竞赛。

地位群体竞争和教育文凭主义

马克斯·韦伯(Max Weber, 1968)从社会学角度提出了社会分层概念,强调了地位群体在资本主义社会中的重要性。"地位群体"是指享有不同程度社会荣誉的人组成的共同体。地位群体可能涵盖种族、民族、职业、宗教团体,但也可能包含规模更大的社会团体,比如,受过大学教育的团体。地位群体,一方面,通过相同的生活方式与品味以及组织共同的社会活动和仪式来维持凝聚力;另一方面,通过社交封闭,减少与社会地位低于自身的人接触。在韦伯的理论框架中,地位群体并不被视为前工业化时代遗留下来的过时产物;反之,它们被视为是现代社会阶层体系中的重要元素(Chan & Goldthorpe, 2007)。新的地位群体不断涌现(Weber, 1968: 309)。

韦伯理论中的一个要点是,他认为地位群体成员试图垄断有价值的经济机会(Weber, 1968;Tilly, 1998)。柯林斯(Collins, 1971, 1979, 1988)指出,在19世纪和20世纪,某些职业性地位群体说服美国立法机构制定法律,为拥有大学学历的人预留各种工作岗位;这些法律为许多职业规定了职业资格准入,并要求从业资格证申请人提供相关教育资证。这一举措限制了需持证上岗职业的从业竞争。如今,在美国,需持证上岗的职业包括一些相对低级的工种,如儿童日托工、房地产销售员、理发师等。而对于这些工作,美国的一些州要求从业者完成相关大学课程。要求从业者拥有政府核发的资格证书或者学位的理由在于保护消费者不受无良或无能的从业者带来的伤害。一些诸如律师和医生之类的高新职业也规定了职业资格准入,由政府授权行业协会颁发从业资格证。如果有人希望从事某个要求资格准入的职业,那么他需要向相关行业协会提交学位证明,并参加协会自己组织的考试。

由于社会仿效造成的扩散效应,文凭主义的影响范围远不止政府颁发从业资格证书的职业。在私营部门中,许多管理类、行政类和专业类的岗位已经要求求职者至少具备文学学士学位。殖民主义和跨国公司已将西方文化中重视教育文凭的观念和做法传播到世界各地,因此文凭主义开始在全世界蔓延。

一旦某个职业开始实施职业资格准入,那么一大批人就会被该职业拒之于门外,仅因为他们缺少正规资格证书。但是还有一些原动力也在发挥作用:在为实施职业资格准入的岗位进行招聘时,来自特权阶层的招聘人员往往青睐于来自自己所属阶级或地位群体的求职者。从一个层面上来说,这种行为涉及无意识的社会心理过程。这种心理活动会让人们作出有偏见的判断,认为圈内人更有能力并且/或更值得信赖,而圈外人能力不足并且没那么可靠(Fiske, 1998)。从另一个层面上来说,在美国和其他一些国家,社交网络对于寻求和稳固工作非常重要,无论工作类型是专业性工作(Granovetter, 1974)还是蓝领工作(Royster, 2003)。一个人所属的地位群体决定了他的社交网络。一旦某个职位产生空缺,那么人们就会从自己的社交网络里保荐有资质的人,因为他的社交网络里都是"和自己类似"的人(Elliott, 2001; Smith, 2003)。机构声望也在此过程中发挥了作用。求职者拥有学位或者文凭还不够,还要看求职者在哪所大学取得学历,以及该大学的声望能否匹及在职员工取得类似学历的大学。

在教育文凭主义的影响下,一些特定的工作变得类似于挂名职务或社会垄断性岗位。高额薪酬体现了通常占据这些岗位的特权人群的类别——社会出身和受教育历程,而不是工作所需技能的性质。至于那些要求资格证书的职业,它们的技能要求非常高,并且从业者需要经过多年培训,但是对这些职业的研究表明,大部分的技能都是在工作而非大学中学到的,而且漫长的培训往往持续多年,其主要功能就是为了让现有从业者避免新的竞争(Collin, 1979)。总之,据柯林斯(1988:180)所言,现代社会中,"教育的文凭化发展已经成为社会分层的主要基础"。

文凭主义加剧了不同工作之间的薪酬不平等,迫使个人寻求接受更多的教育,并且最好是去最知名的教育机构接受教育,以便自己能够胜任最高级的岗位。整个教育体制变成了一场竞赛或比赛,不同的社会阶级和地位群体相互竞争,努力获取最好的教育机构颁发的最优质文凭。文化资本是这场竞争的一部分内容:赫赫有名的大学借鉴了特权家庭向子女传授的知识形态和语言技能,但这些正是贫困家庭所欠缺的;因此,出身上层阶级家庭的子女往往要比出身不那么富裕或者受教育程度更低家庭的子女表现得更出色(Bourdieu & Passeron, 1977)。在本书的第 6 章中，基利波和贾斯特曼研究了家庭文化资源对以色列学生取得学业成功所起的重要作用。

教育竞争的另一部分内容是经济承受能力：学生和自己的家庭能负担得起上更好的学校吗？他们能负担得起从小学一直到高中的辅助服务吗？此外，一个年轻人能够承担得起不就业并获薪酬的代价，而是花上数年时间去获取一个学士或者更高学位吗？这两者既是高等教育的直接成本也是机会成本。这种竞争还包含地理因素：为学生提供了最佳升学机会的优等学校通常位于富人区。与之相对的是，居住在农村地区或城市贫民区的学生通常只能到办学质量差的学校就学(Kozol, 1991)。

教育竞争造成校内和校际分化。为使学生在成年后能在社会中充当迥然不同的角色，教育机构根据学生表现出的不同能力将他们分成不同群体，并随后进行差异化教学(Bowles & Gintis, 1976; Oakes, 1985)。这种学生分类过程的特点在于"隐性课程"：除了在课堂上学习学科主题知识，学生在学校里还能习得特定的态度和行为，这些能为他们在成人社会中取得特定的社会经济地位打下基础。在学校的正规课程上，往往也会产生内部区分：社会经济地位(Socioeconomic Status，简称 SES)较低的学生会集中选择层次较低的课程；更富裕的学生会集中选择更高级的科目和课程，因为这些课程和科目是为更高层次的教育打基础的(Gamoran, 1986; Lucas; 1999; Oakes; 1985)。

总之，这种新韦伯主义的社会学理论将教育视为地位群体之间的竞争：为了子女能获得最优质教育以便将来赢得一份高薪工作，各个家庭展开相互竞争。这既是一场非常不平等的竞争，也是一场高度不公平的竞赛。特权家庭为自己的子女提供语言及其他技能，这些技能帮助他们在校内竞争中占据优势地位。此外，特权家庭的经济能力帮助子女更有机会接受更胜一筹的优质学校教育，进而更有机会接受高等教育，获得更长的受教育年限，得到更宝贵的文凭，最终收获薪金更高的工作。贫困家庭或职业上处于劣势地位的家庭只得勉力参与这种教育竞争，而且他们的子女通常只能接受质量低下的教育。因而，他们很难抵达这场竞赛的终点线，并从最理想的教育机构获得最好的文凭。

最大化维持不平等

最大化维持不平等(Maximally Maintained Inequality，简称 MMI)是一个社会学假

设，可用以解释世界各国教育体制中的教育不公平现象（Hout, 2004, 2006; Raftery & Hout, 1993; Shavit, Arum, & Gamoran, 2007; Shavit & Blossfeld, 1993）。不像文凭主义强调集体行动者（阶级、地位群体）的特征，MMI 假设认为个体理性行动者——父母、家庭和教师——会最大限度地提升自身的利益。该理论提出，在大多数国家中，由于容量的限制，特定层次的教育只能容纳一小部分年轻人入学。随着时间推移，不同国家间出现容量瓶颈的教育阶段也各不相同：在一些国家中，接受初等教育的机会高度不平等；而在许多其他国家中，向中等教育的过渡存在诸多问题；而在最近，高等教育则出现了瓶颈。

正如豪特（Hout, 2004）解释的那样，"教育阶层化的运作模式类似于排队。教育扩张的初始阶段——最初是基础教育，接着是中等教育，最近 50 年则为中等后教育——首先为排在队列前端的特权家庭带来了益处。然后受益会顺着队列的层级结构逐一传递下去"（12）。MMI 假设认为，特权阶层子女的技能优势和教育优势非常强大，以至于除非某个给定教育层次已经几乎容纳了精英阶级的所有子女，否则低地位群体中只有少数学生才能够进入这个层次接受教育。对于特定层次的教育，只有充分满足精英阶级学生的受教育需求后——拉夫特里和豪特（Raftery & Hout, 1993）称之为"饱和"——大量非精英阶级的学生才开始进入那个层次学习。非精英阶级学生能否大批进入某个教育层次学习，取决于该教育层次的进一步扩张：学校或大学必须开放更多学额。因此，随着某个教育层次或教育部门的扩张，受教育机会中的阶级不平等往往也会随之减少。非精英阶级的学生从来都无法取代精英阶级的学生。只有某个教育层次产生多余机会，并且优势社会阶层已经处于最具价值的教育层次之后，非精英阶级的学生才有机会进入这一教育层次学习。

这一过程创造了社会分类。基于此，精英家庭的子女一向要比富裕程度更低家庭的子女接受更长年限的教育。因此，从国家层面来说，上一代的社会阶级和下一代的受教育程度总是一直相互关联的，尽管随着时间的推移，平均受教育层级正在逐渐提升。这就是该观点被称为"最大化维持不平等"的原因。

MMI 理论已经激起了一大批比较研究，其预测的"独占、饱和、包容性扩张"模式已在许多发达和欠发达国家得到了文献证明。该理论解释了下述现象的成因：迄今为止的大部分跨国研究发现，这些年来的教育扩张并没有削弱与父母社会阶级有关的教育不平等（Shavit & Blossfeld, 1993; Shavit et al., 2007）。

对于 MMI 模式是否完全适用于美国，卢卡斯（Lucas, 2001）提出了异议。卢卡斯认为,家庭阶级背景带来的影响在教育需求饱和前就已经减轻了。卢卡斯对这一假设进行了修正,并将之命名为"有效最大化不平等"(Efficiently Maximized Inequality)。这个理论提出,在某一教育层次的教育需求还未饱和之前(约80%的精英阶级学生完成该教育层次时),不平等就开始减少了;此外,一旦教育机会的扩张跨越了精英阶级,那么机构分化和分流就会随之出现。

说白了,随着更高级别的教育开始接收非精英阶级的学生,这些学生往往会被分流到迥异于精英阶级学生的低级轨道之中。因此,许多国家的高等教育扩张都伴随着各种新型中等后教育机构的设立。相对于历史更久远、声望更高的教育机构,这些院校获得的资金支持更少,提供的课程也与前者不同。大量社会经济地位(SES)较低的学生则通常被分流到这些处于劣势地位的机构中学习。于是,在早先提出的教育机会理论之上,几位学者又加入了分化和分流,以完善教育不平等研究(Shavit et al, 2007; Teichler, 2007)。完善后的顺序变为:独占、饱和、教育机会通过机构分化进行扩张、以分流到劣势地位机构为主的融合、在精英机构间流动以获得更高级别的资质。

在这个 MMI 预测的模式中,存在一些公认的例外情况。尤其是在社会主义或共产主义社会,政府有时候会实行强有力的政策,在接受高等教育机会方面,为处于较低社会经济阶层的学生提供优先权,拒绝给予或至少限制知识分子阶级或另外一些疑似富裕阶级的学生此方面的机会(Hanley & McKeever, 1997)。这种做法似乎颠倒了 MMI 假设。

在本书第 7 章中,李春玲展示了随着中国融入世界经济,教育机会的社会主义模式是如何迅速发生逆转,进而变得与 MMI 模式一致的。

体制理论

随着学术界逐渐意识到,政府的政策可能影响到教育扩张和教育机会,更笼统地来说,会影响到社会经济的不平等,于是一些学者试图援引政治学家们最先提出的体制理论或福利体制理论,将教育和不同类型的政府联系起来。丹麦学者考斯塔·艾斯平-安德森(Gøsta Esping-Andersen, 1990)对福利国家进行了分类,区分出社会民主主义福利体制(北欧国家)、自由主义福利体制(如美国)、保守主义福利体制(如德国)。沃尔瑟(Walther, 2006)对这一分类法进行了改进,区分出四种类型:普遍主义福利体制（北欧）、以就业为中心的福利体制（德国、法国、荷兰）、自由主义福利体制（美国、英国、爱尔兰）和亚保护型福利体制（意大利、西班牙、葡萄牙）。

体制理论的核心思想是，每一种福利体制通常都会对公共政策产生特定的导向作用。自由主义体制倾向于通过自由市场解决社会需要；社会民主主义体制强调政府应该向所有公民供给福利服务，无论公民的支付能力强弱；以就业为中心的体制则看重雇主发挥的作用；亚保护型体制将首要责任放在家庭之上，强调家庭有责任为所有成员提供资源和支持。体制理论也认为，每一种社会福利体制对教育扩张、青年的经济融入以及社会不平等的缓解等等问题都具有鲜明的应对措施。

艾斯平-安德森（Esping-Anderson，1999）认为，由于教育文凭逐渐呈现全球化趋势，基于阶级的不平等正在强化。但是，国家间不同的教育体系调和了此种影响；一些国家的教育体系加剧了这种影响，而另一些国家则通过教育抑制了社会不平等的再生。比如，某些教育体制对学生的分流——学校之间的课程分化——要早于另外一些教育体制；早期分流现象最常见于保守主义福利体制中。在保守主义体制中，职业教育的入学率往往最高，并且该体制通常也鼓励教育系统进行更细致的机构分化（Estevez-Abe, Iversen, & Soskice, 2001; Hega & Hokenmaier, 2002; Horn, 2007）。

体制理论之所以受到欢迎，部分原因是近年来学者们能够获取到相关调查数据集。这些数据集源自联合国教科文组织、联合国和经合组织编纂的各国统计数据汇编，收集了众多国家的教育等效信息。在处理教育及其他政策领域的问题时，不同的福利体制会采取不同的应对方法。因此，借鉴体制理论的学者们可以通过比较统计数据来比对这些方法。运用福利体制理论的学者们非但没有去确定教育扩张是否存在普遍性的全球逻辑，反而对教育体制结构以及教育结果不平等进行国际对比，然后试图将找出的差异与不同的政府福利体制类型桥接起来。

明白了这些理论框架后，现在我们来讨论一下本书的各个章节。

在第2章中，克里斯蒂安·考克斯（Cristián Cox）首先对1990—2006年间拉丁美洲各国教育体制发生的变化进行了概述和分析。尽管该地区各国政府的政治取向存在重要差异，但各国一直广泛致力于推动教育扩张和教学质量的提高。教育改革既是拉丁美洲地区经济发展议程中的组成部分——致力于提高每个国家的全球竞争力，也是社会议程的一部分——将弱势群体融入民族国家之中，并提高社会贫困阶层的公民参与度。考克斯提出了两个术语：全纳性公平（equity as inclusion）是指体现在受教育年限上的教育机会和公平性；公正性公平（equity as fairness）指的是，在学位获取和技能获得方面,所有社会群体在教育机构中享有机会平等。

考克斯首先对反映拉丁美洲国家教育和收入不平等水平的发展指标进行了分析。他注意到,一国中的收入不平等与教育不平等水平之间并不存在简单的联系或者关联。这是一个令人震惊的重要发现,因为一些学者认为,一国教育机会的不平等在很大程度上反映了经济不平等的总体水平。考克斯发现,拉丁美洲国家的情况并非如此。

他根据迥然不同的教育扩张议程,将拉丁美洲国家分为两组。其中一组拉丁美洲国家(主要由安第斯国家和一些中美洲国家组成)更贫困、农业化程度更高,只有不到三分之一的人口完成了中等教育。考克斯认为,这些国家的关注点一直都放在全纳教育议程上——首次将大量人口吸纳入学校体系之中。接下来,考克斯分析了另一组拉丁美洲国家,这些国家较为富有,只有一小部分人口生活在农村地区,并且中等教育完成率也较高。他认为,后面一组国家正面临公正议程。这些国家把重点放在了教育体制内部,关注教育机会和学业成绩上存在的阶级差异和收入差异。

教育投资是全纳教育议程的重要关注点:如今,儿童的入学比例大大提高;受教育年限也在增加;男童与女童的入学人数相当;城乡入学差异已经大大缩减。

即便如此,考克斯还是对该结果感到悲观。在拉丁美洲,家庭背景仍然对办学质量、学生的技能测试得分、高等教育升学、通过高等教育取得成功等领域产生强大影响。比如,拉丁美洲国家内部不同家庭背景的学生在一些国际教育测试的得分上表现迥异,诸如国际学生评估项目(Program for International Student Assessment,简称PISA)[1]和国际数学与科学教育成就趋势调查(Trends in International Mathematics and Science Study,简称TIMSS)[2],其差距之大远远超过其他经合组织国家。因此,即使在拉丁美洲最富有、城市化程度最高的国家中,公正议程依然有待完成。

如上文所述,考克斯的研究方法与体制理论形成鲜明对比。考克斯对吸纳议程和公正议程的划分在很大程度上反映了国家间在国民生产总值和城市化上的差距。他并没有发现拉丁美洲的国别政治结构对教育扩张起到了决定性作用。

安东尼奥·S·A·吉马良斯(Antonio S. A. Guimarães)(第3章)以巴西为例,研究了巴西的教育公正或公平现状,着重探讨了名牌公立大学的入学情况,尤其是精英

---

[1] PISA 是一项由经济合作与发展组织统筹的学生能力国际评估计划。主要对接近完成基础教育的 15 岁学生进行评估,测试学生们能否掌握参与社会所需要的知识与技能。——译者注
[2] TIMSS 是由国际教育成就评价协会发起和组织的国际教育评价研究和评测活动。主要测试四年级和八年级学生的数学与科学学业成绩,以及达到课程目标的情况。——译者注

的圣保罗大学(University of São Paolo,简称 USP)。一直以来,巴西都对其高质量的联邦与州属公立大学引以为豪。众多社会部门的年轻人——无论是精英阶层还是贫困阶层——都渴望进入这些大学。但是,录取竞争非常激烈,录取与否取决于学生的入学考试(Vestibular)分数。社会地位与经济条件俱优越家庭的子女通常在私立高中就读,在入学考试中往往取得良好成绩。阶级背景较低下的学生在入学考试中取得的成绩往往差于前者,于是在圣保罗大学中所占的席位也少于前者。

最近为改善贫困学生(尤其是黑人学生)的录取机会,政府与圣保罗大学推出了若干政策。吉马良斯对这些政策进行了评估。作为肯定性行动的一种体现,其中一个最新政策规定:公立学校的学生若报考圣保罗大学,那么就在他们的入学考试总得分上再额外加分 3%。另一政策则是向毕业于公立高中的学生发放联邦补助,以使他们有能力上大学。最后,圣保罗大学在圣保罗市的一个较贫困地区建立了一个新校区,由此扩大了招生名额。

吉马良斯自行梳理了不同的政策变化所产生的影响。从公平的角度来看,长期趋势并不乐观。1980 年,绝大多数参加圣保罗大学入学考试的学生都来自公立高中;随着时间推移,这一比例已经下降。吉马良斯认为,这反映了公立高中教学质量长期以来不断恶化;公立高中学生报名参加该校入学考试的概率变小了,而且通过考试的概率也变小了,相反,他们通常会申请录取标准不太严格的私立或其他公立大学。

尽管长期趋势不乐观,但圣保罗大学仍然取得了一些令人鼓舞的最新进展。这些进展可大致归因于政策转变:例如,在 2000 年,通过入学考试的学生中只有 6% 是黑人;截至 2007 年,这一比例已经上升到了 11.8%。圣保罗大学中来自公立高中的学生比例也有所提高。在把这些最新成果同具体政策结合起来分析之后,吉马良斯总结道,对入学考试中需要帮助的学生进行加分可能并不是黑人学生取得教育进步的原因。更为重要的原因则是圣保罗大学在圣保罗市贫穷地区进行的地理扩张。这一扩张引起了申请该校的当地学生人数出现激增,由此,该校的种族多样性和阶级多样性都有所扩大。

吉马良斯总结说,虽然近些年来圣保罗大学的种族和阶级多样性有所改善,但是,该校致力于提高公平的肯定性行动政策并未真正落实到最需要的学生身上。迄今为止,圣保罗大学在录取政策上的变化还算温和。因此,在最弱势的群体中,渴望上大学的学生不得不进入圣保罗市内其他不那么著名的大学。

吉马良斯所著章节的一个理论贡献是,旨在减轻社会不平等、扩大教育机会和提高种族包容性的相关政策能否取得成功,在很大程度上取决于政策实施的细节以及当地的具体情况。圣保罗大学试图通过肯定性行动提高种族包容性,可是,其取得的温和积极结果,与其说是对入学考试分数进行有计划的干预调整造就的连带后果,还不如说是圣保罗大学分校区的地理位置带来的意外好处。

马尔科姆·科斯维尔(Malcolm Keswell)(第4章)也讨论了教育不平等和种族不平等发生的变化,但他的研究对象是另一个多种族社会:后种族隔离时代的南非。在旧的种族隔离体制下,南非黑人的教育机会极为有限,最好的工作都留给了白人。于是种族之间产生了巨大的收入差异:白人雇员的平均工资是黑人雇员的五倍多。自1994年种族隔离制度废除以来,该国已经做出了相当多的努力来减轻教育不平等和种族不平等,比如,国内大学向所有种族背景的学生敞开了校门,以及确保雇主在专业技术性职位和管理类职位上雇佣非白人员工。

尽管发生了上述变化,但科斯维尔依旧指出,南非黑人中受教育程度最低的群体仍然面临严峻的经济状况。平均而言,自种族隔离制度结束以来,黑人的工资有所增加,白人的工资有所减少。尽管如此,日收入低于2美元的劳动力比例依然出现大幅增加,从种族隔离制度结束时的36%增加到目前的52%。约有一半的南非人口处于未就业和贫穷状态。

借助固定样本调查数据,科斯维尔对全职员工和临时工的工资数据进行了计量分解。他的目标是依据受教育程度、工作经验年限和教育质量等因素,将组成种族间工资差距的要素分离出来,并对比"纯净种族效应"产生的种种"要素禀赋"之间的差异。人们通常认为"纯净种族效应"源于种族歧视。

科斯维尔分析得出的图景比较复杂。在后种族隔离时代的南非,黑人在教育年限完成方面依然落后于白人,平均落后四年。黑人与白人之间的受教育差距大大减少了南非黑人的就业机会。

接下来的第二个问题与教育的工资回报有关,工资回报率在受教育程度对等的白人和黑人之间并不相同。20世纪90年代初,每个种族群体的教育回报率虽然接近,但仍受到"纯净种族效应"的巨大影响——也就是说,无论受教育水平高低,收入中还是会出现种族歧视。近期内形势发生逆转:纯净种族效应的影响急剧减小。相反,在南非黑人和白人之间,教育收益浮现出了巨大的差异。南非黑人每个教育年限的薪酬回报为7%,而白人的回报却高达43%。科斯维尔的研究结果显示,教育回报中的种族差距普遍存在、不分性别,它与教育平等中的种族差异之间不存在因果关系。

总之,教育机会中的种族不平等现象存在已久,南非并非孤例。但就在最近,南非的种族不平等却关乎能力不平等:黑人和白人在找寻工作时将教育资历转化为合理薪酬的能力却不相同。在南非,随着一种形式的种族不平等走向消亡,另一种却取而代之。

第 5 章接续了上一章的主题,继续研讨教育在维持社会不平等方面所起的作用,申光永和李炳勋对韩国的社会阶级和教育进行了分析。韩国的教育体制非常特殊:该国的名牌大学入学竞争可能是世界上最激烈的。为了上大学,学生和家长很早就开始运筹帷幄,通常的做法是想方设法进入教学质量优等的小学、初中和高中。虽然国家为顶级学校提供了部分经费,但大多数学校都是私人管理并收取学费的。此外,超过一半的韩国家庭为子女报名了昂贵的私人课外辅导课程,为大学入学考试做准备。

无论校内校外,韩国学生都将大量时间花在学习上,因为他们明白,大学入学考试成绩将决定自己会被哪所大学录取。最终,大约有 85% 的韩国高中生将进入各类学院或大学学习。然而,大学的声望同样至关重要。因为,韩国公司往往录用最负盛名大学的毕业生。因此,韩国人之间的教育竞争极为激烈,因为教育既是通向一份好工作的途径,也是社会地位和自尊的主要来源。

申光永和李炳勋的研究考察了韩国学生的升学路径,他们将之形容为"无声的阶级战争"。韩国学生面临的第一个十字路口是:上学术性高中还是职业高中;第二个十字路口是:报考学院还是大学——后者比前者更有声望。两人发现,依据家庭的社会阶级,除了可以预测父母的教育水平之外,还可以预测子女的受教育历程。若保持父母教育程度不变,那么与资产阶级、小资产阶级和工薪阶级相比,中产阶级家庭的子女更有可能去上学术性高中,接着去上大学而不是学院。在韩国的"无声阶级战争"之中,中产阶级似乎是教育竞争的优胜者。

由于这些发现不仅记录了体力劳动者子女在接受高等教育过程中经历的不利局面,还揭示了在预测子女受教育程度方面,父母的社会经济地位继续发挥着重要作用,所以这些发现与借助 MMI 理论对韩国所做的前期研究成果大体一致(Park, 2007; Arum et al., 2007: 27)。但是,MMI 理论却无法预见到申光永和李炳勋的如下发现:在学术性高中和大学的入学方面,韩国的中产阶级家庭子女将会胜过来自资产阶级和小资产阶级家庭的学生。

为什么中产阶级学生能在高等教育的入学竞争中更胜一筹呢?是物质上的优势导致的吗——能够负担得起子女去上更好的学校并接受课外辅导?还是子女在成长

过程中从高学历父母那儿学到的文化知识和技能起到了决定性作用呢？研究人员已为这些问题争论了数十年，学术文献中也尚无共识。然而，以色列的两位研究者亚科夫·基利波（Yaakov Gilboa）和摩西·贾斯特曼（Moshe Justman）在第6章中创造性地提出了一个解答这个难题的方法。

基布兹（kibbutz）是以色列的一个独特组织形式——乡村公社或村庄，内部成员的平等意识和集体观念极强，私人财产被减少到最低限度，所有孩子享有平等的教育投资。在婴儿出生几个月之后，他们就被送到基布兹的托儿所，随后转入幼儿园，再后来进入基布兹的学校教育体系。因此，很多孩子的教育和社会化进程都依赖公社而非核心家庭。平均来看，基布兹对学校的投资力度很大。与体系之外的以色列人相比，基布兹内的孩子获得了更长年限的教育。

基布兹的实践为学者们分析父母的优势对子女教育成就的影响提供了一种自然实验样本，这是因为在一个既定的社区中，虽然父母们的受教育程度不同，但是子女们却接受了类似的学校教育和教育上的其他物质投资。基利波和贾斯特曼获得了以色列学生的全国大学入学考试成绩，这些学生中既有出身基布兹的，也有该体系之外的。他们分别研究了这两组学生中父母教育和子女考试成绩之间的相互关系。

他们发现，在基布兹体系中，父母教育和子女学业成绩之间的关联性远远低于该系统之外的关联性。也就是说，如果子女能够平等地接触到教育物质资源，那么父母教育对其学业成绩的影响就会大大减小：在基布兹体系中，父母教育和子女学业成绩之间的关联性大约只有其他以色列人的一半。

这意味着，在整个以色列社会中（除基布兹以外），中产阶级子女获得的一些优势是物质上的不平等带来的：相比于不富裕的家庭，富裕家庭能为子女寻找更好的学校，并为他们进行各种各样的教育强化投资。但是，基利波和贾斯特曼计算出，在学历更高的父母传递给子女的优势中，只有约三分之一可归因于物质或经济优势。在所观测到的家庭优势中，另外的三分之二大概源于智商、语言和认知技能以及从父母那里获得的文化资本等因素的结合。

李春玲（第7章）着眼于另一种自然实验，以中华人民共和国为研究对象，考察了经济大转型时期社会阶级和大学入学之间的关系。入学考试是中国大学招录学生的主要机制。然而，在新中国成立初期，共产党制定了诸多政策，帮助农民家庭和工人家庭的子女（与共产党员的子女一道）进入高等院校，同时限制那些在前共产主义时期曾属于地主和资产阶级的家庭的子女接受大学教育。李春玲指出，这项政策执行了许多年,大大增强了前弱势阶级的教育前景。但是,她的分析也表明,随着中国经济的自由化,大学体系内的阶级平衡发生了戏剧性的扭转。在最近一段时间,上层阶级和中产阶级家庭的子女接受教育的机会得到了大幅度的提升,而农民家庭和工人阶级家庭的子女如今在高校入学方面却处于劣势地位,正如他们在革命之前那样。

李春玲的研究显示,教育机会与教育成功上的阶级差异易受公共政策的抉择以及政治体制本质的影响。只要在教育质量上存在巨大的地区差异和学校等级差异,只要每个家庭拥有的教育资本和文化资本存在不同,只要国家政策看重高等教育入学考试,那么就会出现以阶级为基础、有利于富裕家庭的巨大不平等现象。然而,只要任何政府像中国政府曾做的那样,出于政治考量而实行了补偿性政策或者肯定性行动政策,那么,上述模式就会被逆转,结果社会弱势阶层便能从中获益。

对于教育获得在当今中国的阶级动态,黄绮妮(第8章)通过对中国香港的"中产阶级输家"进行定性研究,提供了更多洞见。虽然中国的富裕程度不断加深,但是政府当局还是试图限制公立高等教育的增长速度。尽管如此,适龄学生的大学入学率还是从20世纪70年代的20%增长到近些年的60%左右。可增长速度依旧赶不上需求:在富裕地区,很多想上大学的学生未被大学录取。香港已有三所大学设立了私立社区学院,颁发副学士学位,为那些因考试分数太低而无法进入公立大学体系的学生提供了"第二次机会"。在这些蓬勃发展的新型教育机构里就学的学生大都来自富裕家庭,因为他们能支付得起按中国标准来算很高昂的学费。

黄绮妮在采访了一些"中产阶级输家"后发现,他们在情感和心理上都承受着巨大痛苦。他们已认可了一种成就意识形态——考试体制对更聪明、更努力学生的奖赏是公平合理的;因此自己在这种考试体制内的失败让他们感到羞耻。由于同龄人和亲戚们都通过了考试,并进入公立大学,这些学生觉得在自己的社交圈中受到公然羞辱。在羞耻之外,这些学生更感到内疚,因为他们知道,父母为了给自己营造一个良好的教育环境已经付出了很多,而现在,为了将自己送到这种学费高昂而名气还不高的学院,父母更是负债累累。从文化层面来说,这些学生不仅辜负了自己,也辜负了他们的家庭。因此,黄绮妮强有力地证明了,以往的学者忽略了教育程度中阶级差距的情感维度。不仅分层化的教育体制会创造出赢家和输家,而且不同阶级背景的学生对于高等教育的主观反应也不尽相同。

卡伦·罗布森(Karen Robson)(第9章)也着眼于这场教育竞赛中的"输家",对欧洲受教育程度最低的年轻人进行了比较研究。在欧洲,约10%的离校者"不升学、不就业、不进修或参加就业辅导"(Neither in Education, Nor Employment, Nor Training,简称 NEETs)①。欧洲学者和政策制定者对啃老族(NEETs)年轻人极为关注,因为他们似乎被社会所排斥——不升学、不就业、不求上进。

绝大部分啃老族年轻人来自社会经济地位较低的家庭,在这样的家庭中,父母的受教育程度以及父母对子女教育的关注度都很低。关于啃老族是否无可奈何地陷入这种状态,或者一部分啃老族是否主动选择不就业、不进修、不升学,学术界尚存在争论,也未得出结论。

罗布森换了个角度,提了另一组问题:啃老族在向成年过渡时止步不前了吗?这是不是他们重返职场之前的一个短暂停顿呢?不同福利体制内的啃老族人数不同吗?她利用体制理论,作出了如下假设:一是,社会保障网络最少的亚保护型福利体制(比如希腊、西班牙和意大利等国)将会面临长期啃老所带来的最糟糕情势;二是,北欧国家推行的普遍主义体制会为啃老族提供资源,从而尽量减少啃老状况,帮助这些年轻人走向工作岗位。她猜测,其他体制类型(英国和爱尔兰的自由主义福利体制,以及法国、德国和荷兰等国家的以就业为中心的福利体制)将介于这两个极端之间。

涵盖七个国家的欧洲住户调查数据并不支持以上基于体制理论的假设:调查结果显示多种情形混杂出现。南欧亚保护型福利体制中的啃老族现象并不像预料中的那样最严重。相反,英国啃老族人数占人口比例(9.8%)约为实施以就业为中心福利体制国家的两倍。一些国家虽然实施以就业为中心的福利体制(比如德国),但其啃老族人数比例也要高于一些实施亚保护型福利体制的国家(比如西班牙和葡萄牙)。此外,随着时间推移,一国中啃老族的存续模式与福利体制类型之间表现出一种松散的关系。英国有很多啃老族,但随着时间推移,其人数减少的幅度也最大。法国和德国推行的福利体制类型通常被划为一类,然而这两个国家的啃老族存续模式大不相同。然而,调查数据更为支持从体制理论得出的其他一些假设。对于以上观察到的复杂模式,罗布森列举了诸多可能原因,包括方法和计量问题。随着最近几波面板数据的搜集,其中一些问题可能得以解决。但是,总的来看,她的发现并不是体制理论的一个成功案例。

路易·肖韦尔(Louis Chauvel)(第10章)继续将重点放在对比研究上,同样使用

---

① 台湾地区音译为"尼特族",大陆地区一般译作"啃老族",本书的译文按大陆习惯统一采纳后一种译法,下同。——译者注

了福利体制理论,但是他的视角的新颖之处在于考量了各国人口的年龄世代(age cohorts)①(是指一群经历过共同社会、政府、历史与经济环境的人),尤其是分析了年龄世代间教育所致收入回报的不平等现象。自第二次世界大战结束到20世纪70年代早期,许多工业化国家的经济得到增长,生活水平也得到普遍提高。随着经济增长放缓,如肖韦尔所展示的那样,对于不同类型的福利体制以及不同的世代或年龄世代来说,大相径庭的决定因素就会开始发挥作用。

在意大利和法国等国,老员工会在很大程度上受到就业保护政策及其他社会政策保护,不会遭受经济放缓的最坏后果。相反,初入劳动力市场的年轻新世代则会受到经济放缓以及随之而来的产业空洞化和全球化等因素的猛烈冲击。年轻世代很难找到一份既有保障、薪金又高的工作;甚至接受过大学教育的职场新人也会感到他们的教育文凭发生大幅贬值。太多受过大学教育的年轻人处于未充分就业或失业状态,以至于这些国家中似乎出现了"过度教育"的危机。总之,在意大利和法国等国家,1955年前出生的员工与此后出生的员工之间,在生活水平和生活机会上出现了巨大的代际分裂,导致了肖韦尔所说的社会"疤痕效应"(scaring effect)——青年遭遇高失业率、高度边缘化、自信心不足,甚至受过良好教育的青年人也是如此。

相比之下,实行自由主义福利体制的国家(如美国)并没有为老一代员工提供保护,以避免经济放缓带来的伤害;自20世纪70年代初以来,裁员解雇、工资滞涨以及其他一些经济压力一直侵害着一大批老一代的员工(Newman, 2008)。这样一来,新老两代劳动力人群都感受到了经济阵痛。因此,与意大利和法国等国相比,美国年轻一代的雇员并未感到就业前景突然暗淡,或者教育文凭的价值骤然下跌。也就是说,自由主义福利体制中的代际分裂程度最小。经济衰退反而明显助长了各个年龄世代内的收入不平等现象——在自由主义福利型国家中,经济赢家和输家之间存在两极分化的现象——并且这一效应会沿着年龄锥体②扩散开来。

而在推行第三种福利体制的北欧社会民主主义国家中,政府通过提高对年轻一代、教育以及技能创造的投资,来应对经济困难时期。这种战略似乎已将代际分裂最小化了,避免了过度教育现象,并且缓和了青年人的失业与社会边缘化状况。

---

① 是指一群经历过共同社会、政府、历史与经济环境的年龄相近者。——译者注
② 亦称年龄金字塔。由自下而上的一系列不同宽度的横柱组成,横柱的高低位置表示由幼年到老年的不同年龄组,其宽度表示各年龄组的个体数或其所占的百分比。——译者注

肖韦尔对法国和意大利劳动力市场中新就业者的过度教育和就业不足的关注,在帕维尔·伯劳斯基(Pawel Polawski)对波兰的研究(第11章)中得到了回应。1990年,波兰从社会主义经济过渡到资本主义市场经济,此后,波兰经历了巨大的经济紊乱。波兰的劳动力总体参与率很低,因为许多受教育程度最低的老年人陷入失业,依靠政府救济过活。失业率起伏波动很大;大量波兰人出境谋求工作,主要去往英国、爱尔兰和德国等国家。

在此期间,教育事业蓬勃发展。部分原因是由于如今受过教育的劳动者的收入远高于体力劳动者。然而,在社会主义时期的波兰,情况并非如此。伯劳斯基指出,在过去,受过第三级教育的波兰人的工资要低于全国平均工资。如今,波兰的工资结构看上去更像其他西方国家:受教育年限越长,工资越高。随着高等教育的回报开始增加,大量的波兰人谋求进入各类学院或者大学接受教育。学院或大学入学人数增加了四倍。收取学费的私立学院开始涌现,甚至连公立学校也开设了收费的校外课程和夜校课程。

伯劳斯基担心,教育的迅速扩张将会产生严重的过度教育和条件过优问题。他指出,迄今为止,比起教育程度较低的员工,大学毕业生挣得更多,失业的可能性也更小,但是他同时也发现了不少预警信号。与本科或者硕士学历相比,大专学历带来的收入要少得多。至少已有一项研究发现,学士学位的回报已经减少。伯劳斯基还指出,高等教育中存在技能不匹配的现象:尽管技师和熟练工存在短缺,而大部分波兰年轻人却在学习社会科学、商务与法律以及人文艺术等科目,而不是技术类科目。受过第三级教育的毕业生的失业率正在上升。波兰人拥有的高等教育入学机会拔高了他们对高薪工作的期望,但是现有空缺职位的工资却达不到这些年轻毕业生的期望值。因此,伯劳斯基总结到,只有当一国的经济发展对受过良好教育劳动力的需求上升时,高等教育的扩张才是明智的。如果波兰培养出过量的高校毕业生,或者提供的高等教育类型不能帮助学生找到好工作,那么它就是在自找麻烦。

费奈拉·弗莱施曼(Fenella Fleishmann)和雅普·庄科斯(Jaap Dronkers)(第12章)研究了欧洲十三个国家中第一、二代移民的经济融入问题,分析了决定成功融入的几个可能因素,包括移民自身及其父母的受教育程度。他们也对如下假设进行了测试:政府的福利体制类型不同,其融合移民的能力也有所不同;移民的原籍国和目的地国影响了他们在就业和职业地位等方面的融入。

他们发现,总体看来,移民者自身的教育成就及其父母的受教育程度都会影响到自己的经济融入。也就是说，自身与家庭的受教育程度越高，移民融入的成功率就越大。但是，还有一些因素也极大地影响了移民的融入度。原籍国是其中之一：比如，在欧盟国家中，来自东欧和中亚地区移民的融入程度就低于来自西欧国家的移民。移民接收国的福利体制也影响着移民的融入：与自由主义福利体制（如英国和爱尔兰）和保守主义福利体制（西班牙和意大利）相比，在社会民主主义福利体制中，移民的融入成功率最高。在同等情况下，与非穆斯林移民相比，穆斯林移民的经济融入度更小，教育回报率也更低。

总之，对于移民成功融入与否，移民家庭的教育背景和第二代（欧洲出生）移民的教育成就二者都是重要的预测因子。与此同时，许多其他非教育因素（包括福利体制类型）同样决定着移民的命运。

安吉尔·L·哈里斯（Angel L. Harris）（第 13 章）重点研究了教育不平等的另一方面：年轻男性和年轻女性在受教育程度上的差距。哈里斯指出了一个看上去自相矛盾的说法：在薪酬方面，教育给女性带来的薪酬回报要低于男性。尽管如此，在一些国家，接受教育的年轻女性人数比年轻男性更多，文凭获得率也更高。从理性选择理论视角来看，这是自相矛盾的：因为根据该理论，如果年轻女性从教育中获得的收益比年轻男性少，那么她们对自己的教育投入也应该少于而不是超过男性。一些学者试图借助"波丽安娜假说"来解释这一明显矛盾——该假说是指，年轻女性并未感知到自己的文凭在经济上得不偿失，并在不知不觉地中继续热切求学。

哈里斯使用美国马里兰州有关青少年受教育程度的数据资料，对波丽安娜假说进行了测试，最终发现该假说缺乏实证效度。在哈里斯的研究中，年轻女性都很清楚，身为女性，她们将面临经济上的歧视。（事实上，她们感知到的性别不平等比男性发现的要多得多。）尽管如此，年轻女性在教育方面的投入还是多于同龄男性：她们在作业上投入更多的时间，在学业问题上寻求帮助的可能性更高，并且更加积极地参与会社之类的学校活动。

因此，这种反常现象或者悖论仍旧存在。年轻男性在劳动力市场上获得的教育回报要比年轻女性大；虽然后者对这一不平等有着清醒的认识，但是她们对教育的投入仍然要多于同龄男性。

结论

对于以上这些国际性研究,我们可以从中得到哪些可资借鉴的经验呢？其中一个经验是,虽然世界各地都几乎出现了教育扩张,但就其效果而言,教育增长极不平衡。每个国家的教育扩张都已对各自的劳动力市场、经济不平等以及代际命运产生了不同的影响。在一定程度上,这些差异反映了各国经济命运的变幻莫测,但更重要的是,教育影响的不同反映了各国福利体制的不同之处,以及各国教育机构扩张的具体细节。教育体制内嵌在国家的政治和经济背景之中。因此,在评估任一者的社会影响时,这三个领域的相互作用显得极为重要。

尽管如此,我们还是观察到一些共同点或者全球趋势。通过以上所有的国别研究可见,对于一国相当一部分人口（人数仍在不断增长）来说,受教育机会——尤其是高等教育的机会——已经成为一条促进个人经济流动性的最重要途径。这也促使越来越多的人要求国家扩大教育机会。即使在像中国这样的中央集权式体制中,统治精英也已经在一定程度上扩大了招生规模以迎合这种需求。然而,实行教育扩张的成本并不低。如果政府允许私营部门设立高等教育机构,以此作为对国家保障型高等院校的补充,那么如下情形就会经常反复出现。

一方面,以学费为导向的私立高等教育会蓬勃发展；另一方面,私立营利性教育会逐步渗透到初等教育、中等教育阶段,以及诸如应试辅导和课后辅导等辅助性教育活动之中。教育已经成为一门重要产业,这无疑有助于满足人们对教育机会的高涨需求。但是,将教育当作私人服务出售给学生及其家庭会加剧原有的阶级和收入不平等。即使高等教育免费,并且严格依照学业考试成绩录取学生,中产阶级和上层阶级子女的入学机会更大,毕业也更加顺利。已有研究证明了这一点。此外,一旦受教育机会与支付能力挂钩,那么阶级差异就会被急剧放大。

差异化教育机构的出现,尽管具体表现形式在各国有所不同,成为其中一种应对方式。这样,富裕家庭的孩子更可能就读精英院校,而下层阶级的孩子大多进入不那么有名的院校；或者,富裕家庭的孩子就读全日制院校、攻读更高的学位,而家境较差的孩子则就读非全日制院校、修习短期课程。另一种常见适应性措施是学生的国际性流动：由于在本国遭遇入学困难,越来越多的富裕家庭把子女送出国,尤其是送到说英语的国家。随着高等教育成为一种全球性产业,有钱人即使在本国受阻,也能为自己的后代在别处找到受教育的机会。

　　总的来说,本书呈现的研究表明,最近以来的教育扩张一方面为社会低下阶层向上爬升提供了一个重要途径,另一方面也维持着甚至放大了现有的社会不平等现象。因为教育已经成为人与人之间以及阶级之间的竞争项目,由此既产生了赢家也创造了输家。本书的几位撰稿人提醒我们注意:对于未接受过高等教育的年轻人来说,如果同龄人(或者所处国家)的学历文凭层次越来越高的话,那么他们所承受的不利形势也会越来越恶化。在教育扩张的时代,如果有人因为家境不好、缺少才能或进取心,而未能完成某一层次的教育,那么他/她的经济机会就会日益萎缩。教育已经成为产生社会排斥的重要机制,这一机制不仅适用于来自贫困家庭的年轻人,也适用于在学业竞赛中失败的中产阶级输家。关于激烈教育竞争所造成的心理和情感伤害,相关研究才刚刚开始。

　　过去几十年来所发生的教育扩张还能持续下去吗?在这个重要的终极问题上,我们的几位撰稿者意见不一,因为他们各自国家的经验各不相同。一些撰稿人论述道,学业扩张可能会超出国家经济吸纳新毕业生的能力,接下来会导致过度教育,学历通货膨胀,受过良好教育群体的失业率和就业不足率升高,以及年长世代和年轻世代之间不同的经济命运。而在其他国家(尤其是美国),学者们的担忧恰恰与之相反:教育扩张的显著放慢会危及未来的经济增长。这一问题将留给未来的研究来解决。

注释

1. 联合国教科文组织撰写的世界教育指标方案(World Education Indicators Program)报告涵盖了19个所谓中等收入国家的统计数据:阿根廷、巴西、智利、中国、埃及、印度、印度尼西亚、牙买加、约旦、马来西亚、巴拉圭、秘鲁、菲律宾、俄罗斯联邦、斯里兰卡、突尼斯、泰国、乌拉圭和津巴布韦。总体来说,经合组织国家比上述国家更富有。同样富有的经合组织成员国还包括澳大利亚、奥地利、比利时、加拿大、捷克共和国、丹麦、芬兰、法国、德国、希腊、匈牙利、冰岛、爱尔兰、意大利、日本、韩国、卢森堡、墨西哥、荷兰、新西兰、挪威、波兰、葡萄牙、斯洛伐克共和国、西班牙、瑞典、瑞士、土耳其、英国和美国。
2. 一些学者辩称,在受教育程度最高的国家,教育扩张的势头似乎正在衰退。比如,卡内罗和赫克曼(Heckman, Kreuger, & Friedman, 2004)声称,当代美国人的受教育年限要少于上一代,这是有史以来的第一次。当然,这一论断尚存在争议。政府数据显示,在1996—2006年间,美国学位授予机构的入学率增长了23%,而2006—2017年间的增长幅度预计在9%到16%之间(NCES, 2008:8)。上述教育增长率超过了美国人口的增长速度,这意味着进入大学的美国人口比例比以往任何时候都要大——这恰恰与卡内罗和赫克曼的观点相左。可以确定的是,自20世纪70年代以来,美国的教育扩张速度明显下降,并且在大学入学率方面，美国已经不再处于国际领先地位；如今，一些国家的高校在校生占青年人口比例要高于美国（Goldin & Katz, 2008）。

3. 平均而言，经合组织国家的教育支出总额中超过 90% 由公共财政支付，但是，私人支出占高等、第三级教育支出的比例越来越大：由一些斯堪的纳维亚国家的不到 5%，到美国的 65%，再到韩国和智利的 75% 以上（OECD, 2008：242）。

4. 如今，经合组织国家的教育支出平均占国民生产总值的 6.1%，其中约有三分之一花在第三级或高等教育上；美国的教育支出占国民生产总值的 7%，其中 40% 投在高等教育上（OECD, 2008：226 - 227）。

5. 许多国家都有一个公认的名望排行榜，对高等院校的声望进行排名，这种做法有时候是有历史先例的。假如原本就资源富足的教育机构在得到私人捐赠或者政府资金倾斜后变得越发富有，那么上述差异就会固化。公开发布的大学排行榜往往吸引着最富有学术竞争力的学生报考"最好的"大学，而最抢手的高校也对生源和教职工素质更挑剔。这样一来，机构"质量"的不平等就成为了一个自我实现的预言，并且随着时间推移，这种不平等将会继续延续下去，甚至加剧。少数几个国家企图抵制这一现象的发生，并力图在高等教育机构间保持平等；德国和荷兰就是两例。正如泰希勒（2007：257）指出的那样，自 20 世纪 60 年代以来，欧洲高等教育的增长促进了众多新型第三级教育机构（比如：法国的大学科技学院（Instituts Universitaires De Technologie，简称 IUT）；德国和奥地利的应用科学大学；英国的理工学院）。这进一步加剧了高校声望排行的复杂程度。

6. 虽然美国许多中产阶级家庭将子女送到坐落在当地富人区、口碑良好的公立学校就读，但是一些精英家庭则将子女送到位于私人住宅的"预备学校"就读，因为这些学校的毕业生被常春藤院校大量录取。近几十年来，预备学校逐渐发现，将本校毕业生送入常春藤院校变得愈发困难（Powell, 1996）。

7. 相比之下，法国和意大利的公立大学则对本国学生和国际学生收取等额的学杂费。斯堪的纳维亚地区的大学是个例外，因为它们对本国学生和国际学生均不收取学杂费（OECD, 2008：356）。欧盟成员国内的大学通常对本国学生和来自其他欧盟成员国的学生收取同样的学费。

8. 美国则同时存在两种情形：一方面，州立大学为是否向非本州学生收取更高学费而内心挣扎不休，另一方面，每个州的公民都试图让自己的子女垄断本州公立高等教育中的席位。随着每个州对高等教育的预算支持已降至历史最低水平，这些冲突变得愈加突出，因此，州外学生提供的"硬通货"变得越发宝贵起来。

2
拉丁美洲的教育不平等
模式、对策与问题

克里斯蒂安·考克斯

拉丁美洲是世界上收入不平等程度最高的地区之一，而依照国际标准，该地区的教育不平等程度处于中游。这两种不平等的产生都有其深厚的历史根源，并且其背后的当代经济、社会和政治体制与势力不仅经久不衰而且非常强大。如今，人们认为，帮助弱势群体接受更多的优质教育至关重要，原因不仅在于为了道德目的——促进公民权与社会融合，也是为了弥补经济竞争力中已流失的潜能（ECLAC-UNESCO，1992；World Bank，2005）。在过去的15年中，为了实现上述两个目的，拉丁美洲地区推行了诸多改革，致力于建立更公平的教育机构和教育进程，并最终转变了该地区教育变革的政治经济。虽然拉丁美洲国家的政治色彩各异，但各国皆将教育视为变革和增长的战略重点；其直接结果就是，在1990年至2006年之间，该地区的教育行动主义达到历史最高点。大多数政府大幅度增加了教育投入，推进体制和课程改革，制定优先考虑弱势地区或群体的计划，并将提升教育质量和教育公平性作为驱动目标和评价标准。这些政策不仅影响到教育覆盖面——在整个20世纪，教育覆盖面始终是国家教育行动的主要重点，也触及体制和课程安排。

在拉丁美洲地区，一方面，各种不平等持续令人瞩目；另一方面，各国政府继续推进致力于减少这些不平等的政策。在这样的背景下，我们着眼于以下问题：第一，拉丁美洲地区不同国家之间在收入和教育不平等方面有何差异，这两者的关系模式为何。第二，在所考察的时段中，各国关键政策的连续性处于何种情形，以及它们与不平等问题是如何关联的。为了弥合教育领域数量与质量之间的差距，这些政策在不同社会经济团体之间有所取舍吗？第三，不平等问题的哪些方面（如果有的话）受到了1990—2006年间所制定政策的影响？影响达到何种程度？

"公平"指的是资源和机会分配过程中的正义和公正——归根结底，它的评判标准是基于道德考量，其根源可追溯至宗教和古典哲学。和所有重要的规范性概念一样，"公平"的含义随着群体与历史、国别、甚至学科的变化而变迁。至于政策框架，我们将公平标准视为公共行动中的定向原则——旨在实现机会平等，并确保任何先决境况（性别、种族、出生地和家庭出身）、所属社会群体以及其他经济、社会和政治群体都无法决定一个人的机会和成果（World Bank，2005）。

现如今，教育领域的辩论和政策制定主要围绕三种公平：（1）公平的受教育机会，或接受正规教育的机会不受阻碍；（2）教育内部的公平，或教育过程中的机会平等；

(3)着眼于结果或者能力获得的机会平等(Reimers,2000;García-Huidobro & Eduardo,2005)。以上三者的关系存在明显的高下之分:结果公平的要求最苛刻,另外两种形式的公平是它的前提。在本文中,按照以上的分类方法,我们描述和分析了拉丁美洲的教育政策以及各种教育不平等模式的演化,并区分出了:(1)"全纳性公平",指的是教育领域中第一级别的机会平等——即,在学业完成方面,教育获得和教育参与的机会平等;(2)"公正性公平",指的是教育过程和教育结果中的机会平等(OECD,2007b)。

  本章第一部分概述了拉丁美洲地区教育不平等现象的总体情况,比较了该地区收入不平等的状况,并对各国之间目标层次不一的不同发展议程进行了区分。第二部分描述了在1990—2006年间,拉丁美洲地区教育改革的主要组成部分,并讨论了在教育的社会分配过程中,这些要素对不平等现象的历史模式各自施加的影响。第三部分通过评估教育机会扩张在不同世代、不同社会经济群体间的表现,并按照国别和社会类别,分类研究了有关教育年限和学业完成程度的现有数据。第四部分描述了六个拉丁美洲国家中的学习成果,并分析了学习成果同社会经济因素和体制因素之间的联系,同时选取若干经合组织国家与上述六个国家展开比较。从而,我们得以依据结果的公平性来评估该地区的教育结构。最后一部分回归到政策问题。

拉丁美洲的收入、教育和不平等水平

  尽管拉丁美洲的历史和文化存在连续性,但在经济和教育发展水平以及不平等程度方面,拉美国家之间有着显著的差别。

  表2-1显示了18个拉美国家的人均收入和平均受教育年限。玻利维亚的人均收入最低,为2 399美元(按2001年美元的购买力平价①计算);阿根廷的人均收入最高,为12 174美元;平均受教育年限从洪都拉斯的5.55年上升到阿根廷的10.33年不等。

---

① 购买力平价的英文表述为Purchasing Power Parity,简称PPP。在经济学上,这是一种根据各国不同的价格水平计算出来的货币之间的等值系数,以对各国的国内生产总值进行合理比较。——译者注

表2-1 拉美国家的人均收入和平均受教育年限

	人均GDP，PPP（按2000年国际定值美元计算）	平均受教育年限 1999—2001
阿根廷	12 174	10.33
智利	9 115	10.27
墨西哥	9 046	7.78
乌拉圭	8 782	9.41
哥斯达黎加	8 621	7.90
巴西	7 301	8.38
多米尼加共和国	6 411	7.47
哥伦比亚	6 244	7.19
巴拿马	6 164	9.52
委内瑞拉	5 685	8.29
秘鲁	4 723	8.76
萨尔瓦多	4 594	6.56
巴拉圭	4 553	7.26
危地马拉	3 974	4.58
厄瓜多尔	3 373	8.12
尼加拉瓜	3 278	5.57
洪都拉斯	2 506	5.55
玻利维亚	2 399	7.63

资料来源：World Bank，2006，2005，Table A4。

表2-2列出了拉美国家的收入基尼系数和教育基尼系数。值得注意的是，在几乎所有国家中，收入基尼系数和教育基尼系数之间似乎不存在直接一致性。唯有尼加拉瓜是个例外，该国的教育基尼系数一直低于收入基尼系数。当然，这是两个不同的动因，其中教育的可塑性似乎更强，而且教育的发展一般要领先于劳动力市场和社会的发展。对于世界银行来说，"接受的教育趋同，而收入却不相同，这种脱节意味着教育没有转变为人力资本，人均受教育程度的提高只是员工人均产出增长的一小部分原因"（World Bank，2005：68）。表2-2(第6栏和第7栏)与我们的关注重点密切相关，该表同样显示，该地区性别间不公平程度较低。事实上，在20世纪80年代，拉丁美洲

表 2-2 拉丁美洲收入和教育不平等量化数据

	收入			教育		所占份额	
	年份	基尼指数	90/10百分位数比	年份	基尼指数	地理位置	性别
阿根廷-U	2001	0.51	13.71	2001	0.22	—	0.00
玻利维亚	2002	0.58	29.65	1998	0.38	0.16	0.2
巴西	2001	0.59	16.25	2001	0.39	0.01	0.00
智利	2000	0.51	10.72	2000	0.23	0.08	
哥伦比亚	1999	0.54	15.00	2000	0.36	0.13	0.00
哥斯达黎加	2000	0.46	9.65	2000	0.30	—	0.00
多米尼加共和国	1997	0.47	9.17	2002	0.38	0.04	0.00
厄瓜多尔	1998	0.54	16.09	1988—9	0.33	0.12	0.00
萨尔瓦多	2002	0.50	15.88	2000	0.45	0.13	0.00
危地马拉	2000	0.58	16.81	1998—9	0.54	0.07	0.01
洪都拉斯	1999	0.52	11.72	2001	0.45	0.11	0.00
墨西哥	2002	0.49	11.87	1999	0.34	0.09	—
尼加拉瓜	2001	0.40	6.52	2001	0.49	0.13	0.00
巴拿马	2000	0.55	18.65	2000	0.27	0.11	0.00
巴拉圭	2001	0.55	18.26	2000	0.35	0.12	—
秘鲁	2000	0.48	14.6	2000	0.30	0.14	0.01
乌拉圭-U	2000	0.43	7.73	2000	0.24		0.00
委内瑞拉	2000	0.42	7.94	2000	0.30	0.01	0.00

资料来源：World Bank, 2005, Tables A2 and A4。

就已经实现了性别均等。如今，拉美地区男孩的留级率以及在第二级教育中的辍学率越来越高，所以女孩已经成为接受中等教育和第三级教育的主体（EFA-UNESCO, 2006）。而地理位置对不平等的影响更大，比如，安第斯国家（玻利维亚、秘鲁和厄瓜多尔）和一些中美洲国家国内的不平等程度要高于其余拉丁美洲国家。地理位置造成的不平等与分权政策有关。

就教育议程而言，本地区的教育发展水平和不平等程度存在明显国别差异，而在信息时代，教育议程却面临着全球化带来的类似世俗挑战。也就是说，许多国家面临着"全纳教育议程":人均收入不超过 4 000PPP 美元,至少有三分之一的人口居住在农村地区,至少有一半的年轻人未完成中等教育。与此同时,其他国家的情况则为:人均收入在 10 000PPP 美元关口左右,只有约 15% 的人口居住在农村地区,中等教育的完成率高。不过,这些国家的教育机构和教育结果受到社会分割的挑战,因此面临着"公正议程"。

影响教育不平等的因素:种族、民族和居住于农村

关于种族和民族对教育不平等的影响,有关资料非常有限。然而,数据显示,巴西黑人拥有的教育机会始终少于其余人口,而其他拉美国家国内的土著群体和农村住户也遭遇了同样的情况(Reimers,2000;IIPE-OEI,2006)。通过比较巴西的白人和梅斯蒂索人[①]/黑人/土著家庭的子女入学情况,我们可以看出,虽然双方的子女均进入小学学习,但是在学业完成程度方面,他们之间仍然存在着两到三年的显著差异。混血儿、黑人儿童和土著儿童遭遇学业困难的可能性更大(IIPE-OEI,2006:120)。

中美洲国家的农村人口比例更高,这对教育不平等的影响也更大。在洪都拉斯、危地马拉、尼加拉瓜和萨尔瓦多等国,超过 40% 的人口居住在农村地区,而在阿根廷、智利和乌拉圭等国,只有约 10% 的人口居住在农村地区。然而,无论我们用何种指标来分析上述两种情况,结果都显示,无论是在教育机会还是教育结果方面,城镇学校的优势都要大于农村学校。在玻利维亚和中美洲国家,农村地区学龄儿童被开除学籍的比率是城镇地区的两倍,比率最低的为玻利维亚的 7.8%,最高为危地马拉的 18.2% (IIPE-OEI,2006:table A4)。

20 世纪 90 年代的各国教育政策和公平标准

大约在 21 世纪之交,拉美地区的公、私立教育都发生了前所未有的变化,因为彼时的政治家和政策制定者们皆将教育视为促进经济发展和民主进步的主要杠杆。尽管国与国之间存在决定性的差异,但在这一时期,受世俗和政治因素的深刻影响,各国

---

① 梅斯蒂索人:指同时拥有美洲土著人和欧洲人血统的混血人种。——译者注

的政策仍然存在一致性。首先,在同一时期,各国的教育行动受到以下两方面的深刻影响:一是结构调整模式和经济自由化;二是全球化带来的文化压力以及信息时代的到来。由此造就了拉美地区有史以来持续时间最长的民主政治,所有国家的政府都由民主选举产生。而在20世纪80年代,绝大多数军政府从不谈论公平这一概念,更别说他们的政策了。等政治体制过渡到民主体制之后,情况却发生逆转:政府明确强调把教育视作创造机会平等的标准。

第二,在这一时期,一些多边发展机构如世界银行、美洲发展银行和联合国教科文组织(UNESCO)在拉美的影响力逐渐扩大;与此同时,随着PISA和TIMSS等国际性测试的扩张,上述机构对拉美国家政府的教育政策和教育规划的影响进一步得到加强。可以说,这些影响形成的合力已经对拉美地区的教育体制产生了同构性影响,致使各国的教育体制独立于本国的国情和政治议程,需要共同应对全球性的压力(Benavot et al., 1991; Schriewer, 2004)。在这样的背景下,1990—2006年间的各国教育政策体现出如下共同特点:(1)教育支出的增长和合理化;(2)行政权力下放;(3)制定侧重于特定人口群体的教育计划;(4)课程改革;(5)对成果、信息和责任展开评估(Gajardo, 1999; Kaufman & Nelson, 2005; PREAL, 2006; Carnoy, 2007; Grindle, 2004)。本节将重点讨论上述特点与公平问题之间的关系以及各自所产生的影响。

教育支出的演变和分配

教育支出的水平和演变实时反映了政府的工作重点以及决定教育产业扩张和再分配的政策框架。近十几年来,拉丁美洲的教育受到高度重视,各项教育支出也在不断攀升。平均来看,该地区的公共教育支出在1990年占国内生产总值(GDP)的比例为2.7%,到了2002年至2003年间,这一比例增至4.3%;据估计,如果加上私人支出,那么现如今,拉丁美洲花在教育上的资金大约占GDP的10%(PREAL, 2006; Vegas & Petrow, 2007)。

与此同时,大部分拉丁美洲国家的生均经费支出也有所增加,以权力下放为目标的现代管理制度逐渐走向规范化和合理化。比如,智利除了向全国学生发放等额补助,还实行了一些其他有利于公平的措施,并以此为基础进行资源分配。巴西则对资源分配机制进行了调整,改以生均年贡献为分配基础,由此消除了州与州以及市与市之间的巨大差异,从而改变了不平等的历史模式。阿根廷也在积极努力改变各省之间的不平等程度,虽然效果不尽人意(Carnoy 等,2004)。哥伦比亚对权力下放单位使用中央转移支付资金的方式进行了明确规定(Filgueira, Bogliaccini, & Molina, 2006)。

简而言之,为了扩大教育机会并改善教育机会的分布,拉美各国政府加大了教育支出力度,并在行政单位和行政区域之间推行更平等、更优化的资源分配机制。这两项目标也体现为:教育覆盖率在当下得到显著提高;教育不平等现象在未来得到削减——衡量标准为不同收入群体所完成的教育年限。

各国间在不同教育层次间的资源分配方式上还存在巨大差异。智利大幅缩减了初等、中等和第三级教育之间在生均经费开支上的差距。墨西哥的各级教育都取得了稳步增长,不平等的教育模式也因此延续了下来;而巴西则继续偏重于第三级教育,第三级教育的生均资助额度是中等教育的八倍(de Ferranti et al., 2004)。

权力下放

近年来,教育政策受到权力下放进程的影响,其特点是各国进行广泛的机构改革;权力下放同时也是教育改革的重要组成部分。对于教育管理权与责任的转移,每个国家的处理方式各不相同。比如,智利、阿根廷和巴西将教育管理权与责任下放给了次国家政府(subnational governments)①;哥伦比亚和玻利维亚等国的次国家政府则与中央政府共同承担教育管理权与责任;尼加拉瓜和萨尔瓦多等国则将权力与责任直接转移给了各级学校(Di Gropello, 2004)。然而,从公平和社会凝聚力出发,权力下放的意义虽然远大,但所起的作用却往往互相冲突。具体来说,权力下放已经导致国家运转模式和教育功能发生深刻变化。随着中央管控和垂直管控向另一种模式转变(各个国家的转变形式多种多样),基于共同公立教育经历的身份和社会凝聚力的历史模式也正在发生改变,虽然新模式还处于起步阶段,但多元发展、横向互动、地方管控等特点构成了它的主旋律。(Iaie & Delich, 2007)。

对于拉丁美洲来说,教育分权是一项历史性变化。对于19世纪的精英来说,公共教育是创立国家、促进国家发展、灌输民族和道德观念、维护民族团结的基本手段。所有人统一接受集中供给的教育,从而普遍拥有完全相同的、共同成长经历,这一做法能够消除不同公立学校之间的差异;教育集中供给的支撑机制包括国家界定的教育机

---

① 又称"次中央政府",也即地方政府。——译者注

构、教育标准、课程和教师培训等。实现以上目标的基础是共同的原则。"合乎标准"(normal)一词是指符合一种类型、标准或规范,它是公共教育组织原则的核心:标准化的建筑、学校课桌和教育素材;培养教师的师范院校;规范化的课程;制定规范的官僚机构,在全国统一组织教育服务,并依据法理逻辑和官僚主义逻辑促进法律面前人人平等。

20世纪90年代初,拉丁美洲经济委员会①(ECLAC)¹和联合国教科文组织(UNESCO)对拉丁美洲国家的教育、培训、技术和科研体系做了一次关键性的诊断。他们的建议无异于在该地区推行新型教育政策范式。他们认为,虽然自二战结束时起到20世纪80年代,拉美地区在教育机会方面已取得可观成果,但所取得的成就却受到社会分割的影响,导致教育质量低下,与社会需求脱节(ECLAC-UNESCO,1992)。他们将批评的焦点对准各级教育机构、学校管理体制和官僚主义作风以及教育体制与社会经济发展所带来的新需求日益脱节。具体来说,此次诊断唤起了人们对教育行政管理制度的注意:"官僚主义作风浓厚,以至于[教育体系]固守自封、闭门造车",并导致"人力资源培训与发展需求严重脱节"(ECLAC-UNESCO,1992:73)。

根据以上分析结果,他们建议权力核心(教育部)下放权力,予以学校自主权;并提议政府改变教育政策,在同质化教育和多元化教育之间选择适宜的政策。他们同时提出将稳定、统一、"自上而下"的政策响应程式彻底转变为"自下而上"的主动响应机制,推出激励性行动和制度,为教育体系创造更多的灵活性,并使之能对需求的变化作出迅速反应。²

通过在教育体制管理领域实行权力下放和更加开放的政策,新战略将竞争性和公民权(后者明确涉及公平和社会凝聚力)作为主要目标。世界银行和美洲开发银行②为该战略的施行提供了基础性支持:发放贷款资助那些以改善教育质量和公平为目标的项目。此种思维方式反映了如下经济推理:教育分权导致:(1)技术效率和社会效率的管理水平得到提高;(2)信息流动变得更加广泛,确保主要行为人更贴近问题,

---

① 联合国于1948年成立"拉丁美洲经济委员会",并于1984年改为现名"拉丁美洲和加勒比经济委员会"(ECLAC)。——译者注

② 此处的英文原文表述"Inter-American Bank"(意为"泛美银行")有误,应为"Inter-American Development Bank"(意为"美洲开发银行")。前者是一家位于美国迈阿密、始建于1976年的小型银行,参见http://interamericanbank.com/about-personal-loans-html/。——译者注

从而提高决策水平;(3)管理者与被管理者、委托人与代理人之间的权责变得更加分明,从而消除既得利益群体对教育系统的操控(Winkler & Gershberg, 2000; World Bank, 2004; Di Gropello, 2004; De Ferranti, et al., 2004; Grindle, 2004)。

然而,权力下放的倡导者并没有将公平列为目标。事实上,就公平而言,权力下放的影响是喜忧参半的。分权过程一方面破坏了中央集权制度所具备的凝聚力和均衡力,另一方面却为基础性不平等创造了有利环境。权力下放能够带来更高的效率、更大的公众参与度和更完善的问责制;强化弱势群体表达需求、获取更大权力的各种机制;并潜在地扩大教育覆盖面、提高教育保留率和增强教育内容的关联度。然而,由于国家营造公平竞争环境的能力不断下降,以及地方社区之间在控制和支持教育的能力上存在天壤之别,因此与利好效应相对应的是高度不平等的社会环境和制度。

最新一次针对拉美地区权力下放的评估得出如下结论:

> 单一国家的证据表明,权力下放的影响可能存在差异,取决于哪个行为人或机构对哪些类型的决策拥有控制权。……在许多这些领域中,基于社区和学校的管理已被证明是行得通的,但像其他权力下放政策一样,这些政策会在收入水平和管理能力各不同的社区之间扩大教育不平等。(Vegas & Petrow, 2007: 151-152)

政府在提高效率/责任感与扩大不平等基础两者之间的取舍并不明显,而且总的来说,这些取舍也并没有被纳入到有关权力下放的政治协商和决策之中。这种情形在某些国家尤其如此,因为在这些国家中,各级政府的行政能力差异悬殊、地方情形千差万别。相反,关于权力下放的研究和讨论将重点放在了对效率提高的评估、权力的转移以及问责制等议题之上。至于权力下放的负面影响——以何种方式以及在何种程度上削弱了中央政府创造公平竞争环境以及弥合不同群体之间在获得和参与教育上的差距等方面的能力,尚未得到解答。

定向策略和补偿计划

优先考虑特殊人口亚群或其他特殊群体的政策极为重要,这也是这一时期改革的主要特色。此种政策直接继承了欧洲和北美于20世纪六七十年代相继推行的各种优先行动和目标,比如法国的"教育优先区"(Zones Educatives Prioritaires)、英国的"教育优先领域"(Educational Priority Areas)以及美国的一些同类计划。25 年后,拉丁美洲也开始实施类似计划,时间节点恰与该地区军事专政的结束相吻合。实施这些政策的前提是国家运行机制的好转:从法律逻辑过渡到社会文化逻辑,前者以法律面前人人平等的原则为中心,后者以优先行动和积极差别待遇标准为切入点对不同群体进行区分。[3] 立足于有利公平的社会文化标准,这一新范式主张:由于学生之间存在出身不平等(如,社会经济情况、种族等),因而他们需要接受差异化的教育,以获得平均学习成果。依据一定标准,针对不同人口亚群,制定差异化政策和优先行动的做法在该地区尚属首次。

自 20 世纪 90 年代以来,教育优先行动计划呈现出丰富多样的类型和形式(Reimers, 2006; Vegas & Petrow, 2007)。总的来说,所有的行动计划都将目标放在减小最高收入群体和最低收入群体或无教育机会群体之间的差距之上。不过,不同计划之间依然存在策略性的差异(Vegas & Petrow, 2007; García-Huidobro & Eduardo, 2005),其中包括:

- 在各个群体、司法管辖区和机构类别之间实行财政均等化(例如,扩大教育领域的公共支出,并使之合理化;巴西在州、市之间确保支出公平,阿根廷则在各省之间确保支出公平)。
- 扩大农村和城市贫困地区的教育机会,包括:学校建设、招聘更多教师入职以及在中等教育中使用电视(墨西哥的电视中学);或者总体来说,扩大农村地区的学校覆盖率(比如:萨尔瓦多的社区管理学校项目)。
- 大幅扩张对低收入学校的投入,使其学习资源拥有量接近高收入学校的常见水平,诸如教科书、校图书馆和信息通讯技术等[比如:墨西哥的"减轻教育落后计划(Pare),旨在消除教育落后现象;哥伦比亚的"新学校"计划(Escuela Nueva),旨在加强农村学校的教育质量;阿根廷的社会计划(Plan Social);智利的 P900 计划①,旨在提高学生成绩水平最低的学校的教育质量]。
- 设计一整套教育机制,降低贫困家庭的教育负担,为贫困家庭和/或学校体系提

---

① 20 世纪 90 年代以来,为提高农村地区的教育融入,智利教育部提出了两个改善教育质量的补充计划,其中一个便是 P900 计划。根据该计划,智利政府在城市和农村地区(主要是农村地区)选出 10%的最贫穷和成绩最差的学校(约有 900 所,P900 计划因此得名),由政府给予特别支持和资助,提高它们的教学质量,截至 2002 年,共有 1,455 所学校参与了 P900 补充计划。——译者注

供奖励,以吸引更多的学生入学、维持最困难群体的入学率、降低他们的留级率和辍学率[比如,实施有条件的现金转移计划:巴西的"助学金计划"(Bolsa Escola)与"家庭补助计划"(Bolsa Familia),墨西哥的"进步与机会计划"(Progresa/Oportunidades),这些计划的影响范围广泛,以巴西为例,初等教育入学人数中有30%到40%受其影响;尼加拉瓜面向家庭执行的有条件现金转移计划;智利的"教育强化拨款"(Subvención de Reforzamiento Educativo):向来自农村的生源以及城市和农村地区失学风险最高的学生发放数额不等的补贴或代金券]。

正如我们所看到的那样,各国为解决不平等问题,已经做出了种种努力,而且这些努力也已发挥了显著作用,提高了最低收入群体和边缘化群体的中小学入学机会和在校时长。至于不同社会经济群体的"教育量"或完成年级数,这些努力已经对家庭收入位于第一个五分之一区间的学生产生了积极影响,范围包括父母没有完成初等教育的学生,以及农村贫困家庭的学生。无论在研究中选择何种形式识别例外情形,我们依然发现,在教育不平等的第一层级方面,上述群体在这一时期的教育获得和参与度都得到了最大幅度的提升。教育不平等的第一层级指的是:弱势群体的受教育顺序等同于(或不等同于)优势群体所经历的教育顺序。

课程改革和不平等

与第一世界国家一样,拉丁美洲于20世纪90年代进行了课程改革,以应对信息技术的兴起、全球化浪潮和学科知识库的变化,并为民主公民提供所需的新能力以及在新形势下所需的经济竞争力(Braslavsky,2001)。虽然各国间的国情存在差异,但是各国的课程改革深受诸如联合国教科文组织和经合组织等国际机构在教育领域所提建议的影响。总体来说,这些机构认为技能和知识同等重要,将二者一同视为主要教育目标。它们主张的技能包括了:自省能力、批判性和创造性思维、协同工作的习惯和解决问题的能力。它们还强调开发以学习者为中心的教学和培训范式(Ferrer,2004)。这些关于课程改革的新处方对传统能力素养提出了更高标准,并提出了新的能力要求,如解决问题时的专注力、信息通信技术素养和与他人合作的能力。这大大增加了学习经历的复杂性并提高了形成性抱负的水平,特别是在中等教育阶段。表2-3以智利中等教育中的新课程为例,系统性地呈现出该地区课程设置的一些变化——变得更加抽象和复杂。

表 2-3　课程改革：中等教育的课程变得更加抽象和复杂的动向（智利）

能力要求	内容	原来目标	改革目标（含或备选）
知其然	语言 数学	句子分析 使用固定和封闭算法进行计算	话语分析 运用数学推理解决应用问题
知其所以然			
通晓原由	历史和社会科学	事件	背景和趋势
评估	生物学	有机体和环境	微生物学
鉴赏	艺术	艺术表达	艺术表达、知识、认知和批判性解读

资料来源：基于智利中等教育新版课程设置；Ministerio de Educación，2005。

生活在贫困环境中的孩童和年轻人同样有着学习新内容和习得新能力的需求，但是绝大多数课程改革并没有特别应对他们所面临的学习挑战。关于新课程是否提高了不同群体的学习成就，学校是否成功地教授了更为复杂的知识和能力，这依然是一个悬而未决的问题。课程改革提出的新要求无疑促进了个人发展、社会更良性运转所需的能力建设。不过，课程改革却给教师带来了最沉重的负担。对于拥有文化资本较少的贫困群体，教师们必须想方设法为其创造各种学习机会。例如（见后文中的表 2-6），通过对比阿根廷和智利两国分别于 2000 年和 2006 年的教育成果，我们观察到这两个年份之间存在较大差异。这一现象可能反映了课程的变化——新"素质"的要求和更高的学习目标也许加剧了学习成果的社会分化。

评估和加强问责制的潜力

在 20 世纪 90 年代，该地区大多数国家开始利用标准化测试来评估学习成果，其中一些国家还加入了前所未有的国际教育评估（TIMSS 和 PISA 等）浪潮之中。大多数拉丁美洲国家热衷于发布评估结果，主要因为评估结果给出比较分，并没有按社会经济部分的划分分别打分，否则会得出迥然不同的结果。由于存在被追责的可能性，因此教师们并不待见这些比较结果。但随着公众了解的信息越来越多，并向政府施加压力，要求提高所有社会群体的教育绩效，这些测试能潜在地鼓励公众发表意见，并能创造有利于（公正性）公平的需求（Ferrer，2006；Vegas & Petrow，2007）。我们将在最后一节再讨论这一点。

全纳性教育在公平方面所取得的进步

毫无疑问,拉美地区教育的社会分配值得肯定;教育的大幅扩张已经大大消除了教育不平等,并将教育不平等变成例外情况。在入学机会和就学时长方面,弱势群体的进步尤其明显。此处的关键测度为受教育年限得到延长,并衍生出"各级教育的完成度",图2-1和图2-2描述了这种演变。

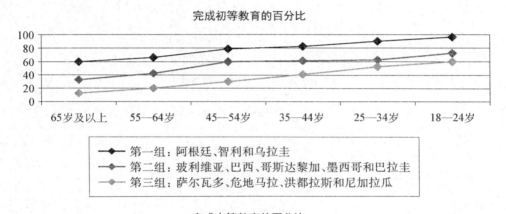

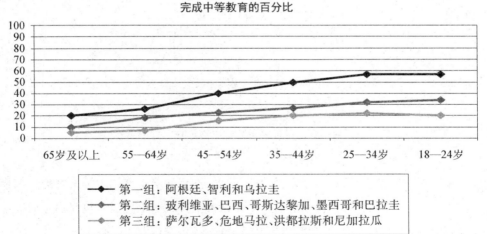

图2-1 拉丁美洲:按照年龄群体划分的初等教育和中等教育的完成率

备注:数据选自18个拉丁美洲国家。数据反映的年份是2005年,初等教育完成度针对的是15到19岁这一年龄段的青少年,中等教育完成度针对的是20到24岁这一年龄段的青年。

资料来源:IIPE-OEI,2006。*Informe sobre Tendencias Sociales y Educativas en América Latina*.SITEAL, figs. 2.5 & 2.2.

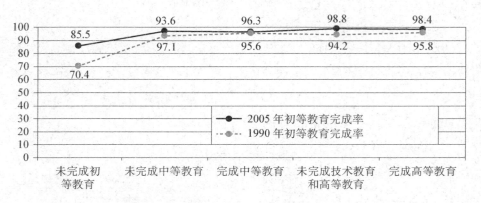

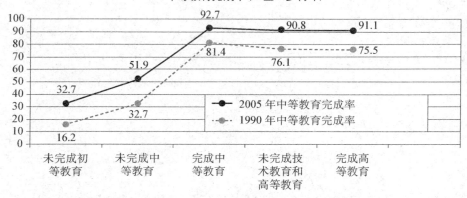

图 2-2　18 个国家的初等教育和中等教育完成率：按父母受教育程度划分（1990—2005）

备注：父母平均受教育年限根据一家之主及其配偶的平均值计算。在不同国家所做的住户调查中，有专门的表格收集此类数据。此处的数据比较不含危地马拉的数据，但纳入了玻利维亚 8 个主要城市的数据，同时，阿根廷、厄瓜多尔、巴拉圭和乌拉圭等国的数据仅限于城市地区。

资料来源：ECLAC-UNESCO，2007。*Panorama Social 2007*，gráfico 3.7。

图 2-1 比较了三组国家六代人的教育程度，按照初等教育和中等教育的扩张模式进行分类。水平轴上的世代和他们的学业完成度反映了不同国家教育系统的吸纳能力，考察时限为 20 世纪 40 年代（65 岁以上世代）至 90 年代中期（"18 到 24 岁"一代）。首批进行教育扩张的国家（如今的教育覆盖率最高）——阿根廷、智利和乌拉圭——几乎已经普及了初等教育（超过 90％ 的学生完成了初等教育），他们在 70 年代（"35 到 44 岁"一代）就达成了这一目标；而对于其他国家而言，这还是一个遥远的目标，在这些国家中，相关世代的初等教育完成率在 20 世纪 90 年代末只达到 60％（第 2

组国家)至65%(第3组国家)之间。在中等教育完成率方面,在第一组国家中,如今的祖父母一辈接近20%,父辈有40%,孙辈(18到24岁之间)不到60%。一直到90年代,该地区其余国家相应世代的中等教育完成率才达到20%。撇开起点和终点的不同,我们看到,在过去的50年中,拉丁美洲地区的经济、社会和政治发生了显著变化的,并且各国的增长模式是相似的。借用法国历史学家费尔南德·布罗代尔(Fernand Braudel,2002:18)的提法,那些将政治事件史与社会史区分开来的"短暂、迅速和紧张的震荡"也适用于本地区:教育在代际间的持续进步速度虽慢于政治历史却比其更稳定。

图2-2更详细地(特别参照了过去15年的情况)显示了全纳教育的"长时段(Longue Durée)"上升趋势。本图分别以1990年和2005年为时间点,立足于家庭"教育环境"(测度为父母的教育程度)的5个层次,比较了本地区18个国家的初等教育和中等教育的完成情况。

本图体现了预期中的差异:父母的受教育程度越低,其子女完成初等或中等教育的比例也就越小。同时,从该图中还可以看出,在过去的15年中,初等教育和中等教育阶段的入学总人数有所上升;但是,随着初等教育在1990年几乎完成普及,因此初等教育阶段的入学人数变化最小,但中等教育阶段的入学人数出现显著增长。在初等教育阶段,来自最贫困群体的学生人数增长最为显著,在1990—2005年期间的增长幅度为21.4%(其他群体的增幅在0.7%—3.7%之间不等)。这意味着,与其他类别相比不同群体间在教育获取上的差距有所减小——这一变化与该地区积极实施的、有利于公平的各种政策计划有关,其中既包括在教育领域实施的定向计划,同时也受惠于其他社会部门(住房、健康、成人教育)所实施的减贫计划。

通过比较1990年与2005年的曲线,我们可以清楚看到,在中等教育阶段,所有群体的入学人数均取得实质性的增长,呈上升趋势。其中,有两类学生的增幅最大,一是父母"未完成初等教育",二是父母"未完成中等教育",这两类学生占完成中等教育的学生总人数的比例,其增幅分别达到102%和58.7%。在其余三组中,中等教育完成率也有所增长,其增幅按照父母受教育程度从"完成中等教育及以上"到完成"高等教育"的次序呈现逐步上升趋势(依次为13.8%、19.3%和20.6%)。

在20世纪90年代,与其他中等教育完成率呈上升趋势的群体相比,文化资本最少的群体在中等教育入学率和完成率方面的增长速度更快。我们认为,与初等教育一样,这一结果也是由定向策略和补偿计划的实施造成的,因为定向策略和补偿计划是这一时期的典型政策。此外,中等教育完成率的普遍增长在机会结构中呈上升趋势。这一上升趋势呼应了皮埃尔·布迪厄(Pierre Bourdieu)提出的"竞争斗争"(Competition Struggles)概念,"所有相关群体都沿着同一个方向,朝着同样的目标前进",并且"相互竞争群体间的差距主要存在于时间顺序上",每个群体的过去代表着紧随其后群体的现在,更高一级群体的现在则是低一级群体的未来(Bourdieu, 2003: 163)。这一结构表明,就文化资本和经济资本的分配而言,弱势群体和非弱势群体之间的差距会越来越小,如前所述,这归功于20世纪90年代实施的各项政策。

我们可以得出如下结论,在过去的15年里,教育政策的根本性结果是:随着教育覆盖面和学生留校率的增加,当下一代和上一代之间的教育不平等程度(按完成的教育年限计算)出现显著下降。"拉丁美洲晴雨表"(Latinobarómetro)的2005年调查报告(Crouch, Gove, & Gustafsson, 2007)显示,与父辈相比,当下一代的教育不平等的基尼系数(见上文中的表2-2)改善了20个百分点以上。

公正方面毫无进展:学习中的不平等以及社会经济、体制因素的权重

20世纪90年代后半叶以来,拉丁美洲国家开始参加TIMSS和PISA等国际性学习测试,从而研究者们得以借助测试结果对各种教育体系及其学习成果的社会分配首次进行更加严格的对比分析(Vegas & Petrow, 2007)。研究者们既可以用最苛刻的标准——人的素质以及能力——来检验公平性;也可参照全纳程度以及公正性水平来加以判断;也可通过考察学习成果(测试分数)的获得在多大程度上摆脱了社会经济、民族、地理位置及其他类似背景因素的影响来进行检验。

学校里的社会分割

学校社会化不仅仅取决于官方课程体系或与文化传播有关的国家指南。还有一种老生常谈的观点认为,"无声课程"也起着决定性的作用。学校经历的社会肌理由各种关系、实践和仪式组成,而此类课程则对它们构成形成性影响。在这方面,不同机构的社会同质性或异质性至关重要。其次,有关拉丁美洲学校的社会同质性或异质性的证据是检验以下二者的关键抓手:一是公平,二是构成社会凝聚力的社会文化基础建设。基于五个拉美国家的国际学生评估项目(PISA)2000年的测试结果,图2-3对该

地区学校教育中的社会分割程度进行了直观展示。竖条代表了(社会经济层面)低社会经济水平学校内部的学生比率:低社会经济水平学生与高社会经济水平学生之间的比率;[4] 高收入水平学校内部的学生比率:社会经济水平最高(位于最高25%的区间)的学生和所有低社会经济水平的学生之间的比率。平均而言,拉丁美洲国家的学校社区中的上述比率是经合组织国家中"社会同质性"估计值的两倍——在较为贫困的学校中,社会经济地位高的学生人均对应9.5个社会经济地位低的学生,而在经合组织国家中,这一数字的平均值为4.8个。这五个拉丁美洲国家之间也存在巨大差异。在初中阶段,秘鲁、阿根廷和智利的校内社会分割程度高于墨西哥和巴西。不过,后两国的初中入学率明显低于前三国,从而导致其招生相对来说更具拔选性、社会同质化程度更高。

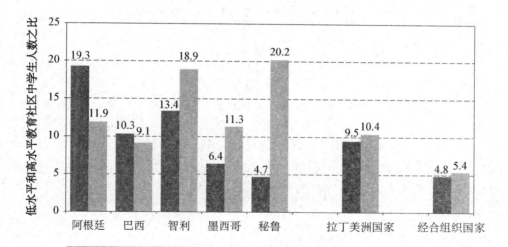

图2-3 拉丁美洲(5个国家)和经合组织(7个国家):依据父母社会职业层次划分的教育社区结构(2000年)

资料来源:CEPAL,2007。*Procesamientos especiales de la base de datos*,PISA 2000,OECD (http://www.pisa.oecd.org)。

克劳奇等人(Crouch et al,2007)基于2000年和2003年PISA测试中部分问题的学生作答情况,构建了"全纳指数",涉及的问题包括:是否感到被排斥;与其他同学交朋友是否容易;对所在学校是否有归属感;其他同学能否与自己友好相处;是否感到孤独等。他们比较了拉丁美洲国家学生和经合组织国家学生的回答情况。除了秘鲁,拉丁美洲国家学生自我宣称的"融入度"普遍高于经合组织国家学生,也许他们在主观上完全再现了学校教育的社会同质性。更高程度的同质化是约束性社会资本(群体内的人际关系和信任)的基础,但是在弥合不同群体之间的社会资本差距、相互关系和信任方面,其发挥的作用则较弱(Putnam, 2000)。这一现象引出了如下问题:存在社会分割现象的学校是如何妥善构建社会凝聚力的文化基础和气质性基础的(Cox, 2008)。

表2-4列出了2006年PISA测试中九个国家学生的科学、数学和阅读成绩,其中包括六个拉丁美洲国家(阿根廷、巴西、哥伦比亚、智利、墨西哥和乌拉圭)和三个经合组织国家(德国、瑞典和英国)。

表2-4 PISA测试中拉丁美洲和经合组织国家学生的科学、阅读和数学成绩:按照家长受教育水平[1]排列(2006)

国家	父母已完成初中或以下教育: ISCED 0,1 或 2[1]				完成第三级教育的父母 (ISCED 5 或 6)				两组得分之间的差异
	学生百分比	PISA科学分数	PISA阅读分数	PISA数学分数	学生百分比	PISA科学分数	PISA阅读分数	PISA数学分数	PISA阅读分数(第3与第7栏)
阿根廷	34.2	353	338	344	45.5	422	402	408	64
巴西	47.4	365	367	342	35.9	416	417	397	50
智利	28.4	391	397	363	31.0	485	490	456	93
哥伦比亚	42.3	368	361	346	42.7	410	411	394	50
乌拉圭	34.4	392	373	385	54.3	452	438	451	59
墨西哥	53.4	388	386	383	35.6	437	441	434	55
经合组织国家均分	15.0	446	443	448	46.6	525	516	522	73
瑞典	7.6	456	463	462	69.4	515	519	514	56
英国	5.3	450	444	450	51.4	537	516	512	72
德国	15.1	449	420	446	45.8	543	521	531	101

资料来源:OECD 2006. *Science competencies for tomorrow's world*. Volume 2:Table 2.4.7a.
(1) 以学生的自我报告为依据。

该表按照父母的教育程度对测试结果进行了排序，对比了两类学生的测试成绩：第一类学生的父母完成了初中或以下教育；第二类学生的父母则完成了第三级教育。在拉丁美洲和欧洲之间，每类学生的比例（第 1 列和第 5 列）存在显著差异。例如，第一类学生——父母完成了初中或以下教育——在智利和墨西哥的比例分别为 28.4% 和 53.4%，而在三个欧洲国家的比例则介于 5.3%（英国）到 15.1%（德国）之间不等。

在拉美国家和欧洲国家的比较中，一个重要发现是，尽管起步水平不同，但是这两类学生之间的得分差异是相似的。最后一列显示了父母未完成中等教育的子女和父母已完成第三级教育的子女之间在阅读能力（第 9 列）上的得分差异；拉丁美洲国家的得分差异介于 50 到 64 分之间（智利除外，为 93 分），低于经合组织国家的平均值——73 分。如果把图 2-3 和表 2-4 的数据结合起来看，我们立刻就能轻易地发现，在抵消社会阶级烙印对学习成绩的影响方面，拉丁美洲的教育机构与最先进的教育体系之间并没有显著差别；但是在教育机构的社会构成（同质性—异质性）方面，二者的表现相去甚远。由于掌握了学习成果的校际和校内方差的证据，我们得以更详细地研究这一特征在公正性教育公平方面的非凡重要性。

具体来说，通过对不同国家和地区的校际和校内学习成果进行考察，我们可以揭示教育不平等的国别性和区域性特征。学习成果的校际方差与学生的社会经济背景（家庭结构、家长职业和家庭藏书量等）以及学校系统的体制特征密切相关。在智利等国，学生的择校与社会经济变量密切相关；而在另外一些国家，如德国，以能力为依据的学生分流方式同样对学校进行了明显区分，并对学习成果进行了社会分割。学习成绩的校内方差是测定任一学生群体内能力分布方差的标准。在某一教育体系中，校内方差在某一学生群体学业总方差中所占的比重越大，该教育体系就越公平。因此，父母可以将子女送到该教育体系中的任一学校就读，因为他们确信任何两所学校的社会构成与所提供的学习机会并不会相差甚远。

表 2-5 中的第 1 列显示，拉丁美洲国家学生的学习成绩总体方差要高于经合组织国家的平均方差，墨西哥除外。阿根廷和乌拉圭所呈现的方差最大——比经合组织国家平均方差高出 50%。根据艾斯平-安德森（Esping-Andersen）对社会福利体制的著名划分法，表中列出的三个欧洲国家分别对应三种福利体制：社会民主主义福利体制（瑞典），社会机构更青睐公平、社会凝聚力更强；自由主义福利体制（英国），市场和个人选择在福利供给方面发挥关键作用；保守-合作主义福利体制（德国），在地位不同的群体之间，福利获取呈现严重分化势态（Esping-Andersen, 1990）。在学习成绩的校

际和校内方差方面,这些国家之间存在差别,而这些差别又对公平造成不同的影响,所有这些都为评估拉丁美洲国家的情况提供了有力的对照。

表 2-5 2006 年 PISA 测试中学生在阅读部分得分上的校际方差与校内方差[1] (2006)

国家	学生得分的总方差与经合组织国家学生得分方差均值的百分比	学生得分的校际总方差[2]	学生得分的校内总方差	由 PISA 指数(指示学生与学校的经济、社会和文化地位)解释的方差		校际总方差与国内总方差的百分比[4]
				校际已解释方差[3]	校内已解释方差	
阿根廷	158.1	71.0	84.9	35.0	0.8	44.9
巴西	107.9	47.0	55.3	23.6	0.3	43.5
哥伦比亚	119.7	35.8	83.0	16.8	1.9	29.9
智利	109.9	62.1	63.2	40.8	0.4	56.5
墨西哥	94.2	33.9	48.8	15.9	0.2	36.0
乌拉圭	151.4	62.4	87.8	31.4	1.3	41.2
经合组织国家均值	100.0	38.4	63.4	21.5	2.7	—
瑞典	96.4	17.0	81.0	7.9	4.0	17.7
英国	103.7	21.9	78.5	12.3	4.0	21.2
德国	126.1	100.5	48.0	63.9	0.5	79.7

资料来源:OECD, 2006, *Science Competencies for Tomorrow's World*, Vol. 2, Data, Table 2.4.1.d。

(1) 方差的表现方式为拉美学生得分的总方差与经合组织国家学生得分方差均值的百分比。我们根据社会经济背景和学习项目数据对参与国所有学生的的方差构成进行了估计。

(2) 校际方差:每所学校的平均得分与所在国平均得分之差的平均值;校内方差:学生个人得分与所在学校平均得分之差的平均值。作为样本的估计值,校际与校内方差构成之和相加并不一定等于总方差(第 1 列)。

(3) "校际已解释方差",或如果已知某校所招收学生的社会经济背景,那么可以据此预测该校学生的平均成绩水平;"校内已解释方差",或如果已知某一学生的社会经济背景,那么据此可以预测该生的在校成绩水平(由 PISA 经济、社会和文化地位指数测定)。

(4) 该指数通过组内相关或校际方差除以校际方差和校内方差之和所得系数(组内相关,rho)来表示两个方差的相对大小。

学习成绩的校际方差(表 2-5 中的第 2 列和第 6 列)揭示了拉美地区学校系统中社会分割的比较情况。在三个南锥国家(阿根廷、智利和乌拉圭),校际方差是经合组织平均方差(38.4%)的 1.5 倍以上。哥伦比亚和墨西哥的校际方差则接近经合组织的平均方差,而巴西则几乎高出九个百分点。但是,哥伦比亚和墨西哥的中等教育净招生覆盖率较低(分别为 53% 和 62%),而阿根廷为 80.8%,智利为 74.5%,乌拉圭为

71.7%(EFA-UNESCO,2006)。哥伦比亚和墨西哥学生在学习成绩上的校际方差和总方差较小的原因在于：学校对学生的选拔更严格，所招收的学生具备更大程度的社会和教育同质性。

如表2-5所示，在瑞典和英国，校际方差在总方差中所占比重明显低于其他国家，分别为17.0%、21.9%，而德国的这一比重在表中所列国家中最高(100.5%)，这是由于德国学生很早就依据能力的不同被分流至不同学校所致。统计学中的"已解释方差"表现了学生的社会经济和文化背景因素与其在校成绩之间的关系强度——或者说，如果已知某校所招收学生的社会经济背景，那么能据此预测该校学生的平均成绩水平。以拉丁美洲国家中的极端案例——智利——为例，预估值能解释40.8%的情形，而在墨西哥和哥伦比亚，这一百分比约为16%。这些数值要比瑞典和英国的数值大得多，但是比数值最大的德国仍要低得多。

它们之间的关系是怎样随着时间的变化而演化的呢？这一问题对政策评估至关重要。不幸的是，鉴于只有阿根廷和智利这两个拉丁美洲国家参加了2000年和2006年的PISA测试，所以我们只掌握了这两个国家的数据资料。表2-6考察了2000年和2006年的总方差和校际方差。

表2-6 2000年和2006年PISA测试中学生在阅读部分得分上的校际方差与校内方差：阿根廷、智利和经合组织国家学生的成绩比较

国家	学生得分的总方差与经合组织国家学生得分的方差均值的百分比		学生得分的校际总方差		学生得分的校内总方差		由PISA指数(指示学生与学校经济、社会和文化地位)解释的方差			
							校际已解释方差		校内已解释方差	
	年份		年份		年份		年份		年份	
	2000	2006	2000	2006	2000	2006	2000	2006	2000	2006
阿根廷	129.4	158.1	67.9	71.0	61.3	84.9	43.9	35.0	0.6	0.8
智利	91.1	109.9	56.2	62.1	44.6	63.2	34.7	40.8	0.9	0.4
经合组织	100.0	100.0	34.3	38.4	67.4	63.4	21.6	21.5	4.2	2.7
瑞典	94.7	96.4	8.5	17.0	86.5	81.0	5.8	7.9	6.8	4.0
德国	113.3	126.1	61.7	100.5	53.9	48.0	49.5	63.9	2.2	0.5

资料来源：OECD 2006，*Science Competencies for Tomorrow's World*，Vol.2，Data，Tables 4.1.d & 4.1.f，Table 2.6。

如上表所示,学生成绩的总方差和校际方差均有所增大。方差增大(第1列)到底是与课程改革及其实施有关(课程的复杂程度越高,结果就可能越分散)呢?还是与学生群体的社会构成变化有关呢?这一问题尚待解答。学生群体的社会构成之所以发生变化,这与扩招政策和教育系统吸纳更多来自贫困群体的学生有关(或是这二者共同作用的结果)。从第2列可以看出,校际的社会分割现象有所扩大:阿根廷的增幅较小(从67.9%增至71.0%),但是智利的增幅显著(从56.2%增至62.1%)。在"已解释方差"(第4列)方面,两国的表现截然相反:阿根廷的社会分割程度出现下降(从43.9%跌至35.0%),而智利的社会分割程度则有所升高(从34.7%涨至40.8%)。值得注意的是,经合组织国家的均值变化显示其校际方差有所增加,瑞典和德国的情况便是如此。当将经合组织视为一个整体时(第4列),社会经济背景因素与学生/学校成绩之间的关联强度并没有发生变化,在这一期间,瑞典学生/学校成绩的社会分割指标变化幅度较小,而德国的变化幅度较大。

通过比较2000年与2006年的情形,结果显示阿根廷和智利两国的教育公平不升反降,学生成绩的差异得到扩大,校际方差也有所增加。瑞典和德国这两个欧洲国家的情况也是如此,尽管两国的制度安排对比鲜明,这一结果质疑了与制度安排利害攸关的同构过程的本质。

议程、优先事项和公平所处地位

就最基本的公平标准(即,教育机会)而言,拉丁美洲在过去的15年里取得了毋庸置疑的进步。半数成年人口的教育程度高于父辈。在受教育年限完成方面,最贫困群体和其余群体之间的差距有所减小。此外,在代际进展方面,与其父母一代相比,当今一代在受教育年限上的不平等指数明显降低。

但是如果从学习成果(不局限于学习成就)方面考察教育不平等,那么,有证据表明,与其他地区相比,拉美地区学校教育系统的社会分割程度更高。学习成绩的高低分布(与PISA测试成绩类似)与社会经济不平等程度紧密相关。正如对不同年份的PISA考试成绩进行分析所显示的那样,拉丁美洲地区的学校并没有削弱社会经济不平等和族群不平等对教育对象的巨大影响。公正性公平应该成为一个重要的政治目标,因为在教育机构和教育进程中存在着程度不一的已知不平等,而这些不平等会随着社会凝聚力、经济竞争力以及治理水平的提高而有所缓和。

不同发展水平之间的明显差距已经催生了不同的议程。如图2-1所示，许多国家仍然面临着扩大中等教育覆盖面的巨大挑战，以使整个世代都能接受中等教育并提高其完成率。在这种情况下，公平性议程就意味着要摧毁最具破坏性的障碍——排他性障碍。另一方面，对于中等教育完成率高的国家而言，其面对的主要挑战并非是全纳教育，而是它们的教育机构在本质上具有社会分割的特性。

这两种议程都应优先考虑公平；然而，在质量和公平之间寻求政治平衡时，政府总是倾向于质量。以质量为导向的政策得到了整个社会的支持，其目的有二：一是连接未来与现在；二是将国家抱负同本国的国际地位联系起来。相反，以公平为导向的政策必须尽力解决社会经济不平等以及其他不平等现象（或历史负担），以及在物资的社会再分配过程中出现的分化，因此此类政策征得的共识和政治支持更少。与以质量为导向的议程相比，有利于公平的政策需要投入更多的政治精力，以应对更加根深蒂固的障碍。人们普遍认为解决这些障碍比扩大教育机会更富有挑战性（Grindle，2004；Navarro，2006）。

与教育公平有关的一个核心问题是，呼吁更多公平的声音相对缺乏，因为弱势群体不太可能看到自己在教育领域中所处的劣势，而且政策制定者在计算成本和收益时往往忽略公平的价值。[5] 如上所说，公平政策比质量政策更难制定，因为前者挑战了长期以来的社会模式和结构，无论是对于精英还是穷人来说，情况皆是如此。参与者的发声也有可能受到社会变化的制约。而且，教育质量每前进一步，其成果就会被不同的社会经济群体按不同比例予以瓜分。

一个多世纪以来，在拉丁美洲地区，教育机会一直被视为等同于开办学校和提供教学岗位。因此，教育的获取途径变得至关重要，包括教育机构内部的运行机制以及教育结果的分布方式。从这一点上来说，我们不能过分夸大对学习成果进行国别和国际评估的潜在作用以及由此触发的问责变化。这些措施能帮助我们及时倾听到新的、更加强有力的声音，满足教育中的新要求，克服压力实现全纳教育，并要求国家在公正方面作出政策性答复。这些政策性答复肯定会扩大补偿性计划的规模并使之变得更有针对性。不过，抑制公共教育机构中的社会分割也许是一个更为重要的结果。公共教育机构中的社会分割只能映射社会中的不平等现象，却不能减少社会不平等。实现以上成果的前提是一份国家承诺，这一承诺含有两大目标：一是促进教育机会的获取公平；二是支持学校内部的社会融合——而这两个目标往往从属于教育机会与教育质量议程。

注释

1. 该机构由联合国于20世纪50年代成立。
2. 拉加经委会-联合国教科文组织(ECLAC-UNESCO)与1992年联合发表的这份文件探讨了拉美各国政府于20世纪90年代陆续开展的一些最重要教育改革,因此本文件也许是该领域最具影响力的一份文件。
3. J·K·金登(J. W. Kingdon)认为,"若将同一问题分别放入不同类别之中,那么人们对这一问题的看法也会随之发生改变"。他以残疾人的交通问题为例,若将之分别划为公民权利议题和交通议题,那么各自引出的政策框架也会相当不同(Kingdon, 2003: 112)。一些学校缺乏"优先行动",其情形与之类似。在旧的法律框架下,这个问题不存在,或者相反,人们看不见;从社会文化层面来说,与学校教育和学习相关的学生/社区类别划分状况已成为一项热点话题或政策性问题。
4. 在以学生为对象的2000年PISA问卷调查中,PISA将父母收入分为四档,"低收入"和"高收入"分别对应第一档和第四档。
5. 世界银行(World Bank, 2006: 3)认为:"问题在于,决策者在评估不同政策的优劣时所采纳的成本-效益演算(经常是暗中进行的)往往忽略了提升公平所能带来的长期、难以衡量、实实在在的好处。"

3
遭受歧视群体考入名牌大学及其在大学入学考试中的表现：
圣保罗大学中的黑人学生，2001—2007

安东尼奥·S·A·吉马良斯

大部分巴西知识分子在成长过程中被灌输了左翼思想与普遍主义理想,而来自弱势社会阶级的年轻人则寄希望于具有排他主义属性的肯定性行动。随着两者的理念发生碰撞,巴西公立高等教育机会在过去几年里成为政治辩论的焦点(Gomes,2001;Queiroz,2004;Feres,2005;Fry et al.,2007)。[1] 在21世纪,巴西黑人运动已经由过去的反对肤色偏见和种族歧视转变成反对种族不平等;由于此项运动为黑人学生争取大学名额,因而它在巴西公共生活中获得了前所未有的合法性(Moura,1981;Mitchell,1985;Ferrara,1996;Pinto,1993;Guimarães,2003)。因此,从最近的民意调查结果来看,受教育层次较低的受访者更支持让更多人享受公立大学招生指标。

巴西存在一些众所周知的问题,笔者在这里总结一下。巴西的公立大学都是免费的,它们垄断了巴西的科学与艺术研究,提供了最优质的教育质量。然而,公立中小学则主要由州、市级政府管理,教育质量堪忧。由于贫穷的学生只上得起公立学校,因此他们很难在公立大学的入学考试(Vestibular)中胜出。然而,私立学校的学生考上公立大学要容易得多,这一现象如今变得非常普遍。因此,从整体上看,公立大学充斥着高收入和付得起学费的学生。

表3-1 2006年巴西教育和工作指标的批准情况

受访者的教育程度	教育指标	工作指标
小学	71%	73%
中学	65%	67%
高等教育	42%	45%
总计	65%	68%

资料来源:DataFolha 2006.

本章中,笔者梳理了圣保罗大学(USP)——巴西学术声望最高的大学——历年来招收黑人学生和公立学校学生的历史数据。尽管缺少更为切中要害的相关肯定性行动政策的信息(比如:配额的实施情况),笔者仍欲借助现有数据来揭示2000—2007年间圣保罗大学招收的黑人学生人数得以增加的诱因。值得一提的是,笔者未能掌握全部数据,否则数据分析将会更加完善。

从2000年起,圣保罗大学开始积极应对巴西黑人运动的相关要求,对其招生选拔制度进行了若干微调。具体变化包括:自2001年起,着手收集学生的肤色信息;免除贫困学生的考试报名费用;2005年新建一个校区,增加教学场所;最后于2007年制定了一项社会融合政策,在公立中学学生的入学考试分上加分3%,以增加公立中学生源人数。[2]

笔者在本章中所做的分析可被视为今后研究的引子,将来可继续追踪研究那些从3%政策奖励中获益的圣保罗大学学生,分析他们的学术和职业发展轨迹。

圣保罗大学中的黑人学生和贫困学生

圣保罗大学的大学入学考试基金会(Foundation for the University Entrance Examination,简称FUVEST[①])负责为圣保罗大学制定入学考试试题,并开展考试管理工作。2000年,在被圣保罗大学入学考试录取的学生当中,只有6%认为自己属于黑色人种(pretos)或棕色人种(pardos),而这两个人种都隶属于巴西黑人运动对"黑人"的定义。[3] 2007年,这一数值几乎翻了一番,占到被录取人数的11.8%。2000年入学考试录取的黑人学生中只有16.3%来自公立学校,而在2007年,这一数值达到20.5%。(这里以通过圣保罗大学入学考试中第一轮考试的人数为基准;[4] 参见表3-2)。

表3-2 2000—2007年间圣保罗大学年度招收人数(按肤色和中学类型划分)

年份	黑人	公立学校*	白人
2000	6.0%	16.3%	79.5%
2001	7.0%	16.9%	78.4%
2002	7.7%	17.2%	79.6%
2003	8.5%	19.3%	80.0%
2004	9.7%	18.2%	78.9%
2005	11.5%	20.1%	76.7%
2006	11.1%	18.4%	76.5%
2007	11.8%	20.5%	76.8%

资料来源:FUVEST(黑人=黑色人种+棕色人种)。
(*)市立和州立公立学校。

[①] 为了行文的简洁性,在后面的译文中,若无特殊说明,一般会沿用原文的做法,用FUVEST来指代圣保罗大学的"大学入学考试基金会"。——译者注

在通过考试的学生当中,几乎99%的人都选择了圣保罗大学。[5]虽然黑人学生在圣保罗大学总招生人数中的占比一贯远低于白人学生(2000年白人学生的占比为79.5%,2007年为76.3%),但是该校似乎也在慢慢努力减少招生过程中的种族不平等现象。在录取率方面,即录取人数与报名人数之间的比率,上述情况更加明显。如表3-3所示,录取率是衡量黑人群体成功的标准。

表3-3 2000—2007年间圣保罗大学的录取率(按肤色和中学类型划分)

年份	总计	公立学校*	黑人	白人
2000	6.3%	3.4%	3.7%	5.0%
2001	6.6%	3.5%	3.8%	5.3%
2002	6.5%	3.4%	3.8%	5.3%
2003	6.1%	3.4%	3.6%	5.0%
2004	6.4%	3.4%	3.6%	5.1%
2005	7.2%	3.7%	3.9%	5.6%
2006	6.7%	3.0%	3.2%	5.2%
2007	8.1%	4.8%	4.8%	6.3%

资料来源:FUVEST。
(*)市立和州立公立学校。

为缩小白人学生和黑人学生之间的入学人数差距,圣保罗大学已经做了哪些努力?还有哪些因素也发挥了作用?我们可以在此处列举出圣保罗大学颁布的三项重要措施:(1)增加入学考试中的免报名费人数(见表3-5);(2)2005年在位于圣保罗市较贫困地区的新校区中开设十门新课程;(3)2007年采用一项新计分制,在公立学校学生的入学考试成绩上额外加分3%。

表3-4 圣保罗大学入学考试的报考人数(按中学类型划分)

年份	公立学校(%)	私立学校(%)	年份	公立学校(%)	私立学校(%)
1980	48.2	39.8	1989	31.6	53.8
1981	43.6	41.5	1990	30.3	55.4
1987	38.2	47.3	1991	31.8	51.9
1988	34.3	50.8	1992	31.6	52.2

续 表

年份	公立学校(%)	私立学校(%)	年份	公立学校(%)	私立学校(%)
1993	28.9	56.4	2001	32.8	57
1994	30.8	54	2002	33.4	56.3
1995	39.7	39.3	2003	34.8	55.3
1996	36.5	42.9	2004	34.8	56
1997	29.5	58.7	2005	38.7	53.1
1998	30.0	59.4	2006	41.9	50.4
1999	29.6	60.2	2007	34.9	57.9
2000	30.4	59.3			

资料来源：FUVEST。

此外，众多外部因素也发挥了积极影响，其中之一是 2007 年报名 FUVEST 主办的入学考试的人数有所下降，这是因为圣保罗都市圈内圣保罗大学以外大学的招生名额有所增加的缘故。大学招生名额得以增加的原因有二：一是一所新办公立大学（即，UFABC）的建成招生,[6] 二是圣保罗联邦大学（Federal University of São Paulo，简称 UNIFESP）在瓜鲁柳斯（Grarulhos）、迪亚德马（Diadema）和圣若泽杜斯坎普斯（São José dos Campos）等地新建的校区落成招生。与此同时，"大学为全民服务"计划（PROUNI）的扩张也发挥了同样的作用。PROUNI 是联邦政府实施的一揽子补助计划，旨在向被私立大学录取的贫困学生发放补助金。造成 FUVEST 入学考试申请人数减少的另一部分原因也许是 2007 年的中学毕业生人数发生了下降。[7]

为了研究那些帮助更多黑人青年和公立学校毕业生进入大学学习的影响因素，我们先从需求角度着手。

对圣保罗大学课程的需求

报名 FUVEST 入学考试的人数在 1980—2007 年间的变化情况能极大地帮助我们理解黑人学生的现行需求：与圣保罗大学招录黑人学生相关的肯定性行动措施。1980 年，大多数报名参加圣保罗大学入学考试的学生仍然来自公立学校；然而，从

1987年开始,报名学生中来自私立学校的生源百分比发生了系统性地增长,直至最终超过公立学校毕业生的占比。只有一年例外：1995年。(我们未能掌握1982—1986年间的数据。)所以说,不但私立学校学生的录取率较高,而且圣保罗大学对入学分数的要求也变得对私立学校学生有利。这表明,许多公立学校毕业生已经停止尝试报考圣保罗大学,而一直到不久以前,该校始终是圣保罗都市圈内的唯一一所公立大学。久而久之,公立学校毕业生要么去上录取容易的私立大学,要么索性不去上学。

巴西人对上述情况心知肚明。随着市立和州立中学数量的增加,除了各联邦技术学校之外,其余公立学校的教学质量日益恶化。而公立大学的情况恰恰相反,学校声望与日俱增。最好的公立大学包括分散在巴西各州的联邦大学(几乎每州都有),外加一些州立大学联合体,尤其是圣保罗州的大学联合体。

因此,高收入家庭更倾向于将子女送到私立中小学就读,寄希望于子女能以这种方式通过公立大学(无论是联邦大学或是州立大学)的入学考试,从而接受优良且免费的大学教育。这一做法使得高收入家庭的学生挤占了贫困家庭学生在公立高校中的名额,致使后者从公立学校毕业之后只能去学术氛围没有那么严谨的私立高校就读。[8]

免除入学考试费用

为了扩大黑人学生的招收规模,圣保罗大学采取了若干措施,其中第一项便是免除贫困家庭学生的入学考试费用,如果报考学生的家庭收入等于或低于1 500雷亚尔,那么他们不必支付这一费用。入学考试费用是贫困学生的主要障碍之一。如果他们还需要报名参加其他公、私立大学的入学考试,那么他们就会放弃报考圣保罗大学的入学考试,[9] 因为他们将圣保罗大学视为最好的大学,自觉考上的胜算较小。非裔与困难群体教育与公民权组织（Education and Citizenship for Afro-descendents and Those in Need，简称EDUCAFRO）[10]第一个提出圣保罗大学应该免除贫困家庭学生的入学考试费用,这一要求引发了激烈的法律争论。大学入学考试基金会最终接受了该要求,并分别于2001年和2006年先后免除了5 000名和55 396名考生的入学考试费用(由于需求减少,2007年免除费用的人数下降到31 804名)。

事实上,只要研究一下2001年至2007年间圣保罗大学入学考试的报考和录取记录(见表3-5),我们就能清楚地看到,在2001年至2006年间,黑人学生(黑色人种加上棕色人种)报考圣保罗大学的相对数量翻了一番以上,增加了120%。虽然2007年的黑人报考人数突然下降,但仍比2001年高出了58%。在此期间,圣保罗大学录取的黑人学生人数翻了一番,提高了102%。然而,值得指出的是,以绝对值计算,这些数值还是很小。比如,2001年只有668名黑人学生(包括96名黑色人种学生)被录取;与此同时,2007年录取的黑人学生达到1 352名(包括203名黑色人种学生)。

表3-5 2001—2007年间每年报名圣保罗大学入学考试的人数和费用豁免人数

	报考人数	录取人数	黑人报考人数	黑人录取人数	费用豁免人数	公立学校生源录取人数
2001	144 458	9 527	17 707	668	5 000	1 609
2002	146 307	9 531	19 067	730	10 500	1 638
2003	161 147	9 910	23 289	838	15 799	1 916
2004	157 808	10 127	27 122	978	14 680	1 840
2005	154 514	11 094	32 981	1 274	39 374	2 226
2006	170 474	11 402	39 000	1 262	55 396	2 096
2007	142 656	11 502	28 004	1 352	31 804	2 360

资料来源:FUVEST。

在2001—2006年间,随着被免除入学考试费用人数的增加,报考圣保罗大学入学考试的黑人学生和公立中学毕业生的人数也在不断增长,但有一点值得注意,免除费用的人数总是多于录取人数(如表3-5所示)。

免除报名费用对公立学校的学生来说是好事,因为公立学校的学生往往都是最贫困的学生和黑人学生。比如,当使用泊松模型(Poisson Model)进行统计分析(见图3-1)后,我们可以看到,免除费用人数和黑人录取人数之间的关联度高达95%。

$$f(Y) = \frac{\mu^Y e^{-\mu}}{Y!}$$

$$onde$$

$$\mu = \ln(X'\beta)$$

图3-1 泊松模型下的黑人学生报名人数以及免除报名费人数在总人数中的占比

备注:在以上方程式中,X是解释变量,代表圣保罗大学入学考试报名人数中免除费用人数的比例。Y是响应变量,即圣保罗大学入学考试报名人数中黑人学生的数量。

然而,如图3-2所示,每年公立学校学生和黑人学生的录取百分比并没有随着免除报名费用人数的百分比的变化而变化。报考2007年入学考试的人数比2006年少了27 818名,这一降幅与费用免除人数(23 592)接近,由此导致报名总人数中黑人学生和公立学校学生的百分比都有所下降。导致这一现象出现的原因很可能是这些学生在同一年也报考了圣保罗大都会地区其他公立大学的入学考试,另一个原因是受"大学为全民服务"计划的影响,这一计划在私立教育机构为他们提供了一定数量的学位。(我们会在后文中继续讨论这一点。)

换言之,如果着眼于需求,那么我们就可以看出报考人数和免除费用人数紧密相关。

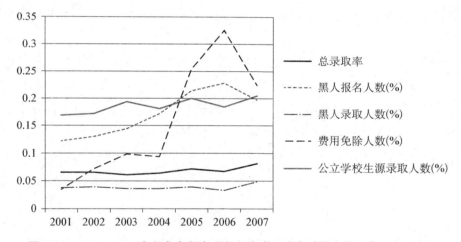

图3-2 2001—2007年间每年报名圣保罗大学入学考试的人数和费用免除人数

资料来源:Foundation for the University Entrance Examination, University of São Paulo。

表3-6 录取率、报名百分比和费用豁免百分比

年份	总录取率	黑人报名人数百分比	黑人录取率	报名人数中费用豁免比例	公立学校生源录取比例
2001	0.066	0.123	0.038	0.035	0.169
2002	0.065	0.130	0.038	0.072	0.172
2003	0.061	0.145	0.036	0.098	0.193
2004	0.064	0.172	0.036	0.093	0.182
2005	0.072	0.213	0.039	0.255	0.201

续 表

年份	总录取率	黑人报名人数百分比	黑人录取率	报名人数中费用豁免比例	公立学校生源录取比例
2006	0.067	0.229	0.032	0.325	0.184
2007	0.081	0.196	0.048	0.223	0.205

资料来源：FUVEST。

然而，如果着眼于入学考试通过率，情况却有些不同。公立学校学生的录取率虽然不断升高，但不稳定，而黑人学生的录取率则紧跟总录取率。这表明，越来越多的黑人学生就读圣保罗大学的现象之所以会出现，更大的原因可能在于高收入黑人人口规模的增长——他们进入优质公、私立学校的机会更大——而不在于圣保罗大学实施的各项新政策。

值得注意的是，与 2004 年相比，2005 年黑人学生录取人数增长了 30.7%，这很令人惊讶。当然，鉴于位于圣保罗市东区的圣保罗大学新校区开设了十门新课程，对上述现象的出现也发挥了重大影响。2005 年，圣保罗大学成立了艺术、科学和人文学院（Escola de Artes，Ciências e Humanidades，简称 EACH）。现在，笔者要对 2005 年（含）以后的数据进行分析。

空间分散化

人口普查发现，圣保罗市的财富和教育机会集中在若干几个区中。这是大城市的一般特征。但与巴西其他城市相比，这一现象在圣保罗市还表现为：同一行政区内贫民区与富人区之间很少搭界。总的来说，圣保罗市的白人人口聚集在市中心和圣保罗大学校园所在的西区，也有少量白人居住在东区、北区和南区的特定区域；而黑人人口则集中在该市的南部、东部以及北部的部分区域。

几年前，圣保罗大学决定在该市东区再建一个校区（圣保罗大学东校区），开设新的高等教育课程，这一举措成为其如下政策的核心：提高社会融合度，促进公立高等教育机会民主化。2005 年，圣保罗大学未在西校区设置配额或目标，以加强对弱势群体（黑人、少数民族、在公立机构完成中学学业的人、低收入家庭的子女等）的吸纳。相

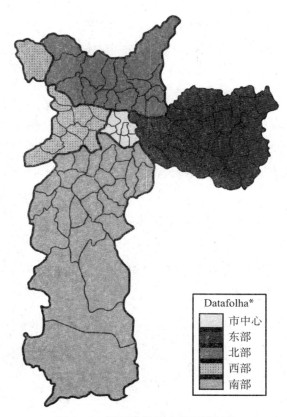

图 3-3 巴西圣保罗市的区域划分

反,出于长远考虑,为了达成类似效果,该校考虑将学习机会扩张到其他地理位置,并深入到更贫困地区。圣保罗市的数据显示,东区有 330 万人(占全市总人口的 33%),同时占圣保罗大都会地区人口的 17.76%)。[11]这些人口归十一个次级市(submunicipalities)管理。东区的人类发展指数(Human Development Index,即 HDI)平均为 0.478,而整个圣保罗市则为 0.52,圣保罗州为 0.850。[12]

2005 年,艺术、科学和人文学院共为十个学位课程提供了 1 020 个名额,分为早中晚三个时间段分批上课,每班学生人数达 60 人。课程包括:老年学、环境管理、公共政策管理、休闲旅游、自然科学(师范类)、市场营销、妇产学、信息技术、纺织、时装技术等。

圣保罗大学已经在圣保罗市实现了公立高等教育机会民主化的目标了吗?圣保

---

① Datafolha 与巴西发行量最大的报纸《圣保罗页报》(Folha de Sao Paulo)同属于巴西页报集团(Grupo Folha),这是一家民意调查机构。——译者注

罗大学与其他一些联邦大学一道都执行了类似的配额政策,可是,配额政策能够被一个在贫困地区建设新校区的政策所替代吗?哪些群体愿意相信这么一个政策?

根据大学入学考试基金会发布的圣保罗大学东西两个校区首轮录取数据(按肤色、毕业学校类型和收入水平细分),我们发现:

- 向圣保罗市较贫困地区提供大学招生名额,的确可以实现吸纳更多黑人学生、公立中学毕业生和贫困家庭学生入学的目标。比如,圣保罗大学东校区录取的黑人学生相对人数比西校区高出8.8个百分点,前者为21.2%,后者为12.4%。
- 东校区录取的公立中学毕业生相对人数比西校区高出19.1个百分点,前者为46.7%,后者为27.6%。
- 东校区录取的贫困家庭学生相对人数比西校区高出11.8个百分点,前者为39.4%,后者为22.1%。

表 3-7 圣保罗大学 2005 年入学考试录取率(按校区和肤色划分)

		肤色类别						
		白人		黑人		其他*		总计
圣保罗大学录取率	录取人数	7 313 (7.40%)	77.2%	1 179 (3.67%)	12.4%	983 (10.27%)	10.4%	9 475 (6.74%)
	报名人数	98 798		32 166		9 572		140 536
圣大东校区录取率	录取人数	694 (19.67%)	69.1%	213 (10.27%)	21.2%	98 (25.59%)	9.8%	1 005 (16.79%)
	报名人数	3 529		2 075		383		5 987
总计录取率	录取人数	8 007 7.82%	76.4%	1 392 4.07%	13.3%	1 081 10.86%	10.3%	10 480 7.15%
	报名人数	102 327		34 241		9 955		146 523

资料来源:FUVEST。
*亚裔族群和印第安人。

总体来说,在圣保罗大学的两个大都会校区中,黑人学生越来越多(在圣保罗大学 2005 年的招生中,黑人学生的占比为 13.3%,若不计入东校区,则为 12.4%)。圣保罗大学招收的公立中学毕业生和贫困家庭学生越来越多,2005 年的招收比例分别为 29.5%和 23.7%。

但是，在将这一模型套搬到其他大学时，一定要谨慎。首先，圣保罗大学的成功不仅取决于招生名额的地理性扩张，可能还与另外两个圣保罗市特有的因素有关。圣保罗大学东校区所开设课程（新课程）的社会声望低，因此考生对这些课程的需求也就随之降低；此外，圣保罗市糟糕的公共交通限制了人员的跨区域往来，因此考生们对各校区招生名额的竞争仅限于居住在各自校区邻近区域的学生。

表 3-8　圣保罗大学 2005 年入学考试录取率（按校区和生源学校划分）

		中学类型						
		私立		公立		其他		总计
圣保罗大学录取率	录取人数	6 772 (9.17%)	71.2%	2 631 (4.11%)	27.6%	113 (3.67%)	1.2%	9 516 (6.75%)
	报名人数	73 833		64 018		3 082		140 933
圣大东校区录取率	录取人数	517 (28.63%)	51.1%	472 (11.81%)	46.7%	22 (10.73%)	2.2%	1 011 (16.83%)
	报名人数	1 806		3 996		205		6 007
总计录取率	录取人数	7 289 (9.64%)	69.2%	3 103 (4.56%)	29.5%	135 (4.11%)	1.3%	10 527 (7.16%)
	报名人数	75 639		68 014		3 287		146 940

资料来源：FUVEST。

表 3-9　圣保罗大学 2005 年入学考试录取率（按校区和收入划分）

		家庭收入区间						
		1 500 人以下		1 500—7 000 人		7 000 人以上		总计
圣保罗大学录取率	录取人数	2 079 (3.53%)	22.1%	5 721 (8.64%)	60.7%	1 625 (11.10%)	17.2%	9 425 (6.74%)
	报名人数	58 930		66 221		14 636		139 787
圣大东校区录取率	录取人数	396 (10.4%)	39.4%	524 (26.9%)	52.1%	85 (37.1%)	8.5%	1 005 (16.8%)
	报名人数	3 798		1 948		229		5 975
总计录取率	录取人数	2 475 (3.9%)	23.7%	6 245 (9.2%)	59.9%	1 710 (11.5%)	16.4%	10 430 (7.2%)
	报名人数	62 728		68 169		14 865		145 762

资料来源：FUVEST。

表3-10 圣保罗大学2005年录取中由收入、学校教育和肤色等因素导致的边际增量

	1 500人以下	1 500—7 000人	7 000人以上
家庭收入的边际收益*	2.955 44	3.113 624	3.343 124
	私立	公立	其他
学校教育的边际收益*	3.121 091	2.874 073	2.927 002
	白人	黑人	其他
肤色的边际收益*	2.656 809	2.800 559	2.491 589

* 边际收益 = 每个类别下（圣保罗大学东/西校区）录取百分比的增量。

其次，从以上数据可以看出，圣保罗大学东校区远没有西校区那么难进（每100名报考学生中，就有16.83名获得录取，而在西校区该数值为6.75名）。由此可见，教育及其经济资本（就读私立学校和家境殷实都能累积经济资本）所产生的边际收益比预期要大。笔者将"边际收益"理解为一种额外的资本单位——无论是教育资本、经济资本还是社会资本。边际收益能促成学生通过入学考试被大学录取。由于拥有上述资本的学生群体在两个校区中的录取比率各不相同，因此两个比率之间的相对增加值便是与"边际收益"概念相近的另一个测度。因此，以上数据表明，无论肤色如何，就读于私立中学和来自高收入家庭的学生从贫困地区教育机会的扩张政策中获益最多。

这意味着，即使是那些与种族无关的政策——侧重于特定区域而非特定种族或族群，且遵循其他国家广泛实践的模式，它们仍然对这些领域的资本分配不平等较为敏感，而且有可能并不具备种族中立性。然而，不可否认的是，艺术、科学和人文学院（圣保罗大学东校区）的创办有利于吸纳更多的黑人学生进入圣保罗大学。我们比较以下两个时间段：2003年至2004年间，新校区尚未投入使用；2005年至2006年间，艺术、科学和人文学院创办开学，并且未执行任何奖励性招生政策。通过比较，我们发现，圣保罗大学入学考试中黑人学生的录取比例从10.28%增加至12.74%，这并非偶然。

最后，我们必须强调一下上述社会融合模型的主要优点：增加了大学学额；与新入职讲师订立合同；为公立高等教育争取到了新的城市空间。圣保罗州政府通过追加投资将新型社会群体吸纳入了高等教育之中，从而避免了零和游戏——面向所有社会群体分配现有学额，或是简单地加重教师的负担。

表 3-11　2003 年 4 月(艺术、科学和人文学院设立前)与
2005 年 6 月(设立后)黑人新生比例比较

年份	占比	年份	占比
2003 年 4 月	0.102 8	估计差异	0.024 6
2005 年 6 月	0.127 4	P 值	0
差异显著			

资料来源：NAEG。

不过,2001 年以来,圣保罗大学的黑人学生数量一直处于上升趋势,并且圣保罗大学东校区 2005 年录取的学生中只有 28% 的人居住在东区(源自圣保罗大学研究生课程管理处公布的数据)。以上事实表明：地理扩张并不是导致黑人学生数量增加的唯一原因。值得一问的是,圣保罗大学招录黑人学生力度的增大是否与课程声望的关系不大：所开设课程由于社会声誉较低,因此相对不受非黑人学生欢迎? 接下来笔者将分析这最后一点。

学额与课程的社会声誉

笔者发现,依据社会声誉对圣保罗大学所开课程进行分类的最实际方法是根据知识领域对课程进行分组；笔者根据平均录取分数(大概是标准差的一半)将课程划分为三个大类。这样一来,每个知识领域的竞争性特征就得以保留,从而区分出九种不同的课程类型。

表 3-12 显示了九类课程在 2005 年的录取率(黑人和非黑人学生录取人数和报考人数之间的比率)。值得注意的是,非黑人学生的录取率通常是黑人学生的两倍。低声誉的精密科学课程是个例外,非黑人学生的录取率(17%)只是略高于黑人学生。也就是说,在圣保罗大学招收的黑人学生中,并非绝大多数人都选择了低声誉的人文课程,这一结果与间或的暗示不符。相反,在低声誉的精密科学课程中,黑人学生的录取率是最高的,其次是中等声誉的生物科学课程。即使在高声誉的精密科学课程中,黑人学生的录取率也要比低声誉人文课程更高。

在巴西,圣保罗大学的入学考试竞争最为激烈,那么以上数字是不是圣保罗大学所特有的呢? 也许是这样的。事实上,尽管黑人学生的录取率通常只有非黑人学生的一半,但是前者在各类课程中的表现是相似的。我们可以从表 3-12 中观察到这一现

表 3-12 圣保罗大学 2005 年入学考试录取率（按肤色和课程类型划分）

领域	类型	黑人	非黑人	总计	增量
人文学科	高	1.7%	4.3%	3.8%	150%
生物科学	高	1.9%	4.1%	3.7%	120%
生物科学	中	2.7%	7.8%	6.6%	189%
人文学科	中	3.0%	8.0%	6.8%	169%
人文学科	低	5.0%	13.7%	10.9%	174%
精密科学	高	5.4%	10.7%	9.7%	99%
精密科学	中	7.8%	16.6%	13.5%	114%
生物科学	低	13.5%	21.9%	19.8%	63%
精密科学	低	40.9%	48.0%	44.9%	17%
总计		3.9%	8.0%	7.1%	107%

资料来源：FUVEST。

象，该表按照黑人学生被录取的难易程度，由高到低列出了不同类型的课程。此顺序与非黑人学生被录取的难易程度排序也基本吻合，差别不大。

事实上，进入圣保罗大学学习的确很难。2005 年的总录取率只有 7.1%。在促成入学考试高录取率的若干准备因素中，我们发现黑人和非黑人学生之间的区别尤其体现在以下几个方面：第一，黑人学生就读私立中小学以及参加预备考试的比例小于非黑人学生。第二，黑人学生白天上课的人数相对较少（见表 3-13）。第三，黑人学生的备考效果欠佳反映出他们仍处于弱势社会阶级。因此，黑人学生和非黑人学生之间的差异还体现在反映社会阶级和出身的变量上面，比如，父亲或母亲的受教育水平、家庭收入或每个家庭的汽车保有量。然而，我们从最后几个变量上可以看出，较之就读于巴伊亚联邦大学（Federal University of Bahia，简称 UFBA）和巴西利亚大学（University of Brasilia，简称 UnB）[13]等其他大学的学生，圣保罗大学学生的家庭收入更高。更有甚者，圣保罗大学中的大多数黑人学生的家庭至少拥有一辆汽车。

总之，圣保罗大学的入学考试结果以及黑人和非黑人学生在竞争学位课程招生名额中的表现都说明了以下事实：与巴西其他公立大学的情况相反，圣保罗大学的黑人学生还没有被系统地纳入到低声誉或者受欢迎程度较低的学位课程之中。黑人和非

表3-13 2005年入学考试中影响黑人学生成功的主要因素

影响录取的因素	黑人	非黑人	影响录取的因素	黑人	非黑人
就读私立小学	36.2	60.7	父亲受过大学教育	28.3	47.2
参加预备考试	8.3	18.3	母亲受过大学教育	27.7	45.8
就读私立中学	46.3	71.9	家庭收入为最低工资的5倍及以上	16.5	32.7
在白天学习	67.2	78.6	家庭至少拥有一辆汽车	68.7	87.4

资料来源：FUVEST。

黑人学生的录取模式完全一样，只是前者的录取率始终低于后者。一般来说，黑人学生中修习低声誉课程的比例的确高于非黑人学生中的比例（前者为37%，后者为27%）；然而，黑人学生中修习低、高声誉课程的比例完全一样，非黑人学生也是如此，如表3-14所示。

表3-14 2005年录取学生的分布情况（按肤色和课程划分）

课程声望	黑人	非黑人	黑人	非黑人
低	443	2 260	37%	27%
中	307	2 180	26%	26%
高	433	4 009	37%	47%
	1 183	8 449	100%	100%

资料来源：FUVEST。

接下来，笔者将分析圣保罗大学最近一次入学考试的报名人数发生锐减的原因（2007的数据）。显然，人数锐减带来了积极的结果：既拉低了课程申请人数与学额之间的比值，又拉高了黑人学生和公立学校毕业生的录取率。

圣保罗市公立或政府资助高校的招生名额扩增

一直到2005年，圣保罗大学——巴西最负盛名的大学——一直都是圣保罗大都会地区唯一一所免费的公立大学，每年提供约10 000个招生名额。激烈的竞争限制了贫困学生和黑人学生进入该所大学的机会。除了圣保罗大学,彼时只有圣保罗医学院(现为圣保罗联邦大学)于 2005 年在五个医学学位项目中提供了 273 个招生名额。然而,2006 年,圣保罗联邦大学(Universidade Federal de São Paulo,简称 UNIFESP)在柏夏达桑提斯达(Baixada Santista)开设了一个新校区,新增五门新课程和 171 个额外招生名额;2007 年,该校又于迪亚德马、瓜鲁柳斯和圣若泽杜斯坎普斯等地新设了三个校区,新增了九个学位项目和 545 个招生名额。除此之外,圣保罗联邦大学还专门为黑人学生新增了 111 个招生名额,分散在各个课程之中。2005 年圣保罗联邦大学入学考试的报名人数为 13 455 人,到了 2007 年,报名其入学考试统考的人数增至 22 799 人,报名"配额"考试的人数为 2 491 人。在这两年之内,圣保罗联邦大学的报考人数共增加了 115%。[14]

无独有偶,2006 年 7 月,位于圣贝纳多(São Bernardo)的 ABC 联邦大学(Universidade Federal do ABC)举行了第一次入学考试。ABC 联邦大学每年提供 1 500 个招生名额;其中 750 个名额专门留给公立学校毕业生。[15]

巴西教育部制定的"大学为全民服务计划"向就读私立大学的贫困学生发放补贴以助其支付各项费用。毫无疑问,这项计划的巩固对圣保罗地区大学招生名额的增加影响最大。为了一窥"大学为全民服务计划"的真正影响,我们可以参看以下数据:2006 年,该计划在圣保罗州资助了 8 724 名学生,其中 6 581 名获得全额补助(即,全额偿付大学费用);2007 年,该计划对 34 199 名学生进行拨款,其中 20 326 名学生获得了全额补助。由此可见,仅在一年之内,该计划在圣保罗州的补助人数就几乎增加了两倍。在圣保罗,接受"大学为全民服务计划"资助的入学人数在同一时期从 51 313 人增至 137 829 人——增幅为 168%。[16]

以上数据表明,在 2006 年至 2007 年间,圣保罗大学入学考试的报名人数减少了 27 818 人,同时考生对免除报名费的需求也有所降低。这就意味着有一大批学生放弃了圣保罗大学,转而进入其他公立或私立大学学习。总之,流失的人数约等于以下三个数值之和:"大学为全民服务计划"额外提供的 25 475 个学业补助名额,ABC 联邦大学新添的 1 500 个公立大学名额,以及圣保罗联邦大学新增加的 666 个名额。在总计 27 641 个新增名额中,有 25 697 个(93%)授予了贫困学生、黑人学生或者公立中学毕业生。

奖励制度的初步评估

如前所示,一方面,来自贫困学生和公立学校毕业生的需求减少,另一方面,圣保罗大学还引入了一个社会融合项目——INCLUSP,即在入学考试考分上加上3%的奖励。那么,在2007年的入学考试中,黑人学生从该奖励中获益了吗?由于我们没有掌握2007年入学考试的完整数据库,所以很难回答这一问题。但是,我们可以统计分析2006年和2007年入学考试中通过第一轮考试的考生分布情况,按照生源学校、肤色和学生收入的类别分别计算各自的百分比,并检测它们之间是否存在巨大差异。那么,我们就可以初步问以下问题:在公立学校考生的分数上加上3%的奖励,真的对他们有利吗?真的能改变录取学生在收入和肤色类别中的比重划分,进而常态地改变招生构成么?

圣保罗大学毕业事务管理处(Pró-Reitoria de Graduação)按照中学类型,分类报告了2006年和2007年的学生分布情况,如表3-15所示。此项测试为双比例测试,置信区间为95%,这表明,INCLUSP项目实行后,公立学校毕业生的比例显著上升。

表3-15 圣保罗大学(第一轮)录取学生人数(按年份和中学类型划分)

年份	中学		总计
	公立		
2006	2 343(人)	24.22%	9 675(人)
2007	2 645(人)	26.30%	10 058(人)

两个占比的测试和置信区间:公立中学生源的百分比
样本 X N 样本 p
2006 2 343   9 675   0.242 171
2007 2 645   10 058   0.262 975
差异 = p(2006年) − p(2007年)
差异估计: −0.020 804 2
差异的95%置信区间:(−0.032 924 2; −0.008 684 24)
差异测试 = 0(vs not = 0); Z = −3.36   P值 = 0.001
资料来源:NAEG & FUVEST。

然而,根据表3-16所示,在肤色方面,过去两年录取的学生当中黑人学生的比例变化从统计学角度来看并不显著。最后,在对2006年和2007年期间年收入低于3 000雷亚尔的学生比例变化进行测定后,他们发现,圣保罗大学录取的低收入学生比例发生显著下降。

表 3-16　第一轮考试录取的黑人学生

年份	黑人		总录取人数
2006	1 186（人）	12.26%	9 675（人）
2007	1 278（人）	12.71%	10 058（人）

两个占比的测试和置信区间：录取的黑人学生百分比
样本 X N 样本 p
2006　1 186　9 675　0.122 584
2007　1 278　10 058　0.127 063
差异 = p(2006 年) - p(2007 年)
差异估计：-0.004 479 06
差异的 95% 置信区间：(-0.013 702 3；0.004 744 21)
差异测试 = 0(vs not = 0)：Z = -0.95　P 值 = 0.341
结论：3% 奖励制度实行前后并无明显差异。
资料来源：NAEG

表 3-17　通过第一轮考试的考生中月收入低于 3 000 雷亚尔的考生

年份	月收入低于 3 000 雷亚尔的学生		总录取人数
2006	4 449（人）	45.98%	9 675（人）
2007	4 434（人）	44.08%	10 058（人）

两个占比的测试和置信区间——月收入低于 3 000 雷亚尔的学生百分比
样本 X N 样本 p
2006　4 449　9 675　0.459 845
2007　4 434　10 058　0.440 843
差异 = p(2006 年) - p(2007 年)
差异估计：0.019 001 9
差异的 95% 置信区间：(0.005 117 75；0.032 886 0)
差异测试 = 0(vs not = 0)：Z = -2.68　P 值 = 0.007
结论：3% 奖励制度实行后，月收入低于 3 000 雷亚尔的学生比例显著下降。
资料来源：NAEG & FUVEST

不管怎样，通过逐年测定 2001—2007 年间录取学生的分布情况，我们可以发现，黑人学生的招收数量不断增长，具有统计显著性。也就是说，在 2007 年引入 3% 奖励制度后，圣保罗大学入学考试录取的学生当中，黑人学生的比例并无显著改变。但是，至少从 2001 年起，由于其他因素的交互作用，黑人学生的数量不断增加。因此，在收入、就读学校类型以及入学考试准备等方面，考入圣保罗大学的黑人学生将拥有与白人学生相似的履历，这似乎将成为一种总体趋势。

但是，值得注意的是，在分析入学考试中学生的表现情况时，我们发现，学生肤色比就读中学类型更重要。总的来说，黑人学生和白人学生之间的差异要比公立学校学生和私立学校学生之间的差异更大。所有这些都指向了同一个事实：种族因素——即，种族主义的某种内化影响——对黑人青年表现的危害远高于因缺少资源而不能就读私立学校的影响。因此，在表现履历上，极少数成功获得录取的黑人学生非常接近白人学生。

让我们以生物科学专业最负盛名的课程中黑人学生的平均录取分数为例。2006年，公立学校学生和私立学校学生之间的分差为 0.19 分；而白人学生和黑人学生之间的分差为 0.08 分。同样的模式在所有九种课程组别中不断重复出现（见表 3-18）。

表 3-18　2006 年入学考试中公、私立学校生源之间以及黑人和白人学生之间的录取分差（根据课程声誉的高低划分）

课程组别	公私立分差	黑白分差	课程组别	公私立分差	黑白分差
生物科学（高）	0.19	0.08	精密科学（低）	0.36	0.29
生物科学（中）	0.10	0.00	人文学科（高）	0.04	-0.07
生物科学（低）	0.33	0.22	人文学科（中）	0.16	0.06
精密科学（高）	0.11	0.06	人文学科（低）	0.28	0.10
精密科学（中）	0.10	0.08			

资料来源：NAEG。

简而言之，过去几年里，为确保吸纳贫困学生和公立学校生源，圣保罗大学所采取的所有措施都发挥了相当令人满意的作用，也对黑人学生的招收产生了间接有利的影响。

然而，这些政策尚未惠及最需要它们的人：在"大学为全民服务计划"的补助政策下，意欲进入其他公立大学甚或私立大学就读的学生群体。圣保罗大学录取的黑人学生无论是在社会经济履历或是职业选择上都和白人学生非常接近。但是，就入学考试分数而言，黑人学生的表现差于白人学生。这说明，偶尔出现的高收入黑人学生以及曾就读于更好学校等因素并不能完全弥补社会—种族因素（生物种族观念所产生的结果，它们之间的社会互动继续受制于此种观念）带来的伤害。

注释

本章最初是一份报告，题为"观察（OBSERVA）——对巴西高等教育中肯定性行动的评估"。该项目受福特基金会资助，原文经调整后提交至全球歧视研究会议，该会议于普林斯顿大学举办，会期为 2007 年 5 月 18 日至 20 日。在此要感谢圣保罗大学毕业事务管理处，感谢他们提供了相关数据并且帮助完善了部分表格。Vestibular(入学考试)指的是巴西大学普遍采用的录取考试形式。

1. 关于巴西肯定性行动之辩的参考文献已经很多;了解此类信息的最简单方法是访问一些专门网站,如 OBSERVA,www.ifcs.ufrj.br/~observa/;或 GEMAA,http://gemaa.iuperj.br/brasil/docs.html。
2. 这项政策被称为 INCLUSP,或者圣保罗大学融合项目。详情请见圣保罗大学毕业事务管理处网站,www.naeg.prg.usp.br/siteprg/inclusp/inclusp_06-06.doc。
3. 本章所引所有有关圣保罗大学入学考试的数据均由大学入学考试基金会(FUVEST)提供。关于肤色的数据是从申请表的问题 16 中获取的:"请看下列选项,你属于哪种肤色?"选项包括白色人种、黑色人种、棕色人种、黄色(亚裔)人种和土著人种。该问题的回答率在 97.9%至 99%之间。本章中,笔者使用"黑人(black)"统称"黑色人种(preto)"和"棕色人种(pardo)"。
4. 一般来说,圣保罗大学的大学入学考试基金会根据现有学额举办四轮考试来决定最终录取结果,因为有些被录取的学生更愿意报读其他大学更有声望的课程,所以他们也同时参加了这些大学的入学考试。第一轮考试的录取结果基本决定了圣保罗大学 98%的现有学额。
5. 大学入学考试基金会还为军事警察学院(Military Police Academy)以及仁慈堂(Santa Casa da Misericórdia)医学课程招录学生。
6. ABC 联邦大学(UFABC)坐落在圣贝纳多市,该市同属于圣保罗大都会区。圣保罗联邦大学(UNIFEST)的前身是历史悠久的圣保罗医学院。
7. 虽然我们没有掌握中学毕业人数的年度数据,但是从阿尼西奥·特谢拉教育研究院(INEP)的学校普查中可以看出,在 2000—2005 年间,圣保罗州中学入学总人数下降了 8%,从 2 079 141 人下降到 1 913 848 人。
8. 巴西还有少数私立大学也具有良好的学术水准。
9. 这里的其他大学包括圣保罗州立大学(UNESP)和坎皮纳斯大学(UNICAMP),这两所大学同样归圣保罗州管理。圣保罗州立大学的分校区遍布整个圣保罗州。
10. 非裔与困难群体教育与公民权组织(EDUCAFRO)提供了一个入学考试预备课程体系。该组织由非盈利的方济各会团结服务机构(Franciscan Solidarity Service,简称 SEFRAS)创办,而后者则由在里约热内卢和圣保罗大都会区工作的方济各会僧侣管理。非裔与困难群体教育与公民权组织最重要的目标是专门确保黑人以及更广泛意义上的穷人能接受高等教育,公立或私立皆可。
11. 参见 portal.prefeitura.sp.gov.br/guia/urbanismo/zonaleste/0020。
12. 人类发展指数(HDI)从寿命、教育和收入方面衡量生活质量。测定值的区间是从 0 到 1。
13. 关于巴伊亚联邦大学(UFBA)的信息,参见 http://www.ifcs.ufrj.br/~observa/relatorios/DesempenhoCotistasUFBA.pdf;关于巴西利亚大学的信息,参见 http://www.ifcs.ufrj.br/~observa/relatorios/Cursoe concurso_UnB.pdf。
14. 数据来源:www.unifesp.br/。
15. 有关数据参见 http://www.ufabc.edu.br/index.php?p=menu/40Vestibular/50Estatisticas.php。
16. 所有数据均可在如下网址获取:http://prouni-inscricao.mec.gov.br/prouni/。

4
后种族隔离时代的南非教育与种族不平等

马尔科姆·科斯维尔

南非种族隔离的最深远影响之一就是它在各个种族群体之间酿成了极端的经济不平等。南非不仅是世界上收入不平等程度最高的地区之一,而且收入不平等还带有强烈的种族属性。如图4-1所示,在第一次民主改革之前,白人和黑人之间的收入差距相当大,白人的平均实际收入达到黑人的五倍以上。《班图教育法》(1954)试图按照种族的不同差异化地分配教育机会,从而开启了借助种族和语言等方式在公共教育领域实施社会工程的一系列做法,它们同样影响深远。

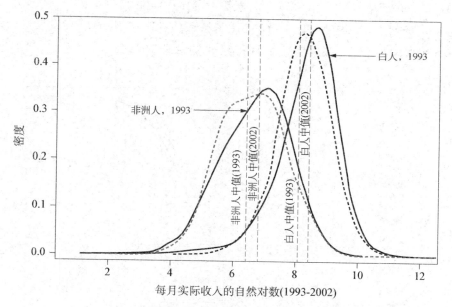

图4-1 全职工人及临时工所获收入的种族分配(1993—2000)

备注:虚线表示2002年的收入分配。收入变量的测度为每月收入(以南非兰特计算)的自然对数。相关年份的所有数据都被调查工作展开月份的平均居民消费价格指数(CPI)所平减,2000年为基准年。

资料来源:1993年的数据来自世界银行的"生活水准测量调查"(又名为PSLSD①)。2002年的数据来自劳动力调查(Labour Force Survey,简称LFS)。

自种族隔离制度结束十年以来,南非的社会、政治生活发生了巨大变化。南非现

---

① PSLSD的英文全称为Project for Statistics on Living Standards and Development(生活水准和发展统计项目),详情可参见世界银行网站:http://microdata.worldbank.org/index.php/catalog/902。——译者注

在被誉为最杰出的现代自由国家之一,很多人认为南非宪法中保障个人自由的条款在同类法律条文中是最具雄心的。然而,社会和政治的自由并没有在经济领域造就实质性的变化。如图4-2所示,在1993年,36%的南非劳动人口每天的收入低于2美元,而在现如今,52%的劳动人口每天的收入低于2美元。直到最近,学术界仍然几乎无法针对南非的这种变化展开研讨,原因在于缺乏具有全国代表性的数据,以及一个前后连贯的理论框架用于评估这种变化。有一些人口群体在以往的国家统计中被排除在外,然而,最近学者们获得的若干规模庞大的住户调查数据集则收集了它们的信息。借助这些数据集,学者们做了大量的专题研究,致力于分析在后种族隔离时期南非劳动力市场机会的结构性变化。比如说,金登和奈特(Kingdon & Knight,2003)对失业结构变革的研究;摩尔(Moll,1996)关注了黑人的教育回报猛跌问题;最近,赫兹(Hertz,2003)讨论了在黑人教育回报研究中的测量误差问题。

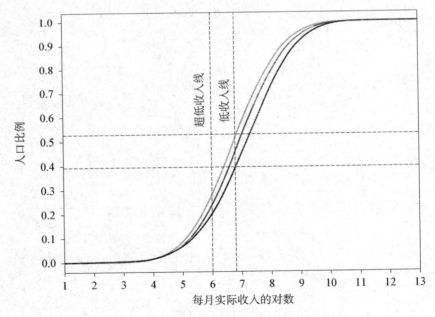

图4-2 实际收入分配的演变(1993—2002)

图中的收入线分别代表全职职工和临时职工于1993年、2000年和2002年的收入。"低收入线"是指工人家庭收入处于贫困线时所需的工资水平,给定家庭中就业人口和失业人口的平均人数(参见:Chicello, Liebbrandt & Fields, 2001)。"超低收入"线为人均成人等效工资达到日均1美元上限时的贫困线。在计算这些参考线时,依据2000年新的CPI基准对兰特的数值进行平减。

资料来源:每月收入的预计对数。

本章的内容与上述研究属于同一类别，考察了南非的种族不平等在因果结构上的变化。我们从关乎机会平等的可验证假说中推导出一种分析框架。我们结合这一框架和具有全国代表性的最新面板数据展开分析，结果表明，虽然种族间的机会不平等已经大为改善——白人和黑人之间的工资差异出现总体下降可见一斑，但一种新形式的种族不平等却悄然出现，这种不平等并不像种族不平等全盛时期那样直接作用于收入，比如实施岗位保留、流入控制①和学校实施种族隔离等政策，而是通过给予奋斗以不平等回报的方式，间接地影响收入（常见的表现形式为不同种族之间存在巨大的教育回报差异）。如今，黑人与白人之间约40%左右的工资差异现象源于教育回报差异，而在十年前，这种效应几乎不存在。上述趋势的后果之一便是，由此产生的激励机制可能会阻碍甚或逆转教育成就均等化的成果。

以下为本章内容的组织结构。在第一部分中，我概述了人力资本获得和回报中的机会平等问题，并提出一个用于分析这一问题的理论框架。第二部分介绍了实证研究的方法，而第三部分介绍了所采用数据的背景信息以及平均样本的特征。第五部分②介绍了关键的实证估算，这一部分还分析了估值的健壮性。最后一部分给出了结论。

机会平等的定义

在有关机会平等的公共政策辩论中，有两种观点占据主导地位。借用罗默的用语（Roemer，2000），我将它们分别称为"无歧视原则"（nondiscrimination）和"创造公平竞争环境"（leveling the playing field）。简单地说，前者指的就是功绩原则（meritocratic principle），决定一个人能否获得理想结果的并不是他的先赋性特征。这一观点认为，在这个世界中，我们必须确保成功与"血统、肤色和性别"等因素无关。引号中的生动的词汇源自莱斯特·弗兰克·沃德③（Lester Frank Ward，1872）。

"创造公平竞争环境"是一种比"均等化的内容是什么"以及"如何实现均等化"更

---

① 南非政府在种族隔离时期实施的一种政策，通过制定相关法律严格控制黑人涌入城市地区。——译者注
② 原文如此。根据上下文判断，此处为笔误，应为第四部分。——译者注
③ 莱斯特·弗兰克·沃德（1841—1913）：美国植物学家、古生物学家、社会学家。美国社会学协会首任主席，功能主义的最初倡导者之一。——译者注

为广义的概念,其内容既包括范围广泛的补偿(例如,德沃金①式的"资源平等化",这里的"资源"并不仅限于能产出效益的物质投入,还进一步囊括了个人无法控制的事物,如"天赋"),也包括森等人提议的更温和的补偿形式(Sen, 1980)。

以上两种观点都主张实施干预以实现机会均等,在时间上又分为"干预前"和"干预后",其核心理念是一旦实施了干预,应该允许竞争发挥作用。因此,在机会平等的问题上,不同平等主义观点之间的区别在于在何处划分出一个分界线,以区分"干预前"和"干预后"——此处人们辩论的焦点为哪些事物不隶属于个人的合理可控范围,以及个人应为哪些东西负责。[1] 自由主义的机会平等观(体现为无歧视的功绩原则)以及强调分配正义的众多现代理论皆主张,通过制定相关公共政策或立法,将个人先赋性特征的影响变得无关紧要。在一个机会平等的社会,其中一个无可争议的醒目特征便是种族因素无法决定个人的经济成功与否(参见: Arrow & Durlauf, 2000; Benabou, 2000; Bourguignon, Ferreira & Menendez, 2002; Bowles, 1973; Roemer, 1996; Dworkin, 1981; Sen, 1980)。

为了得出一个分析机会平等的框架,我一开始便采用了明瑟的标准收入函数(Mincer, 1974),[2] 如下所示:

$$\ln Y = \ln \alpha + \beta s \tag{1}$$

常数项描述排除掉其他因素后的预期收入,在此模型中其他因素只涉及学校教育。学校教育系数是个人教育边际收益率。由于收益也容易受到个人经历的独立影响,因此常规做法是在方程(1)中加入一个体现"潜在经历"的测度,以说明在职学习的重要性。不过,一旦留级率居高不下或失业的周期较长(这两种情况在南非很常见),这一指标的测量就会出现较大误差,这时就需要对常规公式进行改进。

这时,我们换掉更标准的指标,用"年龄"来指示"潜在经历"。公式变为:

$$\ln Y = \ln \alpha + \beta s + \phi_1 Age + \phi_2 Age^2 + u \tag{2}$$

其中,u 为误差项,并假定它独立且恒等分布。我们也可以从最优化问题的求解中得出方程(1)与方程(2)(即,一阶条件:用于界定最高教育程度,以追求效用最大化)。不过,我将方程(2)视为收入生成函数的简化表达形式。方程(2)可以说明如下事实:由于信

---

① 罗纳德·德沃金(Ronald Myles Dworkin, 1931-2013):美国著名哲学家、法理学家,美国宪法研究学者,他在2000年出版的《至上的美德:平等的理论与实践》(*Sovereign Virtue: The Theory and Practice of Equality*)一书中提出了"资源平等"说。——译者注

贷约束等体制性障碍限制了选择范围(例如,《班图教育法》名下的众多政策组合),因而不同种族的选择空间在本质上就是不对称的。由于明瑟收入函数明确排除了教育偏好受内生因素决定的可能性(具体表现为管控选择的机制对个人的教育偏好强加各种约束),所以在这一方面,明瑟收入函数的标准微观基础没有用武之地(例如,参见:Willis,1986)。[3]

以基本收入方程的方差作为教育分布的线性函数,由此得出了收入分布的测度。这一指标被用于指示教育不平等所造成的收入不平等。在一个简单的双变量模型中,判定系数——R^2——测量收入差异在收入对数中所占比重,该比重由教育解释,并根据年龄进行调整。同样,在一个更一般的模型中,如方程(2),R^2 测度能有效地检验收入不平等的比重,该比重由相关解释变量的特定组合来解释。然而,当收入测量存在误差时,除非误差(暂时的)分量的平均值是零,否则截距项的估值会有偏差,并且 R^2 测量值也不再是所谓"已解释不平等"的可靠估计。然而,众所周知,如果测量误差属于"经典"误差,那么估计系数,即使没有经过校正,也不会存在偏差。鉴于以上原因外加可能出现的删失效应(我将在下文中讨论该问题),因此我选择将注意力从 R^2 测度上转向系数本身,不再将 R^2 测度当作反映不平等程度的指标。

在瓦哈卡(Oaxaca,1973)、布林德(Blinder,1973)、纽马克(Newmark,1988)以及瓦哈卡和雷森(Oaxaca & Ransom,1994)等人对工资差异分解的研究成果上,我设法考察了如下问题:在不同群体间生成工资差异的过程中,个人特征与非个人特征各自发挥了何种作用。在接下来的分析中,我将聚焦明瑟收入函数表达式,因此只考虑教育在生成种族间工资差异中发挥的作用。[4]

现在,假定有两个种族组别——白人和非洲人,分别用 w 和 a 来表示。[5] 假设 $\overline{A}_j$ 指代两个种族在 j 年的未加权平均年龄。利用从方程(2)中得到的估计系数——每个组别分别估算,白人和非洲人之间在 j 年的预期收入总差别,可以用如下方程式表示:

$$\begin{aligned}
\Delta_j &= \overline{Y}_{wj} - \overline{Y}_{aj} \\
&= E(Y_{wj} \mid \overline{s}_{wj}, \overline{A}_{wj}, \overline{A}_{wj}^2) - E(Y_{aj} \mid \overline{s}_{aj}, \overline{A}_{aj}, \overline{A}_{aj}^2) \\
&= (\alpha_{wj} - \alpha_{aj}) + (\delta_{wj} \overline{A}_{wj} - \delta_{aj} \overline{A}_{aj}) + (\gamma_{wj} \overline{A}_{wj}^2 - \gamma_{aj} \overline{A}_{aj}^2) + \\
&\quad (\beta_{wj} \overline{s}_{wj} - \beta_{aj} \overline{s}_{aj})
\end{aligned} \quad (3)$$

接下来,上述表达式可以分解为"纯净种族"效应和"教育"效应,而且后者还可以进一步分解为"年数"效应和"回报"效应。在明瑟的理论框架中,"纯净种族"效应有时会被界定为:在教育缺位的情况下,工资差别发挥压倒性作用;我们可以通过计算两种收入函数之间的截距差来测量"纯净种族"效应,拉姆(Lam,2001)就是这样做的。然而,假如任一组别的最低达成水平非零,那么这种方法可能会产生混淆。原则上,我们可以计算任一教育层次中的"纯净种族"效应,因此,其中一个解决办法就是将基准限制为两种教育分布共同支持的下限。我把这一基准称为 $\bar{s}_{a1}$。用 Δ_j 表示"纯净种效应(年龄条件与方程(3)相同),于是,表达式变为:

$$
\begin{aligned}
\Delta_j &= \bar{Y}_{uj} - \bar{Y}_{aj} \\
&= E(Y_{uj} \mid \bar{s}_{a1}, \bar{A}_{uj}, \bar{A}_{uj}^2) - E(Y_{aj} \mid \bar{s}_{a1}, \bar{A}_{aj}, \bar{A}_{aj}^2) \\
&= (\alpha_{uj} - \alpha_{aj}) + (\delta_{uj}\bar{A}_{uj} - \delta_{aj}\bar{A}_{aj}) + (\gamma_{uj}\bar{A}_{uj}^2 - \gamma_{aj}\bar{A}_{aj}^2) + \\
&\quad (\beta_{uj}\bar{s}_{a1} - \beta_{aj}\bar{s}_{a1})
\end{aligned}
\tag{4}
$$

直观地说,假定白人的平均受教育程度等同于非洲人,那么这个表达式便能确定两者之间的工资差异。如果估算技术在参数上是线型的,那么方程(3)始终能包含方程(4)。因此,方程(3)所给出的总工资差别相当于方程(4)所给出的"纯净种族"效应与剩余项 Ω_j 之和,由此:

$$
\begin{aligned}
\Omega_j &= \Delta_j - \Delta_j \\
&= \beta_{uj}\bar{s}_{uj} - \beta_{aj}\bar{s}_{aj} - (\beta_{uj}\bar{s}_{a1} - \beta_{aj}\bar{s}_{a1}) = \beta_{uj}(\bar{s}_{uj} - \bar{s}_{a1}) - \beta_{aj}(\bar{s}_{aj} - \bar{s}_{a1})
\end{aligned}
\tag{5}
$$

那么,Ω_j 中有多少可以归因于均值差异而不是两个组别间的教育回报率差异?假定所有群体的平均教育回报率为 $\bar{\beta}_j = \dfrac{\beta_{uj} + \beta_{aj}}{2}$。此外,设:方程(5)的首项等于 ω_j,第二项等于 τ_j,结果:

$$
\begin{aligned}
\omega_j &= \bar{\beta}_j(\bar{s}_{uj} - \bar{s}_{a1}) + (\beta_{uj} - \bar{\beta}_j)(\bar{s}_{uj} - \bar{s}_{a1}) \\
&= \bar{\beta}_j(\bar{s}_{uj} - \bar{s}_{a1}) + (\beta_{uj} - \bar{\beta}_{aj})\left(\frac{\bar{s}_{uj} - \bar{s}_{a1}}{2}\right)
\end{aligned}
\tag{6}
$$

$$
\begin{aligned}
\tau_j &= \bar{\beta}_j(\bar{s}_{aj} - \bar{s}_{a1}) + (\beta_{aj} - \bar{\beta}_j)(\bar{s}_{aj} - \bar{s}_{a1}) \\
&= \bar{\beta}_j(\bar{s}_{aj} - \bar{s}_{a1}) + (\beta_{aj} - \beta_{aj})\left(\frac{\bar{s}_{aj} - \bar{s}_{a1}}{2}\right)
\end{aligned}
\tag{7}
$$

将方程(6)和方程(7)代入方程(5),得出:

$$
\begin{aligned}
\Omega_j &= \Delta_j - \Delta_j \\
&= \underbrace{\bar{\beta}_j(\bar{s}_{uj} - \bar{s}_{aj})}_{Years} + \underbrace{(\beta_{uj} - \beta_{aj})\left(\frac{\bar{s}_{uj} - 2\bar{a}_1 + \bar{s}_{aj}}{2}\right)}_{returns}
\end{aligned}
\tag{8}
$$

根据上述方程,我们现在可以精确定义何谓"机会平等"。如前所述,无论是"无歧视原则"还是"创造公平竞争环境",都认为机会平等的前提条件是:在功绩主义社会,一个人的种族不应该发挥任何影响。这两种观点也赞成另一论点:在功绩主义社会,勤勉应该得到奖赏。以这两项要求作为指导原则,可以指定下列条件:

假设1:白人和非洲人应该享有相同的预期收入,收入水平取决于给定的受教育层次。

假设2:教育投资应该收获正回报率。

假设3:不应该产生由种族因素导致的收入差距(也就是说,不应该存在"纯净种族"效应)。

假设4:平均受教育年限的差异不应该导致收入差距(也就是说,不应该存在"年限"效应)。

假设5:教育回报率的差异不应该导致收入差距(也就是说,不应该存在"回报"效应)。

在上面的假设中,条件3—5的实现①(在明瑟分析框架内)是实现假设1的必要和充分条件。因此,工资差异是由"种族"、"年限"和"回报"效应综合影响的结果。在去种族化的教育体系中,条件4可能会引起争议。然而,鉴于当下的成就差异反映了过去的歧视,因此在不同种族间创造公平竞争环境需要特别注意促进受教育层次实现均衡。从这一点上来说,这方面进展有限导致的收入差距也是机会不均等的一种表现形式,与那些更为直接的歧视形式引起的机会不均等并没有两样。

估算

基于家庭调查的标准收入预算函数所面临的关键挑战是要找到一个处理零收入者的适当方法。这个问题在南非尤为严重,因为南非的失业率高得离谱。正因为如此,大部分学者现在认识到将零收入者纳入估算之中的重要性。然而,一旦将零收入者计入估算中,该如何精确处理它们呢?在计量经济学的文献中,关于这一问题尚无普遍共识。正如格林(Greene, 2003)等人所论述的那样,Tobit模型估计方法已成为处理以上问题的主要方法,其中,迪顿(Deaton, 1997)倡导使用普通最小二乘法

---

① 此句原文中的 reffection 无法在权威字典中检索出来,疑为笔误,正确的拼写应为 effection,意义为"实现"。——译者注

(OLS),其依据无非是将零收入视为有效观测值。众所周知,如果存在异方差性扰动,那么后一种方法尤其卓有成效(参见:Johnston & Dinardo, 1997)。事实上,蒙特卡洛实验反复表明:若存在以上情况,相对于 OLS,Tobit 模型估计方法表现不佳(Breen, 1996)。为此,下文中的分析同时采用了普通最小二乘法与 Tobit 估计法。鉴于南非人的失业周期较长,因此有必要考虑将就业测定和收入测定相加。Tobit 估计法适用于此目的,因为它适宜于对每一种效应进行有用的分解。要了解其工作原理,请考虑明瑟模型的以下隐性浓缩表达式:

$$Y^* = x'\beta + u \quad \text{where } Y = 0 \text{ If } Y^* \leqslant 0 \text{ and } Y = Y^* \text{ If } Y^* > 0 \qquad (9)$$

左删失数据的条件均值函数的斜率向量是:

$$\frac{\partial E(Y \mid x)}{\partial x} = \beta \times \text{Prob}(Y > 0 \mid) \qquad (10)$$

麦克唐纳与莫菲特(McDonald & Moffitt, 1980)首先提出对这个边际效应展开具有直观吸引力的分解,从而评估某个给定解释变量的相对收益和就业效应。在求解左删失数据的条件均值函数的微分时,应用乘积法则,则可得到如下分解因式(假设误差的正态性):

$$\begin{aligned}
\frac{\partial E(Y \mid x)}{\partial x} &= pr(Y > 0 \mid x) \frac{\partial E(Y \mid Y > 0, x)}{\partial x} + E(Y \mid x) \frac{\partial pr(Y > 0)}{\partial x} \\
&= \underbrace{pr(Y > 0 \mid x) \times \beta(1 - \sigma \frac{\phi(z)}{\Phi(z)} - \frac{\phi(z)^2}{\Phi(z)^2})}_{earnings} + \underbrace{E(Y \mid x) \times \phi(z) \frac{\beta}{\sigma}}_{employment}
\end{aligned} \qquad (11)$$

在以上方程式中,$\phi(z)$ 和 $\Phi(z)$ 分别指代归一化解释变量 z 的概率密度函数和累积分布函数。在使用 Tobit 估计法时,"收入"项有助于估计教育回报率。

数据与背景

在下文的分析中,我们采用了两组具有种族代表性的数据集(时间跨度为 1993 至 2002 年)。1993 年的数据来自"生活水准和发展统计项目"(PSLSD),该项目是在南非境内首次开展的具有种族代表性的全国调查,调查内容为南非人的生活水准。在这项调查开展期间,南非的政治和经济处于激烈动荡之中,因此该调查有史以来第一次记录了大多数南非人在种族隔离期间的生活条件。因此,它提供了一套独特的信息,借助这些信息可以评估南非民主来临以来所发生的变化。这项研究所生成的数据主体也很独特,因为,该研究记录了南非各个地区、所有人口群体在广泛问题上的相应后果,这在同类研究中尚属首次;因此,它经常被当作为比较基础,用以比较自1994年以来南非采取的各项改革措施。[6] 这些数据的使用实例包括:凯斯和迪顿(Case & Deaton, 1998)利用这些数据分析了社会养老金去激进化所产生的经济后果;卡特和麦(Carter & May, 2001)对贫困动态的研究;以及金登和奈特(Kingdon & Knight, 2003)对失业问题的研讨。

第二、三个数据来源皆选自于2001—2002年间开展的劳动力调查(LFS)。劳动力调查每年开展两次,形式为住户固定样本轮换调查,始于2000年二月;由于本调查的设计目标专为跟踪劳动力市场后果,因此该调查的数据非常适用于当前主题。表4-1显示了每次劳动力调查的平均样本特征,根据种族划分为不同组别。

表4-1 平均样本特征

变量	非洲人 1993	非洲人 2002	白人 1993	白人 2002
年龄	32.82 (11.34)	34.35 (11.50)	34.67 (11.60)	37.86 (12.81)
教育(年限)	6.78 (3.89)	8.18 (3.82)	11.19 (3.31)	12.00 (1.94)
月工资的自然对数(全职和临时)	2.86 (3.20)	3.02 (3.44)	7.15 (2.49)	6.26 (3.74)
女性(%)	0.48 (0.50)	0.52 (0.49)	0.47 (0.50)	0.47 (0.49)
n	6 929	31 384	953	1 939

备注:括号中为标准差。1993年的数据来自"生活水准和发展统计项目(PSLSD)"。2002年的数据来自劳动力调查(LFS)。教育年限源自有关受教育程度的分类数据。月收入适用于处于适工年龄(15—65岁)的全职和/或临时就业者,包括"广泛"意义上的零收入者(包括那些失业后却不去寻找工作的个体)。关于国际劳工组织(ILO)的标准定义为何不适用于南非的情况,请参见:金登和奈特(Kingdon & Knight, 2000)、纳特拉斯(Nattrass, 2000)、维滕贝格(Wittenberg, 2003)以及丁考曼和卑路斯(Dinkelman & Pirouz, 2002)等人的著作。

所有估计值对应个人而非家庭。收入的测度为每月工资总额,包括加班费和奖金。出于以下原因,在本分析中,赚取收入的人仅限于15—65岁的全职职工和临时职工:第一,所有调查对全职就业和临时就业的定义都比较类似,但是,生活水准和发展统计项目以及劳动力调查两者对"自谋职业者"的定义却很模糊,因此我们无法针对这一群体开展任何有意义的比较。

此外,即使以上问题不存在,这些类别仍将构成季节性的对立效应(其中测量误差是系统性生成的,因而可以预测)以及跨期收入波动。收入出现跨期波动的原因在于,在非正规经济部门中,许多自谋职业类别具有过渡性质。

教育年限源自有关受教育层次的分类数据。表4-1表明,虽然时隔多年以后,这两个种族的平均受教育程度皆有上升,但非洲人的平均受教育年限仍然比白人约少了四年。教育的分布情况显示,这两个种族之间还存在一些有趣的不对称情形,比如,在受教育年限上,白人的标准偏差远小于非洲人。

实证估算

教育回报率

表4-2分类总结了教育变量系数的普通最小二乘估计值以及Tobit估计值。"普通最小二乘"估计值和"收入效应"将被解读为私人教育收益率。(表4-3列出了完整的回归结果)

表4-2 明瑟教育回报率

模型	白人 1993	白人 2002	白人 平均误差	非洲人 1993	非洲人 2002	非洲人 平均误差
普通最小二乘法(OLS)	0.11 (4.6)	0.43 (10.3)	0.33 (4.95)	0.11 (10.9)	0.07 (14.1)	0.05 (4.99)
Tobit 指数	0.11 (4.4)	0.56 (9.8)	0.33 (4.95)	0.17 (7.9)	0.10 (8.9)	0.05 (4.99)
Tobit 边际效应	0.11	0.49	0.33	0.09		0.04
收入效应:$\Pr(Y>0\|x) \times \frac{\partial E(Y\|Y>0,x)}{\partial s}$	0.11	0.34	0.32	0.03	0.02	0.02
就业效应:$E(Y\|x) \times \frac{\partial \mathrm{pr}(Y>0)}{\partial s}$	0.00	0.15	0.01	0.05	0.03	0.02
n	953	1939	531	6 929	31 384	14 966

备注:教育变量β的系数估计值得自一个一元一次的明瑟方程式。t-比率的绝对值显示在括号中。因变量为月收入的自然对数。列举普通最小二乘估计值和Tobit估计值的目的是为了比较。完整的回归估计值载于表4-3中。

根据麦克唐纳和莫菲特(McDonald & Moffit,1980)提出的方法,Tobit边际效应被进一步分解成"收入"效应和"就业"效应。可以将与收入有关的估计值解释为回报率,但此回报率只适用于就业者,且取决于他们的就业概率。

表4-3 教育回报率：详细的回归结果

变量	白人(1993年)	白人(2000年)	白人(2002年)	非洲人(1993)	非洲人(2000)	非洲人(2002)
			面板 A			
			普通最小二乘估计值			
常数	-0.307(0.43)	-3.167(5.35)	-4.520(5.79)	-3.774(11.88)	-5.755(34.56)	-5.625(34.64)
年龄	0.335(8.88)	0.240(9.35)	0.259(7.59)	0.272(15.37)	0.368(42.89)	0.354(42.48)
年龄²	-0.004(8.08)	-0.0027.88)	-0.003(6.36)	-0.002(10.64)	-0.003(29.45)	-0.003(29.31)
教育	0.105(4.57)	0.418(13.6)	0.430(10.3)	0.107(10.91)	0.106(21.01)	0.072(14.14)
R²	0.11	0.14	0.10	0.10	0.16	0.15
			面板 B			
			Tobit 指数估计值			
常数	-0.813(1.03)	-4.663(6.73)	-8.422(7.84)	-13.893(18.88)	-16.469(48.24)	-20.063(49.88)
年龄	0.353(8.49)	0.272(9.15)	0.340(7.33)	0.605(15.45)	0.743(44.28)	0.864(44.37)
年龄²	-0.004(7.72)	-0.003(7.71)	-0.003(6.16)	-0.006(11.22)	-0.007(32.53)	-0.008(33.32)
教育	0.113(4.45)	0.467(13.15)	0.557(9.79)	0.166(7.86)	0.150(16.10)	0.098(8.90)
σ	2.581(40.03)	3.143(58.29)	4.631(49.26)	5.824(68.54)	5.428(158.09)	6.149(144.15)
R²_ANNOVA	0.120	0.171	0.099	0.032	0.034	0.078
似然比‡	100.950	426.600	256.670	710.740	673.320	6471.150
			面板 C			
			Tobit 边际效应分解(收入和就业)*			
常数	-0.811(1.03)	-4.608(6.74)	-7.482(7.90)	-7.163(19.74)	-10.108(50.57)	-10.005(53.30)

续表

面板 C

Tobit 边际效应分解 (收入和收入) ‡

变量	白人(1993年)	白人(2000年)	白人(2002年)	非洲人(1993)	非洲人(2000)	非洲人(2002)
收入	-0.790(1.03)	-4.278(6.76)	-5.191(7.94)	-2.664(19.61)	-4.358(50.06)	-3.628(52.31)
就业	-0.021(1.00)	-0.330(5.60)	-2.291(7.42)	-4.498(19.47)	-5.750(49.19)	-6.376(52.43)
年龄	0.352(8.49)	0.269(9.15)	0.302(7.34)	0.312(15.59)	0.456(44.95)	0.431(45.42)
收入	0.343(8.49)	0.250(9.15)	0.209(7.29)	0.116(15.31)	0.197(43.63)	0.156(43.93)
就业	0.009(4.54)	0.019(7.13)	0.092(7.12)	0.196(15.60)	0.259(44.70)	0.275(45.40)
年龄^2	-0.004(7.73)	-0.003(7.72)	-0.003(6.17)	-0.003(11.28)	-0.004(32.82)	-0.004(33.81)
收入	-0.004(7.72)	-0.003(7.71)	-0.002(6.13)	-0.001(11.17)	-0.002(32.33)	-0.001(33.22)
就业	0.000(4.41)	0.000(6.38)	-0.001(6.04)	-0.002(11.28)	-0.002(32.70)	-0.003(33.78)
教育	0.113(4.45)	0.462(13.15)	0.495(9.81)	0.085(7.86)	0.092(16.09)	0.049(8.90)
收入	0.110(4.45)	0.429(13.12)	0.343(9.68)	0.032(7.80)	0.040(15.99)	0.018(8.87)
就业	0.003(3.42)	0.033(8.61)	0.152(9.32)	0.054(7.87)	0.052(16.11)	0.031(8.90)
n	6 929	953	30 697	2 171	31 384	1 939

备注：因变量为月收入（以南非兰特计算）的自然对数。所有方差分析中的自变量都是按年份测算出来的。t—比率的绝对值位于括号中。

† 方差分解以因变量方差除以决定系数（R 平方）被缩小了测量误差（R 平方）做用于测量最小二乘对应值，大致等于齐默尔曼（Veall & Zimmerman, 1992）以及格林（Greene, 2003）等人的著述。

‡ 参见：维尔和齐默尔曼，用以测量拟合优度，用更常见的测量的方差。似然比检验如下联合假设：所有的斜率系数等于零，并遵循卡方分布，其中 k 为自由度。†表中的所有情况首先显著水平上拒绝绝对零假设。

‡ 上文说明的所有面板 C 显示，边际效应分解被分解成两个附加成分：每个解释变量独立影响收入和就业。在波解条件均值函数的微分时，可实现这一分解。麦克唐纳和莫菲特（McDonald & Moffit, 1980）首先提出这种分解法。更多详细信息请参阅方程 11。

结果相当惊人。在种族隔离制度结束的时候,南非白人和黑人的教育回报率大约皆在11%左右。在大致相同的时期内,南非的教育回报率在撒哈拉以南非洲虽然略低于其他地区所报告的常见水平[例如,萨卡罗普洛斯(Psacharopoulos, 1994)测算出该地区各国间的明瑟教育回报率平均为13.7%],但是上述估计值却与其他人普遍测算的结果非常接近(同样是关于南非种族隔离制度结束时期的教育回报率),具体请参阅埃里克森和韦克福德(Erichsen & Wakeford, 2001)、金登和奈特(Kingdon & Knight, 1999)和赫兹(Hertz, 2003)。然而,十年过后,白人的教育回报率猛然攀升至43%,与此同时,非洲人的教育回报率却下降至7%左右。这两个估计值与撒哈拉以南非洲地区的最新估计值(12%)形成鲜明的对比,后一数值源自萨卡罗普洛斯与帕崔诺(Psacharopoulos & Patrinos, 2002)。

图4-3为18—25岁同期群预期收益函数的图形表示。图形显示,在种族隔离制度结束的时候,这两个种族的收益函数几乎完全相同,而十年后,这两个函数的斜率出

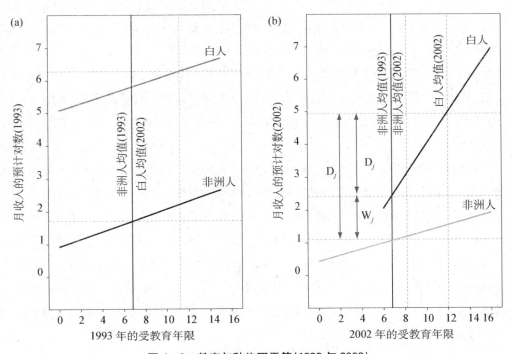

图 4-3 教育与种族不平等(1993 与 2002)

面板(a)显示了这两个种族分别在 1993 年和 2002 年的预期收益。这些数值仅限于 18—25 岁同期群,源自普通最小二乘法生成的预计值,其基础为表 2 和表 3 中所载的估计值。垂直参考线指示每个种族群体的平均达成水平。

现了天壤之别。

稳健性

与教育有关的一个测量误差可能是造成白人教育回报率异常高的一个原因。通过分析劳动力调查(LFS)的面板数据结构,我们发现了一个跨期教育相关系数,值为0.74。根据经典变量误差(CEV)假设,这将导致预期回报率出现衰减偏差,因此它对两个种族所面临的收益结构偏差的达成不构成任何问题。不过,不要指望经典变量误差假设始终保持不变。因为教育数据的获得通常需要将某个范畴结构重新编码为一个离散结构,由于编码错误的存在,因此,已知教育年限的方差在原则上可能会大于未知部分的方差,从而干扰了一个生成经典测量误差的必要条件。事实上,赫兹(Hertz,2003)指出,在控制了均值回复过程中的教育测量误差后,黑人的教育收益率降至5%—6%。通过对历次劳动力调查所获的教育年限数据进行平均处理,我们能够得出一个近似真实的回报率,前提为假定误差结构中不存在经典测量误差。这种控制测量误差的方法的确降低了教育回报率(降至与赫兹的测算结果相若的水平)。然而,白人的教育回报率下降的不多,降幅不超过10%。[7]

不过,若以类似的方式控制收入(两波调查中受访人上报的收入)中的测量误差,那么其结果往往会增加而非减少回报率。若将收入和教育的测量误差平均(表4-2中第四列和第七列),结果导致回报率轻微下降。但即使在这种情况下,大多数估计值超出30%。

删失也不会导致这一结果。表4-2列举了教育变量的Tobit指数系数和相对应的边际效应。(关于完整回归结果,参见表4-3中的面板B和C。)从这些结果中可以清楚地看出,在种族隔离结束的时候,白人的教育边际效应大约为11%,非洲人约为9%。如果不考虑删失,十年后的情形仍然与之类似,普通最小二乘结果已经证明了这一点。由于Tobit边际效应记录了收入和就业发挥的综合效应,因此,在求教育总体效应的分数值时——我们可将这个分数值解释为回报率,有必要对这个系数进行分解。通过将方程11应用到Tobit边际效应上,就可以实现分解,表4-2总结了分解结果,而表4-3中的面板C显示了更详细的结果。

鉴于就业市场中存在巨大的种族差异,我们不难发现,白人的教育边际效应中的绝大部分是由收入变动造成,前提是他们处于就业状态;对非洲人来说,在平均工资既定的情况下,大部分的教育效应会通过就业概率的轻微变动来发挥作用。这两种效应分别被标示为"收入效应"和"就业效应",在表4-2中,两者相加等于总体Tobit边际效应。以这种方式估算出的白人教育收益率(即,表4-2中身为边际效应一部分的"收入效应")与普通最小二乘(OLS)估计值类似。虽然以这种方法得出的白人教育收益率估计值稍低于普通最小二乘估计值,但是即使经就业概率修整后,此收益率仍然超出了34%。此外,同时控制测量误差(如上文所述)和删失并不会改变这一结果。[8]

非洲人人口和白人人口之间在年龄构成上差异,也可能会导致混淆效应。如表4-1所示,两个种族的平均年龄略有不同。控制这些影响(结果并未显示)几乎无法改变回报率的差异程度。若按年龄群组分别展开回归,结果显示:白人就业者中的最年轻群体(25—35岁)表现出极高的回报率(超出0.6),而其他年龄群体的回报率只超出0.30。相比之下,非洲人表现出极低的回报率,一般介于6%与13%之间。

最后,回归结果似乎并不受有关函数形式的假设所驱动。图4-4显示了收益函数的半参数估计值。最上面的面板以半参数的形式表现了在种族隔离制度结束的时候收入与教育之间的关系,下面的面板则显示了两者在大约十年后的相应关系。每个种族对应两组曲线:实线形式的曲线表示明瑟简单方程(即方程(2))的计算结果;同时,虚线形式的曲线体现了构成其基础的回归,包括可被合理地假定具有外生性质的其他回归因子,如性别、年龄与教育的交互作用和家庭内的固定效应。通过分析图4-4可知,图4-4与图4-3非常一致(只在教育分布的顶端存在程度略大的细微差别)。我们看到,在后种族隔离时期,对于几乎所有已获得第三级教育资证的人来说,白人的梯度猛增,非洲人的梯度则出现了下降。1993年,非洲人教育回报结构的凸度比较明显,对此,摩尔(Moll, 1996)等人之前也做了记录。在之后的十年中,这一凸度似乎已变得更加显眼。

总体来说,这些测试表明,在过去的十年中,我们见证了白人收益函数的梯度出现急剧上升,这一结果对潜在的混淆效应具有稳健性,其中能导致混淆效应的因素有测量误差、年龄群组效应、函数的形式以及模型误设。

被省略的学校质量的影响

重新考虑方程1,现在假设学校质量q没有被观察到。在这种情况下,将q处理为误差项的一部分,得出如下方程式:

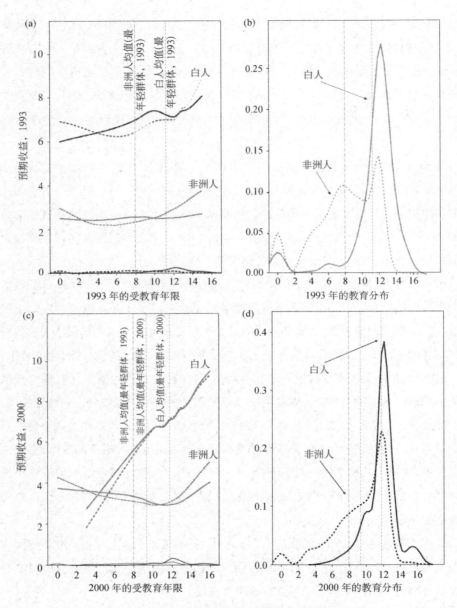

图 4-4　教育分布与种族不平等（1993 与 2002）

面板(a)和(c)显示了对教育收益的非参数估计。面板(b)和(d)显示了教育分布的演变。垂直参考线指示了 18—25 岁年龄群体的平均达成水平。面板(b)和(d)中的实线曲线表示明瑟方程的非参数估计。虚线的曲线计入了可被合理当作具有外生性质的回归因子，如性别、位置、年龄与教育的交互效应，一个偏远指标和家庭固定效应。其他一些内源性回归因子（即，在一定程度上取决于教育的因子）被排除在外，如工会会员和职务。拟合值适用于 13 627 名处于适工年龄的正常就业人员以及临时就业人员。

$$Y = \ln\alpha + \beta s + \gamma q + v \tag{12}$$

如果 q 与 s 相关,那么复合误差项 $u = \gamma q + v$,也将与 s 相关。这将导致预期教育回报出现偏差,偏差程度如下所示:

$$\text{plim}\,\hat{\beta} = \beta + \gamma \delta_s = \beta + \gamma\left(\frac{Cov(s,\,q)}{Var(s)}\right) \tag{13}$$

方程 13 中的教育收益函数的概率极限显示,如果 $\gamma > 0$ & $Cov(s,\,q) > 0$,那么 β 也会向上偏斜。如果 $\gamma < 0$ & $Cov(s,\,q) < 0$,结果不变。解决这个问题的标准做法就是为 q 寻得一个有效指标。然而,因为 q 本身一般自带测量误差,因此我们采用多指标法来控制该偏差源,因为我们的数据包含了多个测量学校质量的测度。学校质量的测度源自 1996 年的学校需求登记。学校需求登记是一个由南非教育部维护的行政数据库,包含了与学校投入相关的各类问题。学校质量的主要测度为某个地方行政管辖区内学生与教师之间的平均比率:

$$q_1 = N^{-1} \sum_i^N \left(\frac{pupils}{teachers}\right) \tag{14}$$

其中,N 指在某个地方行政管辖区内学校的数量,j 则指代该管辖区。

然后,我们利用两个平均值来检测此变量——按居民区计算,各校平均雇佣的教学支持人员人数以及平均拥有的校舍数量。我们的逻辑是,虽然这两个变量直接影响生师比,但一旦控制了生师比,它们应该不会影响教育收益。表 4-4 中归纳的教育收益估计值已按照以上方式将学校质量考虑在内。这里的主要发现是,学校质量似乎并没有对在教育回报结构中先前观察到的种族差异产生显著影响。

表 4-4 学校质量对收益结构的影响

模型	白人 OLS	白人 2SLS	非洲人 OLS	非洲人 2SLS
教育	0.449 (8.71)	0.422 (6.88)	0.071 (6.21)	0.067 (4.48)
q	0.019 (0.59)	-0.053 (0.51)	-0.052 (4.37)	-0.195 (3.35)
n	1 905	1 256	29 065	24 678

备注:括号中的数字为 t 比率的绝对值,其基础为对管辖区层次的群集具有稳健性的标准误差;在进行普通最小二乘法(OLS)和两阶段最小二乘法(2SLS)模型设定时,β_w 和 β_a 之间 95% 的置信区间不重叠。

机会平等的测试

鉴于教育在劳动力市场中获得回报的方式已发生了巨大的变化,那么我们该如何分析机会均等呢?通过应用方程(3)—(8)所述方法,表4-5对1993—2002年间总工资差异中的结构性变化进行了总结性的统计分析。(更详细的统计分析请参阅表4-6)

表4-5 白人与非洲人之间工资差异分解

差异	纯净种族 Δ_j	年限效应 μ_j	回报效应 ρ_j	差异	纯净种族 Δ_j	年限效应 μ_j	回报效应 ρ_j
1993	0.89	0.11	0.00	2002	0.24	0.36	0.40
2000	0.34	0.34	0.32				

备注:上表显示了白人和非洲人之间总工资差异的统计分析百分比,评估依据为在各个时间段中每个种族的平均受教育程度,其中年龄取两个种族平均年龄的平均值(四舍五入,取最接近的整数),并设为常数。"纯净种族"效应的计算方式参照方程(4)。"年限"效应和"回报效应"的计算方式参照方程(8)。三种效应的值相加等于由方程(3)得出的总差异水平。

表4-6 白人与非洲人之间工资差异详细分解

组成部分	1993	%	2000	%	2002	%
白人平均收入 ($E(Y_{wj} \mid \bar{s}_{wj}, \bar{A}_j, \bar{A}_j^2)$)	7.648		7.526		6.722	
非洲人平均收入 ($E(Y_{aj} \mid \bar{s}_{aj}, \bar{A}_j, \bar{A}_j^2)$)	3.309		4.298		3.764	
总差异(Δ_j)	4.338		3.228		2.958	
纯净种族效应(D_j)	3.873	(0.89)	1.087	(0.34)	0.711	(0.24)
教育效应($\Omega_j = \Delta_j - \Delta_j$)	0.465		2.142		2.247	
年限效应(μ_j)	0.469	(0.11)	1.113	(0.34)	1.066	(0.36)
回报效应(ρ_j)	-0.004	(0.00)	1.028	(0.32)	1.181	(0.40)

乍一看,自种族隔离结束以来的十年间,消除白人和非洲人之间工资差异的努力取得了决定性的成果。然而,虽然总差异水平出现总体下降(评估标准为每个种族的平均受教育水平,将年龄设为常数,如表4-6所示),但其差异结构却发生了变化。表4-5显示,在1993年,在白人与非洲人之间的工资差别中,可以说大约90%是受"纯净种族"效应影响的结果,其余的约10%则可以通过他们之间平均受教育程度的差别来解释。

十年后，上述结果的因果关系发生了翻天覆地的变化，总差异中的四分之三强是由与教育相关的因素导致的。更确切地说，到了 2002 年，只有 24% 的总工资差异是由种族因素直接导致的，而在 1993 年①，约 36% 工资差异是由平均受教育程度上差异引起的。然而，最引人注目的发现是，总差异中由收益函数的变化所解释的部分所占的比例大增。如表 4-5 所示，所谓的"回报"效应现在可以解释约 40% 的总工资差异。我们基于 Tobit 模型对估计系数进行计算，并根据与教育和收入有关的测量误差对之进行校正，其中测量误差源自分别于 2001 年 9 月和 2002 年 2 月开展的两波劳动力调查（表 4-2 中第 4 列和第 7 列），结果显示，教育回报率的差异可以解释 32% 的总工资差异。若只分析"收入"效应，那么这一估计值会降到 30% 左右。

最后，两种性别间的工资差异模式大致相同的，但不同性别在工资差异的数量级上相差较大。在 1993 年，"纯净种族"效应几乎能解释白人女性与非洲人女性之间的全部工资差异。然而，等到了 2002 年，种族效应的贡献变得很小（约 10%），对工资差异几乎无影响。如今，整体工资差异主要是由与教育有关的差异引起的，其中教育回报率的差异能解释整体工资差异的 58%。[9] 这一普遍模式同样也适用于白人男性与非洲人男性之间的工资差异（回报效应的作用从 1993 年的 7% 上升到 2002 年的 31%，不过"纯净种族"效应的影响仍然高达 42%）。

考虑到这些变化，我们该怎么看待平等机会呢？对于上文中描述的机会平等的五个方面，表 4-7 分别总结了其主要发现。正如上文所指出的那样，虽然整体工资差异取得了适度的下降（包括种族之间与性别之间的差异），但是，在大多数情况下，机会平等在现今的南非并不存在，并且关于创造公平竞争环境的工作进展得一直很缓慢。

表 4-7　关于机会平等的假设检验

假设	1993	2000	2002	进展
假设 1：$\Delta_j = 0$	不成立	不成立	不成立	成立
假设 2：$\beta_{bj} > 0$	成立	成立	成立	成立
假设 3：$\Delta_j = 0$	不成立	不成立	不成立	不成立
假设 4：$\mu_j = 0$	不成立	不成立	不成立	不成立
假设 5：$\rho_j = 0$	不成立	不成立	不成立	不成立

---

① 原文如此，根据表 4-5 与 4-6，疑为 2002 年。——译者注

结论

虽然教育获得平等在南非取得了些许进展,但在过去的十年中,教育机会转化为劳动力市场收益的过程却在非洲人和白人之间表现各异。与种族隔离时期不同的是,在创造个人之间的工资差别方面,种族因素对收入的直接影响不再那么强烈。相反,种族的更大作用在于确定教育程度在劳动力市场中所能获得的价值。白人和非洲人在机会获得方面的巨大差异能导致潜在的、影响深远的经济后果。

其中一个潜在影响是,如果关乎人力资本积累的标准分析模式,如明瑟(Mincer, 1974)、贝克尔(Becker, 1975)以及卡德(Card, 2001)等,对偏好、信念和限制的描述是准确的(这些因素支配了个人在获得更多教育方面的决策),那么在收益函数中,种族之间在数量级上的差异(本文已证明了这一点),可能会导致黑人不愿进一步提高自己的教育程度。这一结果可能会阻碍甚或逆转近十年来南非在教育程度均等化领域所取得的成就。随着种族隔离兴盛时期旧有的(以偏好为基础的)劳动力市场歧视被以教育为基础的统计性歧视所取代,这一结果还会进一步巩固种族不平等现象。

注释

我在圣菲研究所(Santa Fe Institute)担任访问学者时创作了本篇论文,本文同时也是研究所"持续不平等"(Persistent Inequalities)研究计划的成果之一。我要特别感谢山姆·鲍尔斯(Sam Bowles)对我的鼓励和建议。我还要感谢迈克尔·阿什(Michael Ash)、阿比盖尔·巴尔(Abigail Barr)、贾斯汀·伯恩斯(Justine Burns)、詹姆斯·海因茨(James Heintz)、汤姆·赫兹(Tom Hertz)、莱昂斯·恩迪库马纳(Leonce Ndikumana)、克里斯·乌德里(Chris Udry)和利比·伍德(Libby Wood),他们既是圣菲研究所每周两次的研究会议的参与者,在会议上他们对本文的早期草稿提出了建议和批评,他们还参与了圣菲研究所"社会动态工作组"(Social Dynmics Working Group)2005年度的各次会议。关于本文的评论可以发送至 keswell@sun.ac.za。

1. 参见罗默(Roemer, 1996)对几名学者研究方法之间差别的调查,包括阿尼森(Arneson, 1989),德沃金(Dworkin, 1981)和科恩(Cohen, 1989),特别是他们对"个人责任"的不同定义。
2. 请注意,此处为了减少标志混乱,并未逐个下标。
3. 关于解决这一问题的最新尝试,参见卡德(Card, 2001)。
4. 改变上述收入函数以控制那些合理的外源性变量(如性别、年龄与教育的交互效应以及家庭内的固定效应)并不能改变主要发现结果。然而,为了便于阐述,我在全文中保持了明瑟方程的模型设定不变。
5. 在种族隔离时期,南非人口被划分出四种种族群体:白人、非洲人、亚洲人和有色人种。这个种族划分体系是造成人口隔离的基础,体现为居住区隔离、学校隔离和基本经济和政治权利的差别。在关于南非的研究著述中(包括本文),"黑人"(black)一词一般是非洲人、亚洲人和有色人口的总称。在下文中,我集中分析了非洲人人口和白人人口之间的差异。如果要泛指所有的非白人人口,本文将使用"黑人"一词。更确切地说,"非洲人"专指非洲土著人口(不包括亚洲人和所谓的"有色"人口),而"白人"专指拥有欧洲血统的人口,其血统来源地主要包括英国、荷兰、法国、葡萄牙和德国。

6. 先前的所有调查(包括 1991 年之前的历次人口普查)不包含以下地区:所有的家园区域(homeland areas)以及所谓的 TBVC 各州,包括特兰斯凯(Transkei,现在已成为东开普省的一部分)、博普塔茨瓦纳(Bophutatswana,现已成为西北省的一部分)、文达(Venda,位于津巴布韦边境,现已成为北方省的一部分)和西斯凯(Ciskei,现在已成为东开普省的一部分)。这实际上意味着,在 1994 之前,绝大多数非洲土著人口从未被列入政府统计机构所使用的任何抽样框架之中。

7. 出于篇幅考虑,此部分并未完整呈现本文所研讨的所有结果(此处的结果也是如此)。只要出现这种情况,我会清楚地作出相应说明。当然,发生此种情况的主要原因有:要么因为相关结果对本文论述不重要,要么因为被排除的结果会重新出现在不同的回归模型设定中,且没有丧失共性。

8. 此处未对这些结果进行详细描述,如有需要,可向本文作者索取相关结果。

9. 为了行文简便起见,本文省略了隶属于这一分解的相关(按性别划分的)回归结果,但本文作者可以应要求提供这些结果。

5
韩国的社会阶级与教育不平等

申光永　李炳勋

在当今社会,教育体制是保证社会开放性的一种重要制度。为获取成功,人们在竞争的过程中拥有平等机会是自由资本主义的核心原则,而教育体制则为市场主导型民主政体提供了制度性支撑。与先赋型社会(ascribed society)相反的是,在进取型社会(achieving society),唯才是用(meritocracy)已经成为主流意识形态。因此,随着高等教育的扩张,教育机会不断增加,制约教育的社会壁垒也已减少。

然而,机会平等和唯才是用的思想与教育不平等的现实总是形成反差。例如,子女的教育成就一直以来受经济资源的影响,而经济资源又受父母的阶级地位影响(Bowles & Gintis, 1976, 2002; Willis, 1977)。父母基于阶级的文化因素极大影响了子女的教育成就,甚至在那些高度发达的工业化国家也是如此,尽管它们的公共教育系统非常健全(Berstein, 1971; Bourdieu, 1984)。因此,公共教育本身的扩张以及公共教育支出的增加并未根除教育领域持久化的阶级不平等。

虽然社会阶级和教育成就之间关系的强弱存在国别差异,但是研究者们仍然认为学校教育能调和上述关系(Breen & Jonsson, 2005; Goldthorpe, 997; Shavit & Blossfeld, 1993)。例如,他们坚信教育能促进机会平等和社会开放度。的确,公共教育和高等教育的扩张试图助长机会平等,并最终形成一个公正的社会。此外,教育竞争所强调的唯才是用原则确实允许下层阶级成员向上层社会流动。由于下层阶级提升自身社会经济等级的路径极少,所以教育发挥着两种作用:一是作为意识形态,让人们感知社会的开放度;二是承担社会流动的渠道,虽然向上流动的概率很低。因此,教育有助于减轻不平等社会中固有的社会紧张关系,并为下层阶级中的有才华学生提供获取成功的某种可能性。

在社会阶级和教育不平等关系方面,韩国提供了一个有趣的研究案例,因为随着高等教育机会的扩张,韩国经历了一番激烈的"无声阶级战争"(Silent Class War)。在20世纪90年代,第三级教育得到广泛发展。同时,在教育领域——尤其是私人课外辅导,市场的作用增长到足以压倒公共教育供给的程度。由于大学入学考试的竞争过于激烈,私人课外辅导变得非常重要。如今的韩国家长和学生认为,在备战竞争激烈的大学入学考试方面,私人课外辅导教育比公共教育更有成效。

通过分析高中毕业生的面板数据,我们探究了父母的社会阶级如何影响子女的教育成就。我们将验证如下论点的有效性:在当前韩国"市场主导型"教育体制中,父母的社会阶级影响到了子女的高等教育升学。这也是本章的主题。

从比较视域观察韩国的教育体制

过去的 40 年中,韩国的教育一直是社会和政治辩论的焦点。教育领域的竞争变得如此激烈,以至于韩国家庭将大部分的收入都投入到为儿女的大学入学考试做准备的教育之中。由于高等教育与社会流动性之间存在联系,因此所有社会阶级都强烈渴望接受高等教育。1994 年,92.9％的韩国家长希望子女接受大学教育,与其他国家相比,这个比例极高(KEDI,1994:22)。[1] 2003 年,韩国的年轻学子中有 95％渴望上大学,这个比例当年在经合组织国家中也是最高的(OECD,2007a)。按照国际教育标准分类法(International Standard Classification of Education,简称 ISCED),5A 级与 6 级分别对应第三级教育中的第一和第二阶段。图 5-1 展示了 2003 年各国年轻人中预计完成 5A 级与 6 级的百分比。如图所示,韩国的比例为 95％,比例最高,而德国约 21％,比例最低。

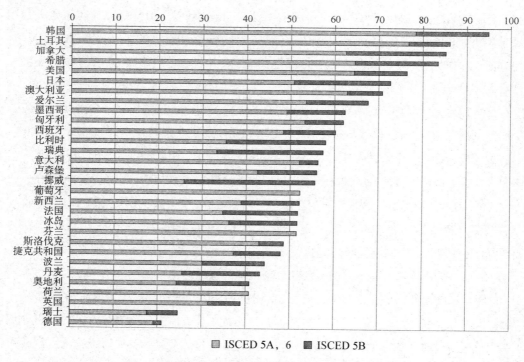

图 5-1　2003 年预计完成不同教育层次的学生百分比

资料来源:OECD,2007a. *Education at a Glance 2007*. Paris:OECD,chart A.4-1.

韩国人的教育抱负很高有两个原因。首先是经济原因：除了通过教育获得稳固的工作，韩国人已别无他法来确保财务安全。该国最近的历史已证明了这一点。1950至1953年间的三年战争严重破坏了本国经济。在此期间，大多数人沦为赤贫，只有少量受过高等教育的人才能靠正常工资或薪金过着相对有保障的生活。

在20世纪五六十年代，最受青睐的工作是公职人员。除此之外，大企业也提供了有保障的工作岗位，当韩国经济在70年代开始增长时，情况更是如此。总之，教育学历证书已在韩国人获得和维持稳定工作的过程中起到了关键作用。

韩国人强烈看重受教育程度的另一个原因是：教育学历证书已与社会地位挂钩。旧有的身份体系（建立在与儒家思想挂钩的社会等级制度上）在殖民时期和朝鲜战争时期被废除了。另一种与现代教育体制有关的新型社会地位体系代之而兴。于是，教育资证演变为文化资本，影响了人们的婚姻以及就业。事实上，据史密斯、乌尔提和拉默斯（Smiths, Ultee & Lammers, 1998）所言，在韩国人的婚姻中，教育背景相配的比例在所调查的65个国家中是最高的。即使撇开经济地位不谈，教育背景相配的婚姻在韩国已经越来越多（Park & Smits, 2005）。

在韩国的教育体系中，教育不平等已经制度化。高中被分为两类。第一类是普通高中，在其中学习的大多数学生预计会升入大学。事实上，普通高中的唯一目标就是帮助学生在教育部举办的大学入学考试中获得高分。第二类是职业高中，其教育目标是培养学生从事特定职业。这些职业学校在韩国举国推动工业化时期由国家创办，目的在于向工业部门输送技术熟练工人。这些学校的高年级学生需要在特定岗位上实习一段时间。

20世纪90年代以前，无论家长还是学生都对教育成就存有高度期望，可是他们的期望并没有完全得到满足，因为父母能为子女教育提供的经济资源极为有限。由于经济持续增长，接受高等教育的学生比例也随之增加。事实上，强劲的经济增长使得人们对教育的态度发生了两个彼此关联的变化。首先，学生更愿意入读普通高中，而不是职业学校。职业学校不仅不再受青睐，而且普通高中与职业高中之间的差距也越来越大。因此，自20世纪90年代中期以来，就读职业学校的中学生比例持续降低（见图5-2）。

其次，越来越多的高中毕业生希望读大学。图5-3显示，在90年代初，初中升高中（M→H）的比例几乎达到100%。而在同一时期，高中升大学（H→U）的升学率也开始飙升。目前，大学升学率几乎达到85%，这一比例是世界上最高的。

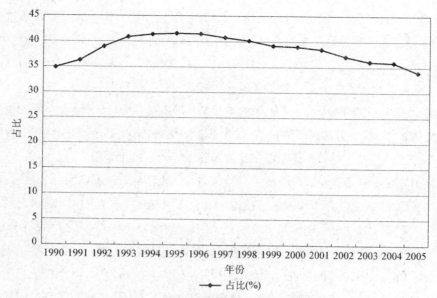

图 5-2 韩国入读职业高中的初中生比例

资料来源：教育与人力资源发展部，历年的《教育统计年鉴》。

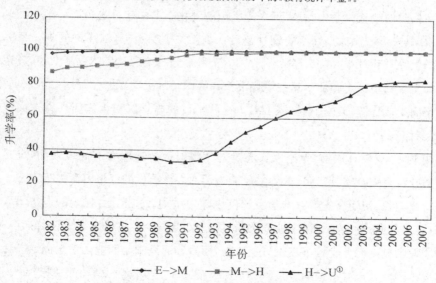

图 5-3 高等教育升学率的上升趋势(1982—2007)

备注：M=初中；H=高中；E=小学；U=大学。

资料来源：教育与人力资源发展部，历年的《教育统计年鉴》。

---

① 分别对应：小升初、初升高和高中升大学。——译者注

有两个原因造就了韩国第三级教育的极高入学率。首先,生育率的降低已经影响到了希望继续接受高等教育的学生绝对数量。假定人们对高等教育的期望保持不变,那么高中生人数的减少会减轻大学升学竞争。在20世纪70年代的韩国,由于生育率过高,政府开始鼓励节育,这一政策持续了数十年。结果,生育率从20世纪80年代的2.8%下降到2005年的1.08%,降为世界最低(NSO,2006)。生育率的不断下降不仅削减了学生人口的规模,还在21世纪的前十年造成一部分地方高校面临生源短缺。

其次,出于政治原因,各种教育组织分别于1980年和1996年得到扩张。最初,军政府在1980年7月份进行了几次教育改革,致使大学招生名额增长了50%。接着,在1982年,独裁政权再一次将大学入学率提高了30%,将两年制学院的入学率提高了15%。军政府之所以这样做是希望获得家长们对其政权的支持,因为在更早些时候他们的子女在大学升学时遭遇激烈竞争。在军事政权的压制下,高校根本无法抗拒这一极端的扩招措施。

金泳三上台后,高等教育又一次扩张,因为他领导的政府宣布放宽监管教育机构的法规条例,强调教育的自主权。政府实行了一条新规定:只要满足一些基本条件,任何人都可以不经政府部门批准创设新大学。从表5-1可见,大学的数量从1995年的131所激增至1997年的150所。相应地,大学生人数同期增加了180,726人。

表5-1 高等教育机构数目和招生人数

年份	总人数（人）	大学（所）	大学学生人数（人）	两年制学院（所）	两年制学院学生人数（人）	工学院（所）	工学院学生人数（人）
1990	1,490,809	107	1,040,166	117	323,825	6	—
1991	1,540,961	115	1,052,140	118	359,049	8	—
1992	1,982,510	121	1,070,169	126	404,996	8	—
1993	2,099,735	127	1,092,464	128	456,227	12	—
1994	2,196,940	131	1,132,437	135	506,806	14	—
1995	2,343,894	131	1,187,735	145	569,820	17	—
1996	2,541,659	134	1,266,876	152	642,697	18	—
1997	2,792,410	150	1,368,461	155	724,741	19	—
1998	2,950,826	156	1,477,715	158	801,681	18	146,563
1999	3,154,245	158	1,587,667	161	859,547	19	158,444

续　表

年份	总人数（人）	大学（所）	大学学生人数（人）	两年制学院（所）	两年制学院学生人数（人）	工学院（所）	工学院学生人数（人）
2000	3,363,549	161	1,665,398	158	913,273	19	170,622
2001	3,500,560	162	1,729,638	158	952,649	19	180,068
2002	3,577,447	163	1,771,738	159	963,129	19	187,240
2003	3,558,111	169	1,808,539	158	925,963	19	191,656
2004	3,555,115	171	1,836,649	158	897,589	18	189,231
2005	3,548,728	173	1,859,639	158	853,089	18	188,753

资料来源：Ministry of Education and Human Resource Department, 2006。
备注：第三级教育的学生总人数囊括了师范院校和开放大学的学生人数。

因此，一方面，自20世纪80年代起，高中生数量随着生育率的下降而减少，另一方面，在1990—2010年间，大学的数目和大学生人数都有所增加。21世纪初，一些大学开始面临严重的问题——很难从本地城市招收到新学生。于是，教育部采取一系列措施鼓励大学重组，比如限制不受欢迎学科的招生人数，以及通过提供财政奖励来敦促大学间进行合并和并购。

虽然韩国的教育体制在过去的30年间发生了显著的变化，但是有一点始终未变：父母对子女的教育投资。由于私立教育体制占主导地位，而且私人课外辅导体系十分发达，韩国的公共教育支出在经合组织国家中是最低的（见图5-4）。绝大部分高等教

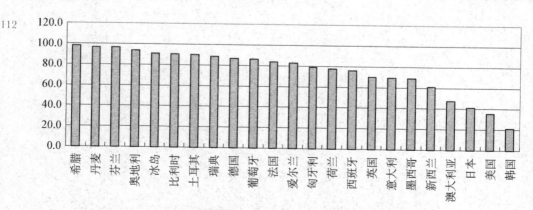

图5-4　第三级教育领域的公共支出在总财政支出中的占比（2004）
备注：丹麦、冰岛和日本的数字包括了政府在一些其他教育阶段的公共支出。
资料来源：OECD, 2007ᵃ. *Education at a Glance 2007*. Paris: OECD, 214。

育机构是私立的。尽管大多数高中都是由国家财政资助的，但是这些高中仍然由私人机构管理。教育部控制公立高中的方式是国家财政补贴。公立学校的学费远低于私立学校。

韩国大学体系的私有化程度甚至高于高中阶段。175所大学中，只有25所是公立大学，招生人数占比低于20%。两年制学院大多也是私立的。大学的平均招生人数（2007年319,882人）远高于两年制学院（2007年283,069人）。

学生可以同时申请三所大学。对学生和家长们来说，最重要的考量因素是大学的声誉，而不是某一个院系或专业有多强，因为公司在招聘时普遍更关注求职者毕业的大学，而不是所学本科专业。因此，与大学的等级排名相对应的是学生的入学考试成绩。排名越靠前，招生分数越高。从个人的角度来看，在国家学业考试中获得高分是进入一所好大学、找到一份好工作、成就一番事业的最佳保障。

这就解释了父母在子女教育方面投入巨资的原因——子女一进入小学就给他们报各种课外辅导班。教育竞争成为一场从学前阶段一直持续到高中的马拉松比赛。在这场比赛的开始阶段，几乎所有的父母都希望自己的孩子成为优秀学生。然而，随着时间的推移，部分父母逐渐意识到，他们的子女由于缺乏经济资源或智力问题无法与其他孩子展开竞争。因此，接受私人课外辅导教育的学生比率随之呈下降趋势，小学阶段为88.8%，初中阶段为74.6%，高中阶段降至55%（KNSO，2008：3）。

私人课外辅导的费用极其昂贵，为父母带来沉重负担。更何况，私人教育市场本身高度分化，从收费低廉的集体辅导到昂贵的私人家教应有尽有。平均来说，在高中阶段的私人课外辅导方面，家长的支出接近3 000美元/年，有9.3%的家长更是花费超过6 000美元/年。大部分学生在数学和英语这两个科目上接受课外辅导，因为它们是国家学业成就测试（National Scholastic Achievement Test）中的重点考试科目（KNSO，2008：4-5）。

总之，从比较的视角来观察，韩国的教育存在三个显著特征。首先，大学升学上的激烈竞争催生了私人课外辅导教育。韩国国家统计局于2007年进行的一项针对私立学校的调查显示，55%的高中学生接受了私人课外辅导，考试成绩较高的学生往往更愿意报名课外辅导课程。

第二，韩国高中生的大学升学率是世界上最高的。这体现了两点事实：家长和学生对第三级教育抱有很高的期望；高中阶段的学生人数在持续下降。由于韩国的低生育率，自20世纪90年代初起，渴望上大学的学生人数与大学录取人数之间的比值一直在下降。

第三，由于就读于私立学校体系的学生比例很高，因而私人教育支出居高不下。这意味着家庭经济资源可能会影响子女的教育成就。

数据分析和结果

为研究社会阶级对教育成就的影响，韩国职业教育与培训研究所(Korea Research Institute for Vocational Training & Education,简称 KRIVET)进行了一项名为"韩国教育和就业固定样本"(Korean Education and Employment Panel,下称 KEEP)调查。下文将运用 KEEP 调查结果进行分析。KEEP 调查是一项固定样本调查，调查内容涵盖了青少年的教育经历、教育进展、从学校到劳动力市场的过渡和职业发展。调查对象包括 2 000 名初中高年级学生、2 000 名高中高年级学生以及 2 000 名职业技术高中的高年级学生。调查内容还包括了能影响到学生教育程度的家庭和学校环境等信息。

第一波次的 KEEP 调查于 2004 年开展。由于调查对象的自然减员，本文分析使用的最终样本规模(3,327 例)小于第一波次的样本规模(3,880 例)。本样本包含了升入两年制学院或大学就读的学生(1 391 名普通高中毕业生和 1 085 名职业高中毕业生)以及高中毕业未升学的学生(1 022 名)。此外，从最终分析中还排除了 151 个不完整的案例。在第一波次的 KEEP 调查中，除了调查了学生的家庭信息，还调查了学校管理人员的信息(包括校长和教师)。

社会阶级

为了探讨父母的社会阶级对子女教育的影响，我们使用莱特提出的简化阶级分类法(Wright, 1985, 1997)。在本研究中，我们分析了四个类别的社会阶级：资本家、小资产阶级、中产阶级和工人阶级。将进入劳动力市场的调查对象分为两类：有恒产阶级(owning class)和无恒产阶级(nonowning class)。有恒产阶级被进一步细分为两个社会阶级：资产阶级(拥有生产资料并雇用他人)和小资产阶级(拥有生产资料但没有雇用他人)。在我们的分析中，雇佣人数五人以上者被划入资产阶级。雇佣人数少于五人者被划入小资产阶级。无恒产阶级也进一步细分为两类：中产阶级和工人阶级。中产阶级包括管理人员（在组织机构内拥有权力）和拥有稀缺知识或技能（技能资产）的人员；工人阶级指的是既没有学历也没有技术技能的人员（Wright，1985：86-91；1997：15-21）。因此，那些从事管理和监督工作或者专业性工作的调查对象被划为中产阶级。属于残余范畴的工人阶级包括了不占有生产资料、权力或技能资产的人员。

教育

子女的受教育程度分别于两个过渡点进行测量。第一个过渡点是从初中到高中的过渡。九年制义务教育于初中结束。此后，学生要么转入普通高中，要么转入职业高中。鉴于不同受教育程度带来的巨大工资差异，升读职业学校不怎么受家长和学生青睐。父母的社会阶级极大影响了子女初升高的过渡。

第二次教育过渡是从高中阶段过渡到后高中阶段：要么升读大学，要么就读两年制学院，要么进入劳动力市场。后高中阶段的教育选择取决于学生的高中学习成绩。

父亲的受教育程度有四个测量标准：完成初中或以下教育、完成高中教育、完成两年制学院教育以及完成大学或以上教育。肄业者的教育程度被归入前一个更低阶段的教育程度。在我们的分析中，父亲的受教育程度不难划分，因为所有的父亲都是同一代人，经历过相同的教育制度。

为了检验社会阶级和教育程度之间的关系，我们使用的受教育程度模型类似于布劳和邓肯提出的"地位获得模型"（Status Attainment Model）（Blau & Duncan, 1967）。图5-5演示的教育程度演进路径模型是建立在父母阶级（C）和调查对象的教育程度（E）的基础之上。在父母的那一代人中，父母的教育程度影响到了自身的阶级地位、子女从初中到高中（H）的过渡以及子女从高中到大学（U）的过渡。父母的阶级地位对子女教育程度的影响体现在两个方面。第一，父母的社会阶级影响了子女的初升高过渡，以及从公共义务教育体系向基于个体选择的教育体系的

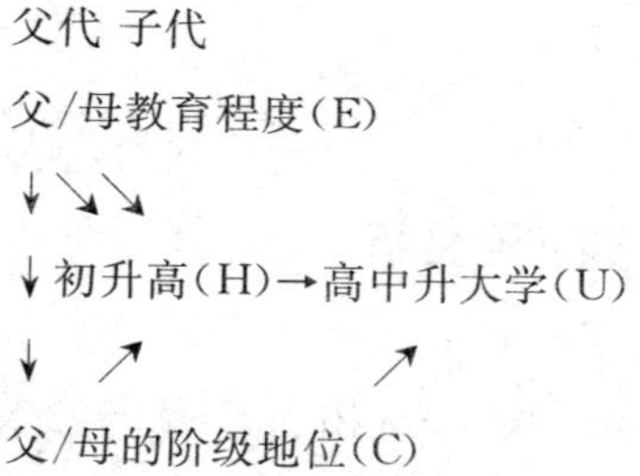

父代 子代

父/母教育程度（E）

↓ ↘↘

↓初升高（H）→高中升大学（U）

↓ ↗ ↗

父/母的阶级地位（C）

图5-5 阶级影响教育的测试模型

过渡。普通高中与职业高中的选择是由父母决定的;来自贫困家庭的学生更倾向于去职业高中就读。第二,父母的社会阶级影响了子女从高中阶段向后高中阶段的过渡。高中毕业生面临三种选择:结束学习去找工作、升读两年制学院或升读大学。

表5-2 数据中主要变量的特征

变量		
父亲的教育程度	初中及以下	888(27.6%)
	高中	1,473(44.3%)
	两年制学院	658(19.8%)
	大学	308(9.3%)
父亲的社会阶级	资本家	481(17.3%)
	小资产阶级	953(33.7%)
	中产阶级	364(12.9%)
	工人阶级	1,031(36.4%)
调查对象的性别	男	1,822(54.8%)
	女	1,505(45.2%)
高中类型	普通高中	1,675(50.3%)
	职业高中	1,652(49.7%)
高中后的过渡	大学	1,555(46.7%)
	两年制学院	806(24.2%)
	就业或结束学习	971(29.2%)
总人数		3,327(100.0%)

描述性分析

表5-3揭示了:由于受父亲社会阶级不同的影响,子女受教育程度之间存在明显差异。中产阶级子女就读普通高中而不是职业高中的概率是最高的——3.789;而在工人阶级子女中这一概率最低——.826(见表5-3中的面板A数据)。资产阶级与中

产阶级之间的比值比为.454,揭示了资产阶级子女去普通高中而不是职业高中就读的概率不到中产阶级的一半。工人阶级子女就读普通高中的概率远低于中产阶级；两者之间的比值比为.217。总体而言,在父亲的社会阶级与子女升读高中之间的关系中,性别差异可以忽略不计。

表 5-3 过渡的概率与比值比

A	普通高中 VS 职业高中		
阶级	总计	男	女
概率			
资本家	1.646	1.660	1.624
小资产阶级	.929	.951	.905
中产阶级	3.789	3.652	3.000
工人阶级	.826	.850	.816
比值比			
资本家：中产阶级	.434	.454	.541
小资产阶级：中产阶级	.245	.260	.301
工人阶级：中产阶级	.217	.233	.272
B	大学+学院 VS 高中毕业		
阶级	总计	男	女
概率			
资本家	1.167	1.346	.991
小资产阶级	.898	.951	.841
中产阶级	1.717	1.548	2.000
工人阶级	.750	1.028	.655
比值比			
资本家：中产阶级	.680	.870	.496
小资产阶级：中产阶级	.523	.614	.420
工人阶级：中产阶级	.438	.664	.327

续 表

C	学院 VS 高中毕业		
阶级	总计	男	女
概率			
资本家	1.075	1.115	1.036
小资产阶级	.916	1.267	.637
中产阶级	.634	.527	.852
工人阶级	.900	1.013	.790
比值比			
资本家：中产阶级	1.695	2.115	1.217
小资产阶级：中产阶级	1.445	2.403	.748
工人阶级：中产阶级	1.419	1.921	.927

D	大学 VS 高中毕业		
阶级	总计	男	女
概率			
资本家	2.406	2.846	2.018
小资产阶级	1.721	2.155	1.377
中产阶级	2.805	2.364	3.704
工人阶级	1.426	1.686	1.172
比值比			
资本家：中产阶级	.858	1.204	.545
小资产阶级：中产阶级	.614	.912	.372
工人阶级：中产阶级	.508	.713	.316

E	大学 VS 学院		
阶级	总计	男	女
概率			
资本家	2.252	2.552	1.947
小资产阶级	1.879	2.161	1.701
中产阶级	4.423	3.333	4.348

续表

E	大学 VS 学院		
阶级	总计	男	女
工人阶级	1.584	1.665	1.484
比值比			
资本家：中产阶级	.509	.766	.448
小资产阶级：中产阶级	.425	.510	.497
工人阶级：中产阶级	.358	.500	.341

从高中向第三级教育的过渡中，社会阶级与教育成就之间的关系显得更为复杂。首先，我们从表5-3的面板B数据中可以看出，中产阶级子女接受第三级教育的概率远大于其他阶级。相对于其他阶级的子女，他们上大学的概率也大于上两年制学院的概率（参见表5-3中的面板C、D和E）。如表5-3的面板E所示，资产阶级子女升读大学而不是两年制学院的概率只有中产阶级的一半左右，两者的比值比为.509。从高中到高中以上教育的过渡中，中产阶级仍然保持了对其他阶级的优势。

其次，在父亲的社会阶级与子女从高中升读第三级教育之间的关系中，性别差异显著。总体而言，在中产阶级以外的各阶级中，女学生去上大学或两年制学院而不是结束学业的概率小于男学生。表5-3的面板B数据揭示了概率存在的性别差异。在男学生上大学或两年制学院的概率方面，资产阶级为1.346，小资产阶级为.951，中产阶级为1.548，工人阶级为1.028。在女学生方面，相应概率分别为.991、.841、2.000、.655。面板C、D和E也表现出类似的模式。

然而，通过区分中产阶级与其余阶级得出的阶级差异在女性方面表现得比男性更突出。如果父亲属于中产阶级，那么女学生过渡到第三级教育的概率要高于男学生。这意味着，在由高中向第三级教育过渡方面，性别与阶级的结合并不均匀。不过，中产阶级是一个例外，因为中产阶级优势更向女学生倾斜，而不是相反。

对数线性模型

为了进一步了解社会阶级与教育不平等之间的关系，我们用对数线性模型（log-linear models)制作了列联表(Christensen, 1990: 99 - 166; Clogg & Shihadeh, 1994; Power & Xie, 2000: 129 - 146)。对数线性模型适合用于调查父亲的社会阶级和子女教育成就的结合,以及研究影响教育程度的多阶交互项。

表5-4展示了男学生的对数线性模型的拟合优度统计量。我们按性别划分样本,因为如果我们把五个分类变量囊括进去,五阶交互项的存在会造成一定的解读困难。因为我们事先假定社会阶级和教育程度的结合存在性别动态,所以我们最初将样本分为一个男学生样本和一个女学生样本。表5-4中的模型1是一个基线模型,含有四个分类变量,我们假定父亲的教育(E),父亲的社会阶级(C),调查对象的高中类型(H),以及调查对象的大学(U)升学都是独立的。通过比较层级嵌套模型设计出检验模型。

表5-4 对数线性模型的拟合优度统计量(男学生)

模 型	G^2	df	BIC
1 (E, C, H, U)	893.25	63	430.41
2 (EC, H, U)	523.2	57	104.44
3 (EC, CH, U)	450.58	54	143.86
4 (EC, EH, U)	362.19	55	-41.88
5 (EC, CH, EH, U)	345.6	52	-36.43
6 (EC, CH, EH, HU)	108.61	50	-258.72
7 (EC, CH, EH, HU, EU)	97.22	46	-240.73
8 (EC, CH, EH, HU, CU)	99.34	44	-223.91
9 (EC, CH, EH, HU, EU, EHU)	62.52	42	-246.04
10 (EC, CH, EH, HU, EU, CU)	90.71	40	-203.16
11 (EC, CH, EH, HU, EU, CU, EHU)	56.75	36	-258.73
12 (EC, CH, EH, HU, EU, CU, ECH)	85.81	34	-163.98
13 (EC, CH, EH, HU, EU, CU, CHU)	54.77	34	-244.02
14 (EC, CH, EH, HU, EU, CU, ECU)	70.29	28	-135.42
15 (EC, CH, EH, HU, EU, CU, EHU, CHU)	31.94	30	-188.46

首先，通过对比模型 3 与模型 2，我们发现父亲的社会阶级与调查对象的高中类型(CH)之间的关系显著，G^2 的差异为 73.62，自由度为 3。父亲的教育程度与调查对象的高中类型(EH)之间的关联也存在显著性，G^2 的差异为 161.01，自由度为 2。模型 7 加入了父亲的教育程度与调查对象大学升学(EU)之间的交互效应，显示该模型得到明显改进。然而，结合了父亲的社会阶级和调查对象的大学升学(CU)的交互项不是很显著，这暗示了：如果我们控制其他交互效应，在向第三级教育过渡方面，不同社会阶级之间无差异。当我们比较模型 10 与模型 7 时，我们还发现，父亲的社会阶级与调查对象大学升学(CU)的交互项不是很显著。

然而，当我们在父亲的社会阶级、调查对象的高中类型和大学(CHU)之间引入一个三阶交互项，那么拟合度得到明显改进。通过比较模型 10 与模型 13，我们发现高中类型与大学升学的结合存在阶级性差异。通过比较模型 6 与模型 7，我们还发现另一个三阶交互项 EHU 在模型拟合中也得到显著改进，G^2 的差异为 34.70，自由度为 4。当我们测试模型 12 和模型 15 等其他模型时，情况也是如此。

为了获得简约模型，我们纳入了 BIC 检验统计量。BIC 值最低的模型比别的模型更好。模型 11 的 BIC 值最低，只有 -258.73。模型 6 的 BIC 值为 -258.72，与模型 11 的 BIC 值几近雷同。模型 6 假定，父亲的教育程度与调查对象的大学升学之间无交互效应，并且父亲的社会阶级和调查对象的大学升学之间也无交互效应。不过，模型 11 假定，父亲的教育程度与调查对象的大学升学之间的交互效应显著，并且父亲的社会阶级和调查对象的大学升学之间的交互效应也显著。除此之外，该模型还纳入了一个三阶的交互项(EHU)。

表 5-5 展示了女学生的对数线性模型结果。男女学生之间的差异在于：父亲的教育程度和社会阶级两者都显著地影响到了调查对象的大学升学以及高中类型。与模型 6 相比，模型 7 和模型 8 显著地减少了拟合优度统计量。模型 11 和模型 13 也表明，三阶交互项改进了拟合优度。然而，若立足于 BIC 统计，最佳女学生模型为模型 11，内含六个双阶交互项和一个三阶交互项。

如果父亲之间的社会阶级不同，那么父亲的社会阶级与调查对象的教育程度之间的关联度也随之产生差异。我们能否得出这样的结论呢？能，我们已经证实这个结论对男女学生来说都是成立的。下一个问题，父亲的社会阶级和教育程度是否直接且显著地影响了调查对象的大学升学？这个问题的肯定性回答适用于女学生，不适用于男学生。考虑到父母的社会阶级和调查对象升入第三级教育(CU)之间存在多种双向

表 5-5 对数线性模型的拟合优度统计量（女学生）

模型	G^2	df	BIC
1 (E, C, H, U)	743.55	63	293.2
2 (EC, H, U)	481.68	57	74.22
3 (EC, CH, U)	411.84	54	25.83
4 (EC, EH, U)	326.17	55	−66.99
5 (EC, CH, EH, U)	310.16	52	−61.55
6 (EC, CH, EH, HU)	107.35	50	−172.94
7 (EC, CH, EH, HU, EU)	88.97	46	−239.85
8 (EC, CH, EH, HU, CU)	92.24	44	−222.29
9 (EC, CH, EH, HU, EU, EHU)	54.19	42	−246.04
10 (EC, CH, EH, HU, EU, CU)	76.23	40	−209.7
11 (EC, CH, EH, HU, EU, CU, EHU)	40.24	36	−257.1
12 (EC, CH, EH, HU, EU, CU, ECH)	73.01	34	−170.03
13 (EC, CH, EH, HU, EU, CU, CHU)	53.88	34	−189.16
14 (EC, CH, EH, HU, EU, CU, ECU)	64.05	28	−136.11
15 (EC, CH, EH, HU, EU, CU, EHU, CHU)	—	—	—

备注：由于一些采样单元为零，模型 14 不可估。

交互效应，我们有理由认为相对于模型 11，模型 6 是个更佳的拟合模型。不过，如果我们只应用贝叶斯信息准则（BIC）值，那么模型 6 不比模型 11 更佳。然而，如果将模型 11 中的一个不显著交互效应 CU 纳入考虑，那么我们也许可以放心认为模型 6 优于模型 11。

通过在 15 个模型中为每个数据子集筛选模型，我们得出结论：父亲的社会阶级与调查对象受教育程度之间的关联存在性别差异。对男性学生来说，父母的社会阶级在初高中过渡阶段影响了他们的中期教育程度。相比之下，对于女学生来说，父亲的社会阶级自始至终影响了她们的受教育程度。图 5-6 显示了男女学生的简化路径图，描述了父母的社会阶级对子女受教育程度的影响。

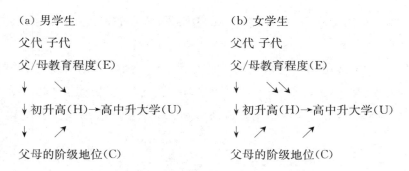

图 5-6 阶级影响教育的测试模型,按性别划分

结论

在本章中,我们应用了对数线性模型来调查韩国父亲的社会阶级在子女从初中到大学的过渡中对其受教育程度的影响。通过对包含教育地位获得进程信息的面板数据的分析,我们发现在教育程度方面,中产阶层比其他三个社会阶级——资产阶级、小资产阶级和工人阶级——占据更大优势。在韩国的各个社会阶级中,中产阶级在普通高中和职业高中之间选择前者的概率最高。中产阶级子女就读普通高中而不是中职学校的比例甚至大于资产阶级,更遑论小资产阶级和工人阶级。

但是,相对于不读大学或就读两年制学院,不同阶级子女读大学的概率都有所降低。这意味着,父亲的阶级对子女高中后教育过渡的影响要弱于其对子女初高中过渡的影响。相比于其余阶级,中产阶级子女升读大学的概率更高。通过测定比值比得出的阶级差异表明父亲的社会阶级与子女受教育程度之间存在明确关联。中产阶级和其余阶级之间的差异最突出的。

在父亲的社会阶级与子女受教育程度之间的关联中,性别差异引人注目。在初高中过渡阶段,男女学生之间的阶级差异并不大。不过,在从高中到高中以上教育的过渡中,这一差异很大。在从高中向学院过渡中,性别差异最大。而且,在此过渡点,男学生之间的阶级差异比女学生更严重。

对数线性模型揭示了在教育程度获得过程中存在有趣的性别差异。在男学生方面,父亲的社会阶级对他们的早期教育阶段影响比较强,但对后期阶段的影响不那么明显。相比之下,对于女学生来说,父亲的社会阶级持续影响了她们的整个受教育过程。因为女学生接受第三级教育的概率比较低,所以父亲的社会阶级对她们的影响比男生更突出。

在成本高昂的韩国教育体系中,中产阶级相比其他阶级在教育程度上占有更大优势。受教育程度上的显著阶级差别表明韩国教育体制存在制度化的机会不均等。然而,由于 KEEP 的调查对象不包括在海外学习的留学生,所以阶级差别有可能被低估了。[3]

注释

1. 1994 年,日本父母中希望子女完成大学教育的比例为 73.7%(Office of the Prime Minister, 1994:133)。
2. 在后面的检验统计量中,我们取的显著性水平为 0.05。
3. 近十年来,去海外留学的学生人数不断增加。2007 年,超过 35 000 名小学生、初中生以及高中生去国外留学,主要留学目的地是讲英语的国家。他们的父母绝大多数是富有的专业人士,如医生、律师和企业家。

6
以色列高等教育中的机会平等：
基布兹①的经验教训

亚科夫·基利波　摩西·贾斯特曼

---

① 基布兹(希伯来语：יברי、בור，即为"聚集"之意,英语单数为：Kibbutz,复数形式为：Kibbutzim)是以色列的一种集体社区,过去主要从事农业生产,现在也从事工业和高科技产业。——译者注

人们业已达成一个广泛的共识：来自各个社会阶级的子女都应该得到平等的教育机会。但是，关于"机会平等"在实践中的含义，以及应该如何实现"机会平等"，人们尚未达成任何共识。罗默(Roemer, 1998)和其他一些学者提出将"机会平等"定义为"不以出身论英雄"(origin-independence)：从统计意义上说，教育成果要竭尽可能地独立于不相干的因素。在本文中，我们与罗默一样侧重于分析父母的社会经济地位对子女的教育成果的影响，但是，很显然，同样存在一些其他可行的分析方法。

即使完全不以出身论英雄——子女的教育成果完全统计独立于父母的社会经济地位——能够全然实现，其代价也极有可能非常高昂。贝茨和罗默(Betts & Roemer, 2005)坚称，若想实现完全不以出身论英雄，我们就需要在出身于弱势家庭的子女身上投入海量的差异资源。尽管有些人认为这是一个值得追求的目标，但是它却无法成为一个衡量实际政策的可行标准，因为在当下的世界中，甚至向来自弱势家庭的子女平等地投入教育资源都几乎难以实现。[1]

在这一章中，我们结合基布兹的经验教训，为机会平等提供一个更适度的标准。基布兹是以色列的一种农村集体村落形式，在意识形态上秉承集体主义精神，在物质资源投入方面，每个孩子获得的额度与其父母的收入、受教育程度或兄弟姐妹的人数无关。我们可以参考基布兹在实践中实现的教育机会平等程度，借以衡量透过公共政策能够在一般人口中实现多大程度的机会平等；显然，我们不能指望公共政策所能实现的机会平等程度会高于基布兹，因为基布兹成员始终致力于实现一种具有平等主义色彩的生活方式。

我们可以应用这种方法来评估以色列高等教育获得中的机会平等问题。以色列的高等教育获得在各个社会经济阶级间的分配是不平等的。虽然学费相对低廉，但高等教育教育获得仍受制于学业要求，而后者与父母的社会经济背景表现出了强烈的正相关关系。我们先是估计了子女的大学入学考试成绩与其父母的教育程度(我们将之当作衡量社会经济地位的一个指标)之间在一般人口中的关联度。然后，我们又在基布兹人口中估计了同一关联度。最后我们对这两者进行了比较。我们不出所料地发现：在一般人口中，子女的大学入学考试成绩高低更依赖于其父母的教育程度。然而，在基布兹人口内部，这一依赖程度的差异还要大于基布兹人口和一般人口之间的差异。这一现象凸显了父母通过"金钱买不到的"非货币因素对子女的教育成就施加了重要影响。之前的研究虽然采用了不同的方法，但都同样揭示了上述现象。[2]

本章其余部分的组织结构如下：第二小节提供了了一个测量教育机会平等的概念性框架；第三小节描述了在以色列高等教育获得中机会平等存在的问题；第四节简单介绍了一些关于基布兹组织架构及其教育体系的背景信息；然后，我们呈现了相关数据以及统计分析的发现，最后给出我们的结论。

教育机会平等

人们一般都会大力支持在教育领域实行机会平等的原则，但在如何测量机会平等以及如何在实践中实施这一原则等问题上，人们之间尚存在相当大的分歧。我们可以根据以下原则对不同策略进行分类：第一，该策略是否聚焦于资源或者成绩；第二，该策略是否将机会平等的目标定义为减少人与人之间的差距或确保绝大部分人口在某一"适当"的最低限度上实现了机会平等。

加利福尼亚州最高法院分别于1971年和1976年对"塞拉诺诉普里斯特（Serrano v. Priest）案"作出了两项裁决。之后开展的教育财政改革都会遵循这两个裁决，强调政府在提供公共教育时有义务在各个学区间限制教育"资源"的分配"差距"。相比之下，当前的联邦倡议"不让一个孩子掉队"（No Child Left Behind），其目标在于确保所有学生在2014年前都能取得一个适当的学业成绩水平。然而，第三种策略试图制定一项确定"资源是否充足"的标准，并认为州政府有义务贯彻这一标准，在"威廉姆斯诉加利福尼亚州（Williams v. State of California）案"中，这一策略贯穿了原告方的主张。

第四种实现机会平等的策略源自罗默（Roemer, 1998）的主张，并得到了本文的采纳。

同胞和领养儿童研究

遗传性状	家庭环境（买不到的）	买得到的私人投入

基布兹标准

遗传性状	家庭环境（买不到的）	买得到的私人投入

图6-1 父母效应的两种分解方式

这种策略侧重于将"成绩（或成果）的分布不取决于出身"作为衡量教育机会平等的一个标准。具体来说，我们利用它来测量学生的教育成果在多大程度上统计独立于父母的社会背景。在经济学和社会学中，使用"不以出身论英雄"来衡量社会流动性是一种公认的做法。在研究文献中，这一标准常常被用于测量代际社会流动，典型做法是对来自转移矩阵的摘要统计量进行计算（Erikson & Goldthorpe, 1992; Shorrocks, 1978; Checchi, 1997; 等等），或是参照父母收入的对数对个人收入的对数展开回归（Solon, 2002 年; 等等）。

在后一种方法中，我们利用父母亲社会经济地位的估计系数的大小来衡量社会流动（或社会停滞）。[3] 具体来说，我们根据其父母的正式教育程度来对年轻成人在大学入学考试中的得分进行回归，我们将前者处理为指示父母社会经济地位的一项指标（参见：Betts & Roemer, 2005; Checchi, Ichino, & Rustichini, 1999）。[4] 父母的受教育程度对子女大学入学考试成绩的预期影响越小，则表明教育机会的平等程度越高。

那么，这就引出了一个规范性问题：在具体测量"不以出身论英雄"的实现水平时，合理标准是什么？从理论上讲，彻底实现机会平等应会导致"不以出身论英雄"得到充分实现。若将之应用于教育领域，则似乎暗示子女的教育成就应该统计独立于家庭的社会经济地位。但是，多方面的原因导致它无法成为一项可行的标准。

首先，这种方法一方面要求教育成果应该独立于社会经济背景，另一方面又认为教育成果应该反映学生投入到学习之中的勤奋程度差异（Roemer, 1998），然而，从概念上说，我们很难将勤奋与环境区分开来，因为环境往往决定了勤奋程度。詹克斯（Jencks, 1988）对这一点给出了生动说明。[5] 其次，贝茨和罗默（Betts & Roemer, 2005）的计算结果表明，要想补偿那些社会经济背景处于弱势地位的学生，并使他们的教育成果统计独立于社会经济背景，就需要对资源进行差异化投入，而这么做的代价是极为高昂的，而且显然远远超出了社会的支付意愿（见注释 1）。

第三，如果在其他领域不实行全面的补偿性投入以抵消其他固有差异的话——比如，让身体变得更健康；使外貌更具吸引力；获得体育、艺术或音乐技能等等，那么仅在教育领域实行类似的全面补偿性投入可能会破坏全局性的机会平等（Calsamiglia, 2004）。

一直以来，为了区分先天和后天的影响，学术界始终希望制定出另一个不同的标准。通常来说，我们可以通过同胞研究来实现这一目标：比如，我们可以分析在一出生就被分开的同卵双胞胎之间、在同一家庭中长大的领养子女与亲生子女之间是否存在成绩差异,从而将遗传因素的影响与家庭/学校环境的影响区分开来。[6]

我们可以从表6-1中推断出：尽管以上标准的要求不及彻底实现机会平等的要求那么苛刻,但是其要求仍然高于基布兹的标准。同胞研究区分了遗传效应与家庭/学校环境的影响,而基布兹标准却另辟蹊径,从本质上区分了另外两种类型的影响——遗传、非物质资源的影响与物质资源的影响。[7] 由于公共政策面向普通民众,因此基布兹标准显然是公共政策所能达到的上限。尽管建立在同胞研究基础之上的新标准的要求更高,但是其与本研究的相关度却不高。

表6-1 落实机会平等的不同策略

	确 保 充 足	限 制 差 距
基于资源的评判标准	确保资源充足： 威廉姆斯诉加利福尼亚州案	限制资源差异： 塞拉诺诉普里斯特案
基于成果的评判标准	确保资源充足： 不让一个孩子掉队	确保教育成果的获得不取决于出身 (Roemer, 1998)

不过,这并不意味着我们可以将"不以出身论英雄"在基布兹中的实现程度当作面向普通民众的公共政策预计可以实现的紧密边界。基布兹所致力实现的平等主义理念在要求上要高于普通民众所持有的类似理念；基布兹致力于消除儿童培养环境中的一切差异,而这些差异又源自不同父母之间在"物质"资源方面的占有差异,在此过程中,基布兹所能采用的工具种类更是远远地多于一般公共政策。某些教育政策致力于向社会地位低下的儿童提供平等的教育机会,我们可以借助一些现行标准对其实现程度进行评估。不过,基布兹的标准比这些标准更严格,也因此更有用。

以色列的高等教育获得

人们对学术教育的强劲需求致使以色列的高等教育体系在过去的二十年间发生了快速扩张。自1989年以来,以色列的学术机构数量增加了八倍,在学术机构内就学的学生数目则几乎增长了两倍：从1989年的76 056名学生增至2006年的214 005人(不包括开放大学学生人数)。[8] 虽然综合性大学的数量保持不变(共八所大学,其中还包括唯一的一所开放大学以及魏茨曼研究所,而且后者只颁发高级学位),不过以色列却新成立了许多学院以满足教育需求的不断增加。

高等教育中的新增学生人数之所以没有在所有社会经济阶级当中平均分配,很大程度上是因为高校招生对学生们的学术能力有要求(每年的学费大约在 8 700 以色列谢克尔左右,按最近的汇率换算,等同于 2 000—2 500 美元。这一数额虽然不是低到忽略不计,但是仍然算是很低廉的)。在以色列,若想入读高等教育机构,通常需要拿到一份入学许可证。而入学许可证的获得条件如下:学生通常需要在高中结业的时候参加全国统考,而且高考分数的加权平均值必须超过最低分数线,除此之外,还要通过心理测试(psychometric test)。[9] 图 6-2 分别展示了十二年级毕业生中参加大学入学考试的学生比例、拿到入学许可证的学生比例以及所获证书达到大学录取条件的学生比例。与此同时,我们根据考生居住地的社会经济地位等级的高低,对以上三种比例按等级分别制表(1—2 代表等级最低,9—10 代表等级最高)。此表凸显了社会经济地位对受教育程度的重大影响。在地位最高的群体中,95.8%的学生选择参加大学入学考试,而在地位最低的群体中,只有 24%的学生选择参加考试;在地位较高的考生当中,有 74%的人达到了大学录取条件,而在地位较低的考生当中,只有 35%的人达到了大学录取要求。达汉、米洛尼切夫、德维尔和夏尔(Dahan, Mironichev, Dvir, & Shye, 2003)等人对学生们的大学入学考试成绩进行了多元分析,结果发现父母的收入水平和受教育程度对考生的升学发挥了显著的积极影响。[10]

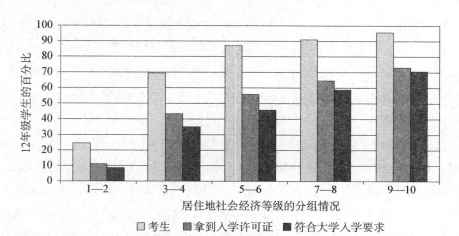

图 6-2　12 年级学生的大学入学考试成绩(按照居住地的社会经济地位划分)

资料来源:Central Bureau of Statistics, 2007. *Statistical Abstract of Israel*, table 6. st08-24.

图6-3则说明了社会经济地位与以色列高等教育获得之间的关系：在地位最高的群体中，超过70%的高中毕业生继续接受教育，约有一半的人数进入大学学习；而在地位最低的群体中，只有37%的高中毕业生继续接受教育，进入大学就读的学生人数不到总人数的四分之一。[11]沙维特(Shavit et al, 2003)等人对以色列高等教育系统在过去二十多年间的扩张进行了分析。

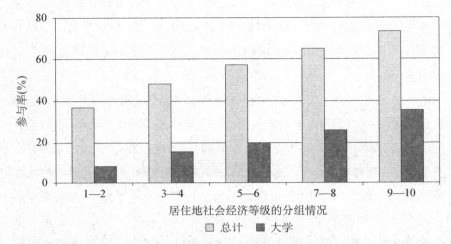

图6-3　高中毕业八年内继续学业的学生比例（按照居住地的社会经济地位划分）(1997—1998)

资料来源：Central Bureau of Statistics, 2007. *Statistical Abstract of Israel*, table 6. st08-40。

他们发现，对那些处于社会经济地位较低阶层的家庭来说，他们的高等教育获得并未得到改善。以色列大学生人数的增速与人口的增速类似，但是学生群体的社会经济结构却几无变化。虽然新增学术性学院被赋予了提高国民高等教育入学机会的特殊使命，但是其招收的学生依旧大多来自中上层阶级，他们的成绩较差，不具备被大学录取的学术资格。

高等教育录取率与社会经济阶级呈正相关关系，当然，在这一方面，以色列并非是孤例。布兰登、格雷格和梅钦(Blanden, Greg, & Machin, 2005)指出，在20世纪70年代末出生的美国人当中，若是父母的收入档次属于最低的五分之一，那么在这个群体中，只有9%的人才能在二十三岁前取得大学学位；与之相对的是，如果父母的收入档次属于最高的五分之一，那么46%的人能在二十三岁前取得大学学位。在更早的著作中，布兰登和梅钦(Blanden & Machin, 2004)发现，英国的高等教育参与率也呈现出类似的差异。康利(Conley，2001)也同样发现在子女从高中向大学过渡的过程中，成功与否取决于父母的财富；汉森(Hansen，1997)则发现这一过程取决于父母的收入和社会经济地位。最后，施尼策尔等人(Schnitzer et al.，1996)指出，1994年，在来自前西德地区的高校学生当中，40.1%的父母收入位列收入梯级的前25%，只有17.6%的父母收入位列收入梯级最低的25%。

基布兹

以色列基布兹(英语：单数形式为Kibbutz、复数形式为Kibbutzim)是一种小型的乡村社区，其特点为：成员自愿加入，过着集体主义的生活方式，信奉社会主义意识形态，虽然所有财产归基布兹所有，可是基布兹反过来向所有成员平等地提供生活需求——食品、住房、医疗、教育。第一座基布兹由一批年轻的俄罗斯移民成立于1910年，位置靠近加利利海。在当时，它的位置属于巴勒斯坦地区犹太人定居点的前哨。自那时起，基布兹运动开始蓬勃发展，许多基布兹纷纷成立，最终遍布以色列各地。在以色列国成立的时候，大约有6%的犹太人居住在基布兹里。但是，这个比例一直在不断减少，到了2004年，只有2%多一点的以色列犹太人口居住在266个基布兹中。

最初，基布兹的生存主要依靠农业，等到了20世纪60、70年代，基布兹完成了工业化。基布兹在20世纪80年代经历了一次经济危机。如今，基布兹的经济变得更加多样化，如表6-2所示。基布兹成员无论是在基布兹下属企业中工作(从事工业与

表6-2 不同经济部门的创收在基布兹总收入中的占比(1998—2003)

	1998	1999	2000	2001	2002	2003
农业	22.2	21.5	21.0	20.2	19.3	18.7
服务业	8.6	8.4	8.0	6.8	6.5	5.7
在基布兹外就业	5.8	6.2	6.2	6.2	6.5	6.2
工业收入	63.3	63.9	64.6	66.7	67.6	69.3
总收入	100.0	100.0	100.0	100.0	100.0	100.0

资料来源：Pavin 2006，Table 6.F2.

农业生产、旅游和社区服务等职业)还是在基布兹之外的地方就业，他们的所有收入都

要上缴给所属基布兹。此外,基布兹也会雇用外来工人。

自基布兹成立以来,直至最近的二三十年中,基布兹成员曾经一度是以色列精英的重要组成部分。无论是在英国托管巴勒斯坦期间,还是在以色列建国(1948年)后的一段时间里,巴勒斯坦境内的犹太人定居点以及之后的以色列国在自我防御和国防上广泛依赖于基布兹,许多基布兹成员甚至在以色列国防军中担任高级军官。基布兹在难民问题上也发挥了重要作用,吸收了数以十万计进入以色列境内的难民,其中包括纳粹大屠杀幸存者以及来自阿拉伯国家的犹太难民。基布兹成员也曾在以色列政坛中留下了光彩夺目的一页。到了20世纪60年代,基布兹人口占了以色列总人口的4%,而且该国议会(Knesset)中15%的议员来自基布兹。令基布兹成员骄傲的是,以色列的第一任总理戴维·本-古里安也曾是基布兹的一员,除此之外,许多政界、行政部门以及文艺界的领军人物都出身于基布兹。

自20世纪80年代中期以来,基布兹在经济、意识形态、社会等领域都遭遇了痛苦的危机。很多成员离开了基布兹。另有许多成员的年轻子女也纷纷离开了,而他们的父母曾寄希望于他们会效仿自己,为基布兹效力(见图6-4)。很多基布兹都经历了一番深刻的结构性变革,不同程度地背弃了社会主义平等思想,在内部组织形式上更加以市场为导向。然而,在政治上,基布兹仍然保留了直接民主的民主形式。基布兹的重大决策皆由全体成员大会投票决定,少数服从多数。全体成员大会通常每周举行一

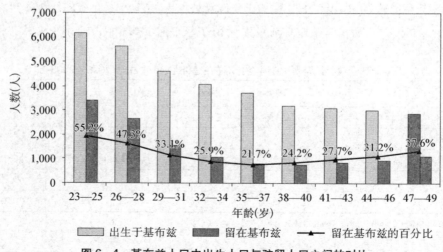

图6-4 基布兹人口中出生人口与驻留人口之间的对比

次。不怎么重要的事务由大会选举产生的委员会作出决策。

我们的数据采集对象为出生于20世纪60年代以及70年代早期的基布兹儿童，在他们的性格形成期的大部分时间里，基布兹的初始意识形态仍然基本保持完好。在这里，有必要简要描述一下这些儿童的成长环境，因为这有助于我们理解基布兹内部的教育平等程度。[12]在婴儿出生后的几个月内，母亲将他们留在家中照料。当母亲返回工作岗位后，儿童先是被送进托儿所，之后进入幼儿园，在父母的工作时间内接受专业幼儿园教师的照料和监管。父母在下班回家后，每天傍晚可以陪伴儿女几个小时。在基布兹，由于用餐和浆洗都由社区集体安排，所以在很大程度上各个家庭都无需做家务，这样，父母就能够将全部注意力都放在孩子身上。

由于基布兹教育体系属于国家教育体系的一部分，所以基布兹学校开设的课程与以色列其他地区开设的课程类似。与以色列其他地区的所有儿童一样，居住于基布兹的儿童同样也在六岁入学。一般来说，基布兹的中小学具有区域性质，邻近基布兹的儿童通常会聚集在同一所学校学习。虽然国家财政会给基布兹学校拨款，但基布兹跟其他地方政府一样，也会从自己的资源中抽取一部分资金拨给所属学校。通常情况下，基布兹在子女教育上的投资要高于城市中同等收入家庭。与此同时，基布兹人口的平均受教育年限也要多于全体犹太人口的平均值。[13]表6-3显示，在15岁及以上年龄的基布兹人口中，47%的人接受过中等后教育，相比之下，在全体犹太人口中，这一比例只有39%；只有11%的基布兹人口仅接受了十年（含十年）以下的学校教育，而在全体犹太人口，这一比例为24%。

表6-3 15岁（含）以上人口的受教育年限（1998）

受教育年限	基布兹人口	全体（犹太人）人口
0—8	4%	13%
9—10	7%	11%
11—12	42%	37%
13—15	30%	22%
16+	17%	17%

资料来源：CBS Statistical 5。

基布兹子女若想继续接受高等教育，必须参加全国性的大学入学考试以及必要的心理测试（不同机构或培养计划的要求各不相同）。由于绝大部分出生于基布兹的学生期望在将来的某一时刻离开基布兹,所以他们和普通民众一样觉得有必要参加心理测试(Avrahami, 1997)。基布兹关于教育的决策,包括关于大学学习的决策,皆由基布兹教育委员会制定,并需最终获得全体成员大会的批准。在过去,对于那些想上大学的子女来说,上面的批准程序是他们所面对的主要难关,但在过去的二十年里,随着基布兹和以色列社会发生种种变革,基布兹对子女上大学的批准已变得司空见惯了。

已有很多研究比较了以色列的普通教育体系和基布兹的教育体系。阿维泽尔和罗森娜尔(Aviezer & Rosental, 1997)发现,在儿童年龄很小的时候(大约两岁左右),基布兹幼儿园在各个方面都要优于城市幼儿园:教职工的受教育程度更高、儿童人数与教职工人数之间的比率更低、儿童的成绩表现更好。达尔(Dar, 1994)在比较了基布兹儿童与城市儿童在13岁时的教育素养后发现:前者的平均得分不仅比后者的平均得分高出三分之一个标准偏差以上,而且其方差也更小。达尔还发现,如果仅比较家庭的社会经济地位较高的儿童,他们之间的平均得分差距要小得多——只有标准偏差的十分之一左右,这一结果表明父母之间在经济资源方面的差异至少部分造成了子女平均得分的差距。

实证估算

在本节中,我们分别从年龄、性别、父母的教育程度和父母的民族身份等方面出发对子女的心理测试得分进行回归。我们先回归了基布兹子弟的得分,然后回归了全体人口的得分。随后,我们使用基布兹方面的估计值对一般人口中的父母效应进行分解,共分成两个部分:一是核心作用——这一作用甚至连基布兹的平等主义教育政策都无法消除;另一是父母效应在一般人口中的残余影响。

数据

我们的数据既收集了1992至1996年间所有基布兹考生(在基布兹中接受子弟教育)的心理测试得分(共6 164名考生),也收集了一个反映了同一时期城市考生和其他地区考生得分的代表性样本(共12 099名考生)。我们将样本限制为土生土长、31

岁以下的犹太人，以缩减外部因素造成的偏差，因为个体之间在以色列教育体系内就学时长上的差异会导致这一偏差。由此，基布兹方面的观测例数降至 4 077 例，其中 54.8% 为女性；一般人口方面的观测例数变为 7 487 例，其中女性占 55.1%。对于每个观测对象，我们都采集了如下方面的数据：性别、考生在参加测试时的年龄，以及父母的教育程度及其原籍国等范畴信息。在一般人口中，我们将父母的教育程度当作收入指标，与此同时，这一指标还在基布兹人口以及一般人口中另外指示家庭环境的质量高低。

表 6-4 呈现了摘要统计量。普通考生在心理测试中的平均得分约为 550 分，其标准偏差在 100 分以下。[14] 基布兹考生的平均得分比普通考生的平均得分高出四分之一个标准偏差，并且前者的标准偏差略小于后者。在基布兹人口与一般人口之间，在父母平均受教育年限方面，前者仅比后者多出不到一年的时间。

表 6-4 描述性统计

		测试得分（分）	母亲的受教育年限（年）	父亲的受教育年限（年）	年龄（岁）
平均值	基布兹人口	580	13.9	14.0	22.2
	一般人口	554	13.1	13.3	20.2
标准偏差	基布兹人口	90	2.51	2.66	22.5
	一般人口	97	3.10	3.37	2.58

基布兹人口：4 077 名观测对象，其中女性占 54.8%。
一般人口：7 487 名观测对象，其中女性占 55.1%。

表 6-5 显示了父母的教育程度与子女测试得分之间的斯皮尔曼等级相关系数（Spearman rank correlation coefficients）。两者之间在一般人口中的关联度是其在基布兹人口中关联度的两倍，差异具有统计显著性，处于 1% 的水平。这些差异表明，父母的社会经济地位对子女的受教育程度发挥了重大影响。在基布兹中，子女所获得的教育投资多少与其父母对集体的贡献大小无关；在城市里，家长们会根据自己的经济能力大小决定在子女教育上投入多少资源，因而富裕的家长有能力投入更多的资源；因此，在一般人口中，父母的社会经济地位与子女的受教育程度之间存在较大的相关性。在基布兹人口中，两者之间的相关性依然比较显著，这表明父母对子女教育的影响在很大程度上是通过一些不依赖物质资源的因素发挥出来的。

表6-5 父母的教育程度与子女测试分数之间的斯皮尔曼等级相关系数

		总分	语文	数学	英文
基布兹人口	母亲的受教育程度	0.183	0.173	0.153	0.150
	父亲的受教育程度	0.206	0.183	0.170	0.180
一般人口	母亲的受教育程度	0.366	0.330	0.292	0.367
	父亲的受教育程度	0.359	0.304	0.297	0.373

我们根据性别、年龄、父母的受教育年限和父母的原籍国等变量对以下两个样本的测试成绩分别进行了单独回归：基布兹教育体系的考生以及一般人口中的考生。表6-6呈现了回归结果。我们先来分析基布兹考生的回归结果。教育变量的基准范畴是"父亲或母亲高中毕业"。因此，对于其余每个范畴而言，表6-6中所列出的各个相关系数，在假设其他条件不变（ceritus paribus）的情况下，代表以下两者之间的差异：第一，父母属于非基准范畴的考生的预期成绩；第二，父母属于高中毕业范畴的考生的预期成绩。

表6-6 根据父母的教育程度和出生地对子女测试总分进行OLS回归所得结果

	基布兹人口		一般人口	
	系数	标准误差	系数	标准误差
常数	505.58	71.634	368.62	46.111
年龄	13.33	6.338	20.43	4.376
年龄^2	−0.43	0.140	−0.53	0.103
女性	−54.85	2.841	−46.26	2.038
父亲：教育年限低于8年	−38.29	24.394	−5.62	11.941
父亲：接受了8年教育	1.17	12.067	−1.375	5.04
父亲：中学未完成	−2.70	5.420	−3.74	3.208
父亲：中等后教育	24.64	4.973	22.02	3.769
父亲：学士学位	32.11	5.298	41.07	4.155
父亲：研究生教育	45.01	6.205	48.32	4.618
母亲：教育年限低于8年	26.22	19.481	−55.85	11.635
母亲：接受了8年教育	14.92	14.367	−13.70	5.403

续　表

	基布兹人口		一般人口	
	系数	标准误差	系数	标准误差
母亲：中学未完成	-4.57	6.114	-7.24	3.304
母亲：中等后教育	23.48	4.746	23.09	3.812
母亲：学士学位	26.77	5.322	37.12	4.347
母亲：研究生教育	44.53	6.512	59.57	5.022
父母双方都有学位	-18.06	5.946	-9.45	4.874
父亲：北非、亚洲	-19.56	5.112	-9.89	2.974
父亲：西欧、北美	-9.87	4.748	-6.34	4.064
父亲：东欧	-17.62	4.872	-7.58	3.232
父亲：拉美	-18.01	6.843	4.94	8.994
父亲：出生于其他外国地区	-34.22	11.060	-27.56	6.738
母亲：北非、亚洲	-16.94	5.735	-5.42	3.088
母亲：西欧、北美	2.97	4.430	-3.81	4.041
母亲：东欧	1.12	5.672	-6.81	3.383
母亲：拉美	-1.54	6.795	2.92	9.084
母亲：出生于其他外国地区	-31.06	11.788	-17.74	7.062
R^2	0.158		0.231	
观测例数	4 077		7 487	

在基布兹人口和一般人口中，父母双方的中等后教育程度、学士学位及研究生教育程度等系数是数值较大的正数，并且具有高度显著性，这意味着，无论是在基布兹人口之中还是在一般人口当中，"出身依赖"（origin-dependence）都具备统计显著性。只不过，出身依赖在一般人口中的影响更大而已。因此，以基布兹人口为例，如果考生的父母双方都持有学士学位，那么他/她的预期分数要比父母仅高中毕业的考生高出40.8分。在一般人口中，这两组考生之间在测试得分上的预计差异为68.7分，比基布兹考生高出68%。由此可见，出身依赖虽然在基布兹人口中也具备显著性，但其在一般人口中的显著性水平更高。如果我们从一般考生之间的测试分数差中减去基布兹考生之间的测试分数差，我们会发现，在父母拥有较高教育程度所带来的优势中，仅

有三分之一可归因于金钱的因素;其余的三分之二则可归因于教育程度更高的父母传递给子女的、不将金钱作为媒介的非金钱因素。[15]

结束语

在本章中,我们提出,基布兹学生在高等教育获得中对家庭出身的不依赖程度可被当作面向普通民众的公共政策所能实现的有效上限。在依据父母的教育程度(以及其他控制变量)对学生的心理测试——以色列大学录取所必需的测试——得分进行回归后,我们不出预料地发现:普通考生对父母教育程度的依赖性要大于基布兹考生。这表明,普通民众的高等教育获得仍有改进空间。在秉承平等主义思想的基布兹中,子女所获得的教育投资并不取决于其父母占有的物质资源多少。即使这样,基布兹考生的测试成绩对父母教育程度的依赖依然表现出统计显著性。这一发现也支持了前人的研究结论:父母的非物质投入对子女的教育成果发挥了重要作用,而非物质投入是"用钱买不到的"。

注释

我们在此由衷地、不带任何潜在目的地感谢以下人士对本文作出的有益评论和建议:卡特里娜·卡萨米格莉亚(Caterina Calsamiglia)、丹尼·科恩-扎达(Danny Cohen-Zada)、马克·格拉德斯坦(Mark Gradstein)、卡罗琳·霍克斯比(Caroline Hoxby)、克里斯托弗·詹克斯(Christopher Jencks)、亨利·莱文(Henry Levin)、约翰·罗默(John Roemer)、迈克尔·罗斯柴尔德(Michael Rothschild)、大卫·韦特施泰因(David Wettstein)以及那些参与本-古里安大学(Ben-Gurion University)、巴塞罗那自治大学(Autonoma University of Barcelona)、阿利坎特大学(University of Alicante)和毕尔巴鄂大学(University of Bilbao)、哥伦比亚大学、美国国家经济研究局(NBER)教育计划会议以及不平等全球网络(Global Network on Inequality)等机构所举办研讨会的研究者们。

1. 贝茨和罗默的定量分析表明(Betts & Roemer, 2005):在美国,如要消除父母社会经济地位——如种族和教育程度——与子女经济成果之间的统计联系,至少需要首先消除父母的社会经济地位处于对立两极的儿童之间在所获教育资源投入上的九倍差距。他们指出:"在某个社会中,如果'资源平等'这种更温和的政策尚未得到全面实施,那么此种改革——将更多的钱拨给弱势群体而不是优势群体——得到实施的可能性极小。"(p. 24)在罗默等人的相关著作中(Roemer et al. , 2003),他们测量了不同国家的财政制度实现经济机会平等的程度。当然,他们的计算依据是经过推断得出的,与当下的实际情况相差很远。完全"不以出身论英雄"极有可能无法实现。

2. 梅耶尔(1997：12)断定："一旦儿童的基本物质需求得到满足,那么就他们的成就而言,父母的特征会变得极为重要,比一切用额外的金钱可以买到的东西还要更重要。"哈特和里斯利(Hart & Risley, 1995)发现,职业家庭的子女每年所听到的单词数目是接受福利救济家庭子女的三倍以上。这两者之间的差异与他们九岁时的表现密切相关。拉鲁(Lareau, 2003)通过详细的民族图形研究对比了"协力培养"与"自然成长"。中产阶级父母在培养子女的过程中实践了"协力培养",而工人阶级父母的子女培养更加依赖于"自然成长"。中产阶级的培养方式一方面会让子女在学习成绩上占据更大优势,但在另一方面,子女也会承受更大压力。与此同时,中产阶级的家庭关系也更为疏远。
3. 学者们也采用了一些其他形式的摘要统计方法,用来描述子女学习成绩对父母背景的依赖程度,其中包括：皮尔逊相关;基于等级相关的非参数统计,如肯德尔相关系数(tau)①;以及从转移矩阵中得出的统计数据,如矩阵的形迹、第二大特征值等等。
4. 最近,"家里的藏书量"成为另一个指代社会经济背景的指标,常被用来跨国比较机会平等,学者们发现这一指标与 PISA 测试分数显著相关(Schütz, Ursprung, & Woessmann, 2005)。
5. 詹克斯(Jencks, 1988)由此得出如下结论：至于教育机会平等程度低于完全"不以出身论英雄"的情形,我们无法明确地从前面的原则中归纳出一个前后一致的中间定义。
6. 同类研究的著作包括：阿申费尔特和劳斯(Ashenfelter & Rouse, 1998);贝尔曼和陶布曼(Behrman & Taubman, 1989);贝尔曼、罗森茨维格和陶布曼(Bherman, Rosenzweig, & Taubman, 1994);斯卡尔和伊(Scarr & Yee, 1980);普拉格(Plug, 2004)等。
7. 基布兹的平等主义价值观和意识形态可能在某种程度上抵消两者之间的区分。
8. 参见：Statistical Abstract of Israel 2007, Table 6. s 8.50 and 8.63。
9. 以色列的心理测试与美国的学术能力评估测试(SAT)类似。考生们通常会在服完义务兵役后参加考试,此时,他们的年龄在二十岁出头。
10. 另请参阅贝勒的著作(Beller, 1994)。
11. 就读院校的类型比较重要。卡普兰等人(Caplan et al, 2006)指出,综合性大学经济学专业学生毕业一年后的收入平均要比学院毕业生高出31％;另外,在毕业后的头三年内,综合性大学毕业生的收入增速也要快于学院毕业生。此类差异几乎存在于所有学科当中。
12. 在基布兹内部,不同家庭的子女抚养方式也存在差异;此处描述的是基布兹的"一般情形"。
13. 正如基利波(Gilboa, 2004)所详细介绍的那样,由于大部分的基布兹子弟离开了基布兹以及基布兹成员拥有并留给儿女的私有资产极少甚或完全没有,因此人力资本成为父母为子女的未来铺路的主要渠道。
14. 最初,人们对这些测试进行了校准,以确保平均分为 500 分,标准偏差为 100 分,但是随着时间的推移,相关设定也发生了一些改变。表 6-4 中的平均值是近似值,计算方式为求每个类别按频率加权的中心值的平均数。
15. 也有人对同质性更高的其他子样本数据(本文未列出)进行了回归估计,这些回归无论在定性上还是在定量上都得出了与本文非常相似的结果。

---

① 在统计学中,肯德尔相关系数是以 Maurice Kendall 命名的,并经常用希腊字母 τ(tau)表示其值。肯德尔相关系数是一个用来测量两个随机变量相关性的统计值。——译者注

7
中国的社会政治变迁与教育机会不平等：
两种不同的趋势，1940—2001

李春玲

社会分层体系的基本特征在一定程度上是由教育机会在民众中间的分配情况决定的。正如邓和特雷曼(Deng & Treiman, 1997)所说,"在现代社会中,教育是社会流动的引擎。就我们掌握的数据来看,无论在已完成工业化的社会还是正在进行工业化的社会,'领先者'往往都是'那些受过教育的人'"(391)。因此,"哪些人能获得教育机会"是社会分层研究的核心问题:借助教育进行选拔的机制一般被视作是区分社会经济地位的最关键、最重要手段(Kerckhoff, 1995)。

在过去的六十年里,中国社会经历了几番剧烈的社会政治动荡,中国的社会分层与民众的教育程度也因此发生了巨大变化。在此期间,教育对中国社会不平等问题的影响表现出了泾渭分明的两种趋势。1977年以前,教育在均平社会的形成过程中发挥了极为重要的作用,而且其重要程度更是与日俱增。不过,自1978年以来,这一趋势已发生了显著变化。随着中国社会形态逐渐从均平社会转变为社会经济分层化的社会,教育在此轮社会转型中也扮演了重要角色。自1940年以来,中国社会几经变革,家庭出身和制度安排对中国民众教育程度的影响也随之变迁,本章要研究的问题即源自这些变化。

研究背景:中国的社会政治变迁及其对教育选拔机制的影响

现代社会中的教育机会不平等

在人们的总体印象中,现代教育体系的选拔过程主要依据个人素养或能力。但大量的研究表明:与素养或能力无关的身份特征或归属性特征仍对教育程度施加了显著影响;家庭出身更是与教育程度有着千丝万缕的联系,在这一点上,古今中外几乎概莫能外。进入20世纪以后,许多国家都把削弱这些联系作为教育改革的目标之一,但从目前看来,这些联系几乎无一例外仍在发挥着各自的影响。法国著名社会学家皮埃尔·布迪厄(Pierre Bourdieu, 1997)提出文化再生产理论,对"阶级地位透过教育体系实现再生产以及世代间传递"的机制作出了合理的解释。

这种情况的存在说明了大多数国家未能公平合理地分配教育机会,家庭背景较好的群体能获得更多、更好的教育机会。詹姆斯·萨缪尔·科勒曼(J. S. Coleman, 1988)指出:"家庭背景借助三种家庭资源影响年轻人的生活,分别是:人力资本、金融资本和社会资本。"作为一种筛选机制,现代教育体系明显对那些出身于社会经济地位较高家庭的孩子更有利。这也意味着,在大多数工业化国家,虽然有诸多机制共同作用生成了社会经济不平等,但教育仍然是其中之一,只不过在国与国之间,教育发挥的作用有着强弱之别。国别差异在很大程度是由各国教育体制的特征决定的,例如教育模式和入学选拔的规则等。此外,国别差异也受到各国文化传统和主流意识形态的影响。

从1949年到1978年:教育机会的分配变得更加公正

大量的跨文化研究得出如下结论:社会主义或前社会主义国家对教育机会的分配方式及其对社会经济分化的影响与西方工业化国家不同。根据艾伯特·斯姆克斯(Albert Simkus)和鲁道夫·安多卡(Rudolf Andorka,1982)的研究,社会主义国家在教育领域采取的政策极大地削弱了家庭出身和教育程度之间的联系,其中包括快速扩大教育机会的供给(尤其是初等教育)、减免各个教育层次的学费以及向接受高等教育的学生提供奖、助学金等。帕金(Parkin,1971)也指出,社会主义国家会特意实施某些政策,促使教育机会的分配和教育模式向出身于工人阶级和农民家庭的子女倾斜,这种做法对出身于资产阶级和职业家庭的子女构成了一定的歧视。但鲜有证据证明:在东欧的前社会主义国家以及苏联,其民众的教育程度与西方国家的民众有着显著差异。例如,沙维特和布洛斯菲尔德(Shavit & Blossfeld,1993)曾对十三个国家的国民教育程度进行了对比研究,结果他们未能在三个东欧国家(捷克斯洛伐克、匈牙利和波兰)与十个实行市场经济的工业化国家之间找到任何系统性变异。

中国的数据从另一方面佐证了这一发现。邓和特雷曼(Deng & Treiman,1997)分析了1982年全国人口普查的数据,重点考察了家庭背景对教育程度的影响。他们得出如下结论:中国的教育机会分配相当公正,家庭出身与教育程度之间的关联非常微弱。教育机会分配的平等程度随着时间推移不断提高,并于文化大革命期间达到顶峰。至于东欧的数据为何无法佐证"教育机会偏向于工人阶级和农民家庭"的观点,邓和特雷曼解释道:"东欧国家的共产主义程度还不够大。"然而,为了提升机会平等程度,中国通过一系列的强力措施,成功斩断了家庭出身和教育程度之间的联系,极大地缩小了教育程度上的阶级差异。威廉·L·帕里什(William L. Parish,1984)和马丁·怀特(Martin Whyte,1981)的早期研究也得出了相同的结论。

1978年以后的时期:精英主义教育和市场化改革

1978年启动的经济改革给中国的社会政治形态带来了一系列的变化。自1978

年起,由于经济增长成为了首要任务,因此人与人之间的社会经济不平等不再是一件不可接受的事情;事实上,不平等变成一种激励机制,转而为经济增长的需求服务。随着改革的推进,教育不再承担消除阶级差异的任务。相反,教育的目标变成了选拔和培养经济增长("实现四个现代化")所需的技术人才。在意识形态和教育功能发生变迁的"大趋势"下,始于1978年的教育改革促进了两大转变的产生。一是教育模式由大众或平民教育转变为精英教育。各个教育层次的入学考试变得越来越严苛。这将来自农村贫困地区、城市贫困家庭以及父母教育程度不高的家庭(下一代的辍学率通常较高)的学生置于不利地位。二是教育体制的性质由计划属性转变为以市场为导向("教育产业化"),其结果是学杂费大幅上涨,在不同地区、行政级别不同的学校之间,教育质量出现了严重分化。以市场为导向的教育改革使得来自不同地区、家庭出身不同的学生遭遇了不平等的教育机会分配。近年来,不少研究表明,教育改革对教育机会的分配产生了负面影响(Zhou, Moen, & Tuma, 1998; Hannum & Xie, 1994)。

此外,中国社会特有的一些制度也对教育机会产生了影响;例如,户籍制度和单位(工作单位)体制会影响到学生对教育资源的获取。

在各种公共政策发生重大调整的背景下,教育选拔机制与机会分配方式都发生了巨大变化。本章将结合现有数据对这些变化的发展过程进行评述。

研究假设

本章认为,影响个人教育程度和教育机会不平等的因素主要有两个:家庭和制度。家庭出身包括社会资本(父亲的职业);文化资本(父亲的教育程度);经济资本(家庭收入);和政治资本(家庭的阶级成分)。[1] 制度因素包括户籍制度和"单位"制度。

家庭出身:社会、文化、经济和政治资本

假设1:在20世纪40年代至90年代期间,与家庭出身有关、对教育程度产生影响的因素包括:家庭所占有的社会资本、文化资本、经济资本和政治资本。其中,社会资本和文化资本的影响较为突出。

假设2:在20世纪40年代,家庭资本因素对教育程度有显著影响。自中国共产党于1949年开始执政以来,家庭资本因素对教育程度的影响表现出两种不同趋势,它们与国家政策和意识形态的变迁紧密相关。第一种趋势发生于20世纪50年代至70年代，在此期间，家庭资本因素的影响持续弱化。第二种趋势发生于20世纪80年代至90年代，在此期间，家庭资本对教育程度的影响持续增强。

假设3：在1949年后的头三十年里（20世纪50年代、60年代和70年代），经济资本对教育程度的影响微乎其微；然而，经济资本却对特殊社会群体（妇女及农村人口）产生了显著影响。在之后的二十年里（20世纪80年代和90年代），经济资本对教育程度的影响逐渐加大。

假设4：政治资本在头三十年和后二十年里对教育程度的影响截然不同。在头三十年里，家庭的阶级地位与教育程度呈正相关——即，阶级成分"较好"的人享有更多、更好的教育机会。在后二十年中，家庭阶级地位可能与教育程度呈零相关或负相关。家庭政治资本主要影响中等教育和第三级教育的获得。

制度因素：户籍制度（户口）和工作单位制度（单位）

在当代社会，除家庭出身外，还有一些社会结构因素也对教育不平等产生了影响，例如性别和种族。在中国，对教育程度影响最大的社会结构因素主要来源于那些特殊的制度安排。户籍制度（户口）、工作单位制度（单位）等中国社会独有的制度对资源配置以及教育资源的分配起到了决定性作用。户籍制度和单位制度都是中国计划经济的重要组成部分。

户籍制度将全体国民划分成两个地位群体：城市户籍人口和农村户籍人口。只要资源分配仍然由政府控制，那么相比于农村户籍人口，城市户籍人口就会占据更大优势。由于单位[2]之间存在行政级别高低之分或所有制性质不同的划分，因此不同单位的职工从政府那里获得的福利分配也有多寡之分。

假设5：在中国，个人的户籍身份极大地影响了他/她的教育获得情况：与农村户籍持有者相比，城市户籍持有者享有更多的受教育机会。从20世纪50年代起一直到70年代末，政府一方面在农村地区普及教育，另一方面，有意识地给农村学子提供入读中学和高等院校的机会；因此，户籍身份对教育程度的影响一度呈现出递减的趋势。然而，城乡差距（包括教育资源分配差距）在20世纪80年代到90年代期间日趋扩大，从而导致户籍身份的影响随之与日俱增。

假设6：在头30年里，户籍身份对教育程度的影响持续减弱，而在后20年，户籍身份对教育程度的影响又持续增强。在个人入职或开始接受成人教育以后，单位制度主要通过个人的教育经历对其教育程度产生影响。在中国,成人教育对民众教育程度的提升起到了重要作用。自20世纪50年代起一直到70年代末,政府致力于向所有单位的职工免费提供成人教育项目,这些项目由国家统一规划,公平分配。然而,从20世纪80年代开始,成人教育的学费变得日益昂贵起来。政府不再向单位职工分配成人教育机会了。于是,个人入职以后的教育机会(尤其是旨在获取正规高校文凭的教育机会)在一定程度上取决于其所在单位的资源多寡。

假设7:在职教育受工作单位资源的影响。国有企业、党政机关、事业单位和级别较高的公有单位一般掌握着较多的社会经济资源,所以它们能为自己的职工提供更多的教育机会,尤其是那些助其获得中学和高等教育学历的机会。

数据、变量和方法

本研究中的数据来自2001年11月份开展的一项全国性调查。此次调查是中国社会科学院社会学研究所开展的"1949年以来中国社会结构变迁"[1]研究项目的一部分。本次调查的数据收集范围为分属十二个省份的七十三个县市,调查方式为多阶段分层随机抽样,共采集了6 193份有效案例(年龄跨度为16—70岁)。样本中的性别、年龄、教育程度和就业状态的分布情况均与2001年全国人口普查结果大致相同(见表7-1)。因此,调查得到的数据能在相当大的程度上反映全体民众的真实情况。我们在分析中使用了一份规模为5 858人的样本(剔除了在校生),并对样本数据进行了加权处理。

表7-1 SSCC数据与2001年人口普查数据[2]中性别、年龄、户籍和教育程度分布情况(%)

		SSCC 未加权数据	SSCC 加权数据	2001年普查 (16—70岁)
性别	男	52.4	50.4	50.9
	女	47.6	49.6	49.1
年龄(岁)	16—20	5.4	11.2	11.1

---

[1] 英文全名为:Social Structure Change of China since 1949,以下简称SSCC。——译者注
[2] 中国于2000年11月1日启动了第五次全国人口普查,主要数据于次年3月28日公布。——译者注

续表

		SSCC 未加权数据	SSCC 加权数据	2001年普查（16—70岁）
	21—30	14.1	22.7	21.9
	31—40	25.1	26.3	26.3
	41—50	23.8	18.7	19.0
	51—60	17.6	12.5	12.8
	61—70	14.0	8.7	8.9
户籍类别	城市	61.5	27.1	27.1
	农村	38.5	72.9	72.9
教育程度	文盲	8.0	8.6	8.7
	小学	24.3	28.8	30.3
	初中	34.2	39.6	41.1
	高中	16.7	13.6	10.5
	中专	7.0	4.3	4.4
	大专	6.7	3.5	3.3
	大学本科	3.0	1.5	1.6
	研究生	0.2	0.1	0.1

调查问题的设计多与受访者的生平有关，包括详细的教育经历、工作经历、过往薪酬、家庭背景和迁移历史等信息。表7-2包含了我们在分析中用到的所有变量的百分比、平均值和标准差。

表7-2 回归分析所用变量的摘要统计量（百分比、平均值和标准差）

变量	百分比	平均值	标准差
受教育年限	—	8.11	4.02
父亲的职业		3.22	1.01
1. 管理及专业人员	11.0		

续 表

变量	百分比	平均值	标准差
2. 办事员	9.2		
3. 工人	26.4		
4. 农民	53.4		
父亲的教育程度		2.43	1.41
1. 文盲	39.7		
2. 初小	13.3		
3. 高小	22.1		
4. 初中	13.7		
5. 高中及以上	11.3		
14 岁时的家庭年收入	—	1 702.16	10 300.08
家庭的阶级成分		1.62	1.01
1. 好	65.8		
2. 中等	18.3		
3. 不好	4.5		
4. 其他	11.4		
14 岁时的户籍身份	—	1.60	.49
1. 城市户口	39.8		
2. 农村户口	60.2		
在职成人教育经历	—	1.28	.64
1. 无	82.3		
2. 有成人教育经历但未取得学位	7.4		
3. 有成人教育经历且取得学位①	10.4		

---

① 此处的英语原文为"without degree"（未取得学位），与上文重复。结合后文分析，此处应为"with degree"，即"取得学位"。——译者注

续表

变量	百分比	平均值	标准差
所在单位的所有制性质	—	1.87	.60
1. 国有	25.2		
2. 私营	62.7		
3. 其他	12.1		
所在单位的类型	—	2.39	.76
1. 党政机关、事业单位	17.2		
2. 企业	26.9		
3. 个体经营	55.9		
所在单位的行政级别	—	2.65	.66
1. 处级及以上	10.5		
2. 科级	14.3		
3. 无行政级别	75.1		

接下来的数据分析包括三部分。在第一部分，我们将通过多元线性回归来比较家庭出身在不同时期对教育程度的影响，并比较由城乡差异和性别差异所导致的教育程度差距。在第二部分，我们将通过线性回归，分析不同时期的城乡差异对教育程度的影响，并同时比较了性别差异。在第三部分，我们将通过有序逻辑回归模型（ordered logistic regression model），分析单位制度对在职成人教育经历的影响。

在第一部分的多元线性回归分析中，受教育年限为因变量，父亲的职业、父亲的教育程度、14 岁时的家庭收入和家庭的阶级成分等为自变量。父亲的职业分为四类：管理和专业人员、办事员、工人和农民。父亲的教育程度分为五档：文盲、初小、高小、初中、高中及以上。家庭的阶级成分分为四类："好"（贫农和雇农、工人、城市贫民、革命干部、革命军人和革命烈士家属）；"中等"（中农、小土地出租者、房屋出租者、职员、小业主、小手工业者、小商贩、市民和小资产阶级[知识分子]）；"不好"（富农、地主、资本家、旧官吏、反动军官和反革命分子）；其他。受访者 14 岁时的家庭年收入为连续变量。我们选取了六个出生队列，用以比较家庭出身在不同时期的影响。第一个队列的受访者出生于 1931—1940 年,他们接受教育的时间大多是在 20 世纪 40 年代和 50 年代初。第二个队列的受访者出生于 1941—1950 年,他们接受教育的时间大多是在 20 世纪 50 年代和 60 年代初。第三个队列的受访者出生于 1951—1960 年,他们接受教育的时间大多在 20 世纪 60 年代和 70 年代初。第四个队列的受访者出生于 1961—1970 年,他们接受教育的时间大多在 20 世纪 70 年代和 80 年代初。第五个队列的受访者出生于 1971—1980 年,他们接受教育的时间大多在 20 世纪 80 年代和 90 年代初。第六个队列的受访者出生于 1981—1985 年,他们接受教育的时间大多在 20 世纪 90 年代。然而,在数据收集之时,第六个队列的受访者中有许多人尚在接受教育,所以我们无法通过收集到的数据准确评估家庭出身对其教育的影响。

数据分析的第二部分也以受教育年限为因变量,而受访者 14 岁时的户籍身份(城市或农村户籍身份)则为自变量。

在数据分析的第三部分,有序逻辑回归模型的因变量是"是否接受过在职教育或培训",该因变量被细分为三类:(1)否;(2)是,但未获得学历;(3)是,且获得了学历。该模型的自变量包括:单位的所有制性质、类型和行政级别。所有制性质又分为三类:国有、私营或个体经营以及其他。单位的类型分为三类:党政机关和事业单位、企业以及其他工作单位(指个体经营或以家庭为基础的小生意)。单位的行政级别也分为三类:处级及以上、科级和无行政级别。

回归结果

家庭出身在不同时期对教育程度的一般影响

表 7-3 列出了关于不同时期的回归模型的 R^2 值和回归系数。这些数值清晰地展现了家庭出身在 1940—1990 年期间影响教育程度的变化趋势——先逐渐弱化(早期阶段),后又逐渐增强(后期阶段)。R^2 值的变化趋势图如图 7-1 所示。在 20 世纪 40 年代到 50 年代初期间,受教育年限变化中的 15.5% 可能是以下变量共同作用的结果:父亲的职业、父亲的教育程度、14 岁时的家庭年收入以及家庭阶级成分;在 50 年代到 60 年代初期间,受教育年限变化中的 16% 是由以上四个变量造就的;在 60 年代到 70 年代初期间,这一比例降至 13.1%;在 70 年代到 80 年代初期间,该比例跌至历史最低水平:9.9%;而在之后的 80 年代和 90 年代,家庭出身的影响突然飙升至

表 7－3 根据特定自变量对受教育年限进行多元线性回归所得出的非标准化普通最小二乘法（OLS）系数

自变量	所有样本 (N=5 858)	生于1931—40 年的世代 (N=539)	生于1941—50 年的世代 (N=770)	生于1951—60 年的世代 (N=1 158)	生于1961—70 年的世代 (N=1 628)	生于1971—80 年的世代 (N=1 383)	生于1981—85 年的世代 (N=382)
父亲的职业（参照群体：农民）							
1. 管理及专业人员	3.431**** (.190)	5.224**** (.869)	3.897**** (.700)	3.531**** (.452)	2.583**** (.297)	3.626**** (.311)	2.051*** (.732)
2. 办事员	2.434**** (.203)	3.262**** (.979)	2.883**** (.628)	2.076**** (.469)	2.038**** (.360)	2.856**** (.332)	.848* (.444)
3. 工人	1.822**** (.129)	2.093**** (.541)	2.584**** (.375)	2.529**** (.319)	2.529**** (.319)	1.320**** (.210)	1.322**** (.288)
父亲的教育程度（参照：文盲）							
初小	.976**** (.143)	.771 (.560)	.448 (.392)	.439 (.313)	.425 (.234)	.771*** (.271)	1.605*** (.509)
高小	1.121**** (.115)	.688 (.440)	.927** (.354)	.362 (.265)	.520** (.197)	.801**** (.206)	.492 (.421)
初中	1.604**** (.139)	.345 (.887)	.485 (.495)	.615 (.450)	.492* (.241)	1.004**** (.222)	.886* (.383)
高中及以上	2.421**** (.223)	-.374 (1.511)	1.863 (1.722)	.972 (.782)	1.186**** (.367)	2.319**** (.339)	1.260*** (.442)

续 表

自变量	所有样 (N=5 858)	生于1931—40 年的世代 (N=539)	生于1941—50 年的世代 (N=770)	生于1951—60 年的世代 (N=1 158)	生于1961—70 年的世代 (N=1 628)	生于1971—80 年的世代 (N=1 383)	生于1981—85 年的世代 (N=382)
家庭的阶级成分							
(参照:不好)好	3.588e-02 (.000)	-2.255** (.826)	-1.969e-02 (.580)	2.512**** (.544)	-.987* (.488)	-.176 (.433)	1.581* (.799)
中等	-9.061e-02 (.000)	-3.804**** (.788)	-.845 (.543)	1.855**** (.510)	-1.210** (.452)	-.162 (.385)	2.110* (.651)
其他	.580* (.255)	-2.391* (1.041)	1.465e-02 (.793)	2.427**** (.633)	-1.328** (.511)	.221 (.409)	1.261 (.664)
14岁时的家庭 年收入	1.189e-05** (.000)	-7.700e-06 (.000)	4.717e-04* (.000)	2.031e-04 (.000)	1.578e-04 (.000)	2.017e-06 (.000)	-3.621e-07 (.000)
常数	5.931**** (.226)	6.736**** (.773)	5.369**** (.534)	3.790**** (.510)	8.046**** (.459)	7.400**** (.397)	6.087**** (.723)
调整后的R^2值	.157	.155	.160	.131	.099	.179	.157

备注:括号中的数值为标准误差。 $*p<.05$; $**p<.01$; $***p<.005$; $****p<.001$。

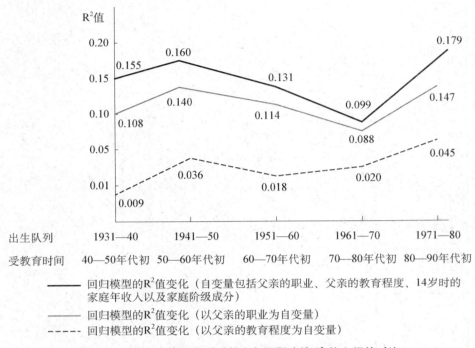

图 7-1　表示家庭出身对受教育年限影响的 R^2 值之间的对比

17.9%。在 20 世纪 40 年代至 70 年代期间，不论从家庭出身的整体影响上看，还是从单一因素的影响（如父亲的职业或教育程度）上看，我们都发现：家庭背景对教育程度的影响发生了持续弱化，并于 70 年代降到了最低点。之后，这一趋势发生逆转。从 80 年代至 90 年代，家庭背景对教育程度的影响显著上升，并于 90 年代达到了顶峰。请注意，鉴于于 1981—1985 年间出生的受访者大多尚在接受教育，所以表 7-3 中列出的 R^2 值和系数不能帮助我们准确评估这些受访者的情况。

父亲的职业（社会资本）在不同时期对教育程度的影响

由表 7-3 和图 7-1 可知，在过去 60 年中，父亲的职业一直都对子女的受教育程度有影响。这一影响同样随着时代的变化而变化，或增强，或减弱。总体而言，其变化趋势与家庭出身的整体影响大致相同。在图 7-1 中，第二个回归模型以父亲的职业为自变量，我们根据该模型的 R^2 值变化可知：

在 20 世纪 40 年代和 50 年代，父亲的职业对子女教育程度的影响力度相对较大（分别为10.8%和14.0%);自此之后,影响力度开始降低,在70年代降至最低点(8.8%);再之后,影响力度又开始上升,并在80年代和90年代到达顶峰(14.7%)。表7-3中的回归系数表明:在40年代(对应出生于1931—1940年间的受访者),工人家庭子女的受教育年限平均比农民家庭子女多2.1年;办事员家庭的子女平均比农民家庭的子女多3.3年;管理或专业人员家庭的子女平均比农民家庭子女多5.2年。在接下来的数十年中,在父亲职业不同的子女之间,受教育年限差异不断缩小。在70年代,在职业地位不同的家庭之间,子女在平均受教育年限上的差异降至历史最低水平。在工人家庭、办事员家庭以及管理和专业人员家庭之间,子女在受教育年限上的差异不大。然而,他们的平均受教育年限仍比农民家庭子女多2.0—2.6年。换言之,在70年代,家庭职业地位不同的城市青少年之间在受教育年限上无显著差别,但城乡差异——非农家庭与农民家庭之间的差异——仍真实地存在着。到了80、90年代,上述差距不断拉大:在平均受教育年限上,管理和专业人员家庭的子女要比农民家庭子女多3.6年;办事员家庭的子女要比农民家庭子女多2.9年。不过,工人家庭子女与农民家庭子女在受教育年限上的差异缩小到了1.3年。因此,在80、90年代,家庭职业地位较高的青少年在接受教育方面明显占有优势。

父亲的教育程度(文化资本)在不同时期对子女教育程度的影响

表7-3和图7-1显示:在20世纪80年代以前,家庭文化资本对子女教育程度的影响较小,不过,这一影响却在80年代和90年代显著上升。请注意,对于那些在1930—1950年间出生的人而言,他们的父亲大多是文盲,因此他们的家庭文化资本对其教育程度的影响微乎其微。于是,对于那些分别出生于1931—1940、1941—1950以及1951—1960年等时期的人而言,关于父亲教育程度的回归系数可忽略不计。父亲的教育程度自70年代起开始发挥重要影响,并在80、90年代到达顶峰。如下数据证明了这一论断:父亲的教育程度为高中及以上的人比父亲为文盲或半文盲的人平均多接受了2.3年的教育;父亲的教育程度为初中的人比父亲为文盲或半文盲的人平均多接受了1.0年的教育;父亲的教育程度为小学或初小(小学前四年)的人比父亲为文盲半文盲的人平均多接受0.8年的教育。

家庭年收入(经济资本)在不同时期对子女教育程度的影响

由总体可用数据可知,家庭经济资本对子女教育程度的影响并不十分显著。家庭年收入仅对出生于20世纪50年代以及70年代的人口样本(以及不区分受访人出生时期的样本)有所影响,且这种影响非常微弱。在我们审视的那六十年里,家庭经济资本对教育程度的影响可以说是微乎其微的。虽然实证观察显示,自90年代以来,家庭经济状况对子女教育程度的影响正处于上升期,但我们的调查无法证实这一点,因为受此影响者大多是尚未完成正式教育的学生。总体而言,家庭经济资本的影响虽然可以忽略不计,但通过分析某些弱势群体,我们却发现,家庭经济资本对他们的教育程度发挥着莫大的影响。我们通过比较获得自回归分析的城乡和性别差异,结果发现:对农村和女性受访者而言,他们14岁时的家庭年收入对其教育程度有着显著影响;但对城市和男性受访者而言,家庭年收入的影响并不显著。[3]

家庭的阶级成分(政治资本)在不同时期对子女教育程度的影响

由表7-3可知,在不同时期,家庭阶级成分对教育程度的影响表现出迥异于其他家庭出身总体影响趋势的特点。对出生于1931—1940年间的世代而言,家庭阶级成分与其教育程度呈显著负相关——即,家庭政治背景为"差"或"下等"的人往往接受了更长时间的教育,他们比家庭阶级成分好的人平均多接受了3.8年的教育。1949年以前拥有最多经济、社会和文化资本的家庭在1949年以后被纳入阶级成分"不好"的群体之列;这些家庭在解放前(1949年之前)有能力为子女提供较多的教育机会。到了50年代,家庭阶级成分已不复发挥显著影响,因为家庭阶级成分不好的人在接受教育方面已不再具有优势。到了60、70年代[4],家庭阶级成分的影响转为正面,家庭阶级成分较好的人享有更多的教育机会。但实际上,教育机会更多地流向了那些家庭阶级成分中等的人,而不是家庭阶级地位最好的人。例如,就平均受教育年限而言,家庭阶级地位好的人只比家庭阶级地位不好的人多出1.9年;但是,家庭阶级地位属于"中等"以及"其他"[5]的人则分别比家庭阶级地位不好的人多出2.5年和2.4年。

至于这些数据的成因,一个较为合理的解释是:它们是由政治审查和教育选拔交互影响造成的。家庭阶级地位好的人多为工人和农民子女,他们在竞争教育机会(例如,通过入学考试)时常处于劣势,尽管政府借助行政手段努力为他们提供更多的机会。家庭阶级成分不好的人,如地主、富农和资本家的子女(他们受益于长期积累下来的丰厚文化资本、经济资本和社会资本),更可能在教育机会的竞争中胜出。但他们常因政治原因不被允许接受中学和第三级教育。相比之下,家庭阶级成分中等的人(即,知识分子、职员、中农、小业主等群体的子女)更有可能获得较好的教育机会,原因如下:一方面,他们的家庭通常具备一定的经济、文化和社会资本储备,这些东西为他们增加了在教育竞争中胜出的砝码;另一方面,他们在政治上不受歧视。

然而,对下一个世代(生于1961—1970年间)而言,家庭阶级成分对教育的影响发生了剧烈转折,从显著正向影响变为显著负向影响。换言之,家庭阶级成分不好的人接受教育的时间可能会更长,他们的平均受教育年限分别比家庭阶级成分中等的人和家庭阶级成分好的人多出1年和1.2年。全国统一的高等学校入学考试的恢复在其中起了关键作用,因为高等教育的选拔机制从政治审查转向了择优录取。此后,中国的整个教育制度开始朝着英才教育和精英教育的方向不断前进。

毫无疑问,阶级成分"低等"家庭的子女开始在这种竞争中重获优势,而工人和农民家庭子女则因失去政治优待而渐渐处于劣势。需要指出的是,20世纪60年代出生的人在80年代接受中学和第三级教育;家庭阶级成分对教育程度的影响主要体现在中学尤其是第三级教育上。我们注意到,家庭政治资本在80年代对个人教育程度的影响与其在60、70年代的影响截然相反。但请注意,对出生于1961—1970年间的个人而言,家庭阶级成分以间接的方式影响他们的教育程度。他们的家庭阶级成分反映的是祖父辈的社会经济地位,而非父辈的社会、经济和文化资本。因为政治上的原因,祖父辈拥有的社会、经济和文化资本未能对父辈的教育产生积极影响(事实上反而可能产生了消极影响),但这些资本可能影响了孙辈的教育。政治运动未能完全阻断某些家庭资本的代际传递。政治运动确实曾试图阻断家庭资本的代际复制(并且在阻断经济资本的代际传递方面取得了成功);然而,文化和社会资本的传递常在家庭内部以言传身教的形式实现,而这种代际联系很难被切断。政治上的束缚一旦放松,家庭政治资本的作用就会立即重新显现。家庭政治资本在80年代所起的作用与其在60、70年代所起的作用完全相反,这一事实为上述论点提供了支持。进入90年代后,以阶级成分为标志的家庭政治资本不再对个人的教育程度产生显著影响。

户籍身份在不同时期对教育程度的影响以及性别差异

表7-4比较了户籍身份(户口)在不同时期对个人教育程度的性别差异化影响。自变量为受访者14岁时的户口,在那个时候,每个男孩或女孩都在上学。对于在户口制度实施之前已年满十四岁的受访者,我们将他们14岁时的居住地作为区分农业户

表 7－4 依据户口身份对受教育年限进行线性回归得出的非标准化 OLS 系数

自变量	所有样本 (N=5 858)	生于1931— 40年间的世代(N=539)	生于1941— 50年间的世代(N=770)	生于1951— 60年间的世代(N=1 158)	生于1961— 70年间的世代(N=1 628)	生于1971— 80年间的世代(N=1 383)	生于1981— 85年间的世代(N=382)	男性 N=2 933	女性 N=2 926
户口身份 (参照群体：农村户口)									
城市户口	3.110**** (.123)	3.331**** (.441)	4.149**** (.319)	3.487**** (.277)	2.987**** (.207)	2.988**** (.211)	1.808*** (.168)	2.707**** (.175)	3.548**** (2.988)
常数	6.804*** (0.051)	3.767**** (.200)	5.101**** (.136)	6.101**** (.115)	7.381**** (.083)	8.212**** (.088)	8.819**** (.130)	7.429**** (.068)	6.164**** (.075)
调整后的 R^2 值	.098	.094	.179	.120	.111	.127	.070	.081	.123

备注：括号中的数值为标准误差。* $p<.05$；** $p<.01$；*** $p<.005$；**** $p<.001$。

口和非农业户口的标准。现有数据显示,户口对受访者的教育程度确有影响,而且这种影响在各个时期普遍存在。该影响的变化趋势如下:从20世纪50年代到70年代,户口对教育程度的影响持续减小;从70年代到90年代,户口的影响又开始不断上升。回归模型的R^2值随时间推移的变化趋势显示,对于在1931—1940年间出生的人而言,户口对其受教育年限的解释力相当有限(9.4%),因为这些人在年满14岁的时候户口制度尚未实施。这表明,城乡差异在彼时对教育程度的影响不是很大,因为在那个年代,仅少数有钱人家的子女才享有受教育机会,城乡皆然。然而,农村居民与城市居民的平均受教育年限差异很大,城市居民平均比农村居民多接受3.3年的教育。

对于那些于1941—1950年间出生的人而言,户口身份对教育程度的影响快速攀升(达到了17.9%),城市居民平均比农村居民多接受4.2年的教育。对于那些在60、70年代出生的人而言,户口身份对教育程度的影响呈现出逐渐减弱的趋势,R^2值分别降至12.0%和11.1%;同时,城市居民与农村居民在平均受教育年限上的差距分别缩小至3.5年和3.0年。

在20世纪80、90年代,户籍身份的影响又开始上升,R^2值也升至12.7%;然而,在此期间,城市居民和农村居民在平均受教育年限上的差距(3年)未见显著扩大。这意味着,自80年代起,户口身份对教育程度的影响虽然开始增大,但是,由于教育机会的供给也在同步扩大,所以城市居民和农村居民在平均受教育年限上的差距并未拉大。表7—4中的数据显示,户籍身份对女性教育程度的影响大于男性。户口身份对城市女性与农村女性在平均受教育年限上差异的解释力为12.3%,而只能解释男性平均受教育年限上的8.1%的城乡差异。在平均受教育年限上,拥有城市户口的女性与拥有农村户口的女性之间的差异为3.6年,而在分别拥有城乡户口的男性之间,差距仅为2.7年。

单位的所有制性质、类型和行政级别对成人教育经历的影响

表7-5中有三个有序逻辑回归模型。我们借助这些模型分析了指定单位的所有制性质、类型以及行政级别对成人教育机会的影响。由模型Ⅰ和模型Ⅱ得出的数据表明:无论是在城市还是乡镇,无论受访者在开始工作后是否有机会进入学校进修或以其他形式接受教育,单位的所有制性质和类型都会对个人的成人教育经历产生影响。在城市国有单位和其他所有制单位(包括集体所有制、中外合资、合作生产、外商独资和混合所有制企业)中,具有成人教育经历或正规成人教育资证(包括学位)的员工比例分别比私营单位的员工和个体经营者高出2.5%和2.0%;与此同时,党政机关和事

业单位的正式职工和雇员享有的成人教育机会是自谋职业者（无固定工作单位的人）的 4.2 倍；企业员工的成人教育机会是无固定单位者的 1.5 倍。

表 7-5 依据单位的所有制性质、类型和行政级别对成人教育进行有序逻辑回归得出的系数

自变量	模型Ⅰ（城市）		模型Ⅱ（农村）		模型Ⅲ（公有制单位）	
	系数	比值比	系数	比值比	系数	比值比
所有制性质（参照组：私营单位和自谋职业者）						
国有	0.9166**** (0.1890)	2.5	2.4560**** (0.4417)	11.7		
其他	0.6800*** (0.1939)	2.0	2.4054**** (0.2944)	11.1		
类型（参照组：自谋职业者）						
党政机关/事业单位	1.4448**** (0.2152)	4.2	1.3763*** (0.4372)	4.0		
企业	0.4123* (0.1833)	1.5	−0.7766* (0.3904)	0.5		
行政级别（参照组：无行政级别）						
处级及以上					0.5861**** (0.1471)	1.8
科级					0.5947**** (0.1388)	1.8
截距 1	−2.7361**** (0.1239)		−4.3124**** (0.1819)		−1.4924**** (0.1175)	
截距 2	−2.0824**** (0.1174)		−3.5575**** (0.1485)		0.8961**** (0.1129)	
−2 对数似然	3050.369		791.440		2506.949	
X^2	313.7376****		178.0680****		22.0164****	
自由度	4		4		2	
样本数量	2136		1950		1385	

备注：括号中的数值为标准误差。 $*p<.05$；$**p<.01$；$***p<.005$；$****p<.001$。

在乡镇地区,国有和其他所有制单位的员工享有的成人教育机会分别是私营单位员工和自谋职业者的11.7倍和11.1倍;党政机关和事业单位的员工享有的成人教育机会比自谋职业者高出4倍,但企业员工①享受成人教育机会的可能性仅为自谋职业者的一半。

模型Ⅲ的作用在于探究给定公有制单位的行政级别是否对职工享有的成人教育机会存在影响。事实表明,行政级别的影响是显著的:有行政级别的单位能为其职工提供更多的成人教育机会;然而,级别不同的单位在这方面上的差距并不大。处级及以上单位与科级单位为职工提供的成人教育机会都是无行政级别单位的1.8倍。

结论和讨论

在1940—2001年期间,中国的教育事业迅猛发展,教育机会高速扩张,民众的受教育年限也逐渐延长。本次调查的数据显示,在平均受教育年限方面,于1931—1940年间出生的人为4.5年;于1941—1950年间出生的人为5.9年;于1951—1960年间出生的人为6.7年;于1961—1970年间出生的人为7.9年;于1971—1980年间出生的人为8.8年;于1981—1985年间出生的人为9.6年(由于最后一个世代中的一些受访者尚在接受教育,所以这一数字还会增加)。从其他统计数据中,我们得出了类似的发现:自1949年以来,小学和初中的升学率不断上升,第三级教育的入学率持续增长。然而,伴随着教育机会的持续增长,教育机会的分配并未向着越来越公平的方向持续稳定发展。

如本章的数据分析所示,就分配的公平性而言,中国的教育机会分配历经了两个发展阶段,分别对应着两种截然不同的变化趋势。20世纪50年代至70年代为第一个阶段,这一阶段的特征是:教育机会出现惊人增长,且教育机会的分配朝着越来越公平的方向发展。20世纪80年代至90年代为第二个阶段,在这一阶段,教育机会继续扩张,但教育不平等的程度却日益上升。在第一个阶段向第二个阶段过渡的同时,中国的社会、政治和经济条件以及政府的政策也在变化;而这正是本章关注的主题。

从家庭出身对教育程度的波动性影响中,我们可以看到国家政策和意识形态的变

---

① 此处原文有疏漏,缺少与自谋职业者进行比较的对象,译者结合表7-5自行补全。——译者注

化对教育机会的分配机制产生了巨大影响。在不同时期之间,家庭阶级成分对教育程度的影响存在很大差异,而这些差异的存在为上述模式提供了有力支持。制度性划分或分割(如户口和单位制度)对教育程度影响的变化趋势体现了政府政策调整制度性安排的方式,调整的目的是为了满足市场经济的需求,并对新形势下的资源分配施加重要影响。就教育机会的分配而言,其不平等程度的上升或下降都与国家政策紧密相关。教育不平等的程度在过去的20年里迅速上升,这在很大程度上是由政策导致的。

毋庸置疑,过去20年里的教育改革是卓有成效的——教育机会不断扩大、选拔和培训出一批精英、成本效益也有所提高;可是,我们不能对随之而来的教育不平等视而不见。因此,我们有必要反思并重新评估教育改革的部分优先事项以及与之相伴的具体策略。然而,这一问题尚未引起教育政策制定者的足够重视。目前看来,教育机会分配的不平等程度还在继续上升,教育体制的精英化色彩和市场化取向仍在进一步发展。高等教育的规模自20世纪90年代中期开始不断扩张,招生人数逐年上升,这虽然在一定程度上消解了教育精英化的发展趋势,但整个教育体系的商业化进程却在不断加速。我们发现:贫困地区的孩子(特别是女孩)受这一趋势的影响最大,当前的教育不平等已经严重损害了他们的个人发展和向上流动的机会。

注释

1. 在20世纪50年代和60年代,每个家庭的阶级成分都是由政府根据一定的政治标准来确定的。阶级成分被划分为三类:好的阶级成分(如:体力劳动者、贫农和共产党的干部);不好的阶级成分(如:资本家、地主、富农和旧政府官员);中等的阶级成分(如:专业人员、职员和中农)。政府在分配教育和工作机会时,会优待家庭阶级成分好的群体,并歧视家庭阶级成分不好的群体。
2. 单位指工作单位,如工厂、公司、学校和政府部门等。
3. 为了比较由城乡差异和性别差异带来的不平等,我们另行做了回归分析,因限于篇幅,此处省略了显示回归结果的表格。
4. 家庭阶级成分主要影响中等教育和第三级教育,1951—1960年间出生的人多在60年代末和70年代接受中等教育和第三级教育;1961—1970年间出生的人多在70年代末和80年代接受中等教育和第三级教育。
5. "其他家庭阶级成分"一般用于指代阶级成分介于非常好和非常坏之间的情形,以及受访者记不起或说不清其家庭阶级成分的情景。此外,1971年以后出生的较年轻世代通常不太清楚自己家庭的阶级成分。

8
中产阶级输家?
情感在香港学生受教育历程中的作用

黄绮妮

20世纪,免费基础教育兴起之余,在许多国家和地区,各层次的教育都经历了持续扩张(如:Schofer & Meyer, 2005; Torres & Antikainen, 2003)。然而,大量证据表明,尽管教育持续扩张,但在许多工业资本主义社会内部,不同阶级的受教育程度却依旧存在差距(Shavit & Blossfeld, 1993)。业已注意到的阶级差距究竟是缩小了还是扩大了,社会学家和教育研究者们莫衷一是(如:Moore, 2004)。至于如何解读这种差距,他们也有不同见解(如:Marshall, Swift & Roberts 1997; Saunders, 2002)。但绝大多数社会学家却一致认为部分阶级相对于其他阶级从教育扩张中受益更多。[1] 尤其在许多工业资本主义社会,出身于相对优越阶级(常被称作中产阶级)的孩子,相比于来自相对弱势阶级(常被称作工人阶级)的孩子,更容易得到教育扩张释放的新学额(如:Halsey, Heath & Ridge, 1980)。[2] 换言之,一方面,以绝对值计,工人阶级确实是教育扩张的受益方之一,若无教育扩张,工人阶级根本没有机会接受初等教育和中等教育,更不用说第三级教育了;但另一方面,工人阶级与中产阶级相比仍然是受益较少的一方。

在过去的几十年里,教育不平等的型态得到大量关注。为了解释这些型态,研究人员做了大量研究(参见摩尔(Moore, 2004)著作第一章中的综述)。针对中产阶层比工薪阶层更善于利用教育扩张这一现象,他们提出了许多真知灼见。有的学者关注父辈资源之间存在的阶级差异(如:Lynch & Moran, 2006);有的强调子女的动机或教育抱负存在阶级差异(如:Lewis, 1959;比较 Nash, 2002);有的关注的是价值观与文化上的阶级差异(Willis, 1977; Kohn, 1977;比较 Bourdieu & Passeron, 1977);还有观点认为,要想了解不同阶级面对不同教育选择时在风险感知上的差异,先要分析各阶级在教育扩张中的得失(如:Nash, 2006,另见 Boudon, 1974)。毋庸置疑,这些尝试对我们理解已知阶级差异型态大有裨益;而且,在制定旨在缩小阶级差距的教育政策时,每种观点都有独特的启示意义。

研究人员还对一些所谓的"工人阶级赢家"进行了实证调查——这些工人阶级家庭的学生利用教育扩张争取到了接受高等教育的机会;但调查结果显示这些"赢家"的成功喜忧参半,因为不知为何,这些孩子觉得自己既不属于中产阶级却也不属于工人阶级(如:Jackson & Marsden, 1962)。但下述情况则似乎没有引起同等程度的关注:有些中产阶级子女,尽管背景优越,理论上继续接受教育的概率也较高,但仍然未能抓住新时机占据扩张带来的新学额;这种"失败"对中产阶级家庭的孩子会有怎样的影响呢？从社会学角度来说，我们能从这些所谓的"中产阶级输家"身上吸取到什么样的经验教训？

本章将以17名中产阶级出身的学生为例，重点讨论所谓的中产阶级输家。本章内容属于一项针对当代中国香港社区学院（community-college）①学生的定性研究成果。由于未能成功地通过当地的公开考试，这些学生都未沿着"常规路径"进入当地的大学，而是选择了一条自2000年起才出现的"非常规路径"：先在社区学院获得副学士学位（associate degree）②，将来再转入大学学习。通过剖析他们对学业成就或挫折所作的主观叙述，我探究了情感在他们的受教育历程中发挥的作用，从中我们可以得出一些经验教训，以便更好地理解教育不平等。在下文中，我将首先概述本定性研究的背景——当代香港的教育制度，重点介绍2000年社区学院的兴起。其次，介绍研究设计及其主要的局限性。第三，重点介绍研究涉及的社区学院学生（包括本章讨论的17名学生），他们自认是现行教育制度下的失败者，并为学业上的失败感到羞愧。第四，对照这17名中产阶级社区学院学生的叙述，我对他们的羞耻感、内疚感和痛苦感等情感进行了探讨，并考察这些情感在他们的教育历程中起到的作用。最后，我在本章结尾处特别指出，在教育不平等研究领域，情感研究既意义重大又有待发掘；针对进一步研究，我提出三条建议。

当代香港的教育制度

在香港，除学前幼儿教育外，基本上各个层次的教育都由香港政府提供（参见Post 1993）。如图8-1所示，学生们若要继续接受教育，必须经历一系列集中分配方案和公开考试，不过这些年来政府已经废除或改革了部分方案和考试。

目前实施的九年制基础教育——六年小学教育和三年初中教育——是面向所有学生的免费义务教育。自1983年以来，所有学龄儿童（6岁）都必须参加统筹管理的"小一入学统筹办法"（Primary One Admission Scheme，简称POAS；如：Sweeting，2004）。在小学教育阶段结束时，所有年满11岁的学生都必须接受"中学学位分配办

---

① 香港地区的一种高等院校，其级别类似于内地的大专。——译者注
② 在香港地区主要由社区学院颁发，其级别类似于内地的大专文凭。——译者注

中产阶级输家？情感在香港学生受教育历程中的作用

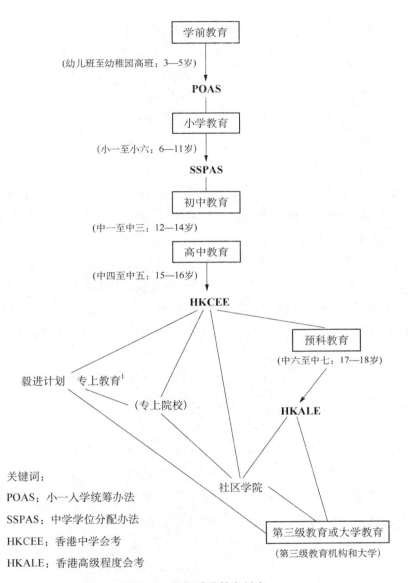

图 8-1 现行香港教育制度

法"(Secondary School Placement Allocation Scheme，简称 SSPAS)的分配，去往各自的中学就学。在中学学习三年后，学生就完成了九年制基础教育。之后，如希望继续接

---

① 专上教育(post - secondary education)，即中学后教育，此处译法采用香港地区通用称呼。参见香港特别行政区政府教育局网站：www.edb.gov.hk/sc/edu-systena/postsecondary/index.html.——译者注

受教育，学生可以选择再读两年，并在 16 岁时参加香港中学会考（Hong Kong Certificate of Education Examination，简称 HKCEE）。³ 本轮公开考试的成绩决定了学生能否升读中六①；目前，仅有 40％的考生能拿到中六学位②，开始为期两年的课程学习，并在 18 岁时参加另一轮公开考试——"香港高级程度会考"（Hong Kong Advanced Level Examination，简称 HKALE）。⁴ 约有 50％的考生可以通过高级程度会考，入读本地大学。总的来说，在现行政策下，每年拿到第一年学士学位③的适龄学生比例保持在 16％至 18％。

在过去的 50 多年里，当地教育资源的供给主要经历了两个方面的重大改良。第一，1971 年和 1978 年分别通过了相关法案，先后普及了六年制和九年制免费义务教育，这些法案使得每个人都能轻易地享受到基础教育。第二，香港教育体制更趋平民化了：随着当地学位颁发机构的不断增多（1963 年以前仅有一所大学，至 1992 年已增至七所，截至 2007 年又增至 12 所），适龄学生接受第三级教育的比例也大大增加（从 20 世纪 60 年代的 2％上升至 20 世纪 90 年代中期的 16％—18％）。改良成就可见于综合统计数据。在 1961 年，15 岁及以上人口中约有 80％至多接受过初等教育（约 30％的人未受过任何层次的教育），接受过第三级教育（含非学位教育）的人口仅占 4％；与之形成鲜明对比的是，到了 2006 年，15 岁及以上的人口中仅有 7％的人未受过任何层次的教育，超过 70％的人至少接受过中等教育（约 23％的人接受过第三级教育；Hong Kong Census and Statistics Department，1971，1981，1991，2001，2006）。

尽管高等教育的供给改良取得了一定成就，但按照现行制度设计，仍有超过 80％的适龄学生无缘当地大学。在 20 世纪 80 年代以及 90 年代初，经济的繁荣致使这些年轻人轻易地被劳动力市场所消化。然而，经济形势从 90 年代中期开始恶化，在 1997 年亚洲金融危机以后更是急转直下。越来越多的年轻人既没有机会留在学校继续学习，又找不到工作（变得跟英国青少年中的啃老族（NEET）一样——不升学、不就业、不进修或参加就业辅导）。他们的安置问题给政府带来了巨大压力。在此背景下，香港政府于 20 世纪 90 年代末推出"毅进计划"（Yi-Jin program），为那些香港中学会考科目全部不及格的学生提供继续教育的机会。此外，香港政府一方面希望将拿到第一年

---

① 香港学制改制前中学为 7 年制，由基本中学 5 年和预科 2 年组成，中六即为预科第一年。——译者注
② "学位"除了有通行的学术称号之义，还专指学习名额，一个学位对应一个入学学习名额，即招生名额。此处取第二个词义，后文广泛使用此种词义，在特定语境下若不产生混淆，不再一一加注。——译者注
③ 即本科一年级就学名额。——译者注

学士学位的适龄青年的比例维持在16%至18%的水平,另一方面又试图提高接受专上教育的适龄青年的比例,力图用十年时间将比例从目前的34%提高到60%(Hong Kong Education Commission Report,2000:3-4)。为此,三所当地大学于2000年启动了自资社区学院项目,提供各种副学位课程。自那以后,社区学院和副学位课程(尤其是副学士课程)如雨后春笋般涌现:从2001年到2007年的七年间,开设副学位课程的机构(许多是社区学院)从十一所增至二十所,副学士学位课程的数量则增加了近10倍,从16种增至148种(Hong Kong Education Bureau,2010)。由于许多学生未能通过香港中学会考或香港高级程度会考,无法入读当地或海外的大学,因此为争夺生源,社区学院纷纷宣扬自己能提供替代的升学路径。然而,现实却是,成功升读当地全日制大学的社区学院学生不足3%(如:Mingpao,2007)。社区学院在香港是个新概念,舶自美国。社区学院于1901年诞生于美国,任何人都能入读,学费低廉;美国社区学院的办学目标并不限于为学生两年后升读四年制大学做准备,它们还开设无关升学的课程,包括职业技能课程,以及专为个人兴趣和发展开设的课程(American Association of Community Colleges,2010)。与之相比,香港的社区学院至少在三个方面上有不同之处:入学、学费和功能。首先,香港的社区学院设置了一定的入学条件,并非对所有人开放(参见图8-1)。[5] 其次,在香港的社区学院攻读副学位并不便宜;每年的学费至少与本地学士学位教育的同期学费相当——一年40 000港元(约5 100美元),具体多少取决于课程性质和院校政策。[6] 在美国,社区学院被视为多功能第三级教育机构;而香港与之相反,大部分社区学院学生入学的目的是希望将来能升读当地的大学,所以他们中的绝大多数人是适龄的全日制学生,而非成人学生(Ng & Cheng,2002)。

研究设计

本章研讨涉及的学生选自一项针对52名当代香港社区学院学生的定性研究。对这52名学生的招募和访谈工作从2005年12月开始,至2006年6月结束。当时我正在教授《社会学导论》,这是一门学期课程,授课对象是多个副学士学位课程项目的学生(以工商管理和艺术类为主)。在2005—2006学年,每当学期末(分别为12月中旬和5月中旬),我都会向同学们介绍我的课题"当代香港教育不平等研究",并宣布为这个课题招募学生。感兴趣的学生则按要求留下他们的英文名(不留中文名是为了避免我认出他们)和联系方式。出于伦理考量,我决定在教学关系结束后再联系他们。[7] 我们确定了录音访谈的时间、日期和地点。虽然有65名学生留下了联系方式,但因时间问题我只采访了其中的52名。

大部分访谈在社区学院附近的开阔地带进行,另有一些在一家自助餐厅进行。我运用了"戈德索普阶级分析框架"(Erikson & Goldthorpe, 1992: 39-42)并依照优势度法(dominance method)给学生分类,依据是他们的阶级背景。[8] 基于本文目的,我将专门探讨17名中产阶级出身的社区学院学生:[9] 其中8名学生的父亲或母亲从事阶级Ⅰ或阶级Ⅱ的工作(专业类、管理类或行政类工作),6名学生的父亲或母亲从事阶级Ⅲ的工作(事务性工作),另外3名学生的父亲从事阶级Ⅳ的工作(做小生意的个体户)。17名学生都在香港出生,10女7男。参与访谈的学生中年龄最小的20岁,最大的24岁,平均21岁——正如前文所述,入读社区学院的大多是适龄学生,而非成人学生。

访谈的性质属于半结构化访谈。在开始录音前,我先收集了他们的背景信息,包括个人资料和人口学特征、父母与兄弟姐妹的职业和受教育程度。我在访谈中请每位同学主要谈了谈以下六个方面的内容:目前的状况(包括教育理想、当前及未来的教育和职业规划);教育历程(包括如何看待各个教育阶段的老师和同学);同父母的关系(包括如何看待父母表露出来的期望以及自身教育历程中父母给予的支持);以学生的立场评价自己和同学;对现行教育制度的评价;从个人发展角度评价香港这座城市。

在访谈的最后,学生们回答了他们为什么同意参加本研究课题,以及他们是否有兴趣参加后续研究。访谈历时45分钟到2小时不等,平均约1小时。在录音访谈结束后,我们有时还会多聊一会;事实上,在多数情况下,我们还会再多聊一个小时。有些时候,我还客串咨询师的角色,处理他们的情感问题。访谈录音陆续于2006年6月至9月间被整理成文字,并被译成英语(访谈用语是香港地区的主要方言广东话)。我按不同主题对访谈进行分类分析,如:学生的教育理想、父母的支持、学生对自己教育历程的感悟、他们对父母的感情,等等。我对学生们"如何"评价自身教育经历的主题进行了分析,发现羞耻、内疚和痛苦之情常常贯穿其中。我在本章中记述了17名中产阶级学生对自己教育经历的陈述:即他们"如何"评价自己在学业上的得失。

在进行数据分析之前,我想提醒读者:本研究是一份探索性质的研究,样本为一组自愿参加的社区学院学生,样本容量小且非随机取样。因此本研究成果在统计代表性、信度和效度上存在问题。关于统计的代表性,在本研究中我大体上采用了便利抽样法,样本为一组自愿参加的学生,没有用抽样框选取具有统计代表性的样本。因此,本样本不具备统计代表性——受限于研究主题(教育不平等)和招募背景(仅限选修我的社会学课程的学生),样本必然偏向某个特定的学生群体。当学生们回答他们为什么同意参加本研究时,这种偏差就会体现出来:近一半的学生表示他们参与调查仅仅是想帮助我,另有一些学生是出于对教育不平等这一主题的兴趣,还有一些学生直言他们是想借此机会表达对现行教育制度的不满。

因为我给他们上过课,他们信任我,也愿意与我分享他们的感受。在本研究中,他们重点陈述了对自己教育历程的反思,并评价了自己的表现及父母的支持(我没有采访过被访学生的父母,有关父母期望和父母支持的内容都源自被访学生的自述,所以无法提供交叉对照)。从某种程度上说,研究结论的可信度值得怀疑。此外,和我设想的一致,学生们在自述过程中对自己的经历进行了一番重构,因此他们的陈述不可避免地比实际情况更有逻辑性、更加有条理。而且,他们在向研究人员(同时也是前任老师)描述自己时,可能采纳了自认能吸引我(研究人员兼教师)的方式。从这个意义上来说,研究结论的有效性也值得怀疑。

再次重申,在本章中,我之所以要对学生们提供的丰富细节详加讨论,目的在于查明我们能从这些所谓的中产阶级输家身上吸取到什么样的经验教训,以及情感在他们的教育经历中又发挥了什么样的作用。读者应该牢记本研究成果的局限性;但同时我还想强调一点,不管学生们的陈述经过如何扭曲或不具备统计代表性,但这些局限性并不会因此而削弱陈述的可用性,这些陈述依然能为有关教育不平等的研究指明新的方向。

通过非常规路径接受高等教育

在 2000 年以前的教育制度下,学生若未能通过某个阶段的考试,摆在他/她面前的就只有两条道路,要么选择复读要么放弃学业。的确,当初开办社区学院主要是为了让更多学生接受中学后教育,而不是为了给学生们提供一条升读当地大学的替代路径。但实际上几乎所有的社区学院学生都不满足于社区学院颁发的副学位,他们仅将其视作升读大学(最好是当地的大学)的跳板。在这一点上,本研究中的 52 名学生无一例外。

这些学生都信奉成就意识形态(achievement ideology)①，因而他们渴望获得更高的学位。我们可以从他们对以下两个问题的回答中得窥这种观念：从个人发展角度如何评价香港这座城市？如何在香港取得成功？当他们被问及"在香港，哪些人属于成功人士以及哪些因素是他们成功的关键"时，有的学生用自己的父母或朋友举例，但大多数学生都提到了一位香港大亨——李嘉诚(至少在过去的10年中，他一直是世界上最富有的10个人之一)——和一些重要的公众人物，如香港政府现任行政长官和一些高级别司长。尽管学生们心目中的成功人士略有不同，但他们的理由却大同小异：这些成功人士都是从零开始，自力更生，白手起家的。

当被问及这些人为什么能成功时，大多数学生一致提出三项个人特质：才华、才能和勤奋。简言之，52名社区学院学生都心怀香港梦(一个被大多数香港人普遍接受的信念)，相信香港是个充满机遇的地方，并认为有才华且勤奋的人都能成功；他们在解读成功时还认可了用人唯才原则，将成功与才能和勤奋画上等号。

由于学生们同时接受成就意识形态并笃信用人唯才原则，所以他们认为教育体制必然要担负起区分、分配和筛选学生的职能；对于当地教育的职能，学生们的典型认知如下：

"教育是一种机制，目的在于把有才华的学生和勤奋的学生同其他学生区分开来。"

"教育的功能是把学生们分配到不同工作岗位上去。"

"教育的作用在于把差生或不爱学习的学生淘汰出局。"

学生们认为，仅就区分、分配和筛选的程序而言，香港的教育制度基本上是公平的；更何况，这一程序被一系列公开考试所强化，因为这些面向所有人的公开考试有着统一的标准和严厉的作弊预防机制。但与此同时，学生们在评价教育制度的过程中也表露出或辛酸或愤怒的情绪。学生们一方面赞同区分、分配和筛选是教育的应有之义，另一方面则认为香港的教育制度过于残酷，他们在谈话中打的比方暗示了这种残酷性：

"教育像个大筛子，又像是一场锦标赛，非常原始的那种，赢家寥寥，绝大多数

---

① 即只有通过努力学习和工作才能获得成功。——译者注

人都会是输家。"

"虽然教育决定了学生的生死,但是对官员们来说,教育却是对学生进行分类、排名和定性的有效手段。"

"教育是一种对人进行排序的手段:不断地有人对我们进行排名。不同派位组别(bandings)的学校被放进一个排名表中进行排名;同一所学校的学生被各自分进了精英班和普通班;每个学期同一班级的学生还要进一步排名。"

在所有的52名学生看来,通过教育进行社会竞争实在太残酷了。尽管如此,他们仍愿意遵守既定的规则:他们自己便是通过一种社会认可的非常规体制内手段来实现一个社会普遍期许的目标。在这个过程中,学生们采用了主流观点对具有学生身份的自己和同学进行了评价。这使得他们在评价自己时有自我贬低的倾向,下面的引语便是例证:

"我不是成功学生。只有成功学生才能被大学中高选拔性的院系录取。如果你轻轻松松地就进了某个院系,那你就不算是成功学生。"

"我要是好学生就不会待在这儿了。"

"在这里学习证明我能力不强。"

"成功学生才不会走这条路上大学呢。"

有些学生提到他们算不算是成功学生取决于人们对"成功学生"的定义。到底应如何评价自己,他们也很矛盾。但是,所有的52名学生一致认为自己是现行教育体制下的失败者。我们可以这样认为:或许这些学生不愿被人视为糟糕的失败者,所以他们并不愿把学业上的失败归咎为体制问题(至少在研究人员面前如此);相反,他们批评的对象是自己。然而,我们无法反对的一个事实是:学生们的自我批评表明他们认可现行体制中的输赢评判规则以及衡量竞争者的标准。在评价同学时,这一认可尤为突出。无一例外,所有的52名学生都把公开考试的成绩当作评价同学的主要标准。用布尔迪厄(Bourdieu, 1984)的话来说:学生们在用主流标准衡量自己和其他同学;所以他们才会为自己学业上的失败感到羞愧。这呼应了塞耶(Sayer, 2005)的判断:人们对一个不公平或不公正既定制度的感受反映了他们对该制度的具体态度。例如,威利斯(Willis, 1977)谈论的"工人阶级小伙子"或麦克劳德(MacLeod, 2004)提及的

"在走廊挂东西的人"并不视所谓学业上的失败为耻辱,因为他们从始至终都不相信成就意识形态。与之形成鲜明对比的是,社区学院的学生对自己在学业上的失败感到万分羞耻,其原因恰恰是他们笃信成就意识形态,但自身又无法达到那样的标准(无法通过既颇为公平又恰好公开的考试)。[10] 换言之,一旦无法留在学校继续学习,那些对成就意识形态嗤之以鼻的学生可能会直接放弃学业,而不会选择进入社区学院攻读副学士学位;也许他们根本不会对所谓学业上的失败感到羞愧。总之,在本定性研究中,所有的52名学生尽管在学业上遭受了挫折,但他们无一对现行教育制度提出质疑;相反,他们认为应该反省的是自己。

中产阶级输家

那17名中产阶级出身的社区学院学生明白:在当前教育制度中他们之所以比其他大部分学生更有优势,原因在于他们相对优越的家庭背景。他们都详细描述了父母对自己的期望,以及父母是怎样利用各种资源为自己各阶段的教育提供支持的。为帮他们赢在起跑线,在许多时候他们的父母都曾钻研利用过教育制度(小一入学统筹办法)的规则,比如搬到更好的学区[11],或利用相关社会关系将孩子送入精英小学。此外,为了让他们在中学学位分配办法中取得优势并进入精英中学,他们的父母都无一例外地曾为他们配备过课业辅导(送他们去补习班和/或请家教),以及送他们参加有利于升学的课外活动(比如学习各种乐器,特别是钢琴)。事实上,他们几乎全都从精英小学毕业;并且除了5名学生外,其余所有人都曾在精英中学就读过。这17名中产阶级出身的学生由于未能通过香港中学会考或香港高级程度会考,在父母支持下他们选择了一个昂贵的、最近出现的替代方案:在社区学院拿到副学士学位,并希望借此升读大学。有8名学生称入读社区学院并非自己的选择,是父母为他们选择了这一新方案。总之,这17名学生的父母深谙如何利用教育制度的规则,善于运用各种资源帮助自己的子女获得更好的教育——其他许多中产阶级父母的做法如出一辙(如:Laureau, 2000; Ball, 2003; Devine, 2004)。

这17名学生的父母为子女教育所付出的努力呼应了我之前的一份研究——香港中产阶级父母的子女教育策略(Wong, 2007)。虽然同样来自中产阶级家庭,但本研究中的社区学院学生与之前那份研究中的受访人子女相比有两个主要区别:第一,尽管父母采用了各种教育策略,前者还是未能考入当地大学,而后者中有相当一部分顺利地考上了大学;其次,前者可以选择入读社区大学,而后者中的绝大部分在结束正式教育时,社区大学还远未出现。

羞愧感:偏离常态

按照制度设计,逾80%的适龄香港学生注定无法进入当地大学就学,但这17名学生中无一对这一制度性安排提出质疑。如上所述,学生们认为公开考试基本上是公平的;影响成功的最重要因素是个人的才华和勤奋。所以,在解释自己学业上的失败时,他们都认为那是自身懒惰和学习能力不足所致。但现实情况是,他们中的许多人学习非常用功。而这一事实又进一步强化了这样的观点:自己或许还不够勤奋。事实上,学习能力太差才是他们无法通过公开考试的主要因素。

让他们感到特别羞愧的是,尽管父母为他们付出很大,他们仍然失败了。正如上文所述,学生们深知一点,父母对他们的学业进行了战略性规划,并做了大量工作来提高学业成功的概率。从他们的叙述中可以看出,父母的巨大付出使得他们对于自己的学习能力不足感到格外羞愧。在这些学生的社交圈里,像他们这样在学业上不尽如人意的并不多见,这使他们的羞耻感又加深了一层。脱离正常轨道是非常难受的一件事,正如 Brenda 所说:[12]

"我妈妈、所有的舅舅们和阿姨们都从同一所(精英)中学毕业,我同他们一样。我和我姐姐也曾在那里学习……他们所有人都考上了大学。只有我没考上……我母校里的学生都是好学生……我所有的中学同学都在香港中学会考中考出了好成绩,只有我例外。全班只有我没能留下来继续参加香港高级程度会考。我真的很难受!……反正,每当这里的同学问我从哪所中学毕业的,我都会感到羞愧。我不想告诉他们。我不想看到他们一脸惊讶的表情:那所中学毕业的学生怎么会来社区学院呀?"

Brenda 通过和他人进行比较来评价自己的学习能力。因为她提供的信息包含了丰富的细节,下面请允许我以她为例作进一步阐述。在对自己的学习能力进行评价时,Brenda 分别选择了三个重要群体作为参照:最亲近的家庭成员(妈妈和姐姐);同龄人(特别是中学同学);亲戚(特别是堂/表兄弟姊妹)。在和学习能力强的妈妈与姐姐进行比较时,她强调了教育制度的变化。Brenda 认为,在从前的教育制度中,竞争更加激烈,选拔更加严格,因此妈妈和姐姐留下来继续参加香港高级程度会考的难度比她还要高。尽管如此,妈妈和姐姐仍然成功了,而自己却失败了,这个事实使她深信自己不是读书的料。

有人认为工人阶级子女之所以教育理想较低,部分原因是他们缺少榜样示范(如:MacLeod, 2004)。与之形成鲜明对比的是,这 17 名中产阶级出生的学生拥有的榜样或许太多了。这些榜样或许曾促成他们树立远大的教育抱负。但从目前阶段来看,这些榜样似乎致使他们怀疑自身学习能力,因而构成了压力和负面情绪的主要诱因之一。

将自己与中学同学比较后,Brenda 的负面情绪变得更强烈了。在同一所精英中学的同一个班级里学习的大多数同学都考上了当地大学,Brenda 是极少数没能留在学校继续参加香港高级程度会考的学生之一。借用布尔迪厄(Bourdieu, 1984)的话来说,参加香港中学会考前的 Brenda 觉得自己有资格留在相同的"惯习"①里;但她后来却去了社区学院,可谓发生了错位。Brenda 和其他几名同样毕业于精英中学的学生都提到了压力,持续不断的压力贯穿了他们的整个中学生涯:每天、每学期、每年,他们都要不断地和一群极为优秀的同龄人进行比较,所以他们在那里几乎感受不到什么成就感。当地的新闻报道也佐证了这一点,低端学校的问题学生通常有行为方面的问题,而精英学校的学生则多有情感或心理方面的障碍(如:Mingpao, 2007)。

但当这些精英学校毕业的学生来到社区学院之后,情况就大不一样了,他们往往会产生成就感和优越感。也就是说,当与一些来自普通中学的同学相比时,Brenda 会略有优越感。但这种优越感没有使她的自信心获得提高,Brenda 指出她之所以会有优越感只是因为参照对象实在太差了,而不是因为自己多么优秀。Brenda 还告诉我她没法自如地和他们打成一片,因为这些来自普通学校的同学和她不是"一类人"。换言之,Brenda 的惯习错位使她难以找到归属感。面对这一挑战,Brenda 和其他一些来自精英学校的学生一样,刻意把自己同社区学院的同龄人区别开来,强调精英学校的学生和普通学校的学生之间的差距,比如能力、语言技能和整体态度。简言之,在社区学院新获得的优越感没有让 Brenda 自信起来;相反,这种优越感却让她意识到了自己

---

① "场域—惯习"理论中的概念,由法国社会学家皮埃尔·布尔迪厄(Pierre Bourdieu)提出。——译者注

的错位,于是错位感和优越感叠加在一起,给归属感的形成带来了严峻挑战。

在家庭聚会时,和亲戚们的对比使 Brenda 的负面情绪进一步得到加强。特别是每当亲戚们将她和堂/表兄弟姊妹进行比较时,Brenda 就会感受到巨大的压力,因为他们所有人当时正在当地大学攻读学士学位。Brenda 向我强调:"我最讨厌参加家庭聚会了!我每次都感到无地自容,他们总是问我什么叫副学士学位,这个学位有什么用……我不想丢妈妈的脸!但我觉得我已经让妈妈丢脸了。"

从某种意义上来说,家庭聚会成了地位攀比的战场,Brenda 觉得自己在学业上的失败和处境错位让妈妈输掉了攀比。所有这些比较(无论是发生在家里、社区学院还是家庭聚会)都在不断地提醒 Brenda——她正在偏离常态;同时,这些暗示还相互强化,更加深了 Brenda 对自己学习能力不足的羞耻之情。

内疚感:让父母失望

这些学生深知父母对自己有很高的期望,父母为自己尽心筹划、四处奔忙,而自己在学业上却太不争气,因此这些学生不仅羞愧,而且深感内疚,觉得自己令父母失望了。有学生甚至说,自己在学业上从来没让父母满意过,比如 Ann。

"妈妈把我送去精英小学上学。小学阶段我成绩很好;所以我才能进入精英中学……中一开始我的成绩就不那么好了;在那里我并不拔尖……妈妈对我的成绩感到很着急,送我去补习班,给我请家教。……但这一切都徒劳无功。我的成绩并没有因此而进步;排名依旧靠后……每年都是如此,我知道妈妈很生气,对我很失望。最终,我没有通过香港中学会考……是妈妈建议我去试试社区学院的……妈妈再也不会对我有什么期望了,我已经让她失望太多次了。"

和 Ann 一样,Cindy 也因为辜负了父母对自己的期望而深感内疚。Cindy 还有点觉得父母在自己身上投入是浪费资源,她解释道:

"爸爸妈妈在我的教育上花了很多钱……他们逼着我学钢琴。可我不喜欢弹钢琴。但他们非要我学,因为他们认为学钢琴对我的将来很有好处……有助于提高我被精英中学录取的概率,从而加大我通过香港中学会考的概率……可我觉得他们就是在浪费钱。"

面对父母的殷切期望,这17名中产阶级子女学习都很用功,他们都不想令父母失望。但显然,他们尽管很努力,最后还是辜负了父母对自己的期望。换句话说,所有的学生都一再经历下面的循环:某次测试/考试没考好——父母失望——父母对自己进行鼓励——父母采取措施帮助自己提高成绩——自己加倍努力——下一次测试/考试又没考好——再一次令父母感到失望。父母从鼓励到失望的循环看似永无止境,学生们的羞耻感和内疚感在这个感知循环中不断得到强化:他们的羞耻感因为对父母期望的一次次辜负而得到强化,而不断令父母失望则让他们的内疚感越发深化。英国一项针对中产阶级子女的纵向研究也观测到了类似的内疚感:尽管父母采用了各种策略帮助他们,可是这些中产阶级成年子女的生活还是不尽如人意;他们觉得父母对自己的投资都白费了,为此深感内疚(Power等,2003)。

这些学生中有一部分是他们自己选择入读社区学院的,另一部分则是父母替他们拿的主意,这就造成这两组学生的内疚感存在细微差别。由父母做主的那组学生(如:Alex, Ann, Cindy, Doris & Larry)大多觉得无论选择哪条路径他们都不可能进入当地大学。而社区学院的学费又如此昂贵,他们深感若不是自己未能通过之前的公开考试,父母就不必浪费大把的资源来选取一个成本高昂的替代方案帮助自己继续接受教育。这组学生的内疚感主要源自此前的失败经历,正是那些失败导致了当前的局面。

相比之下,自主选择的那组学生的内疚感则有两个来源:此前的失败经历和攻读副学士学位的决策。对于社区学院这一新生事物,这些学生中大部分人(如:Amy, Daisy, David, Debbie, Irene, Julie & Nancy)都和许多其他社区学院学生一样心存疑虑,担心自己在获得副学士学位后无法升读当地大学。他们自己做出了这一决策,并要求父母为他们的决策提供支持,因此他们觉得自己要对父母负责;而再一次令父母失望的可能性使他们焦虑不已。上述差别在一定程度上反映了两组学生在教育理想上的显著差异。后一组学生心存担忧——如何让父母认可自己的决策是明智的,而这种担忧又使他们的内疚感得到了强化;与此相反的是,前一组的内疚感中还藏有一丝愤怒:他们感到气愤的原因是父母替他们做了决断。

痛苦感:设想不同的结局

这17名学生都自认学习能力不足,他们为学业上的失败而自责,也为令父母失望而自责。但有时,他们也会把学业上的失败推到父母身上:他们或多或少地想象当初父母若采取了别的策略,他们或许就不会沦落到社区学院来了。有些学生甚至认为,父母时不时地给他们带来了太大的压力,结果适得其反。例如,Ann 和 Cindy 虽然都因令父母失望而感到十分内疚,但是他们都质疑当初父母是否过于一意孤行了。Alex 和 Fred 也同样怀疑父母的一意孤行。如 Alex 所说,父亲为了要他把精力全部投入到学业上去,免除了他的一切责任和后顾之忧。Alex 觉得父亲的这种做法给他带来的不是帮助而是巨大的压力。

> "我告诉爸爸我想获得一些工作经验,请求他允许我找一份暑期工作……但他从不允许我找任何工作,连兼职或其他志愿者活动也不行,他每次都要求我全身心地投入到学习中去。他说工作的机会以后有的是,我应该把所有时间和精力都投入到学习中去……但他不明白,我不可能不停地学习,我也需要休息。"

Alex 的叙述呼应了迪瓦恩(Devine, 2004)的猜测:中产阶级父母的策略有可能会适得其反,这些策略给孩子施加了过大的压力,若没有这些压力,孩子原本可以做得更好些(参见:Laureau, 2000)。确实,在如何管理自己的时间这个话题上,这 17 名学生经常与父母发生争吵,且双方各执一词,除了责怪父母太过于执拗外,部分学生还怀疑父母采用了错误的策略帮助自己。Ann 和 Brenda 虽然对自己的学习成绩感到羞愧,但仍对父母的一些决策而耿耿于怀:比如,她们在香港中学会考中落榜后,她们的妈妈拒绝立刻送她们出国,可是,她们自己却认为出国是个比社区学院更好的选择。

尽管一些学生觉得自己父母的进取心过强,但另一些学生则认为自己的父母过于超然。因为知道许多中产阶级父母的进取心非常强(参见 Laureau, 2002),所以 Keith 和 Larry 批评自己的父母是"非典型的"中产阶级父母,认为他们对自己的教育规划不够有战略眼光,或者说为自己做得还不够多。换言之,他们尽管承认父母已经为自己的教育付出了很多,但他们还是对父母不满,质疑父母为什么没有为自己付出更多,当初为什么这样做而不是那样做。Keith 便是一例。

> "我曾在一所精英小学就读。因为妈妈是那所学校的校友,我凭此在小一入学统筹办法中获得了加分,这才得以进入那所学校……后来我通过中学学位分配办法被分配到了一所五级中学。[13] 我问妈妈有什么办法可以让我去好一点的中学

吗。但她却说:'有学上就可以了,你还要怎样?'……一名正常的中产阶级母亲会竭尽所能让自己的孩子进入一所好学校,但我的妈妈就不是这样。她什么也没为我做……她就是个非典型的中产阶级母亲!……我多么希望我的父母更有上进心一点,多为我做一些事情,就像其他中产阶级父母一样……如果妈妈当时帮我进了精英中学,我定会通过香港中学会考了,结果就不会来这里学习了。"

Larry 的心态与 Keith 类似。Larry 的父母利用自己的社会关系将他从一所不太理想的中学转入了另一所较为理想的中学,而且在父母支持下,参加了三次香港中学会考。尽管如此,Larry 还是对父母不满,认为他们本该把自己逼得更紧一些,那样他就能早点制定出相对清晰的目标了。

"在我第三次参加香港中学会考落榜后,父母建议我参加毅进计划。他们随后支持我来到这里,攻读副学士先修学位①和副学士学位……我在校时的学习成绩一直不好……回望过去,我觉得自己在当时并没有察觉到'风险'正在临近;我一天到晚要么东游西逛,要么玩电视游戏。我的父母会就我的教育计划同我讨论。但他们从来都不逼着我学习……我多么希望他们把我逼得紧一些,为我计划得多一些,那样我就能早点制定出相对清晰的目标了,也能早点意识到努力学习的重要性。那样我也就不需要浪费这么多时间去摸索了。"

我们从学生们表现出的不满可以看出,他们和父母之间时常剑拔弩张。这 17 名学生还提到,在他们与父母进行商讨或抗争的过程中,父母偶尔会表露不满,批评他们学习不够用功。实际上,许多学生的父母都曾向他们提出警告,希望他们从过去的失败中汲取教训,到社区学院后要更努力学习。

他们的父母用懒惰来形容他们,这一评语似乎不能说对他们全无影响。一方面,这使学生们对此前的失败更感羞耻,为令父母失望更感内疚,对失败也更加自责了。但另一方面,有些学生觉得这似乎说明父母并不认可他们付出的努力;学生们对此无法接受,他们转而批评父母,觉得事到如今父母也有责任。

---

① 又称"副学士预科",通过为期一年的副学士预科课程获得。——译者注

提醒父母采取更有效的策略或作出不同的选择

一谈起学业失败,这些学生立刻会展开自我批评,为自己学习能力不足而感到羞愧,为令父母失望而感到内疚。但同时,他们也会对父母提出批评,并设想当初父母若采取了别的策略,或者再付出多一点,他们就不会沦落到社区学校来了。简单来说,这些学生为学业上的失败感到沮丧,但他们不知道应该怪谁,心中充满了矛盾。羞耻之情会伤害他们对自己的学习能力的自信心。而内疚之情会使他们更加怀疑自己的学习能力。他们的痛苦之情会使亲子关系变得紧张。总之,他们对教育制度和学业上的挫折充满沮丧,而上述情感便是这种沮丧之情的表露形式;并且这些情感定会对他们的学业表现产生负面影响。

然而,这些情感尽管看似充满了破坏性,但当父母和孩子就教育选项进行商讨时,这些情感也能发挥特定作用。正如鲍尔、马奎尔和麦克雷(Ball, Maguire, & Macrae, 2004)所论述的那样,中学生在为自己做教育决策时,缺乏理性,决策的过程也一团糟。父母和孩子在就不同的教育/职业选项进行商讨时也是一样,本应理性和直截了当的讨论却变得情绪化和复杂化。这17名中产阶级出身的学生在和父母进行商讨时,不仅以文本形式,还通过各种情感来表达自己的期望。换言之,这些情感尽管看似充满了破坏性,但它们也能发挥信号的作用,提醒父母重新思考或重新评估过去的子女教育努力,从而为孩子的教育选择更有效的策略或者做出完全不同的选择。事实上,有些学生的父母的确制定了备用计划。

研究发现了两种备用计划。第一种与教育策略有关:送孩子去香港以外的地区攻读学位。Ann、Brenda 和 Daisy 说,通过协商父母最终同意他们去留学,并已着手计划第二年送他们去美国接受学位课程教育。这与另一项调查的发现相符,即,将子女送去西方国家接受高等教育是东亚中产阶级父母的常用策略(参见:Waters, 2006)。与他们不同的是,Doris 的妈妈认为在香港,中国内地的学位比西方国家的学位更吃香,因此她妈妈已经为她报名了内地大学的学位课程,下一年就入学。这一现象和香港统计处不久前发布的一份最新报告相符。该报告指出在过去五年中,香港赴内地攻读学位的学生人数持续上升(Hong Kong Census, 2006)。

第二种备用计划与职业策略有关:帮孩子找到一份相对优越的工作。Larry 说他那当总经理的爸爸终于接受了他不是读书的料这一事实,因此会安排他于来年进入自己的公司,担任低级职员。与之类似的还有 Julie,她明确地向父母表达了从商的愿望。她去年利用暑假时间去了一趟台湾,考察在台湾开一家贸易公司的可能性,那次旅行得到了父母的全力支持,不仅如此,父母还允诺将给她一笔创立小型公司的启动资金。这两个例子佐证了戈德索普的推断:中产阶级父母一旦无法帮助子女获得高学历,就会转换策略,帮孩子找一份相对优越的工作(Goldthorpe, 2000)。

在自己的能力范围之内,为防止孩子的阶级地位下降,中产阶级父母会提供哪些类型的备用计划呢?这一问题需要进一步探究。对于以下问题我们同样有必要予以更多的关注。重申一点,在香港,社区学院还是个新生事物。从理论上来说,决定了学生能否转学攻读当地学位的主要因素之一应当是他们在社区学院的学习成绩。但实际上,许多社区学院的学生和老师已经注意到,当地大学不知道该如何评估社区学院学生的学业成绩,因为社区学院还是个新生事物,而且更重要的是,政府尚未就其教学质量制定出相关规制。[14]所以,当地大学在从社区学院选拔学生时,并不太关注他们在社区学院时的学习成绩,反而依旧参考他们在早先公开考试中的成绩,尤其是香港高级程度会考;其次,学生是否毕业于精英中学也很重要。目前,每年仅3%的社区学院学生成功升学到当地大学攻读学位,但这17名学生中竟有6名(超过35%)获得了当地大学2006—2007学年的学额。这些中产阶级出身学生的升学比例之所以如此之高,部分原因是在本研究样本的容量太小,1名学生就占了6%的权重。还有部分原因出于自选偏差。本研究也许在一定程度上吸引了那些升学概率较高的学生。

但在我看来:对于那些未能通过香港高级程度会考升入当地大学的中产阶级学生,我们有充分理由将之视为现阶段的输家;但是,正因为这些学生大多毕业于精英中学,所以他们的条件与工人阶级出身的同学相比更加得天独厚,利用社区学院这块跳板升入当地大学攻读学位的成功概率也会更高。换言之,在借道社区学院升入当地大学的过程中,不同阶级之间存在差异,而这些阶级差异将成为教育不平等研究中的重要研究领域,有待进一步考察。

结束语

在本章中,我对17名中产阶级输家展开了研究。和我设想的一样,他们的父母在子女教育问题上一直以来都很讲究策略。为了提升子女的教育成就,这些学生的父母付出的努力与许多其他香港中产阶级父母并无二致。但是,受政府政策所限——每年仅有不超过20%的适龄学生能最终考入当地大学就读,不论父母们采取了多么高明的策略,这些学生都未能获得大学就读学位,这一事实并不令人感到意外。研究社会流动性的学者发现,在学习能力同等的条件下,中产阶级出身的学生与工人阶级出身的学生相比,留在学校继续接受教育的概率更高,找到相对有竞争力的工作更为容易,最终保持中产阶级地位的希望也更大(如:Savage & Egerton, 1997;Marshall 等, 1997)。对于这一现象产生的原因,学者们推断:一旦以往的策略未能奏效,中产阶级父母就会转而采用更有效的策略来帮助自己的子女。

但是,学者们没有提到,中产阶级学生在某一阶段失败之后,如何在另一阶段成功留了下来。通过这 17 名中产阶级出身的学生的自述,我们得以对两者的衔接方式有所认识。这些学生通过情感这一信号机制把自己的沮丧之情和不同的期望传达给父母,从而示意父母选用其他策略或更为有效的策略。事实上,有些父母计划让子女去香港以外的地区获取更高资质,其他父母则计划为子女找一份相对优越的首份工作。换言之,现在就判断这 17 名学生及其他中产阶级出身的社区学院学生是不是真正的输家还为时尚早,即便他们没能升入当地大学,他们或许还有很大的概率能(在香港以外地区)获得相对有竞争力的资质,从而将来找到一份中产阶级工作。简言之,他们仍然有很大的概率不必从事那些不太优越的工作。

为了解释受教育程度上的阶级差异,社会学家们借鉴了不同理论视角,辨明了父辈资源方面的各种阶级差异:父母对子女的培育(或惯习)、子女的教育理想/动机、子女对教育机会的感知(包括在追求不同教育选项时的风险感知)以及父母旨在帮助子女获得更高学历的策略的有效性。作为一项以 17 名中产阶级学生为样本的探索性研究,本研究的发现并未脱离以下范畴:父母拥有丰富的资源、在提高子女的教育成就方面很有策略,而学生们自身也有很高的教育理想。但本探索性研究的贡献在于:要理解教育不平等乃至社会不平等,社会流动性和阶级的情感维度不可不察,其重要程度不下于物质或文化维度。

阶级地位给工人阶级带来的隐性伤害(Sennett & Cobb, 1972)致使某些工人阶级"赢家"产生了矛盾心理——领先于家人的阶级地位让他们感到内疚(Jackson & Marsden, 1962)。同样,本研究中的中产阶级"输家"也为自己羞愧不已,而他们却是在竭尽全力留在一个相对优越的阶级。这说明只要社会仍然高度分化或不平等,即便承认社会流动性拥有某种正当性(如果不是错觉的话)——那些与阶级地位和各种社会流动方式相伴随的情感似乎多为负面的。换言之,在一个不平等的制度下,也许没有多少人是真正的赢家,至少在情感方面如此。[15]

本探索性研究还揭示了一点:在解释教育成就上的阶级差异时,情感因素或可另辟蹊径,即便不是一种独出机杼的方法。本章关注的是中产阶级:17 名中产阶级出身的学生。但是,如文章开头所述,在同一定性研究中,工人阶级出身的学生同样为自己在学业上的失败感到羞愧。本章没有提及工人阶级学生的内疚感和痛苦感,也没有分析不同阶级在情感表达上有何差异。在未来的研究中,我会考察中产阶级出身的学生与工人阶级出身的学生在羞耻、内疚和愤怒等情感的表达上有何差异,并进一步探究在教育不平等的大前提下,这些情感对不同阶级背景的学生各有什么影响。

鉴于本探索性研究的样本较小,所以我的研究成果还有待进一步检验和完善。至少还有三个维度有待进一步探究:第一个维度是性别。所有学生都对自己学业上的失败羞愧不已,但比较起来,女生的内疚感显然要多于愤懑,而男生的内疚感却少于愤懑。为了探究不同性别的学生在羞耻、内疚和愤怒等情感的表达上有何差异,我们需要做更多的研究。第二个维度是情感对学习成绩的影响。如上文所述,这些情感可能对学生的学习成绩造成负面影响,所以我们有必要探索羞耻、内疚和愤怒等情感分别对学习成绩造成了何种实质性的影响。第三个维度是父母。对于父母与子女的协商过程,我着重考察了其中一方:子女。若再对另一方——父母和他们的情感——进行考察,我们或许能进一步了解那些借助情感造就已知教育不平等的机制。那样,我们就能更全面地认识父母与子女间的协商,更透彻地理解各自的情感在协商过程中发挥的作用。这反过来将会帮助我们理解受教育程度上的已知阶级差距,以及情感因素在其中发挥的作用——后者仍是一个有待发掘的研究领域。

注释

1. 有关阶级的争论并未停止,例如,如何界定、应用或区分阶级的概念以及如何探讨阶级;与种族和性别相比,阶级的概念是否仍然适用于一般意义上的社会不平等研究、教育不平等研究,特别是是否适用于美国研究(Van Galen & Noblit, 2007)。克朗普顿(Crompton, 1998)和萨维奇(Savage, 2000)的研究综述很有帮助,可供参考。
2. 在本章中,我把阶级处理为关系概念,用中产阶级指代相对优越的群体,用工人阶级指代相对弱势的群体。
3. 香港中学会考各科的教学大纲在中四和中五实施。
4. 香港高级程度会考各科教学大纲在中六和中七实施。
5. 但在现实中,社区学院因对这些最低入学要求置之不理而饱受诟病,它们只关注招到多少学生(如:Mingpao, 2007)。
6. 例如,某社区学院在 2005—2006 学年的学费为 50 000 港元,但在 2006 年下半年该学院宣布 2006—2007 学年的学费将增至 70 000 港元,2007—2008 学年的学费将涨至 80 000 港元(Mingpao, 2006)。

7. 我从 2006 年 2 月初开始联系第一学期教过的那些学生,那时他们的期末成绩已经出来了。之后,我对他们的采访于 2006 年 2 月中旬至 3 月底进行。因为我要在 2006 年 6 月中旬去日本工作,所以我于 6 月 1 日联系了第二学期教过的学生,并在 6 月 3 日至 10 日期间对他们进行了采访。
8. 请参阅埃里克森(Erikson)和戈德索普(Goldthorpe)提出的两条支配判定法则(1992:265—266):工作时间和工作职务。第一条:就业人群支配未就业人群,全职支配兼职。第二条:高级岗位支配低级岗位——参照阶级分类图式的等级结构。
9. 因为我用中产阶级指称相对优越的阶级背景,所以在本章中,我所说的中产阶级指的是的广义上的中产阶级;即,除了戈德索普阶级分析框架中的阶级Ⅰ和阶级Ⅱ之外,我把阶级Ⅲa 和Ⅳa 也算作中产阶级。比如,在许多工业资本主义社会里,专业技术类、管理类和行政类工作(阶级Ⅰ和阶级Ⅱ)比其他类别的工作更优越。事务性工作(阶级Ⅲa)在 20 世纪 60 年代和 70 年代属于相对优越的工作,与今天的管理类工作类似。在香港,一直到 20 世纪 90 年代乃至 21 世纪初,这类工作仍算得上是一种相对优越的阶级背景。在香港,小业主比大多数自谋职业者更有优势。此外,我还曾指出(Wong, 2004),在香港,做小生意(class Ⅳa)是成为管理者的主要途径之一。
10. 我无意主张:信奉成就意识形态一定会使没能达到预期成就的信奉者感到羞愧。但我确实认为一个人的羞耻感可以被用来推断这个人信奉成就意识形态。
11. 有学生还提到,为了迎合小一入学统筹办法,并在所谓的好学区注册入学,他们的父母使用了假的家庭住址。
12. 本章出现的学生名皆为虚构。
13. 依据学生的学习成绩,香港的中学被分为 5 个档次,在第 5 档学校就读的学生常被贴上"垃圾"学生的标签。教育部门认为随着 5 档制改为 3 档制,这种标签将不复存在。
14. 当地大学猜测,为帮助学生升学和提高学院的升学率,社区学院可能会给学生的分数注水。
15. 布朗特林格(Brantlinger, 2007:247)在一项研究中列举了美国教育制度下所谓赢家的负面情感,认为在现行资本主义制度和社会阶级关系背景下,"在分级制的学校教育中,无论是赢家还是输家,沮丧感、愤怒感以及针对他人和自身的暴力都普遍存在"。她甚至断定在这种制度下,没有人会是赢家。

9
啃老族的后半生

卡伦·罗布森

近两三年来，NEET 一词频频闯入到围绕年轻人由校园向职场过渡的政策讨论中（尤其在英国）。在英语中，NEET 为首字母缩略词；意为"不升学、不就业、不进修或参加就业辅导"（not in education, employment, or training）。这一新类别专指年轻人中的一个群体：不仅在经济上不活跃，更表现为完全不活跃，且在社会地形中占据着非建设性（且具有潜在威胁性）的位置，因而他们又被称为"啃老族"。

首字母缩略词 NEET 在政治话语的流行始于社会排斥研究小组（Social Exclusion Unit）[①]于 1999 年发布的一份报告，该报告对这一年轻族群进行了定义。很快，公务员和政治人物开始将这一术语用于讨论该青年亚群。2005 年，一份来自英国教育与技能部的报告使该话题得到了更多的关注（DFES, 2005）。该报告指出英国啃老族的人口比例在过去十年中"顽强地"维持在 10% 的水平。王子信托基金会（Prince's Trust）的一份报告（2007）披露了啃老族耗费社会资源的数据，包括他们终生享有的社会福利权益。这份报告将这一群体进一步推上了风口浪尖。

报告将啃老族视为社会的纯粹负担，并将啃老族身份视为年轻人主动做出的人生选择——在一定程度上是"职业选择"。但有一种社会学观点（以及过去数十年有关社会流动性和分层的研究）将啃老族现象的结构性根源归因于社会本身，并区分出诸如种族、性别和阶级等属性，所有属性间相互作用，共同决定了生活机会。正如科利和霍德金森所说（Colley & Hodkinson, 2001: 345），"（仅）在个体及个人缺陷中寻求不参与的原因"必将一无所获。耶茨和佩恩也持类似观点（Yates & Payne, 2006: 329），他们认为"啃老族"的概念本身就存在问题——置这些年轻人所面临的困难与处境千差万别于不顾，反而用"他们不具备的属性"来定义他们。

文献综述

值得一提的是，在 20 世纪 90 年代末期，英国的文献专注于研讨"过早辍学"和"青年失业"，在此之前"啃老族"群体就已篡据了有关"青年失业"的讨论；在大多数情况

[①] 由英国工党政府于 1997 年设立，旨在帮助政府采取行动减少社会排斥。来源：https://en.wikipedia.org/wiki/Social_Exclusion_Task_Force; http://webarchive.nationalarchives.gov.uk/20040719050013/http://www.socialexclusionunit.gov.uk/。——译者注

下,这些问题常被纳入一个范畴更大的类别之中:"闲散青年"(disengaged youth)——即"啃老族"。

啃老族形成的关联因素

过去数十年间,年轻人从学校过渡到工作岗位的过程日益多样,不再是过去的千篇一律了。一方面,这一过程变得旷日持久(即,在教育上花费更长时间),另一方面,过渡的轨迹也充满了强烈的个人色彩。随着社会环境不断变化,每个时代都面临着不同的机遇和困难,而这些机遇和困难则决定了每个个体的前途(Bynner & Parsons, 2002)。有研究人员将这一去标准化的过程称为"溜溜球式"过渡("yo-yo" transitions)(EGISR, 2001; Walther 等, 2002)。在这种观点之下,由青年过渡到成年的漫长过程被拆解为一个个"不确定的展望",年轻人需要对自己的前途做出独立的决策(前几代人则不然,他们的身份转换过程更加趋同),这些决策对他们前途的影响也越发深刻。

本章的重点虽不是理论研究,但应该指出的是,学术界已对与啃老族形成有关的因素进行了大量研究。在英国,特别是在政策领域,人们普遍认为:虽然啃老族的个体背景各异,但他们的共同点是"没有远大的抱负,且缺乏上进的动力"(Popham, 2003: 8)。宾纳、乔希和斯塔特萨斯(Bynner, Joshi & Tstatsas, 2000)以及宾纳和帕森斯(Bynner & Parsons, 2002)已确认了若干与英国啃老族形成有关的风险因素。他们使用了来自两组英国出生队列的数据(the National Child Development Study, 1958; the British Cohort Study, 1970),并从中总结出一些预测未来啃老族身份的有力因子:家庭社会经济背景(阶级)、父母的受教育程度、父母对子女教育的关注情况、居住地区以及子女的教育程度等。此外,英国教育与技能部(现在的儿童、学校和家庭部)开展的研究发现了 10 个与啃老族形成有关的因素:没有学历资质、学校拒斥、有过逃学经历、父母从事低技能类工作、父母都没有全职工作、少年生子、不与家人同住、健康状况不佳或身患残疾以及父母租房住(DCSF, 年月不详: 7)。显然,这 10 个因素指向的是那些社会经济背景相对较低的年轻人,他们在早期的教育经历中曾有过负面体验。

在英国公开发表的研究文献中,关注啃老族今后生活结果的研究少之又少。通过分析英国出生队列的数据,宾纳和帕森斯(Bynner & Parsons, 2002)发现,啃老族今后的生活状况存在性别差异。对男性啃老族来说,主要后果便是糟糕的劳动力市场经历。大多数女性啃老族皆是少女妈妈,她们的心理健康状况也不容乐观(抑郁和自卑)。

全球视野下的啃老族现象

除英国外,日本的学界和政界也开始关注啃老族现象(Inui,2005;Yuji,2005);欧洲的政策制定者们多少也都对这一现象有所关注(Walther & Pohl,2005)。[1] 瑞典学者弗兰岑和卡斯曼(Franzen & Kassman,2005)的研究结果表明,(20岁出头的)年轻人若表现出经济怠惰,七年后的他们极有可能依然如此,这在移民及低学历人群身上特别明显。两位作者认为早期的经济不活跃是他们变得边缘化的开始。

沃尔瑟和波尔(Walther & Pohl)的研究成果对当前的研究意义重大,他们以欧洲范围内的啃老族为研究对象,使用了欧洲数据源,特别是欧洲劳动力调查数据库。他们指出,由于啃老族常被归入"经济不活跃者"(economically inactive)的大类之中,所以有关啃老族的数据都不可靠。不可靠的原因在于后者将那些正在服义务兵役的人员和承担家庭责任的人员也包括在内了。许多有关"经济不活跃者"的定义也将正在接受全日制教育的学生包括在内了,这使问题变得更复杂(Eurosat,2004)。

沃尔瑟和波尔(Walther & Pohl,2005)依据啃老族问题的严重程度将各国分为不同组别:极高、较高、中等和较低。英国、波兰和西班牙的严重程度为较高,啃老族的人口比例为6%至10%;芬兰、奥地利、希腊、斯洛伐克和意大利的严重程度为中等,啃老族的人口比例为3%至6%;丹麦和斯洛文尼亚的啃老族比例较低——比例小于3%。两位作者研究了造成各国啃老率的国家政策,发现在啃老率极高和较高的国家,啃老现象的出现有以下几大推动力:1. 不具备享受福利的资格;2. 被抛弃感;3. 非正规经济的存在;4. 对政府的就业服务缺乏信心。

其他一些研究者发现,在经济合作与发展组织(OECD)的成员国中,希腊和意大利的啃老族的啃老状态特别顽固与持久(Quintini,Martin & Martin,2007);低学历与啃老状态之间有很强的相关性。[2]

理论框架

各种形式的资本

与宾纳等人(Bynner,2005;Bynner & Parsons,2002;Bynner等,2000)的啃老族研究一脉相承的是,成年路径在这里被概念化了,在这一过程中,各种投资被转化为形式不同的资本。宾纳(Bynner,2005)采用了寇特(Côté,1996)提出的"身份资本"

(identity capital)概念,即个人能否在劳动力市场中成功取决于他的教育、社会和心理特征与资源的积累。布尔迪厄(Bourdieu,1986)定义的资本形式(尤其是经济资本和社会资本)为此处分析的焦点。布尔迪厄认为个人对这些资本形式的占有(和组合)情况决定了他能在社会阶层中取得的地位。

阻碍个人获得各种形式资本的机制有许多种,在这里,啃老状态被视作一项个人特征,并且这项特征会阻碍个人进一步获取经济资本和社会资本。当然,学界也意识到在年轻人转变成啃老族的过程中有其他因素首先发挥了作用。根据此前的文献,较大比例的英国年轻人来自弱势家庭,这些年轻人的经济资本和社会资本的积累从一开始就受到了限制。而本章旨在研究啃老族身份是否会对啃老族今后的经济相关因素(之前的研究中已指出这一点)乃至社会领域造成影响。拉福和里夫斯(Raffo & Reeves, 2000)的研究与本章尤其接近,他们从理论上阐述了如下问题:在年轻人从学校过渡到工作岗位的过程中,他们拥有的社会资本对他们遭受的社会排斥有何影响。两位研究人员对被边缘化的英国青年进行了定性研究,证实了有限的或不符合当地文化的社会资源将如何阻碍处于危险境地的年轻人在今后的生活中获取机会。

跨国比较

为将国家间差异置于全球背景中去研究,研究人员常常会用到艾斯平-安德森(1999)的框架,即,依据福利资本主义的类型给各国的福利体制分类。在过去10年中,随着跨国(跨社会)的研究不断增多——主要是因为大规模跨国数据集越来越容易获得,为解释体现在数据上的国别差异,研究人员提出了更多的替代框架。艾斯平-安德森的框架或许是使用最广的一种框架,但是许多跨国研究表明国家间的差异与艾斯平-安德森描述的各种体制类型并不完全契合(关于此点的概述参见:Bambra, 2007)任何一种用于解释国家间差异的分析框架都必须将对象国的文化、历史和政治背景考虑在内,因为年轻人所体验到的国别差异显然受多种因素共同制约。

沃尔瑟等人(Walther, 2006; Pohl & Walther, 2007)提出的一个体制理论变量非常有趣且与本章的主题息息相关。他们提议,将与年轻人从校园到职场过渡有关的经济、体制和文化特性纳入考量,引入一种新的分类方式,以"青年过渡体制"为依据给各国分类。为使艾斯平-安德森模型更好地帮助人们研究欧洲的失业问题,加利和鲍格姆(Gallie & Paugam, 2000)对其进行了改良。沃尔瑟等人直接从后者改良的模型入手。四种不同的过渡体制及各自的特点如表9-1所示。

表 9-1 过渡体制

体制类型	国家	学校	培训	社会保障	就业体制	女性就业	对青年时期的设想	对青年就业的认识	对不利因素的认识	过渡政策的核心
普遍主义	丹麦、瑞典	非选拔性	灵活标准	国家	开放性，低风险	高	个人发展和公民身份	"难以预测"	混合式（个性化/结构相关）	教育，激励
以就业为中心	德国、法国和荷兰	有选拔性	标准化	国家/家庭	封闭的，社会边缘人群承受风险	中等	对社会地位的适应	劣势（缺失模型）	个性化	在职（职前）培训
自由主义	英国和爱尔兰	非选拔性	灵活、低标准	国家/家庭	开放的，高风险	高	经济独立早	依赖文化	个性化	就业能力
亚保护型	意大利、西班牙和葡萄牙	非选拔性	低标准，覆盖面小	家庭	封闭的，高风险，非正规工作	低	无明确状态	劳动力市场分化，缺乏培训	结构性的	"某一"状态：工作、教育或培训

来源：Walther, 2006: 126。

请注意，表9-1中的国家分组方式与艾斯平-安德森框架下的分组基本一致，但前者所遵循的分组逻辑与本章的主题更为贴近。在"学校"栏中，过渡体制又分为"有选拔性"和"非选拔性"两类。此处"非选拔性"指的是在义务教育阶段，学校按照高度标准化的流程全面教授各种课程；有三种过渡制度具有该特点。选拔性的学校教育仅存在于以就业为中心的体制下，选拔性教育的目的是"将年轻一代分配到不同阶层中去，并安排不同的职业生涯和社会地位"（Walther，2002）。

"培训"栏列出了每种制度的培训特点。"灵活标准"指的是那些全国通行但又足够灵活以至包容个性化路径的标准；在以就业为中心的体制下，标准化培训的特点是高度规范化，并且受到严格监管。在自由主义体制下，"灵活，低标准"指的是培训阶段高度细分，并包含众多的职业和学业选项。在亚保护型体制下，"低标准，覆盖面小"指的是职业和培训项目开发不足，且仅向部分学生提供。

每种过渡体制在社会保障、就业体制和女性就业率等方面也各具特色。年轻人若无法享有社会福利，那么社会保障只好由家庭提供。体制光谱的另一端是社会责任的集体导向（如：普遍主义体制）。公开的、低风险的就业体制相当于公共部门的延伸，接触面广泛；而公开的、高风险的就业制度则是一种流动的制度，特点是就业选择丰富，但存在潜在的不确定性。封闭的就业体制指的是那些受到严格监管的体制。而在亚保护型体制下，非正规部门也吸纳了大量就业。

图表的最后四栏聚焦各种体制对青年的不同定位，以及据此制定的各种有关青年过渡的政策。如表9-1所示，每种体制都对青年有着明确的期许。在普遍主义体制下，青年时期被视为年轻人实现个人发展、成长为公民的一段时期；自由主义体制认为年轻人在青年时期的首要任务是开拓进取以谋求自立。在以就业为中心的体制下，青年时期被视为年轻人适应自身社会地位的一段时期；在亚保护型体制下，人们对青年时期并无特殊期待。不同体制对青年时期的界定关系到他们对青年失业的认识——普遍主义体制认为青年失业状况"无法预见"（如：不在岗的年轻人可能正在接受培训），而缺失模型（以就业为中心的体制）将青年失业视作个人能力不足（如：培训不充分或准备不足）的标志。自由主义体制对依赖文化的处置方案便是让年轻人尽快回归劳动力市场，这通常意味着培训和准备阶段的质量不再可靠。在亚保护型体制下，青年失业率因年轻人缺乏培训以及劳动力市场的分割而节节攀升。对于不利因素的认识，有的归咎于个人（以就业为中心的体制与自由主义体制），有的批判结构（亚保护型体制），而有的则兼而有之（普遍主义体制）。

针对年轻人的过渡问题，各国在制定相关政策时显然受到上文所述（及其他）各种认识的影响。一般而言，普遍主义体制热衷于制定各种教育计划及提供支持性的"激励"，即，年轻人有权获得与就业培训与就业准备有关的各种应享待遇。以就业为中心的模式重视职前培训，年轻人通过培训可以习得必要技能，从而得以进入受到严格监管的劳动力群体。在自由主义体制下，过渡政策的核心是对求职活动进行监管，从而使个人就业能力得到最大化展示；在亚保护型体制下，依沃尔瑟所言，所有围绕青年过渡的政策，其主要特征体现为"全面改革计划与改革实施过程中结构性缺陷存续之间的矛盾"（Walther，2006：129）。显然，出于俭省的目的，这几种体制类型的划分忽视了各国的具体国情。这也是所有体制理论的通病。尽管如此，每种理论仍然提供了一个理论框架，我们得以利用它们厘清国家间的差异怎样影响啃老结果，不过，可以预计，某些国家的情形会非常接近。

当前研究及假设的理论基础

由上述文献综述可知，目前人们对啃老族的形成所知不多，对与此种劳动市场身份密切相关的今后生活结果也缺乏了解。对这些研究主题感兴趣的一些英国学者提出了测度问题。在关于啃老族的组成群体以及如何定义啃老族等问题方面，学界尚未达成共识，这使得同类研究成果缺乏比较的基础。宾纳等人研究成果属于纵向研究，事实上只反映了属于特定出生队列的啃老族的相关信息。由文献综述可知，随着时间的推移，由校园过渡到职场的过程越来越复杂；相比于出生于几十年前的人们，新生代的年轻人有着相当不同的过渡体验。英国政策领域对啃老族普遍重视，而其他国家则对这一年轻族群似乎缺乏关注，这一反差现象也引起了人们的注意。导致这一现象出现的原因是否在于英国啃老族的数量最多或啃老状态的危害最大吗？

来自不同国家的纵向面板数据使研究者对啃老族及其关联因素展开跨国比较成为可能。据预测，英国啃老族的人口比例会尤其高，南欧国家的比例也很高，特别是希腊和意大利（Quintini 等，2007）。但可惜的是，本研究所考察的数据集不包含有关这些年轻人的原生家庭的详细追溯性信息，因此我们无法有效检测与啃老族形成有关的预测因子。因此，本研究将专注于考察啃老族的身份与他们今后生活间的联系，从数据中我们能直接观测到这些联系。

过渡体制理论认为不同国家在处理年轻人过渡问题时有着不同的方式。本研究假设,在实行亚保护型体制的国家,由于社会保障网络较不完善,因而啃老状态的反复风险最高。在实行自由主义体制的国家,本已延长的过渡时限预计会被一些敦促年轻人回归劳动力市场政策所抵消。在实行普遍主义体制的国家,啃老状态反复所致的问题最少。在以就业为中心的体制下,如果认定啃老族的失业是由个人缺陷所致,那么本研究很难明确假设在该体制下啃老状态的反复会导致何种后果。

考虑到各国对福利制度的不同取向以及对青年劣势主肇因的不同认定,我们对各种体制下的经济—资本(economic-capital)后果有如下预判:在亚保护型体制下(保障性措施及干预最稀缺),啃老状态对经济—资本后果影响最大,自由主义体制和以就业为中心的体制次之,而影响最小的则是普遍主义体制。关于社会—资本(social-capital)后果:由"非正规"经济部门在亚保护型体制中的重要程度可知,在年轻人成功过渡主要靠社会关系的文化中,社会-资本的发展受啃老状态的影响更大。

数据、方法和分析策略

分析用到的数据来自欧洲共同体住户追踪调查(European Community Household Panel,简称ECHP),此次调查是一项协调一致、覆盖了绝大多数欧盟成员国的抽样调查,收集了1994至2001年间的数据。欧盟统计局为本次调查的组织者及主要资助者。在每个国家,调查小组首先择取了住户的初始样本,然后对所选住户中所有的成人进行了访谈。访谈对象仅限于年满17岁及以上的成人(在某些情况下,也有16岁的受访者)。调查小组还收集了每户家庭的子女信息。之后,调查小组每年都对初始样本成员回访一次,以探究个体以及其家人的历时性变化。在后续分析中,相关子样本的性质规定了数据采集范围仅限于在调查年份中16至24岁的年轻人。分析所涉及的国家提供了足够大的青年子样本,有利于研究人员针对劳动力闲置的预测因子及历时性后果进行面板分析(但不幸的是,这些国家中不包含能阐明普遍主义体制情形的国家)。虽然最后几年的样本共涉及了15个国家,但此处的分析仅限于英国、法国、德国、西班牙、葡萄牙、意大利和希腊。除了英国和德国之外,其他国家的样本抽取和首次访谈都于1994年展开。在英国和德国,现有的家庭固定样本调查(分别为英国家户追踪调查和德国社会经济追踪调查)的数据被转录成欧洲共同体住户追踪调查的通用格式，以便研究人员结合新调查对其展开分析。

不就业、不升学、不进修或参加就业辅导：测度考量

本章的主要目标是确定并分析与特定形态的经济怠惰（economic inactivity）有关的协变量。应当指出的是：无论在英国国内还是全球范围内，学术界从劳动力市场角度对啃老族（就测量而言）下的定义并不统一（Furlong 2006）。因此，对啃老族群体特有的经济怠惰进行测量至关重要。昆廷尼、马丁和马丁（Quentini, Martin & Martin, 2007）曾对欧洲共同体住户追踪调查中的啃老族群体进行了研究，但他们将失业者归入了经济不活跃者的范畴。依据国际劳工组织（ILO）及其他来源的定义，界定失业的标准之一是调查对象正在积极地寻找工作。然而，在论述啃老族的文献（及媒体炒作）中，啃老族群体被直截了当地贴上了"不找工作"的标签，这与国际劳工组织的界定标准恰恰相反。

值得注意的是，欧洲共同体住户追踪调查集合了多种记录经济活跃度的方法。评估主要经济活跃度的方法大体有两类：自我界定与国际劳工组织（ILO）的官方定义。虽然这些测度方法之间的关联度很高，但自我报告的失业与国际劳工组织界定的失业间还是存在显著差异。在国际劳工组织的官方定义中，"失业者"须正在积极地寻找工作，且能在两周内开展工作。里基亚尔迪（Richiardi, 2002）曾指出，在欧洲共同体住户追踪调查中，关于失业的定义，自我界定与官方测度之间存在差异。有一种解释认为这一差异或许源自社会期望——人们更愿意被视作失业者而非不活跃者。在本章，我们将优先采用国际劳工组织对劳动力市场活跃度的定义，英国除外，因为英国的报告制度与其他国家略有不同。

国际劳工组织将个人工作状态界定为"当下正在工作"或"正常工作"，在此处统称为"就业"。针对国际劳工组织定义下的"经济不活跃者"，我们设立了"培训或教育"类别，并将其自我报告状态分为"正在接受教育或培训"以及"SPEC 培训计划 15 + 小时[①]"（spec train scheme 15 + hrs）。除英国外，我们对"失业者"的定义取自国际劳工组织的界定。英国对失业的测度为自我界定的失业状态，而按照国际劳工组织的定

[①] 英文全名为"Stand ard for Professional Engineering Competence（简称 SPEC）"，意为"工程专业能力标准"，该标准由英国工程理事会（the Engineering Council）组织制定，被广泛应用于工程师资质认证。——译者注

义,则这属于经济不活跃的范畴(这是因为数据集中缺少国际劳工组织定义的失业测度)。我们设立的最后一项类别是"其他不活跃者",用于容纳所有其他符合国际劳工组织定义的经济不活跃者(包括那些自我界定为失业的人),但不包括那些正在接受教育或培训的人群。由于英国的编码方式与其他国家稍有不同,因此,对英国而言,最后一项类别特指那些自我界定为"其他不活跃者"的人,不包括每周接受教育或从事工作的时长少于15个小时的人群,以及全职照顾家庭的人群。正在服义务兵役的人员单列一类。

英国与其他国家间的报告差异可能会招致人们质疑以上类别的直接可比性,但值得注意的是,此处创建的"不活跃者"类别极为保守——仅纳入最可能符合普遍认知的"啃老族"定义的人群。此处施加的各项限定——特别是在分析过程中将"失业的"年轻人排除在外——使得真正不活跃的那部分青年群体在接下来的分析中成为了焦点。应用以上分类方法的结果是很大一部分年轻人未被分析。表9-2展示了每年在各国认定的啃老族数量。此处,研究人员观测到的最小单位尺寸为31人(法国,2000年),意大利的啃老族人数则非常多(有些年份超过200人)。表9-3按国别显示了16至24岁的年龄段中啃老族的比例。这些数据暂无法与官方数据进行比较,因为经济合作与发展组织直到最近才开始收集各国官方提供的啃老族数据。值得一提的是,不出预料,英国的啃老族人口比例在所有参与调查的国家中始终是最高的。

表9-2 每年在各国观测到的啃老族人数

	法国	德国	英国	意大利	希腊	西班牙	葡萄牙
1994	34	50	125	122	43	121	93
1995	100	75	129	231	85	152	104
1996	87	75	119	223	66	126	131
1997	52	68	109	175	52	91	93
1998	32	62	117	121	94	74	106
1999	32	56	111	118	112	50	95
2000	31	68	105	105	82	44	80
2001	35	58	107	101	68	57	64

表9-3 各国16—24岁年龄段中啃老族的百分比(%)

	法国	德国	英国	意大利	希腊	西班牙	葡萄牙
1994	0.016	0.032	0.098	0.042	0.028	0.041	0.052
1995	0.049	0.047	0.103	0.082	0.052	0.055	0.055
1996	0.044	0.049	0.093	0.081	0.042	0.048	0.069
1997	0.030	0.047	0.086	0.072	0.035	0.034	0.049
1998	0.024	0.044	0.098	0.055	0.070	0.032	0.058
1999	0.027	0.039	0.100	0.058	0.088	0.024	0.054
2000	0.023	0.049	0.097	0.056	0.067	0.023	0.049
2001	0.027	0.045	0.104	0.063	0.056	0.033	0.042

控制变量

对性别进行虚拟编码,其中"男性"设为1。在测量住户构成时,我们使用了欧洲共同体住户追踪调查(社会学意义中的住户类型)中的一个修订变量,并将住户构成重新分类:独居青年、无子女的夫妇、至少有一个子女的夫妇、和父母一起生活的青年及其他类型的住户(旨在反映这些年轻人在调查期间所处的大多数住户类型)。因为样本中单亲父母的数量非常少,不足以形成可供分析的群组,所以这些单亲人士被归入了"其他住户"。应当指出的是,该调查不涉及与年轻人成长家庭有关的信息。

相关后果

对啃老状态展开研究的目的在于弄清啃老状态的后续影响,以及这种影响的国别差异。所以,在接下来的分析中,我们研究了 $t+1$ 和 $t+2$ 中的啃老状态。虽然对后续年份进行追踪研究是可以办到的,只是随着样本规模逐渐缩小,因而可比性也大打折扣。

经济-资本后果的测度为年轻人是否仅受过较低程度的教育,以及他们所在家庭的收入是否属于最低的那五分之一。受教育程度低的测度为一个表示最高学历的二分指标,因为国际教育标准分类法(International Standard Classfication of Education,即 ISCED)把较低的教育程度归为二级或以下。在分析所涉及的所有国家中,ISCED

二级对应的学历都是最高完成义务教育。学历高于二级的个人被设为零。为各国分别创建了一个变量,用以测度家庭收入五分位数,该变量按家庭规模进行均等化,且参照各国购买力平价进行标准化处理。

测度社会-资本后果的指标有两个:一是受访者是否是某一会社的成员,二是受访者与朋友见面的频率。研究人员通过问卷调查中的一个问题——"您是否加入了什么会社,比如体育或娱乐性质的俱乐部、本地或社区团体、政党等等"——来判定受访者是否具有社团成员的身份。受访者可以选择是或不是。创设一个二分指标用以测度会社成员身份,用1表示"是",0表示"否"。在问卷调查中,用来衡量受访者会友频率的问题是:"您多久与亲朋好友见一次面,见面地点是在家里还是在其他地方?"选项有:"非常频繁"、"每周一到两次"、"每月一到两次"、"每月一次以下"以及"从不"。这些选项被反向编码,以使较大的数字对应较高的见面频率。应当指出的是:在面向法国的问卷中,该问题的可选答案仅有"经常"、"有时"和"几乎不"三项,所以,需谨慎比较"见面频率"这一变量。

分析策略

如上文所述,欧洲共同体住户追踪调查是一项每年举行一次的纵向追踪研究,资料收集的时间跨度达8年之久,涵盖多个国家——事实上,凡后续分析涉及的国家都包括在内。后续分析汇聚了所有轮次收集的数据——虽然这些分析是逐国进行的(以助于解释国别差异)。同样地,分析兼顾了每个案例的多个观测结果;鉴于在后续每一轮的数据收集中受访者都有重复,故而观测结果并不是孤立的。然而,这一情况给多种回归分析方法造成麻烦,因为这些方法皆假定观测结果与误差项都是孤立的。解决这一麻烦的方法也很多(比如参见:Wooldridge,2002)。我选用了随机效应模型(分类评定与回归相结合),这一模型假定非观测效应和所有自变量之间都不存在相关性(Greene,2003;Rabe-Hesketh & Everett,2004)。

为模拟以下假设:此处研讨的诸变量间存在因果关系,特别是啃老状态与今后生活后果间存在长期关联性,我在估值时使用了时间序列指标。所以,在估测此处研究的各项后果时,啃老状态在$t+1$和$t+2$年份就是相关的因变量。此外,为避免高估啃老状态的影响,需要控制早先年份的基准特征。例如,在研究某人在t年的啃老状态与他在$t+2$年的低教育程度之间的联系时,此人在t年和$t+1$年的教育程度也应计入估测中,同时控制年龄、性别、家庭结构、家庭收入及调查批次等变量。

结果

啃老状态的持续

表 9-4 展示了六项单独估测今后啃老状况的结果。(啃老族在 t 年的)相关系数对于预测各国啃老族在 $t+1$ 和 $t+2$ 年的啃老状态具有统计显著性。在所有国家,从 t 到 $t+1$ 年间,t 年的啃老状态的影响最大,但该影响却在 $t+2$ 年迅速消退,只有西班牙例外。英国的相关系数数值从 1.713 骤降至 0.449,降幅尤为显著。

表 9-4 后续年份的啃老状态:随机效应逻辑回归的结果

随机效应逻辑回归系数

	法国	德国	英国	意大利	希腊	西班牙	葡萄牙
$t+1$ 年的啃老状态							
t 年的啃老状态	2.021*** (0.262)	2.008*** (0.170)	1.713*** (0.126)	1.790*** (0.101)	2.164*** (0.142)	1.884*** (0.136)	2.762*** (0.128)
N	8 276	7 788	5 790	13 058	7 465	13 055	9 940
Rho①	0.043	0.085	0.069	0.087	0.084	0.094	0.079
似然比卡方	202.2	328.7	364.9	479.5	323.7	321.3	570.5
$t+2$ 年的啃老状态							
t 年的啃老状态	1.274*** (0.290)	0.949*** (0.254)	0.449* (0.184)	1.126*** (0.129)	1.258*** (0.197)	1.608*** (0.188)	1.523*** (0.183)
N	5 139	5 081	3 806	9 002	4 831	8 846	6 785
Rho	0.021 4	0.015 4	0.072	0.022 3	0.016 2	0.032 5	0.015 3
似然比卡方	160.8	245.2	182.2	415.2	310.6	269.8	505.7

* $p<0.05$,** $p<0.01$,*** $p<0.001$

括号中的数值为标准误差。此处对早先年份的啃老状态、性别、年龄、家庭收入、家庭结构和调查波次等变量进行了控制。

---

① 在统计学中,斯皮尔曼等级相关系数从 Charles spearman 命名,并经常用希腊字母 P(rho)表示其值。——译者注

经济—资本后果

研究发现,在所有国家,t 年的啃老状态是 $t+1$ 年低教育程度的重要预测因子之一,仅英国除外(见表 9-5)。与其他国家不同的是,在英国,t 年的啃老状态与 $t+2$ 年的低教育程度呈负相关,而且相较于法国和希腊,不具备统计显著性。在 $t+2$ 年,法国和希腊的逻辑回归结果失去统计显著性,而德国、意大利和西班牙的回归系数则正向增长。在德国、希腊、西班牙和葡萄牙,家庭收入位于最低的五分之一区间的群体在 t 年的啃老状态是预测其 $t+1$ 和 $t+2$ 年啃老状态的重要因素。从 $t+1$ 到 $t+2$ 年间,各国的逻辑回归系数均出现不同程度的下降。英国的回归结果仅在 $t+2$ 年具有统计显著性。

表 9-5 后续年份的经济资本:随机效应逻辑回归的结果

随机效应逻辑回归系数	法国	德国	英国	意大利	希腊	西班牙	葡萄牙
$t+1$ 年的低教育程度							
t 年的啃老状态	0.785*** (0.219)	0.742** (0.228)	−0.261 (0.134)	0.425*** (0.126)	0.559** (0.176)	0.893*** (0.169)	0.994*** (0.219)
N	8 623	7 955	5 930	13 228	7 695	13 179	10 065
Rho	0.012 4	0.011 4	0.012 3	0.011 7	0.013 7	0.011 7	0.013
似然比卡方	3 002.1	2 038.2	1 325.7	4 148.9	2 354.4	5 059.4	2 593.4
$t+2$ 年的低教育程度							
t 年的啃老状态	0.49 (0.257)	1.100*** (0.280)	−0.773*** (0.219)	0.917*** (0.159)	0.441 (0.239)	1.090*** (0.205)	0.782*** (0.236)
N	5 596	5 293	3 994	9 214	5 103	8 990	6 929
Rho	0.014 4	0.012 3	0.017	0.014 7	0.013 3	0.012 8	0.013 9
似然比卡方	1 570.1	1 263.8	787.3	2 341.9	1 448.8	2 791.8	1 651.2
$t+1$ 年家庭收入处于最低的五分之一区间							
t 年的啃老状态	0.297 (0.179)	0.538*** (0.159)	0.076 3 (0.134)	0.195 (0.106)	0.481*** (0.144)	0.570*** (0.125)	0.703*** (0.128)
N	8 590	7 895	5 862	13 071	7 617	13 090	10 046
Rho	0.014 9	0.014 4	0.058 8	0.027 6	0.052 2	0.036 6	0.014 3

续 表

	法国	德国	英国	意大利	希腊	西班牙	葡萄牙
似然比卡方	1 521.8	1 545	768.6	2 502.1	1 061.1	1 858.4	2 197.4
$t+2$ 年家庭收入处于最低的五分之一							
t 年的啃老状态	−0.148 (0.248)	0.416* (0.205)	0.546*** (0.150)	0.040 6 (0.136)	0.429* (0.184)	0.482** (0.161)	0.518** (0.161)
N	5 554	5 229	3 909	9 001	5 010	8 869	6 904
Rho	0.013 3	0.014	0.039 7	0.013 6	0.013 7	0.013 3	0.013 8
似然比卡方	925.4	1 009.6	476.8	1980.8	818.1	1 519.5	1 410

* $p<0.05$，** $p<0.01$，*** $p<0.001$
括号中的数值为标准误差。早先年份的经济资本、性别、年龄、滞后的家庭收入、家庭结构和调查批次等变量均被控制。

社会—资本后果

表 9-6 展示了经济-资本后果在 $t+1$ 和 $t+2$ 年的随机效应回归结果。在希腊、西班牙和德国，t 年的啃老状态与会社成员身份呈显著负相关。在 $t+2$ 年，德国和希腊的回归结果不再具备统计显著性，而意大利的回归结果则获得了统计显著性，同时，西班牙的回归系数呈负增长。在法国、德国、意大利和希腊，t 年的啃老状态效应与会友频率呈显著负相关。但在英国，二者呈正相关。然而，在此处考察的任何国家中，t 年的啃老状态对 $t+2$ 年的会友频率均无统计学上的显著影响。

表 9-6　后续年份的社会资本：随机效应逻辑回归的结果

随机效应逻辑回归系数

	法国	德国	英国	意大利	希腊	西班牙	葡萄牙
$t+1$ 年的会社成员身份							
t 年的啃老状态	−0.413 (0.237)	−0.448* (0.218)	−0.010 7 (0.155)	−0.076 5 (0.109)	−0.687** (0.265)	−0.477** (0.153)	−0.324 (0.195)
N	8 623	7 955	5 930	13 228	7 695	13 179	10 065
Rho	0.126	0.082	0.208	0.096	0.095	0.170	0.094
似然比卡方	1 158.5	705.2	667.3	1 489.9	502.7	903.4	1 575.6

续表

	法国	德国	英国	意大利	希腊	西班牙	葡萄牙
$t+2$ 年的会社成员身份							
t 年的啃老状态	-0.544 (0.316)	-0.038 (0.245)	-0.084 (0.133)	-0.309* (0.130)	0.014 2 (0.263)	-0.651*** (0.194)	-0.271 (0.229)
N	5 596	5 293	3 994	9 214	5 103	8 990	6 929
Rho	0.017	0.012	0.011	0.015	0.089	0.013	0.015
似然比卡方	1 252.7	763.1	592.3	1 596.3	408	1 468.9	1 398.6
$t+1$ 年会友频率							
t 年的啃老状态	-0.083** (0.029)	-0.098* (0.050)	0.064** (0.024)	-0.136*** (0.025)	-0.069* (0.034)	-0.017 (0.025)	-0.056 (0.036)
N	8 582	5 724	5 614	13 200	6 089	12 441	9 783
Rho	0.086	0.095	0.049	0	0.185	0	0.083
似然比卡方	685.6	86.86	492.5	1 511.2	284.8	220.8	2 718.9
$t+2$ 年会友频率							
t 年的啃老状态	-0.031 (0.039)	0.034 (0.059)	0.049 (0.030)	-0.055 (0.030)	-0.038 (0.042)	-0.029 (0.032)	-0.056 (0.041)
N	5 563	3 524	3 753	9 187	3 588	8 287	6 650
Rho	0.122	0.144	0.111	0.043 4	0.221	0.083 2	0.13
似然比卡方	417.2	556.7	207.7	981.9	272.7	85.84	2 290.9

* $p<0.05$, ** $p<0.01$, *** $p<0.001$

括号中的数值为标准误差。早先年份的社会资本、性别、年龄、滞后的家庭收入、家庭结构和调查批次等变量均被控制。

探讨

沃尔瑟等人创立的过渡体制理论为研究者们提供了两个理论框架：一个框架允许我们就啃老状态与今后生活之间的联系提出各种假设；另一个框架属于资本框架，可以帮助人们理解社会分层的各个方面。表9-7按体制类型分类总结了全部估测中具有统计显著性的发现。

表9-7 按过渡体制划分的后果

体制类型	国家	t+1年的啃老状态	t+2年的啃老状态	t+1年的低教育程度	t+2年的低教育程度	t+1年的低家庭收入	t+2年的低家庭收入	t+1年的会社成员身份	t+2年的会社成员身份	会友频率 t+1
以就业为中心	法国	2.021	1.274	0.785						−0.083*
	德国	2.008	0.949	0.742	1.100	0.538	0.416	−0.488		
自由主义	英国	1.713	0.449			−0.773		0.546		0.064
亚保护型	意大利	1.790	1.126	0.425	0.917				−0.309	−0.136
	希腊	2.164	1.258	0.559		0.481	0.429	−0.687		−0.069
	西班牙	1.884	1.608	0.893	1.090	0.570	0.482	−0.477	−0.651	
	葡萄牙	2.762	1.523	0.994	0.782	0.703	0.518			

* 法国的应答选项与他国有所不同。

我们曾假设,在实行亚保护型体制的国家,啃老状态周期性反复的风险最高。事实上,在所有四个实行亚保护型体制的国家,t年的啃老状态对$t+1$和$t+2$年啃老状态的预测均有统计显著性——并且,该结果也适用于英国和德国。若我们逐年对比啃老效应的大小,就会发现在亚保护型体制国家,回归系数下降的百分比最小。在$t+1$至$t+2$年间,以西班牙为例,其回归系数只有初始大小的85.4%,意大利、希腊、葡萄牙的相应数字分别为62.9%、58.1%和55.1%。在同一时间段($t+1$至$t+2$),英国的回归系数大幅下降(降至其初始值的26.2%,降幅为各国之最),这在一定程度上验证了如下假设:英国啃老族的啃老状态反复最不显著。德国和法国的情况则介于英国和实行亚保护型体制的国家之间。

至于经济—资本后果,曾有人假设,在亚保护型体制下啃老状态对经济—资本后果的影响最大。这一猜测在表9-7中得到了部分支持,该表显示,在西班牙和葡萄牙,t年的啃老状态预示着$t+1$和$t+2$年的低教育程度和低家庭收入。希腊的情况与之类似,t年的啃老状态预示着$t+1$年的低教育程度,以及$t+1$和$t+2$年的低家庭收入。在意大利,t年的啃老状态预示着$t+1$和$t+2$年的低教育程度,而家庭收入不受其影响。应当指出的是,德国也体现了类似的结果,而与德国实行同一体制的法国却又不然。英国的结果出人意料,低教育程度与啃老状态呈负相关,这与预期截然相反。出现这种情况,要么说明人们尚未有效地定义啃老族,要么表明英国在重新培训啃老族方面做得特别成功。然而,在家庭收入方面,t年的啃老状态在$t+1$年并未取得统计显著性,但在$t+2$年却获得了统计显著性,这表明啃老状态的负面影响存在滞后效果。

鉴于非正规部门在亚保护型体制下的重要地位,曾有人假设,在此种制度下,社交网络及交际所产生的种种好处受啃老状态的影响更大。此种假设也能在表9-7中寻得支持:在$t+1$年的西班牙和希腊,会社成员身份与啃老状态呈负相关;在$t+2$年的意大利和西班牙,啃老状态与的会社成员身份也呈负相关。此外,在$t+1$年的希腊和意大利,啃老状态与会友频率呈负相关。有趣的是,在英国,会友频率的回归系数为正值,这意味着啃老状态对年轻人的社交潜力有所增益。就英国相关政策对啃老现象的理解而言,这一结果似乎不难预料,因为啃老的年轻人往往与强化其啃老族身份的朋友厮混,从而发展出消极的社会资本(Wacquant,1998)。

其他说明

虽然有证据表明过渡体制框架有其合理性,但该框架还很不完善,尤其在法国和德国,预测因子和实际后果间仍存在着巨大的鸿沟。那么,导致了国家间已知差异的国别宏观特征还可能有哪些呢?对这一问题进行思考也许能帮助我们完善过渡体制框架。

如果我们专注于啃老状态反复所致的后果,那么就可以对有关系数同各国宏观经济现象间的联系进行挖掘。众多因素可能与已知系数的国别差异息息相关,例如:本国的青年失业率、识字率以及接受培训和中学后教育的机会等。

如果将关注的重点放在啃老率在$t+1$到$t+2$期间的下降,那么就可以将$1-(t+2/t+1)$视为相关系数在$t+1$到$t+2$期间下降的百分比。某国的数值越大,则说明其减少长期啃老的工作越成功。这些数据可与各国宏观数据做交叉列表分析,以观察二者是否存在联系。图9-1以图表的形式展示了1997年各国青年失业率与陷入啃老的风险在$t+1$至$t+2$期间下降的关系。[3] 在图9-2中,水平轴上的变量为教育指数。教育指数是人类发展指数的一部分,其基础为成人识字率和学校招生数据等(http://hdr.undp.org/en/media/Fu_HDI.pdf[查询日期为2010年5月31日])。

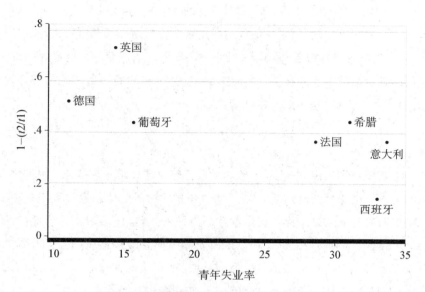

图 9-1 比照青年失业率的变化系数(1997)

资料来源：联合国。《人类发展指数》；http://hdr.undp.org/en。

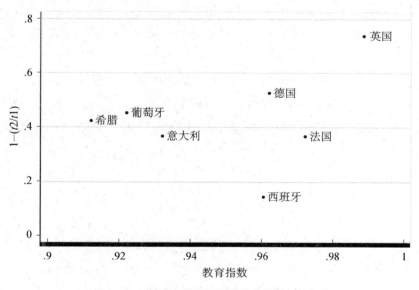

图 9-2 比照教育指数的变化系数，2000 年。

资料来源：联合国。《人类发展指数》；http://hdr.undp.org/en。

由图9-1可知,在英国、德国和葡萄牙等国,系数的降幅较大与三国青年失业率较低有关。与之相反的是,西班牙系数的变化幅度较小则与其青年失业率较高有关。

图9-2也呈现出类似趋势,但不及图9-1显著。系数变化幅度最大的国家通常拥有较高的教育指数值。从这个角度看来,体制类型相同的国家体现出猬集效应,如希腊、葡萄牙和意大利,再如德国和法国。

局限性

有一点需要特别指出,这些数据不能区分自愿啃老和非自愿啃老。根据之前针对英国青年啃老族的定性研究成果,自愿啃老"与家庭背景的优越程度高低无关:他们当前的啃老状态是一系列结构性和体制性影响的产物,这些影响主导了他们的决策"(Pemberton,2007:15)。因此,我们此处测度的啃老族既包括极端弱势的群体,也包括那些正在通过免费途径努力学习技能的群体、正在休闲旅游的群体、从事志愿工作或暂离工作岗位的群体(Furlong,2006)。正如弗隆所说:

"啃老族作为范畴的效用被削弱了,因为这一范畴既囊括了弱势群体也包括了较优越的年轻群体,前者苦于缺乏资源以助其顺利过渡或者做出选择,而后者则在经营自己人生方面拥有范围极大的选择余地"(Furlong,2006:557)。

一些人自愿选择成为啃老族,另一些人则是在体制、结构及个人因素的共同作用下不得已成为啃老族,这两类人显然存在区别(Bynner,2005)。这一问题在英国表现得尤为突出,因为有越来越多的英国年轻人在中学毕业后、高等教育开始前休"间隔年"(gapyear)。显然,啃老是一种在文化意义上可以说是因人而异的现象。

结论

在不同体制类型间,啃老状态的反复存在差异,在实行亚保护型体制的国家,啃老反复的发生率最高。本章内容为这一观点寻得了证据。基于宏观数据的其他分析表明:在一定程度上,各国的青年失业率和教育指数能为阐释国别差异提供额外助力;各国的啃老情况与本国的经济状况及青年教育导向之间存在关联。

就经济—资本后果而言，以下预测得到了一定程度的支持：在亚保护型体制下，啃老状态对经济—资本后果的影响最大。然而，在实行以就业为中心体制的国家（法国和德国）间，经济—资本后果却截然不同；而在英国，啃老状态被发现与今后的低教育程度呈负相关。另一假设的预测也得到了证据支持：在实行亚保护型体制的国家，社会—资本后果最为显著；但在英国，啃老状态则与会友频率呈正相关。

一直以来，过渡体制框架皆是一个有用的工具，帮助研究者设计预先假设，对这些分析中已知差异揭示的现象进行理论说明。然而，各国的实际表现相差甚远，在实行同一体制的法国和德国之间，情况尤其如此。因此，为了理解这种形式的青年社会排斥在各国不同环境下如何发生发展，我们必须对其他因素进行研究，比如宏观层面的指标。

本章早先部分提到，一些研究者因一些有悖常理的发现（前文已有论述），对啃老测度的有效性提出了质疑。若啃老族确实是一个混杂的群体（至少在英国），那么我们就必须用更恰当的定义和测量方式来理解这一经济身份。虽然这些数据的收集工作已于2001年停止，但现有数据仍然可被当作一份历史快照，因其记录了啃老族在这段人生里所取得的人力—社会—资本后果。较新的数据，特别是欧盟收入和生活状况统计（欧洲共同体住户追踪调查的前身[①]，目前仅发布过两波次的统计结果，涵盖的国家有限且资料获取受限）使研究人员得以用较新的欧洲样本检验本章的研究主题。

注释

1. 然而，日本的啃老族研究对象是脱离社会的个人，而不是啃老对社会造成的任何已知"威胁"。
2. 应当指出的是，奎蒂尼、马丁和马丁（Quintini, Martin & Martin, 2007）等人分析所依托的数据源与本章相同，后文将对同一批数据进行估测分析。需要强调的是，奎蒂尼等人将失业青年以及那些正在服兵役的人员纳入到了估测当中。本章稍后将会说明，后续估测所用的啃老族概念不包括这两类人。
3. 我们选用了1997年的数据，因为该年是当下研究所用的面板数据的中间年份。因为各国均未呈现显著的同比差异，所以选用1997年的数据不会造成特别的偏差。

---

① 欧洲共同体住户追踪调查应为欧盟收入和生活状况统计（EU-Statistics on Income and Living Conditions）的前身，此处应为笔误，参见：http://ec.europa.eu/eurostat/web/microdata/european-union-statistics-on-income-and-living-conditions）。——译者注

10
法国的过度教育与社会世代：
福利体制与世代间教育回报的不平等

路易·肖韦尔

本章将介绍一种比较理论,并对出生同期群(birth cohorts)间的经济机会不平等和教育回报不平等进行一次实证分析。本章将重点讨论在不同类型福利体制中经济减速造成的不同后果,并分析经济走势的不连续性怎样对出生同期群间的平衡产生不同影响。在本章中,我分析了这些变化如何在不同出生同期群之间差别化地配置生活机会,并最终为不同社会世代的诞生创造出不同条件(Mannheim, 1928/1990)。

福利体制是对经济波动的具体响应。福利体制比较理论是建立在艾斯平-安德森(Esping-Andersen, 1990, 1999)类型学基础之上的,能为从教育价值化角度分析跨同期群不平等(inter-cohort inequalities)提供一个基本框架,分析内容包括:同期群机遇以及生活机会。本文采用了一系列的方法论工具对法国的一种极端情境进行了测试,即,严重的跨同期群不平等和巨大的社会-世代断层。最后,我立足于卢森堡收入研究项目(Luxembourg Income Study)数据,对丹麦(DK)、法国(FR)、意大利(IT)和美国(US)等四国进行实证比较分析,说明了不同的福利体制如何在不同的出生同期群间交替分配经济资源,以及如何影响不同出生同期群间教育投资的价值化结果。

本章的主要发现为:在保守主义福利体制(法国)和家庭主义福利体制(意大利)下,跨同期群不平等极为严重,较年轻的社会世代往往承受不平等的代价;相比之下,在社会民主主义福利体制(丹麦)和自由主义福利体制(美国)中,同期群间的资源再分配较少发生。就教育而言,丹麦和美国的教育回报率没有出现明显下降,而法国和意大利的中等层次教育回报率骤降。这意味着各国间的社会变迁轨迹已出现了分岔,我们有必要对这些分岔的长期后果进行预先讨论。

不同福利体制对经济压力的不同反应

我在之前的研究分析中(Chauvel, 2006;法国-美国比较)揭示了法国和美国对20世纪70年代经济衰退的不同反应。我的目标是研究社会世代的概念(因其涉及福利分配)并比较美国和法国福利体制的动态变化。法国经历了从"辉煌三十年"(*Trente glorieuses*, 1945 – 1975)(经济繁荣的三十年)到"缓慢发展"(*Croissance ralentie*, 1975—今天)(增长放缓)的经济波动,这构成了法国世代间严重失衡的背景。[1] 在法国,

1955年前出生的世代(包括婴儿潮开始之前以及婴儿潮早期出生的世代,他们是战后经济快速增长的最大受益者)与1955年后出生的世代(遭遇经济放缓和较高的青年失业率以及与之相伴的社会问题)之间存在着代际裂痕("代际断裂"),对此我已做过论述。从中,我们发现较年长的世代有着局内化倾向,而较年轻的世代有着局外化倾向。在公共辩论以及决策者的口中,"代际断裂"(fracture générationnelle)往往得不到承认;然而,从长远看来,这些代际变迁可能会严重影响福利国家的稳定。此外,面对相同的压力(经济放缓和竞争加剧),法国出现了严重的跨同期群不平等,牺牲了年轻人的利益,美国的应对则不然:同期群间不平等较不显著,但同期群内不平等却明显加剧。而且,若将教育问题以及社会经济范畴内的教育回报率纳入综合考虑,那么法美之间的对比就会变得非常清楚。我们观察到,就中等层次教育而言——中学或"短期第三级学校"①(专科学校)毕业,法国的教育回报率在同期群间出现明显下降。在法国,新的出生同期群在社会经济层次结构中的地位往往不如早前的同期群,尽管两者年龄相同、经历相同、受过同等层次的教育。而在美国,这样的变化相当不明显。

我写作本章的目的在于将这些结果进行概括,建立一个对福利体制进行国际比较的框架,该框架立足于艾斯平-安德森(Esping-Andersen,1990)对福利体制的三分法,综合了费拉拉(Ferrara,1996)之后的争论,增添了第四种模式——地中海"家庭主义"(familialistic)福利体制。我认为,在不同福利体制的内在逻辑中,面对当代的共同挑战或压力(经济放缓、由全球化造成的社会畸变、不合格劳动力或工业合格劳动力的淘汰等),不同体制下的社会经济应对措施可能存在重大的差异。疤痕效应(scarring effects)是指示这些差异的一个线索:在法国和意大利,疤痕效应在不同同期群内的表现各不相同,在北欧国家,疤痕效应的表现不存在明显的跨同期群区别,而在盎格鲁-撒克逊国家或自由主义福利体制国家,疤痕效应几乎不存在跨同期群区别。我们在福利体制的基础上建立了一个用于比较如下差异的理论:跨同期群不平等、同期群内的社会分层变化以及中等层次教育的回报率。本章将较少涉及针对同期群内不平等的实证分析,虽然分析结果将助益学术界有关生命历程和福利体制的讨论(参见:Mayer,2005:34)。

这些比较分析以福利体制对经济波动的响应为对象,其理论基础是艾斯平-安德

---

① 英文为:"short tertiary",参见:http://uis.unesco.org/en/glossary-term/isced-5-short-cycle-tertiary-education。——译者注

森对福利体制的标准三分法(1999)。本章将讨论如下四种体制：合作主义(或保守主义)体制、自由主义体制、普遍主义(或社会民主主义)体制以及家庭主义体制。在面对经济衰退时，上述体制在青年机会、对各年龄群体的保护以及教育回报收益等方面的理想型响应是怎样的？

合作主义体制

合作主义体制(corporatist regime)的基础是雇员的长期忠诚以及对受保护社会群体的制度化社会权利的认同。因此，面对经济放缓、国际竞争及福利体制(作为一种再分配机制、劳动力的管理者以及雇主)固有的经济短缺，合作主义体制(包括法国)的可能响应为：牺牲妇女、移民和将要毕业的年轻人的利益——这些群体缺乏维护自身利益的机会——以更高昂的代价保护体制内部人员(资历较老、工会入会率较高的稳定劳动力)。

青年失业的根源在于劳动力市场(体面)工作岗位不足。年轻人对新工作岗位投资的不足，加之无力与受保护的体制内人员竞争，由此导致同一同期群内的年轻人不得不针对有限的工作岗位相互展开更加激烈的争夺。结果，更年轻社会世代的工资水平出现下降，并且他们不得不对自身社会权利进行有针对性的重新谈判和删减。假如年长者不得不提前退休，但他们的收入仍然更有保障、更有机会获得可观的退休金及/或享受不错的提前退休待遇(其标准高于更年轻群体的一般失业保障)。

年长者所属的社会世代更加平等(就同期群内而言)，因为他们的同期群接近，同属于"工薪社会"(Castel，2003)，其黄金时期始于20世纪60年代，终于20世纪80年代(年长者遭遇的同期群内不平等程度更低)，他们享有水平更高、普惠型的养老金计划(年长者的相对收入增加)；与之相反，新的成人同期群面对的是一个赢家与输家两极分化更为严重的社会(Brzinsky-Fay，2007；Bell 等，2007)。

另一个方面是教育的价值降低了。在国家提供大规模补贴的制度中，年轻人及其家人往往会选择接受更长时间的教育以规避巨大的失业风险。这意味着年轻同期群中接受(中学后①)教育的人数激增(Van De Velde，2008)，以及他们的劳动力市场参与率得不到提高。因此，年轻同期群面临着教育的通货膨胀，其标志是教育学历证书

---

① 法国高等教育机构分为：大学、高等专业学院、高等专业学院预科班。来源：https://zh.wikipedia.org/wiki/%E6%B3%95%E5%9B%BD%E6%95%99%E8%82%B2。——译者注

的盈余价值下降,由低选拔性教育机构颁发的学历证书尤甚(Duru Bellat,2006)。然而,年长同期群则不受教育通胀的影响,因为他们无需与年轻世代竞争。

自由主义体制

在面对同样的挑战时,自由主义体制(包括美国)也有一套可能的应对措施。由于自由主义体制(liberal regime)坚持市场导向,因此其应对经济短缺的措施是福利国家退缩,包括对面向贫困人口的再分配加以限制、更为激烈的市场竞争和废除先前的一部分社会权利,包括被认为是租金经济(rent-economy)的机制以及扭曲市场均衡的权利等。这其中的逻辑在于年少者与年长者(无形权利较少)之间的竞争加剧了,由此导致年长者早先在繁荣时期取得的优质岗位减少了。于是,跨同期群不平等得到了削弱(相较于年长者,新的同期群是受益方)。然而,同期群间竞争的加剧导致同期群内不平等随之增强。

教育学历证书的价值预计无明显变化,原因如下:其一,较之欧洲大陆,终身教育在美国更普遍,教育投资的同期群间反差更小;其二,教育作为一项昂贵的半民间投资,其回报率通常比较稳定,因为回报率一旦降低投资就会随之减少;其三,因为同期群间竞争加剧了,对不同同期群而言,学历证书和学位的价值不会出现明显变化。

普遍主义体制

普遍主义体制(universalistic regime)(包括芬兰)的本质特征是:长期稳定、进步和共同发展的集体愿景,以及强烈的集体责任感。在该体制下,年轻人在社会化初期遭受的失败被视为社会发展前景的重大隐患,故如何令更年轻的同期群成功融入体制是国家层面最优先考虑的事情。年轻人收入下滑及高青年失业率常伴随着长期焦虑的风险、自尊丧失、自杀率上升或生育指数下降。事实上,普遍主义体制无法承受因年轻人无法融入社会并社会化而产生的社会成本。一般而言,北欧福利国家模式的核心是以较大力度对人在一生中面临的社会风险进行调控。这意味着跨同期群不平等中的重大变化都将受到公共政策的统一调控与平衡。

在教育方面,也存在着一些制约因素,如全球性的竞争、较低技能者乃至如今的中级技能者面临的巨大压力、老年问题以及改善条件挽留年长者继续工作等。应对这些问题的途径是在不同年龄群体间优化技能分配,并承诺向个人和集体社会提供弹性保障。所以,与前两种体制相比,普遍主义体制会对同期群内及同期群间不平等施加更大力度的调控。从教育的价值角度出发，集中控制（在对教育进行公共投资与补贴的同时鼓励民众避免过度教育）必须力避各种级别的资格证书或学历发生大规模通胀或紧缩。和自由主义体制一样，普遍主义体制下的弹性保障与跨岗位流动政策能削减不同年龄群体间的差别，避免因过度保护某些同期群而损害其他同期群的利益，还能控制住同期群间裂痕。

家庭主义体制

家庭主义体制（familialistic regime）（包括意大利）在许多方面都和合作主义模式相同，但这里的家庭指的是资源再分配的一个正当机构，这一功能既是文化传统的一部分，也是国家管控工作的一个机制。更准确地说，在该体制下，某些经济部门常受到大力保护（主要包括公营经济和大型私企——如，银行和保险公司——的核心部门），资历权利是这些部门的绝大部分劳动规章制度的基础。同时，在绝大部分中小型企业里，劳动管理主要基于家庭间的相互联系，其中乡土观念和雇员的长期忠诚是基本风俗。

在度过富裕期的社会，工作岗位、住房等资源变得稀缺，在此背景下，人们认为青年人的父母应为成年子女提供帮助和保护，事实上大多数家庭都遵照这些社会压力行事。其结果是：随着劳动力市场新进者的工资及生活水平不断下滑，青年人越来越依赖他们的父母，这种依赖将一直持续至35岁甚至以上。于是，为了支持自己的子女，年长者往往会向政府施加政治压力以获取更高的养老金。经济依赖实际上给年轻家庭戴上了更牢固的镣铐，女性面临的社会压力更大，不得不在工作与孩子之间做出选择。经济依赖往往还伴随着生育率的显著下降，于是矛盾就产生了——家庭主义体制下却没有多少家庭。从养老金和福利体制的长期存续着眼，这个问题其实非常严重（年轻人的薪酬更低，工作年限变短，独生子女家庭的生育陷入萎缩）。但另一方面，年轻家庭的收入虽然下降了，但家庭规模的缩小则抵消了收入的减少。

较之其他体制，在家庭主义体制下，全国同质化的水平可能偏低，劳动力市场的结构性问题是省际不平衡（某些地区的失业率很高，而另一些地区却存在劳动力短缺），地方主义和强联系是社会管制的重要特点，劳动力的地域流动性较低。另一方面，第三级教育发展势头强劲，极易导致过度教育或学历通货膨胀。若父母的社会资本有限、家族间相互联系不强（意味着父母无力为子女找到工作），那么依赖父母的年轻成人只得不断寻求接受更高级别的教育，这种情形在一些不需要太多受过良好教育的年轻成人的部门也时有发生。因此,不同教育层次之间的失业率可能保持不变,甚至出现受教育程度越高,失业率越高的情形。这一种变化或许会引起学历文凭的大幅贬值。

除变革及改变福利体制等根本性措施外,一些其他因素可能也会有助于改善以上结果。包括:

- 经济高速增长。改善经济环境,即使维持短期效果,或许也能缓解福利紧缩的压力。
- 提高从学校向职场过渡的质量。密切教育系统与劳动力市场之间的联系、有组织的安排实习和强大的校友网络等可以降低年轻成人局外化的风险。
- 人口统计学形态。生育率激增或将使劳动力市场在20至25年后出现过度拥挤的情况(Easterlin, 1961; Easterlin, Schaeffer & Maucunovich, 1993)。

这些因素之间的组合之复杂远超我们的预期。正因为潜在的组合存在多样性,所以我们要意识到,本文借助福利体制理论所做的解释仅能反应各国真实历史的一部分。的确,每种福利体制都有其独特的强约束效应,但历史实况(人口、发展水平和增长机会等)和社会政策的成效(教育繁荣、劳动力市场的结构性改革等)或许也是重要的解释性因素。

世代研究的定义及工具

美国学术语境对"世代"(generations)的界定比欧洲社会科学界更严格。对美国社会学学者而言,"世代"指的是社会学意义上的亲属关系以及家庭问题,而同期群(cohort)(或出生同期群)则指的是同年出生的一群人(Ryder, 1965)。因此,在美国的学术期刊中,"社会世代"(social generation)的表述相当罕见(卡尔·曼海姆的著述除外)。一些受美国传统做法影响的经济学家(Easterlin, 1966; Auerbach, Gokhale & Kotlikoff, 1994)在论及世代和代际核算时,往往也将出生同期群(birth cohorts)纳入代际传递的亲属关系之中(代际传递的内容为天赋、教育、遗产等)。欧洲的传统与之不同。在欧洲(Mentré, 1920; Mannheim, 1928/1990),"社会世代"专指同期群组成的特定群体:经历同样的社会变化型态,并/或有着共同的身份特征,如种族、性别或阶级。

历史上,世代曾有过四种定义(Mentré, 1920)。第一种同我们的讨论关系不大:

家系世代（genealogical generation），与社会学意义上的家庭和亲属关系相关。后三种定义分别与人口、社会和历史世代相关。人口世代（demographic generation）与出生同期群完全对等，即，同年出生的人群。这种人群划分标准最为中立，并不假定成员之间存在共同特质。相反，历史世代（historical generation）由一系列同期群组成，拥有如下特征：文化共通；利益相同；意识到本代人的特殊性及其历史作用；与其他世代存在冲突。历史世代可根据此代人在历史上成年的时间进行界定，所谓的1968年一代（génération 1968）就是一个典型的例子，它指的是婴儿潮期间诞生的第一批同期群（生于1945至1950年间）。另一个生动的例子是1914年一代（génération 1914）——在第一次世界大战期间成年的一代。社会世代（social generation）则是上述两个对立的定义之间的纽带。在实证社会科学中，我们往往首先考察人口世代，然后对同期群间的多样性/趋同性，以及他们的主客观身份和意识展开社会学分析、评估和解读，最后再确定历史世代。

首先，我们必须从整体出发研究社会化，而不是钻研系统性的理论论述。在青年时期，在结束学业与成年稳定之间，有一段特定的社会化过渡时期，这一时期也是个人作出关乎未来的选择的关键节点；在一段较短的时间内，通常只有几个月，家庭和教育赋予自身的潜力就会转化成具体的社会地位，并将在此基础上构建自己的人生道路。如果文化或历史的极化对新世代中的大多数个体的社会化产生了影响，那么上述个体化过程往往会导致集体后果（Mannheim，1928/1990）。

对20岁的年轻人来说，集体性的历史经历（如1968年5月或1914年7月）可能会给他们带来持久的机遇或伤痕，因为这些年轻人在人生转折的关头恰逢一个剧烈的社会或历史变动时期。

与之相比，孩子尚未完全参与社会；老人或许也不会受到太大影响，因为他们已被其他经历影响过了，那些经历则是在其他历史场景中积累而来的（Ryder，1965）。这一过渡的社会化可能不足以产生或推动产生持久的世代特征；他们需要通过持续的集体回忆来强化其对社会世代的认同，否则，认同就会逐渐消退（Becker，2000）。

针对跨世代的社会变化分析的主要问题之一就是三大社会时间的交汇，即，年龄、时期和同期群的交汇。最常见的时间是时期，它与历史时期的更迭密切相关；第二个时间与年龄及衰老过程有关；第三个是世代时间，即，同期群的不断新老交替的过程。由三大时间的二维平面示意图（见图10-1）可知，世代间的社会变化分析具有高度的不确定性。

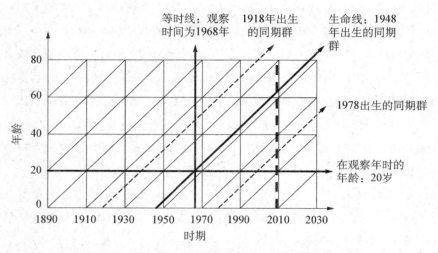

图 10-1　反映社会变革的列克西斯图：年龄、时期、世代时间

备注：本图为反映社会时间之间交互影响的综合视图：时期（横轴）与年龄（纵轴）垂直交叉，对角线为同期群时间（$a = p - c$）。在 2009 年（$p = 2009$）年届 61 岁的人出生于 1948 年；他们在 1968 年 20 岁。在各个时期，年轻群体和老年群体属于不同的同期出生群，因为二者社会化的背景不同：在 2009 年年届 75 岁的年龄群体（生于 1935 年）属于"福利世代"，他们获取公共养老金和医疗系统服务的途径十分丰富；然而，在 1968 年，同一年龄群体却属于 1894 年出生的"牺牲世代"的幸存者（他们在 1914 年达到 20 岁）。

在任一特定时期，不同年龄群体（以年龄门槛、年龄地位和年龄角色为划分依据）都是同时存在的；不同年龄群体也代表着不同的世代，并且不同世代进行社会化的历史背景也各不相同。因此当我们需要对某个年代（时期）的不同年龄群体进行对比时，我们无法预知它们之间的差异是由年龄还是由世代造成的。以列克西斯图（Lexis diagram）上 2008 年的情况为例，假设 60 岁年龄群体（生于 1948 年）的收入等级最高，我们无法判断造成这一结果的原因是年龄效应（任何同期群在达到 60 岁时的收入都比其年轻时高）还是同期群效应（出生于 1948 年的同期群一进入劳动力市场就遇上了 20 世纪最好的事业机遇）。建立年龄—时期—同期群模型的目的是为了揭示世代效应。特定同期群的生命线一旦展现出某些特定特征，我们就能据此识别世代效应（Mason 等人，1973）。

刚经历过渡期社会化的年轻世代普遍对新趋势反应强烈，对此，曼海姆（Mannheim）的早期成年期社会化（early adulthood socialization）的理论可能会派上用场。在社会发生剧烈变革的时期，新的同期群往往受历史不连续性的影响最巨，原因在于他们是第一批经历全新社会化背景的群体,而年长的同期群既无法预见全新社会化背景的出现也不参与全新社会化的过程(Mead,1970)。更准确地说,在经济高速增长的时期,年轻成人世代往往能轻而易举地取得较优越的地位,因此他们的表现通常比年长世代好;然而,在经济增速放缓的时期,与年长世代相比,新生世代往往更为脆弱,因为他们在社会结构中的腾挪空间更小,人力资本和社会资本的积累为零,缺乏社会权利的他们通常也无力缓和"下滑的冲击"。我们可以预见,同期群间的福利分配将依据上述规律起伏变化,随着时间的推移,总有一些世代被牺牲,还有一些世代受眷顾;如果社会化的影响足够强大和持久,则每个世代进入社会化时经济形势的好坏会持续影响该世代。再分配前的福利分配波动可能对应着再分配后更严重的不平等,这是因为与"受剥夺世代"相比,"繁荣世代"积累的有益的社会权利往往更多。

法国的"代际断裂"面面观

在跨同期群不平等现象方面,法国的经验向我们提供了一个清晰但极端的模型。法国的会聚性证据表明了,20世纪70年代末以来的经济减速如何从多方面引发剧烈的"代际断裂"(Chauvel,1998,2002:序言,2003)。这一结论尽管令人难以接受,但它确是基于有力的实证证据得出的。备用的微观数据集也呈现出类似的会聚性结果,这些结果已得到多位研究者的确认(Baudelot,2000;Koubi,2003;Peugny,2009)。这里我们将重点讨论如下话题:第一,劳动力市场的新进者面临的经济边缘化及其对社会结构的直接影响;第二,经济边缘化对社会化以及生活机会造成的长期后果;第三,经济边缘化在生活方式或政治参与方面产生的后果。

青年人的经济衰退

法国的社会世代出现的第一个动态是经济手段在同期群间分配方式的变化。自20世纪70年代至今,法国的收入再分配发生了较大变化。1977年,30—35岁年龄群体同50—55岁年龄群体之间的收入差距为15%;现如今,这两个群体之间的收入差距已扩大至40%。在"辉煌三十年"期间,年轻的工薪阶层在进入劳动力市场之初就能获得了父辈工作一辈子才能达到的工资水平。相比之下,近二十年来,年轻人的工资水平陷入停滞，而年长者的工资则增长了20%或更多。

于是，不同年龄群体间多了一项新的差异，其后果尚未被现代社会科学所完全理解。然而，这一变化的影响范围并不限于年龄群体间的相对地位：老一辈人（目前55岁左右）在青年时期有着比他们的长辈更为优越的条件；目前作为年长者，又享受着比年轻后辈更为优越的条件。这一代际差距的形成是双倍收益叠加双倍痛苦的结果。

我们该如何解释这个日益扩大的差距呢？这一差距是集体妥协于20世纪70年代中期至80年代早期发生变化导致的结果。世代的社会价值的此种过渡导致如下变化：相对价值增值从以年轻世代为对象（被视为值得投资的积极未来）转变成了旨在维护成年人和年长者稳定，甚至牺牲年轻人的利益也在所不惜。这种福利再分配的一个主要因素与失业有关。在那个时期，年轻法国工人的高失业率已为社会所接受，前提是需抚养子女的成年雇员能避开这些困难。1974年，毕业两年以内的年轻人的失业率约为4%；到1985年，刚毕业人群的失业率高达35%，这一数字一直维持到1996年；到了2002年，最新一轮经济复苏结束，刚毕业人群的失业率仍直逼18%。刚毕业人群的失业率明显受不同时期的经济形势的影响。但是，不论经济形势如何，中年和老年者的失业率都变化不大。因此，经济放缓往往会对年轻成人造成严重后果，而经济复苏则将首先惠及劳动力市场的新进者。

这一集体妥协（牺牲新人以保护成人）使得被牺牲的新世代难以社会化，这一结果出人意料：由于某种"疤痕效应"的影响，他们虽然已是成年人了，有自己的孩子需要抚养，但他们的失业率还是很高，收入也比其他年龄群体低得多。到20世纪80年代末期，40—44岁年龄群体的失业率仍为4%，现在则超过了8%。（对需抚养孩子的成年人进行保护的年龄妥协已不如从前那么明显了）上述疤痕效应对收入的影响更为明显：在衰退时期新进入劳动力市场的世代必须接受更低的工资；相反，在经济繁荣时期，年轻工人可以争取到更高的薪酬。自进入劳动力市场伊始，收入差距将长期存在，这是因为在收入方面缺乏追赶效应（Chauvel, 2003：第三章）；进入劳动力市场的时点差异使得某些世代的收入水平高于或低于长期趋势十个点；30岁过后，无论相对收益还是相对差距都会稳定下来。

有一个互补因子与职业结构和社会分层的变动有关。法国和美国的情形一样（Mendras, 1988; Bell, 1973），有关阶层变化的一个标准假设表明：在20世纪，教育的长期扩张以及知识型社会的崛起扩大了中产和中上阶级的规模；于是，年轻世代可能会自动受益于专家、管理者或专业人员等职业群体的扩张（在法语中，这些群体被称为cadres et professions intellectuelles supérieures，即高级管理人员和高级知识分子[2]），这些职业群体往往还包括私营或公共部门中的中层管理者以及底层专业人员（如学校教师和护士），后二者代表了新兴的技术中产阶级，人们早在20世纪70年代就预见到了他们的社会霸权［按照法国官方的职业命名法，他们被称为"中级专业人才"（professions intermédiaires）］。

从整体层面看来，法国中、高层职业群体的扩张似乎佐证了这一观点：在30—54岁的年龄群体中，中、高层职业群体在总人口中的比例从1970年的12.5%升至当下的31.5%（图10-2a和10-2b）。但是，当我们对不同年龄群体进行区分时，变化的趋势就会变得复杂无比：在30岁的年龄群体中，中、高层白领职业群体的占比从1964年的13%升至1975年的24%，并在1980年升至26%。在1980年以前，这些"年轻人"的人口比例飞速上升，但在1980年以后上升趋势陷于停滞：在1980到2000年的二十年里，只增长了四个百分点，而其在1964至1975年间则增长了十一个百分点。

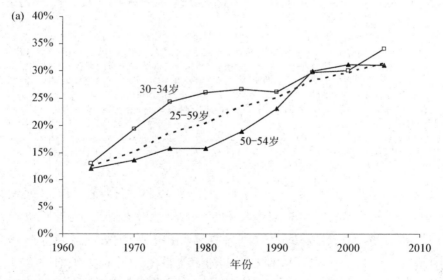

图10-2a 两个年龄群体中高层管理人员和高级知识分子以及中级专业人员的比例（以年为单位）

备注：在1980年，26%的"年轻人"（30—34岁年龄群体）和16%的"年长者"属于中、高层职业群体。在1995年，这一比例分别为29%和30%。这一占比在劳动力中的平均趋势是线性发展的，但具体到各年龄群体则不然。所以，此处的同期群动态是隐性的。

资料来源：Enquêtes *Emploi* 1970-2005以及 *Formation-qualification-professionnelle* 1964。INSEE；archives CMH-Quételet。

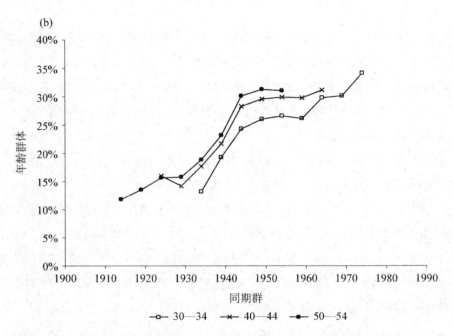

图 10-2b 两个年龄群体中高层管理人员和高级知识分子以及中级专业人员的比例，按同期群划分

备注：本图所用数据与图 10-2a 相同，但横轴上的年龄群体和同期群不同。注意在 1945—1950 年间出生的各个同期群：获得中产阶级地位的人口比例迅速上升，随后陷入停滞。通过对同一年龄的不同同期群所取得的成就进行比较，同期群图在分析同期群效应时非常有用。曲线如以线性形式呈现，则反应同期群在稳定进步；如果同一同期群的进步出现加速或减速，那么我们就可以着手分析同期群的长期效应。如果不同同期群的成长机会既不相近也不以线性形式呈现，这就意味着一些同期群有着比其他同期群更好的职业生涯。世代的历史不是线性发展的。

资料来源：Enquêtes *Emploi* 1970-2005 以及 *Formation-qualification-professionnelle* 1964. INSEE; archives CMH-Quételet。

在被称为"辉煌三十年"的经济繁荣时代的中期，法国的公共部门和大型高科技企业（空中客车、法国电信、民用核电计划、医疗体系以及大学和研究中心等）一度疯狂扩张，受过高等教育的高素质雇员供不应求。在婴儿潮中诞生的第一批人（即 1945 年出生同期群，在 1975 年 30 岁）显然不是一个被牺牲的世代。他们正逢其时，劳动力市场十分活跃，享受了更长年限的教育，还避免了后续世代遭受的教育回报率递减的问题。

在 25 年后的 2000 年，在中、高层白领职业群体中，30 岁人群的比例（26%）与 1975 年的 23%，以及 1980 年的 24.5% 相比相差无几。这样看来，1970 年出生的同期群未曾取得明显的进步。但在 20 世纪 90 年代，年长者（他们在 20 世纪 70 年代是年轻人）在中、高层白领职业群体中的扩张十分瞩目。由此可见，中、高层职业群体在不同世代中的扩张趋势不是线型的。明显的线性增长是不相称扩张趋势聚合的结果——婴儿潮早期世代的强劲扩张以及后续世代的快速减速。

我们发现，收入（图10-3）和职业有着相似的变化轨迹：在过去，在25—55岁的年龄群体中，他们之间的生活标准（参照相对于全国平均水平的税后可支配收入及每消费单位收益）相差不大甚至完全一样，但如今，30岁与50岁年龄群体间有着巨大的鸿沟。相对收入水平在不同年龄群体间的变换掩盖了同期群间稳定的、长期不平等。

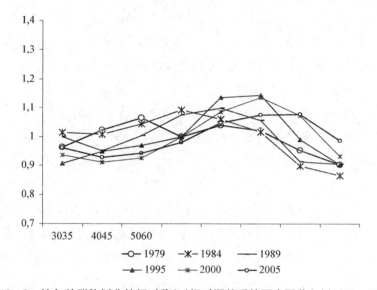

图10-3　按年龄群体划分的相对收入（相对调整后的可支配收入）（1979—2005）

备注：相对调整后的可支配收入（radi），说明如下：radi=1对应同一时期30—64岁年龄群体的平均水平；时期1、2、3、4分别对应1985、1990、1995、2000年的数据。在图中，30岁年龄群体属于30至34岁年龄群体的一部分。总体：以家庭相对调整后的可支配收入为特征的所有个体。

资料来源：LIS项目微观数据；最近时期的数据另参见：Budgct des menages，2000—2005。

疤痕效应

如果新世代在早年遇到的困难未对其产生永久性影响，那么这些演变不会带来显著的社会影响。那些在紧缩时期进入劳动力市场的新人如果克服了早期困难，并随后追赶上年长世代，那么跨同期群不平等将会变成逸闻或不再是问题。但无论如何，对早期困难的长期影响进行评估对于解释这一问题至关重要；如果被牺牲的年轻世代无法实现赶超，就会产生一种长期"滞后效应"。因为这一不利因素可能会长期存在，所以我们将这种效应称为"疤痕"或"疤痕效应"。年龄-时期-同期群模型显示,受经济衰退影响的同期群不仅在进入劳动力市场时遭遇重重困难,而且在向上流动时继续遭遇相对滞后(与平均状况相比)。相比之下,那些在经济扩张时期进入劳动力市场的人群则幸运得多,不仅劳动力市场形势对他们有利,而且继续受惠于相对进步。对30岁同期群中的所有人而言,他们的相对地位正迅速固化,并且后来似乎也未出现可观的追赶效应(见图10-2b)。

我们该如何解释这一代际追赶动态的缺位呢?对那些在技术类岗位供不应求的时期进入劳动力市场的群体而言,他们的职业生涯发展得更快、在职场中承担更高责任的时间更早、工资也更高。这些个体(以及他们集合而成的同期群)享受着早期机遇带来的长期好处,这些好处将伴随他们的一生,对他们未来的发展轨迹产生积极的影响。而那些在经济不景气的时期进入劳动力市场的群体会时常面临失业,不得不接受技术含量较低的工作和相对菲薄的薪水,并在职业发展上处处落后于人,上述消极因素对他们的人生轨迹造成了负面影响(包括降低抱负和缺少有价值的工作经历),而且对未来的潜在雇主来说,这些都是消极信号。此处,我们假设,在法国,具有同期群特异性的社会化背景预示了个体及个体所属同期群的长期机遇和生活机会;当困难消失,曾遭遇过困难的同期群将继续承受由过去的不利因素带来的长期后果。具体来说,在20世纪40年代出生的同期群受益于60年代末期的经济快速发展,他们在年轻时享受了优于年长世代的条件;现在又占据了高于新世代的优势,因为自1975年开始至今,年轻世代的进步就陷入了停滞。

在这一观察的基础上,我们可以归纳出如下结论:1975年以后进入劳动力市场的同期群经历了经济下滑和大规模失业,因而他们成为代际变迁新动态的早期受害者,他们在初入劳动力市场时遭遇的困难给他们留下了经久不消的伤痕。

教育扩张的后果也很重要,但在此处限于篇幅我们不做详细论述。在1950至1975年之间出生的同期群的受教育层次如果出现了上升趋势,那么与这一积极的趋势相伴的一定是资质和学历证书的大幅贬值(Chauvel, 2000)。更准确地说,婴儿潮诞生的第一批同期群受益于教育扩张,因为在当时,教育有着稳健的回报:在出生于1948年的同期群中,法国"高中会考证书"(Baccalauréat)①获得者的人数是出生于

---

① 法国高中毕业会考在高三结束后举行,通过者获得高中会考证书。在法国,高中会考证书不但是高中毕业证书,还是法国高等教育的起始文凭。来源:https://en.wikipedia.org/wiki/Baccalaur%C3%A9at。——译者注

1935年的同期群中对应人数的两倍。虽然如此,但前者获取更高社会或经济地位的可能性并未因此而下降。不过,婴儿潮之后的世代不得不面对文凭贬值的大趋势,教育在经济和社会层面的回报率出现明显下降。由此导致的第一个后果是对最具价值、选拔程度最高的文凭证书(由精英的"大学校"(grandes écoles)颁发的文凭,如巴黎综合理工大学、国家行政学院、巴黎政治学院等)的追捧,虽然这些证书的价值仍然稳健,但招生录取的选拔性越来越高,并且对特定社会出身可能存在歧视。第二个后果是非名牌高校的学历证书开始明显贬值,与所谓的大学校相比,这些大学的录取门槛虽然更低,但生源的人均禀赋也要小得多。同样地,最好中学的选拔性也越来越高,其主要后果就是城市隔离。在法国,学校体系一向是共和国的核心制度,处于国家进步理念的核心,为法国式的社会民主与精英政治提供了最强有力的支撑。中级学历证书的大幅贬值(图10-4)动摇了这一神话,并给社会进步的前景披上悲观的色彩——所谓"进步"指的是那些被认为能产生政治后果的进展。

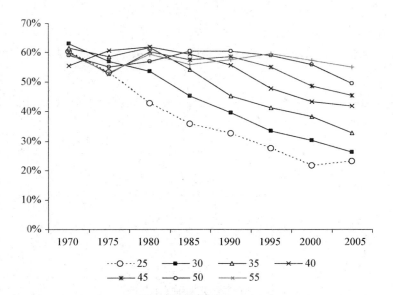

图10-4 教育通胀:在高级或低级服务类岗位(cadres et professions intermédiaires①)中法国高中会考证书持有者的比例(按年龄群体划分)

备注:最高教育程度截至完成中等教育。
资料来源:*Enquêtes Emploi 1970-2005*. INSEE; archives CMH-Quételet。

---

① 法文意为"中层管理人员"。——译者注

鉴于这一持续 25 年之久的长期衰退即将结束,我们可以试着对两个社会和家系世代做一比较。³ 新世代年轻人的生存现状并不比父母在同一年龄时的状况更好,这一现象在和平时期还是首次出现。事实上,1968 年世代(出生于 1948 年)是 1918 年出生世代(二战期间他们 20 多岁;他们在辉煌三十年初期的艰难环境中继续工作)的子女。对在婴儿潮中出生的世代而言,他们的生存条件比他们的父母优越得多。然而,下一个家系世代(生于 1978 年左右,现在 25—30 岁)的状况则不然,他们享有的成长机遇不如自己的父母,经济衰退是一个原因,另一个原因则是他们取得的各种后果都相对差于父母曾同期取得的成果,后者极为优越。⁴

我们如今观察到向社会下层流动的人口比例在不断攀升,与之相关联的是越来越多的中产阶级子女无法得到与父母社会地位相媲美的社会地位。与此种社会降级(déclassement social)相伴的是一种强大的教育降级(déclassement scolaire)效应:即,职业的社会声誉——与某一特定教育程度相对应——在世代间呈持续下降趋势。针对这一下降趋势展开的相关同期群分析显示,此种教育降级并未波及 1950 年以前出生的同期群,因为那些人在 25 岁时就占据了较高的地位,至今仍享受其遗泽。而那些在 25 岁时地位较低的同期群因受其在进入劳动力市场时遭遇的早期困难所限,几乎无法实现赶超。在职业生涯中,同期群的不可渗透性是一个重要方面:那些在更有利的情势中获得自身社会地位的人可以将早期的优势一直延续下去,而其他人则在进入劳动力市场后的很长一段时间内都无法实现赶超。

因此,法国的情况为研究合作主义体制动态(问题重重)提供了一个极好的案例,原因在于法国无力向年轻成人分配利益。法国牺牲了很大一部分人口的利益,但又无法将其输送给更新世代。接下来,我们要讨论代际可持续性的缺失,因为此类福利体制靠剥夺新世代的利益去支撑早期世代的社会权利。

法国是个例外吗? 一项以同期群为对象的国际比较

这是个很有趣的问题,因为法国在许多方面都非常特殊。法国文化是一种同质文化——尤其是其政治文化拒绝接受自由市场法则。整个法国实行的是集权治理体制,该体制的特点是,在相当长的时期内,相似的错误判断和决策会在全国范围内重复出现。法国政治文化的特点是:政策的演进是"暂停—施行—暂停"式的,由此导致"过度投资与投资不足轮番上演"以及在政治上造成"强烈反弹和对反弹的反弹"。在法国,进入劳动力市场的头几年对个人未来的生活机会具有全局性影响:早期的成功将转化为一种租金资源,而早期的失败则反向地成为一生的障碍。法国的跨同期群不平等情况非比寻常,因此法国可能是个例外。在分权制国家(如美国或意大利),同期群之间的裂痕可能被模糊化了;更为负责的政治体制可能会避免实行"暂停—施行—暂停"式的政策,诊断以往错误并采取措施进行纠错的速度会更快。与法国社会相比,在有些社会中,个体的生命历程更不稳定或更开放,因此这些社会更可能在不同同期群间进行机会的再分配。

要检验"法国例外说",我们可以在不同国家间比较收入在整个生命历程中的动态变化。我们对比了四个国家:法国、意大利、芬兰和美国,每个国家分别对应一种艾斯平-安德森划分的福利体制类型。这四个国家的发展水平(大致)相当,发展趋势也大致平行,美国的经济虽然在 20 世纪 70 年代首先陷入停滞,但在 20 世纪 90 年代,美国经济又对其他三个国家成功实现了反超。

这四个国家的微观数据取自"卢森堡收入研究项目"(Luxembourg Income Study Project)(LIS, 2010)。表现类似的国家还有一些,但是我们未将它们纳入本章研究范畴。本章关注的重点是消费,所以我们的着眼点是家庭生活水平而非个人收入;在这里,我们与其说关注职业的经济报酬,还不如说是关注以不同同期群获取商品为表现的生活机会。借助 LIS 项目数据,我们可以计算出调整后的可支配收入(缴税及收入转移后的总净收入,根据家庭规模进行调整,其中等价尺度是家庭常住人口数的平方根),从而对四个不同时期(1985、1990、1995 和 2000 年)中,各个年龄群体的生活标准进行比较。

相对调整后的可支配收入(relative adjusted disposable income,简称 radi)的主要对比结果如图 10-5 所示:

- 在 2000 年,各国 radi 平均值的年龄分布曲线颇为相似,都在 55 岁前持续上升,在那之后生活标准开始不断下降(收入下降或者退休)。
- 从 1985 到 2000 年间,除美国外,各国年长者的收入普遍上升,其中芬兰的上升幅度最小,法国最大。
- 在法国和意大利,35—39 岁年龄群体的收入水平明显下降;法国的变化动态包含了一条非常清晰的同期群波动(收入达到峰值的年龄从 40 岁升至 50 岁)。

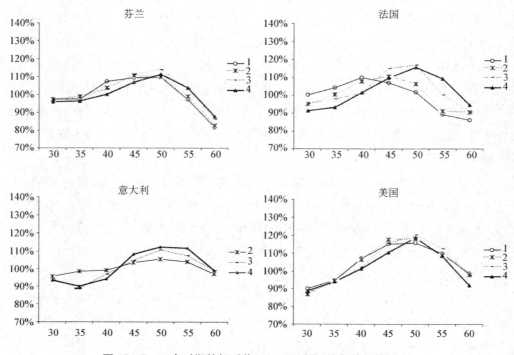

图 10-5 三个时期的相对收入（radi）对比（按年龄群体划分）

资料来源：卢森堡收入研究项目（LIS）的微观数据，外加作者本人的计算结果。相对调整后的可支配收入（radi）；radi=1 对应同一时期 30 至 64 岁年龄群体的平均水平；时期 1，2，3，4 分别对应 LIS 项目中 1985、1990、1995 和 2000 年的数据。在图中，30 岁年龄群体属于 30 至 34 岁年龄群体的一部分。总体：以家庭相对调整后的可支配收入为特征的所有个体。

- 在意大利，30 岁时 radi 的下降并不显著，但要注意，30 岁的意大利人大多未成为一家之主，绝大多数人在名义上仍受惠于自家长辈的财富。

此处的要点在于，法国和意大利进行了生活标准的深度再分配——牺牲较年轻的中年人的利益以维护年长者的福祉；芬兰和美国则未出现大规模再分配（在芬兰，年长者的生活标准略有提升；由此产生的相对结果为其他各年龄群体所共享）。虽然北欧国家和自由主义福利体制都有志于消除同期群间不平等，但在实行合作主义体制和家庭主义体制的国家中，各年龄群体间则出现了明显的不平衡，而且在年轻家庭诞生期间，各个年龄群体在此期间的生命历程都经历了深刻变化。

在 1985 年的法国，55 岁和 35 岁年龄群体间的差距为 15%，到了 2000 年，这一差距增加了 16%——这意味着，再分配的比率达到了 31 个百分点。在意大利，55 岁和

35岁年龄群体间的差距在1985年为8%,到了2000年,两者之间的差距增加了22%,这意味着,再分配比率达到30个百分点。年龄群体间的隐形再分配不可忽视;此处有证据表明,在北欧国家和自由主义体制下,同期群之间的不平等趋于稳定,而在合作主义和家庭主义体制下,同期群间存在着强烈的不平等。

无论是同期群间不平等还是同期群内不平等,它们的变化动态都会对不同福利体制内的radi曲线形状造成影响。在生活标准分配的峰顶和谷底之间,同期群的变化十分显著。在这里,我们测量了同期群内不平等,测度依据为十分位数之比——D9/D1,即最富的10%与最穷的10%之间的收入之比(图10-6)。

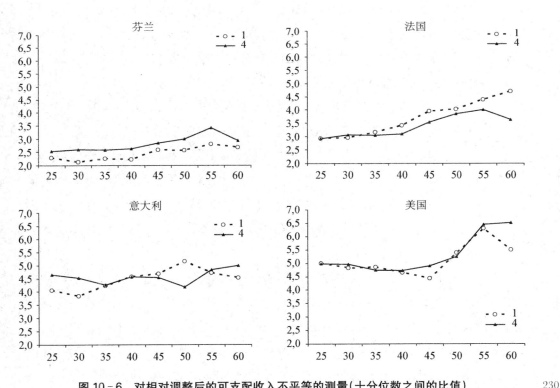

图10-6 对相对调整后的可支配收入不平等的测量(十分位数之间的比值)

资料来源:卢森堡收入研究项目(LIS)的微观数据,外加作者本人的计算结果。参见图10-5。时期1、2、3、4分别对应1985、1990、1995、2000年的LIS数据。

最值得注意的结果如下:

- 对于相对调整后的可支配收入不平等的测度结果而言,其分布范围并不出人意料：美国最不平等，芬兰最平等；意大利与美国接近，法国与芬兰接近。
- 芬兰的情况比较稳定。
- 在法国，年长者内部的收入不平等程度出现了下降：在20世纪80年代，年龄越大的同期群，其内部的不平等越显著；同时，先前较年长的同期群逐渐被较年轻的同期群所取代，而在后者内部，收入更平等。然而，在最年轻的同期群内，其内部的平等程度并未得到改善。
- 在美国，年长者的可支配收入面临着更为严重的同期群内不平等（年轻同期群则更为平等，并且不平等的程度似乎与年龄成正比），年长群体内的不平等程度还在日益扩大（如今，年轻人和年长者之间的对比更加鲜明）。
- 意大利的情况更加不稳定，但年轻同期群在2000年面临的群内不平等比20世纪80年代中期更为严重，在此期间，对50岁年龄群体而言，情况则相反。意大利的更年轻同期群面临的挑战主要有：他们相对而言更穷（参见图10-5），同期群内不平等更加严重以及随时面临贫困化和不平等扩大化的风险。此外，更进一步的分析（Chauvel，2007）显示，一旦我们综合考虑了人口统计学的论点，就会发现上述情形还会产生更为严重的后果：意大利的年轻成人会通过降低生育率来回应不容乐观的现状。子女人数越少意味着他们的生活水平就会越高（因为收入将会在更少的消费单位之间进行分配）。如果今天的年轻成人在生育率上向20世纪80年代的年轻人看齐，那么他们在经济方面还将面临更大的困难。

在法国和意大利，年轻同期群的生活条件和标准都是不稳固的：与自己的长辈相比，年轻人承受的收入变化更加不容乐观。这意味着在福利体制中出现了一种不可持续的决裂，因为年轻同期群的社会化不同于较年长的同期群，后者的社会化是以牺牲前者的利益为代价的。相反，芬兰和美国都未出现极端的变革：两国有着稳定的福利体制，在不同同期群进行社会化的过程中，他们之间并未出现明显的破裂。芬兰有着强大的社会保障制度，这一集体利益为各年龄群体所共享，而从1985年到2000年期间，美国的不平等制度几乎没有发生任何变化（如果我们将目光投向里根经济学发挥影响之前的时期，就会发现美国的体制也曾出现了醒目的撕裂，但如今，这种撕裂已成为长期历史变革的一部分）。

福利体制和教育回报率

在本文中,"学历通货膨胀"(Credential inflation)是指教育资证的名义价值发生贬值(事关收入水平),年轻同期群正面临这一问题,他们的收入水平要低于年长同期群在同一年龄时的收入水平。学历通货膨胀不仅仅意味着年轻人的地位低于年长者,还可能对年轻人的人生道路造成影响。更加微妙的是,并不是所有的年龄群体都会同时经历学历通货膨胀,因为教育资证的价值下行可能是教育程度长期提升的结果。如果这一下行转变是所有年龄群体"共同承担"的,那么年轻出生同期群经历的学历贬值就不会有任何特殊之处。所以,我们试图寻找一些具有特殊性的变化模式,以证明各年龄群体并非同时经历这一变化。

这里,我们着重考察的是中等层次教育(最高教育程度截至完成中等教育),因为在法国,该教育层次对教育扩张产生的影响最为敏感(Duru-Bellat,2006)。我们评估了教育扩张和资证扩散对受过中等层次教育的下层中产阶级的影响。此外,为了能在一个时间跨度较长的时期内比较不同年份、不同国家,我们必须拥有一个比较尺度,因此我们分析了这一群体的平均地位在所选时段内相对于全国总体平均水平之间的差距。教育学历证书通货膨胀的观点总是和如下假设一道出现:相对于全国总体水平,这一群体的总体平均地位正随着时间的推移以及世代的更迭不断下降;无论如何,出于进行同期群间比较的目的,我们更感兴趣的是非线性的或至少非平行的变化。我们的主要发现有哪些?参见图 10-7。

- 在所选时间段内,我们分析了在所有时期(从 20 世纪 80 年代中期到 2000 年左右)以及各个年龄群体(从最年长的到最年轻的)中,受过中等层次教育的群体的地位相对于总体平均水平的变化,并对其下降的动态变化进行了测量。从较长的时间尺度来看,这种变化体现为一种数学关系:该群体的规模越大,其相对地位就越低于总体平均水平。如长期变化趋势所示,新年轻群体的地位抵达总体平均水平的时机一向太晚,但更年轻的群体比他们更晚,也更可能触底。
- 然而,最重要的启示存在于非线性或非平行的演变之中。法国的情形便是一个典型的案例:较年长的群体往往能保持甚至增加其教育地位的相对价值(在 2000 年五十几岁的年龄群体是法国婴儿潮的第一批同期群,他们中的许多人

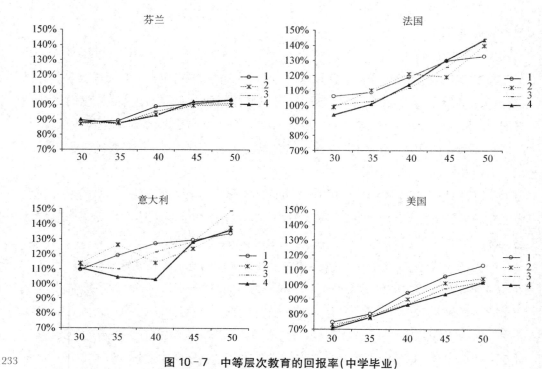

图 10-7 中等层次教育的回报率（中学毕业）

备注：1＝相对调整后的可支配收入（radi）的全国中间值。
资料来源：卢森堡收入研究项目（LIS）的微观数据，外加作者本人的计算结果。参见图 10-5。时期 1、2、3、4 分别对应 1985、1990、1995、2000 年的 LIS 数据。

完成了完整的中学教育乃至涉足第三级教育。与此同时，新的三十几岁的同期群面临着自身地位的显著下降）。

- 有趣的是，美国的情况则与之截然相反：四十几岁或五十几岁的群体正经历着自身地位的下降，而年轻年龄群体的地位则相对稳固；前两个同期群是出生于美国婴儿潮的较年轻世代，他们的经历并不像法国同期世代那么美好（越南战争，进入劳动力市场时恰逢 20 世纪 60 年代末开始的经济衰退，如此等等）。这些中年人也经历了 20 世纪 80 年代大张旗鼓的改革，还曾是美国工业进行结构调整和减员增效的受害者（Newman，1999）。
- 在芬兰，相关趋势不太明显，2000 年的一项调查显示，芬兰中年人口的地位出现过一次可见但温和的下降。
- 意大利的趋势最为显著，中年人口往往面临着地位的明显下降，这与图 10-5

所示的情形接近：在家时（住在父母家里），年轻的下层中产阶级往往无需担忧社会地位下降；他们一旦成年，开始独立工作并为人父母，其特殊处境就会在对比中凸显出来。更准确地说，社会地位的下降掩盖了一个更深层次的变化——意大利的生育率降幅更为显著（15年来，平均每个中年家庭少生了0.4个子女）。在上文中，我们测量了中等层次教育回报率的显著非线性变化，这里的问题不在于年轻人和年长者间的两极分化，而在于最后几批富裕同期群之间的两极分化。最后几批的富裕同期群指的是即将退休、如今正值中年的同期群，他们属于最早经历经济衰退期的几批人。

这些非线性的变化如果足够显著（如法国和意大利），则说明一些同期群将能避免其他同期群正面临的教育或学历通货膨胀。这些变化表明，在某些福利制度下，民众被"暂停-施行-暂停"式的政策置于风险之中。在这些国家，从客观上说，相邻出生同期群之间的反差可能会演变成世代撕裂。人们从社会世代角度将之解读为世代冲突并非简单地无意识行为。相反，其他福利体制（自由主义和社会民主主义体制）的逻辑是对冲击进行限制、柔化同期群间的裂痕，并弱化相邻年龄群体间的强烈反差。显然，社会民主主义福利体制积极的一面在于它总是将经济不平等的程度限制在可接受的范围以内（虽然近年来体制内的不平等程度也有所上升），在有其他挑战需要面对时也不例外（比如，社会同质化程度下降；如何在一个极度信奉平均主义的国家中鼓励国民承担责任并激励他们进入职场）。自由主义体制往往意味着更多的冲突以及与传统（等级的）不平等密切相关的社会难题；与此同时，与欧洲大陆相比，在自由主义体制下，出生同期群间出现撕裂的风险也更低。与欧洲大陆相比，美国的X世代似乎受世代具体情况的影响更少。

福利体制断层和社会代际平衡

在这里，我们的主要结论是：不同福利体制对20世纪70年代后的经济放缓作出了截然不同的响应。就芬兰的福利模式而言，其面临的挑战在于普遍地维持稳定、给予各年龄群体以平等的保护；在该模式下，各种形式的紧缩对所有人一视同仁，不会专门针对年轻人。美国位于不平等问题的另一端。美国并未偏离其市场竞争的原则，在年轻人和年长者的生命历程中，他们面临的挑战是类似的。若以经济地位来衡量教育价值，那么在实行自由主义福利体制的国家中，教育价值的变动不如欧洲大陆显著。

相反，为迎接新的经济挑战，法国和意大利往往会给予年长者更强有力的保护和更优裕的地位，而年轻同期群则遭遇更大的困难（相对收入更低；在争取经济独立和进入就业市场时困难更多；在意大利，中年群体遭遇的不平等和危机更加严重）。于是，一个自相矛盾的场景出现了：社会民主主义国家一方面似乎改善了年长同期群的生活条件，另一方面较年轻同期群的社会地位则持续地受到动摇，甚至一直持续至他们抵达40岁，此时，新的世代已经出现并已做好了社会化的准备。通过与较年长同期群所占据的社会经济地位相比较，可知在较年轻同期群中，教育的价值越来越低（教育降级），这也会导致后者对未来产生悲观情绪——在未来，他们的文化参与和政治参与都面临着稳定性丧失的极大风险。这一现象在一定程度上解释了法国浓重的悲观主义情绪及年轻人产生双重受害感的由来：一方面将自己视为冒牌自由主义的受害者，因为自由往往被赋予了有经济手段的人；另一方面将自己视为冒牌社会主义的受害者，因为年轻人群体被社会抛诸脑后。

我的核心结论涉及福利体制的长期存续性。为了实现长期稳定，任何一种社会制度都必须妥善安排世代间的再生产以及复制创造新时期的能力。如今，法国和意大利的年长者都受惠于一个规模庞大的福利体系，但是，他们之所以能够积累到众多的社会权力，是因为他们有着相对优越的职业生涯；我确信，等到今天的新世代自己也变成了年长者，他们将不可能像今天的年长者一样享受到那么多的福利，而且，随着世代的交替，如今的福利体系规模将不可避免地受到削减，因为福利体制再生产的前景远不明朗。

在法国，不同社会阶层有着平行或相似的代际变迁趋势，因此，法国面对的主要问题并不是世代不平等，而是这样一个事实：福利体制严重依赖较年轻世代的支撑，可是等后者需要从福利体制中获得收益时，福利体制可能已经崩溃了。真正的问题并不在于经济停滞，而是不为长远做准备，反而牺牲最脆弱群体的利益：刚刚完成社会化的年轻世代。当前的福利体制在可持续性方面存在如下问题：福利体制看似规模庞大、经久不衰，其实不然，它的衰退几乎不可避免；通过牺牲年轻同期群的利益为年长者提供保障，致使福利体制面临着巨大的不确定性。

美国的情况更加复杂。就年轻世代而言，最上层阶级正享受着格外优渥的地位，而中产阶级的财富不见增长，穷人则相对地（就算不是绝对地）遭受剥削。这一体制目前看来是稳定坚固的。与美国相对的是芬兰。芬兰有着高标准的社会保障、社会平等和团结的程度很高,这些特点能在世代间实现稳定传递,因为新老同期群能享受到类似的社会条件和权利。

问题的关键在于,法国或意大利的年轻世代能否继续容忍目前的福利制度——年轻世代的社会境况不仅不如年长世代,而且改善的前景遥遥无期?就目前而言,世代间不平等的程度尚在可承受的范围内,这是因为人们尚未普遍意识到这一问题——社会对世代间不平等的正视程度还很低,而且世代间不平等获得的政治认同等于零。法国和意大利的例子表明合作主义和家庭主义福利体制已陷入绝境,所以若想在不同年龄组别之间实现社会团结,普遍主义模式(类似于北欧国家的模式)是最佳选择——从社会化的长远视角来看,普遍主义模式予以年轻人、中年人和年长者平等的支持。立足于人们的生活水平,我们在消费层面所做的分析能帮助我们更好地理解各国人民在生命历程上的差异。与美国相比,法国的年轻世代面临着真正的困难;在年龄结构的另一端,今天的年长者受益于特定时期的经济繁荣和经济同质化(更为平等)。沿着这些思路,法国的年长者似乎是产品营销的绝佳对象,而法国的年轻人则常常受制于各种社会问题。

意大利的情形和法国类似。但在意大利,成年人中的较年轻世代出现了人口锐减的危机(生育率下降,子女人数减少),与此同时,他们对家庭的依赖程度也不断上升。这两点的结合在一定程度上延缓了世代间不平等的暴露;然而,这一问题终究是要暴露的,那么到时由谁来照顾年长者呢?芬兰的情形与之相反,它的发展模式看起来比较稳定,福利体制具有普遍主义、各个群体休戚与共、共同进步的特点。其他国家暴露的社会问题(日益扩大的贫富差距、新世代面临着日益增多的社会问题、年轻群体和受过良好教育的中产阶级的地位出现动摇等等)在芬兰似乎并不那么显著,并且随着芬兰工薪中产阶级在知识型社会中继续进步,芬兰的大环境将更有利于社会同质化。虽然福利体制模型存在诸多局限性,但在本文的分析中,我们认为普遍主义福利体制是可持续的,并具有保持自身长期发展的能力。

真正的问题并不在这里。法国和意大利的问题要棘手得多,两国都出现了新世代社会化失败的明确迹象。有关这一点,我们将不得不扩大比较的范围。德国的前景比较乐观(如果我们不考虑人口因素),西班牙的情况也十分有趣:在西班牙,月薪不足千元的群体(年轻的大学毕业生,月薪不足1 000欧元,他们的受教育程度高于父母,但富裕程度却低于父母)给未来的社会发展带来了严峻挑战。同样的分析方法也适用于许多其他国家;例如,在过去20年里,阿根廷公立大学培养的毕业生数量超出了经济吸收能力；而在日本，1990年之后爆发的经济衰退引发了诸多不良后果，比如年轻成人无法完成社会化以及一些新出现的群体造成众多新的社会问题："茧居族"（英文为hikikomori，日文为"ひきこもり"）——永远长不大的青少年，他们爱电子游戏甚于现实生活；无正当职业者（日文为"フリータ"；英文为freeters或furita（飞特族））——不上班、不入学、靠父母养活的新世代；"单身寄生族"（英文为parasite singles；日文为"パラサイトシングル"，或独身寄生族（parasaito shinguru））——在父母家里居住数年乃至数十年之久。台湾地区如今也出现了由过度发展带来的问题；中国大陆的部分城市也出现了类似问题：有些名牌大学的毕业生不愿接受内陆中型城市（拥有约500万居民的城市）提供的更好地位，而情愿留在北京或上海，尽管北京和上海无法给予他们较高的社会地位或可期的未来。在21世纪，新兴和老牌发达国家将饱受过度发展之苦。

注释

我想向丽塔·加利诺加（Riitta Jallinoja）、伊恩·里斯·琼斯（Ian Rees Jones）、JP·鲁斯（JP Roos）、佩卡·苏尔库宁（Pekka Sulkunen）、奥莉·玛丽（Aurélie Mary）、恩佐·敏吉万（Enzo Mingione）、凯瑟琳·S·纽曼（Katherine S. Newman）和保罗·阿特威尔（Paul Attewell）等人致以感谢，感谢他们给予我的帮助和支持，他们出版或发表的著述和评论也给了我很大的帮助。

1. 法国和美国都曾经历过一段时期的战后繁荣：美国的"资本主义黄金时代"（Maddison，1982）和法国的"辉煌三十年"（Fourastié，1979）；此后，两国又都经历了一段时期的经济衰退期和人们期望值的下降，前后形成了鲜明的对比（Krugman，1992）。请重点参阅肖维尔的相关著作（Chauvel, 1998/2002）。
2. 法国人习惯通过职业来表现社会分层体系，这一做法与美国人不同；法国的这一传统根深蒂固，受此影响，法国人总是带着"阶级歧视"的视角审视法国社会，这一视角虽然正在逐步淡化，但仍居于支配地位，并且为绝大多数社会学家、媒体和社会行动者所持有。在这一方面，美国的做法与法国截然不同。亦可参见斯赖特的著作（Szreter, 1993），他提出了一种比较观，可用以比较中产阶级职业群体在表现上的差异。
3. 在20世纪，父母与子女的年龄平均相差约30岁。
4. 正如阿蒂亚-东菲（Attias-Donfut, 2000）所描述的那样，随着家庭团结（solidarités familiales）进一步强化，父母将以各种方式帮助自己的子女（在世代之间转移和传递实物财富、文化和物质资源），但从整体看来，首选的、效率最高的团结形式仍是社会地位的再分配。

11
教育与劳动力市场：以波兰为例

帕维尔·伯劳斯基

教育争论的背景

虽然存在种种争论，但许多观点都赞成增加教育投资以及提高更多的人的教育层次。一个常见的假设认为，普及教育机会不仅能解决收入不平等还能补救治理失败问题。毕竟，任何政治制度的合法性都可以通过以下途径得到增强：越来越多的行为人参与治理进程；各种形式的参与式民主或惯例不同的协商民主进一步发展（Dryzek，1990；Hirst，1994）。这些都需要依靠进一步丰富支撑政治决策的知识基础（Kooiman，1993），因此这一过程还依赖见多识广、受过良好教育的民众。赋权（其原理通过某些途径被引入到学校当中，例如公民权利课堂）只不过是一种民主化策略，这一概念是基于这样的一个假设：知识能保证民众更广泛地参与公共生活。在此过程中，公民教育扮演着一个至关重要的作用：教授人们如何制定自己的目标，如何表达他们的自我利益，如何获得关乎个人权利的信息，以及如何实现这些权利。还有一种假定认为，人们的受教育程度越高，他们的意识和活跃程度就越高（Hall & Taylor，1996）。这表明，受过高等教育的人，相对来说，不仅会在处理正式和非正式社会生活规范时更有效率，同时也会更积极地、更多地介入公共生活的种种方面——简而言之，他们会试图影响行政决策，并参与全国性选举（Czapinski & Panek，2007）。至于受过良好教育的公民，他们的觉悟更高，因而也更有价值。

"民主化"的概念极为强调教育的以上功能，认为教育能帮助政治秩序合法化，并能维护政治秩序的稳定。正如厄内斯特·盖尔纳（Ernest Gellner）在《民族与民族主义》（1991）中所说的那样，这一思想不仅存在于政治中，而且我们也可在社会学中追溯其历史，所以我们有必要承认这一事实。在这本涉猎广泛的著作中，盖尔纳描述了教育体系在其发展过程中是如何影响了民族国家的性质。盖尔纳首先论述了通识教育的作用——促进那些有助于将"国家"（State）转变成"民族"（Nation）的观念得到广泛流传；其次，盖尔纳认为，在一个流动性强的工业国家中，我们一方面需要让学校训练标准化，另一方面也要限制小学教育阶段的专业化程度。在盖尔纳的分析中，教育的意识形态功能本是隐性的，可是，如今这一功能已变得显而易见，比如我们会以社会对话的名义以及一些其他方式提及该功能。

在关于提高民众受教育程度的讨论中，一个最经常使用的、获得现有数据扎实支持的观点论述了人力资本的概念以及教育的经济功能。依托贝克(Becker,1975)的理论,有一种假设认为,人力资本既是经济增长的一个基本要素,也是个别企业和整体经济提高竞争力的一个要素。用讲究修辞的方法来说,欧洲联盟(欧盟)往往会从人力资本的观点出发看待高等教育的益处;我们可以在欧盟的文件和战略中清楚地看到这一点。例如,在2000年的里斯本峰会上,欧盟成员国一致认为,欧盟的最重要目标是:争取让成员国的经济变得更有活力、竞争力更强;发起一个可以被概述为争取"更好工作"的运动,以改善劳动力市场状况;同时保持紧密的社会凝聚力(在欧盟文件中,社会凝聚力的概念还有点模糊不清)。欧盟的总体目标包括:增加对人力资源的投资;在年龄在18至25岁之间的年轻人当中减少那些只有中学文凭的人数;把学校变成普通人能正常入学的地方性"教育中心";在劳动市场制定和实施积极的政策;鼓励终身学习;改进教育体制,从而培养出适应能力更强的劳动力队伍。欧盟各成员国的发展战略中也包括了类似的计划和目标:例如,在波兰,相应的计划就被称为"人力资本运作计划"(Human Capital Operational Program)。

我们所说的"人力资本"应该能提高个人的机会。如果积累人力资本数量的基本要素是教育,无论其测度是学习年限,还是所达到的学历水平,那么以上目标就能实现。事实上,受教育程度与收入或失业风险之间的关系是普遍的。例如,数据对比表明,在所有经合组织国家,一个人完成的正规教育层级越高,他或她的收入就越高、失业风险也越低,而且在整个工作生涯中,失业的预期年限也越少(OECD,1998:110)。因此,我们倾向于把个人的失败归咎于个人缺陷。最明显的缺陷便是在处理与劳动力市场相关的问题时缺乏效率,以及缺乏在劳动力市场取得成功所必需的资质。因此,为克服个人困难以及与之相伴的社会、经济问题,完成更高级别的教育并获得必要的资质似乎成为一个普遍性的补救措施。有证据表明,投资教育会产生回报:在经合组织国家,投资第三级教育的回报率在5%至15%之间,而且平均回报率正在缓慢增长(Boarini & Strauss,2007)。

然而,这些主张提高(特别是在公共政策和劳动力市场领域)公众教育层次的论点很有可能不符合当前的经济现实。我们培养出来的拥有适宜资证并受过良好教育的毕业生有时会供过于求,从而导致高素质劳动力的机会出现相对减少。学校提供的教育课程可能无法满足雇主的需求。

彼得·M·伯劳(Peter M. Blau,1994)论述了教育追求的自相矛盾之处,当主流人口的受教育水平不一定带来相对更高的收入和更好的生活机会时,这种矛盾就会发生:

在工业社会中，只要学历资质有助于个人取得职业成就，那么个人便会有动力去通过获取尽可能多的教育来提高自身的职业机会。然而，与个人的相对职业机会不同的是，总体职业机会在很大程度上取决于劳动力市场对职业服务需求的程度。为了改善自身的职业机会，许多人致力于获取更高程度的教育，从而提高了人口的总体受教育水平。但一国教育水平的普遍提高对职业机会的影响不大，因为后者是由外生的经济需求所决定的。因此，面向有资历候选人的职位越少，现有职业机会遭遇的竞争就越激烈，而教育回报率也会下降。由于受过最好教育的候选人获得任何给定岗位的机会最大，因此人们追求更高教育程度仍然是一种理性选择。(Blau, 1994：103)

统计数字显示，过度教育现象在高度发达国家很常见。例如，格鲁特和范·登·布林克(Groot & Van den Brink, 2000)指出，在二十五个工业化国家中，每国大约有四分之一的员工属于过度教育的群体，这意味着他们的自身资质高于职位需求。其他数据(Belfield, 2000：37)也表明，在欧洲国家，过度教育群体占各国人口的比例介于15%与30%之间。此外，在教育的回报率方面，岗位与自身技能不匹配的员工比那些自身资质与岗位相得益彰的员工低50%(Duncan & Hoffman, 1981；Sicherman, 1991)。平均来看，教育赋予个人一种优势，但对一些员工来说，他所获得的优势比别人小。

相对来说，过度教育在波兰尚属一种新兴现象。在其他后共产主义国家，情况极有可能也是如此。在20世纪90年代，人们注意到提高教育程度能提高收入，并能降低受教育程度更高群体的失业率。与此同时，高等教育得到了大力的推广，而且政府还发起了多项运动，致力于让人们相信学历和其他的培训计划能在现在和将来给个人带来富足和如意。结果，自20世纪90年代初以来，波兰劳动力的教育成就迅速拉升。国民教育水平得到提高的表现包括，例如，中等教育入学率更高，以及取得高等院校学位的人口比率显著增加。此外，教育改革和教育私有化至少部分地抵消了过去存在的入学不平等。这些改革虽然有效打击了教育不平等现象，但同时也在劳动力市场中设立了选拔机制和各种障碍。

本章的主要内容包括：第一，描述波兰的教育体系在过去十年中的变化；第二，论述这些改革对劳动者技能以及教育资历在劳动力市场中作用的影响。分析所用的辅助数据来自官方的统计以及关于改革实施的报告。此外，我还要反驳如下论点：波兰的情况代表了社会学家R·K·默顿(R. K. Merton)所谓的"非预期结果"——我们正在提升国民的人力资本水平,以便使人们拥有相同的机会,但受教育层次的普遍提高却使一些人在劳动力市场中丧失优势。即使我们尚未造成过度教育,但某些催生过度教育的条件却已成熟。

波兰人的"教育奇迹"与理想

在"现实社会主义"(Real Socialism)时期,波兰社会的特征之一是存在一种被称为"社会分层成分解体"(decomposition of social stratification components)的现象(Slomczynski & Wesolowski, 1974; Wesolowski 1980)。在资本主义社会,不平等的三个维度——教育程度、收入水平和职业声望——往往相互之间高度相关。但在共产主义时期的波兰,这三个方面各行其是。受教育程度最高的群体并不比受教育程度较低的群体挣更多。例如,在1981年,受过第三级教育的劳动者的平均收入只有波兰全体劳动者平均收入的94%;在受过高等教育的劳动者中,只有60%的人收入高于波兰当时的平均工资(Wesolowski & Mach, 1986; Mokrzycki, 1997)。换句话说,至少从收入角度来看,教育并没有产生回报。

教育与收入和职业声望的脱钩现象一直持续到20世纪90年代初。与此同时,波兰人中受过高等教育的人口比例仍然相对较低。造成这一现象的缘由是波兰对教育体系的结构和功能的设计有效地限制了大学生的数量。在1990年(社会变革的开端之年),只有7%的波兰人接受过第三级教育,而在当时的欧盟国家中,这一群体的平均人口比例为20%。当年,波兰大学中只有4万多名学生。而且,除了卢布林天主教大学是由教会资助外,所有其他大学都是公立的。

1990年,在政治改革以及自由市场经济逻辑的影响下,波兰的社会结构开始重组。社会结构的重组牵扯甚广,其中一项便是调整劳动者的收入,使之与教育程度和专业岗位相对应(Pohoski, 1995: 365-366; Domanski, 1997)。结果,在受过良好教育的员工与体力劳动者之间出现了收入差距——前者的收入更高。同时,波兰议会于1990年颁布了一部新的教育法,鼓励创办私立教育机构,由国家行政部门予以审核与认证;国家行政部门的另一职责是监督新办私立学院和大学的教育质量,因为后者从公共财政中得到的资助非常有限。

这些变化导致第三级教育发生快速扩张。在1991—2006年间,波兰第三级教育机构的数量翻了两番,由112所增至441所(参见表11-1)。大学生人数几乎增加了

表 11-1 1990—2007 年间波兰高等院校的数量和大学生人数（按院校类型划分）

院校类型	院校数量				大学生人数（以千人计）				研究生人数（以千人计）			
	1991	1999	2004	2006	1991	1999	2004	2006	1991	1999	2004	2006
综合性大学	112	277	420	441	4 079	14 213	19 128	19 277	590	2 129	3 815	3 917
理工类大学	11	15	17	18	1 411	4 108	5 549	5 505	193	678	1 101	1 159
农业类大学	30	23	22	22	840	2 893	3 402	3 189	117	343	571	557
经济类大学	9	9	9	8	364	780	1 076	920	60	121	179	166
师范院校	5	94	93	95	240	3 321	3 879	4 062	31	442	1 002	880
医学类大学	10	19	17	17	476	1 376	1 338	1 174	84	299	339	327
海事类院校	12	10	9	9	387	281	445	531	56	44	60	99
体育教育类院校	3	2	2	2	25	86	121	105	03	13	25	24
艺术类院校	6	6	6	6	146	209	270	290	24	49	48	57
神学类院校	17	21	22	21	82	120	151	149	13	17	25	28
其他高等院校	7	14	14	14	67	91	104	107	09	13	20	27
非大学类高等院校	2	25	28	36	41	658	722	800		96	171	174
		39	181	193	00	290	2 071	2 445		13	274	420

资料来源：GUS, 2007；自己的计算结果。

4倍，从1991年的4,079,000人增至2006年的近2千万人。如今，其中约有50%的大学生正在接受高等教育，也就是说，大约有一半的适龄人口（18—25岁）正在高等院校就读。在2006年，净系数（18—25岁的人口群体中大学生的占比）达到38%，而在1991年，这一净系数只有9.8%。

需要指出的另一个重要内容是，波兰教育的迅猛发展是由学费和杂费支撑起来的。如今，许多大学生一直以来都是自费接受教育，而在国家转型前，情况不是这样的。然而，教育商业化的后果不仅仅是建立了众多新的高等院校，还带来了其他问题。1990年以后，公、私立院校开始对自身开设的校外课程和夜间课程收取费用。现在，大约有三分之一的大学生在私立机构学习，约有50%的大学生正在接受校外或夜间教育（在1991年，这一比例仅为20%）。现有统计数据显示，公立大学20%的收入和私立院校95%的收入来自学费和其他费用（GUS, 2007a: 306）。同样值得注意的是，在此期间，波兰的公共教育开支虽然增加了，但随着在校生人数的不断增多，开始变得捉襟见肘。2006年，波兰的公共教育支出占GDP的比例为0.95%，而在十年前，这一比例仅为0.30%；不过，大学生人数的增幅更为迅猛。通过对比来自经合组织的数据（其中波兰的数据只涉及公立高等院校中的大学生），我们发现，波兰的年度生均经费位居经合组织国家最低水平：2004年，波兰的年度生均经费为3 893美元（按购买力平价换算），而经合组织的平均水平接近8 000美元。再强调一次，波兰的数据只涉及公立机构。

造成波兰教育结构发生变化的原因是波兰高等院校大学生人数的快速增长。自社会变革发生前不久以来，波兰受过第三级教育的人口比例已翻了一番（参见图11-1）。同样，接受过中等教育的人口比例也出现了增长，而中学文凭是进入一所学院或大学学习的必要凭据。同时，我们也看到了只受过小学教育的人口比例显著下降。造成这些变化的原因显然不仅仅是教育系统扩张那么简单；人口的自然变化趋势也发挥了作用，在现实社会主义时期接受过较少教育的老一代人正在逐渐消逝。

相关研究清楚地表明，波兰人的教育抱负越来越高，无论他们已完成了何种教育层次、年龄有多大以及身居何种专业岗位。公众舆论调查显示，在过去的十年间，公众对教育重要性的认识逐年增强。在"您觉得在如今的波兰接受并完成一定程度的教育是否值得"的问题上，受访人的回答情况如下所示：回答"完全值得"的比例在1993、2002、2004和2007年分别为42%、66%、76%和70%。给出否定回答的比例从1993年的20%降至2007年的5%。希望自己的子女完成一定程度教育的受访者比例也出现了增长(CBOS,2007)。通过比较2007年与1993年的数据,我们发现,在接受过小学教育或职业教育的父母中间,上述比例上升了二十个百分点,而在接受过中等教育或第三级教育的父母中间,这一比例大约增加了十个百分点。定性研究表明,即使是在主要靠各种社会保障福利生活的贫困家庭,子女教育依然是一个优先事项(Polawski,1999)。

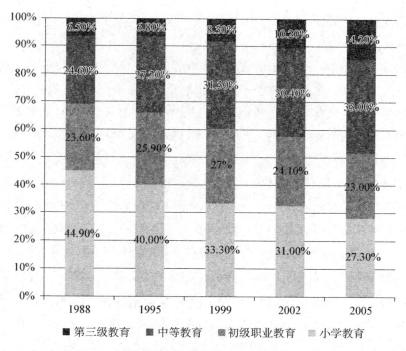

图 11-1 波兰人受教育程度的分布情况(1988—2005)

资料来源: Glowny Urzad Statystyczny, 2007. *Maly rocznik statystyczny Polski*. Warsaw: GUS, table 6-66.

现在,波兰12至15岁的年轻人中有近80%希望获得大学文凭,而在20世纪90年代初,这一比例只有不到40%。由此可见,那些只打算完成小学教育或职业教育的人数下降了。上述变化不仅是波兰人的教育抱负日益提高的结果,还是由教育体系的制度性变革所引起的,因为新制度鼓励人们在不同教育层次上获得知识。后文将更详细地讨论这一点。

与此同时,在教育程度、收入水平和职业声望三者的重组中,公众的意识也注意到了其中的一个重要变化(参见：Rychard, 2000)。除了对教育的态度发生了转变之外，公众的学习动机也发生了一些重要的变化。获得高收入是最重要的学习动机：超过60%的受访者提到这一动机。其他醒目的动机还包括：获得一份有趣的职业、让将来的生活更轻松，以及避免失业等。

有趣的是，虽然很多人将获得高收入和降低失业可能性选为最重要的学习动机，但是随着劳动力市场情势的变化，这一群体在全部受访人中所占的百分比也随之发生变化。当失业率增加时，选择以上两个动机的人数更多，但当失业率下降时，选择同样学习动机的人数更少。

问题的关键在于，一旦人们的受教育程度越高，人们就越期望获得更高的收入以及更好的工作条件。然而，在波兰，人们的预期收入与实际收入之间尚有差距，而在那些受过高等教育的人群当中，这两者之间的差距最大。有证据表明，受教育程度最高的员工对自身收入的预期最不符合实际收入(Czapinski & Panek, 2007：166)。更早些时候，契宾斯基和潘尼克(Czapinski & Panek, 2005：127)也同样指出：在受过高等教育的群体之中，现行工资和预期工资之间的差距远大于其他群体；这也意味着，比起受教育程度更低的群体，他们对自身学位所能带来的经济效应的预判更不符合现实。

虽然拥有更高学历的人期望获得更高收入，但他们的实际工资很少能达到预期工资水平。那么，在当代波兰接受教育能获得什么优势呢？有许多迹象表明，波兰的社会分层规则发生了许多改变。如今，简单地完成一定教育是不够的；教育还需要赋予受教育者适当的专业知识和技能。然而，众多迹象显示，普通公众尚未深刻理解第二个的事实，至少不及他们理解受教育层次与收入和/或生活机会之间的简单统计关系那么轻而易举。

教育产生的收益

教育收益主要体现在薪酬及其对一般劳动市场的影响之上。现有研究表明，在整个转型期间，若有雇员接受过第三级教育，那么他的工资水平就会高于仅完成小学和职业教育的雇员。2006年，拥有硕士或更高学位的员工的平均收入达到波兰人均收入的147.3%；完成中等教育的员工的平均收入只有波兰人均收入的89%；接受过初级职业教育的员工的平均收入只有波兰人均收入的73%；而只有小学文凭的员工的平均收入只有波兰人均收入的70%(GUS,2007b:64)。此外,受过第三级教育的群体的薪酬增幅大于其他群体;只有一个群体例外:对于受过职业教育的群体来说,他们收入的增长也很迅速。

时薪的变化趋势与之类似。拥有大学文凭的人,工作一小时所得的时薪是波兰平均时薪的170%;而受过小学教育的人,工作一小时所得的时薪只有波兰平均时薪的66%(GUS,2007b:69)。

同样值得注意的是,从薪水中的教育差异来看,私营部门的差距要大于公共部门。在受过第三级教育的员工与受过初等教育的员工之间,他们在私营部门中的收入差距达到波兰人均收入的126%,而他们在公共部门中的收入差距接近波兰人均收入的50%。因此,私人部门雇主比公共部门雇主更看重学历。

薪酬水平不仅取决于教育层次,也取决于技能和专业知识。因此,在被公认为是"专家"或"专业人员"的群体中,若所从事的岗位需求大学学历,那么他们的平均月薪会在波兰人均收入的220%(律师)到97%(小学教师)之间上下浮动(GUS,2007b)。同时,调查表明,教育收益的产出速度也比较迅速。对于那些在调查前两年内提升了自身资质的人来说(不仅包括在教育机构中学习,还包括完成各种课程和培训项目),目前他们的薪金是尚未提升资质人群工资的154%(Czapinski & Panek,2007:131)。

通过分析教育回报率,其结果同样证实了私人对教育的投资也能产生收益。然而,大多数研究皆表明:只有大学层次的教育才能产生回报。在其他各级教育层次中,个人教育投资的收益更低;我们同样也注意到,教育回报率不仅与正式文凭证书有关,并且与专业经验的关联度更大。卢特考斯基(Rutkowski,1996,1997)借助额外收入来衡量教育收益率,他发现,教育回报率的增长在社会转型的第一个时期中最为显著:从1987年的5%上升至1996年的8%。在每一年学习所能带来的收益方面,受雇于私营部门的员工在1992、1995和1996年分别要比那些受雇于公共部门的雇员高出0.6%、0.9%和0.8%。纽厄尔和莱利(Newell & Reilly,1997)也得出了类似结果,他们计算出大学文凭的教育回报率在8%—10%之间。目前,这一回报率(忽略计算中的一些方法论差异)是稳定的。斯特拉文斯基(Strawinski,2007:17)计算出大学文凭的年度收益率为10.2%。

然而,几位研究者对一份固定样本调查结果进行分析后发现,(对于那些计划提高自己教育程度的人来说,以及对那些推广共同教育观念的人来说)情形并不总是那么有利。(Czapinski & Panek,2003)。他们的计算结果相当令人吃惊,原因有二:第一,他们并没有证实人们对大学/学士级别教育的投资能产生回报;第二,他们指出,相较于1999年,人们当下在硕士级别教育上的投资收益率出现明显下降。其中一名研究者对这项研究的发现作出如下评论:

> 与大学/硕士学位相比,大学/学士学位的投资回报率,特别是对男性来说,少得可怜,因此,此类学习广受欢迎的现象非常令人惊讶……波兰人已经明白,投资第三级教育是一个很好选择,但他们并没有意识到大学/硕士学位是真正值得投资的对象,因为与大学/学士教育相比,大学/硕士教育阶段招生的人数太少了。(2003:121)

上述研究的作者解释道,大学/学士学位回报率在过去的四年中发生下降的原因是:一方面,劳动力市场对热门专业毕业生的需求量减少了;另一方面,私立学校广泛开设热门专业,培养出大量拥有大学/学士学位的毕业生,其中,最热门的专业是商学(市场营销、财务管理、银行管理等)。研究表明,波兰51%的高等院校毕业生——同时拥有学士学位和硕士学位——获得了社会科学、商科或法律研究等学科的学位;另有16%的所学专业与教育和培训相关;还有8.5%的人毕业于人文和艺术学科。在第一大类的毕业生中,波兰的百分比领先于欧洲其他国家。然而,在科学和技术领域,波兰的排名垫底——该领域的毕业生只占全部毕业生的8%(European Commission, 2005:318)。因此,教育奇迹的回报实际上并不那么明显。事实上,部分学科培养的毕业生供大于求是造成教育回报大大低于预期的重要原因,这些学科的共同特点是学科的建立和维护既便宜又简单。

劳动

在当下的波兰劳动力市场中,受过教育的人在经济上更为活跃(这意味着,他们已就业或正在积极寻找工作),而受教育程度相对较低的人在经济上则更为怠惰。我们也可以看到,这两个群体在经济活跃度上呈现出不同动态。2006年,在经济活动率上,拥有大学文凭的人几乎是拥有小学学历的人的三倍——分别为:86.7%和31.2%(Grotkowska & Sztanderska, 2007:130)。在波兰的各个群体中,经济活跃的人数在过去十年间都呈下降趋势；而且全部人口的整体经济活动率也出现了下降，从 1995 年的 65.9% 降至 2005 年的 62.8%。值得一提的是，在欧盟内部，波兰的就业人口下降是最严重的。然而，这种下降趋势是不平衡的，其中最显著的下降发生在受教育程度低的群体中：在只拥有小学学历的群体中，他们的经济活动率下降了 10%，而在只接受过职业教育的群体中，经济活动率下降了 28%。在受过高等教育的群体中，经济活动率的下降幅度最小，只下降了 0.5%。然而，我们注意到，除了教育质量，教育的专业化程度也决定了人们在劳动力市场中的经济活跃度。相比于受过普通教育的群体，经济活跃度在受过职业教育的群体中的下降幅度更小（在 1995—2000 年间，经济活动率在受过中等职业教育的群体中下降了 7.6%，而在受过普通中等教育的群体中却下降了 15.1%）。

因此，假定经济活跃度是人们对劳动力市场中的个人机会和可能收益进行权衡后的结果，那么，对于受过第三级教育的人来说，参加工作的利大于弊，也更有利可图。在经济活跃度不高的其他群体中，相比于正式学历证书，技能比对其经济活跃度的影响更大。

在 1990—1993 年间，波兰的失业率有所增加，达到 16.4% 的水平；不过，在接下来的 1994—1998 年间，失业率开始下降，直至 10.4%。在 1999—2003 年间，波兰的失业率又一次上升至近 20% 左右；然而，自 2004 年以来，失业率几乎下降了一半，降至 11.5% 的水平。对于受过高等教育的群体，他们在 1994 年的失业率为 3.6%，十年后降至 2%；自那时以来，随着总失业率的上升，该群体的失业率已于 2006 年升至 8%。2002 年，3.8% 的失业人口受过第三级教育，而到了 2007 年，这一比例达到 7%。不过，在同一时间，受过基础职业教育的群体在失业人口中的比例从 36% 下降到 29.6%。事实上，当我们从教育角度分析波兰登记失业数据时，我们最忧虑的并不是受教育程度不同群体间的失业率差异，而是随时间发展的总趋势。

以收入论，一般的趋势一目了然：受教育层次越低，失业的风险越大。同时，失业人口中，拥有较低教育程度的人数也远多于拥有较高教育程度的人数。如前所述，普通民众已准确地注意到这一关系；各种调查持续表明，获得高收入以及避免失业始终是人们的基本教育动机。然而，我们也注意到一个与上文所述情形类似的问题：某些学科的教育回报率要比其他学科低，而且社会尚未意识到：失业率不仅在受教育程度不同的群体间高低不一，而且在同样受过高等教育的群体内部，失业率也并不是一致的。

近十年来,特定教育领域中的失业人数虽然随着失业率的变化而变化,但不同领域之间的长期发展趋势并不一致(参见:图11-2)。从长期来看,对于受教育层次相对较低或仅接受过职业培训的群体来说,失业人数总体趋于下降。与之相反的是,就受过第三级教育或普通中等教育(培养目标基本上并不是帮助在校生进入职场,而是进入一所学院或大学继续深造的群体)而言,拥有以上任一教育程度的群体的失业率都会随着时间的推移而逐渐攀升。长期失业率(为期十二个月或更长时间)也呈现出相似的发展趋势。

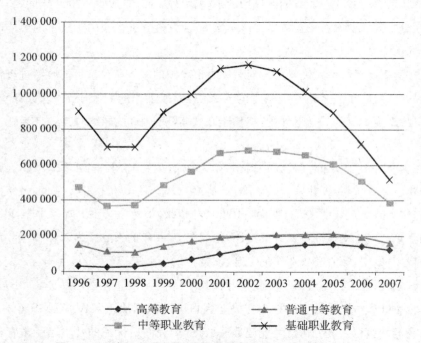

图11-2 波兰失业人数(按受教育程度划分)(1996—2007)
资料来源:劳动和社会事务部关于登记失业人口的数据统计。

我们可以从两方面来解释目前的趋势:首先,受过第三级教育的人群对经济变化的适应能力更强,而受教育程度相对较低的人群则更为脆弱;其次,即使是在经济繁荣时期,那些需要入职者拥有高等教育程度的工作岗位依然相对较少,而且这一趋势年复一年越发明朗。研究者们对毕业生在劳动力市场中表现的预测证实了上述趋势(Kabaj,2004)。

在我们考虑毕业生的失业情况时,有一些现象凸显了出来。不幸的是,现有数据只统计了截至2003年的毕业生失业情况,自那时起,就业服务部门在统计中不再保留"毕业生"这一类别,更遑论汇总全国数据了。

图11-3显示了各类学校登记的失业毕业生的人数。此图清楚地表明,在"教育繁荣"时期,高校毕业生中的失业人数随着毕业生绝对数量的增加而增加。与此同时,普通中学毕业生中的失业人数也随之增加。然而,在经济状况得到改善的时期内,职校毕业生中的失业人数大大减少。应该强调的是,尽管高校毕业生中的失业人数呈增加趋势,但是,对他们而言,获取一份新工作的平均等待时间相对较短:在1968年,只有十二个月,而其余毕业生的平均等待时间为十六个月。在随后的几年中,对所有教育层次的毕业生而言,找寻工作的时长皆有所增加。

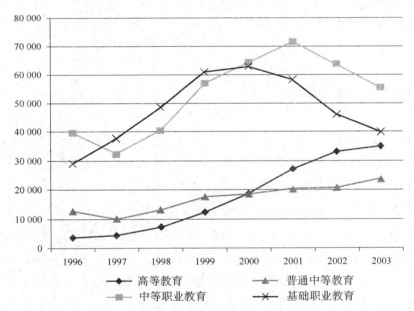

图11-3 失业的毕业生人数(按受教育层次划分)(1996—2003)

资料来源:波兰劳动和社会事务部关于登记失业人口的数据统计。

此外,来自劳动力市场监测调查(调查对象为雇主)的数据显示,在需要入职者受过基础职业教育的岗位中,空缺率最大(49.6%)。很显然,这些行业对从业人员的技能要求大多较低。其他类别的职位空缺率如下:产业工人和技术工人,34.3%;机械设备操作工与装配工,15.3%;高水平专家,17.1%。后一类职位空缺绝大多数存在于待遇相对较低的公共部门,包括公共行政部门、国防部门、社会保障服务部门以及卫生与社会福利部门。

尽管失业问题普遍存在,在高校毕业生当中尤其如此,但是波兰的业务主管们仍然抱怨缺少合格的劳动力(KPMG, 2007)。2007 年,14%的被调查企业认为,合格职工的缺乏是企业发展所面临的最重要障碍(在 2003 年,这一比例仅为 3%)。企业在寻求高素质员工时,会优先考虑那些接受过职业技术教育的候选人,而很少考虑他们是否毕业于波兰高等院校中的最热门学科。由于就业不充分以及市场需求不足,管理类、市场营销类、财务管理类等学科的毕业生构成了波兰过度教育群体的主体。但在此刻,由于缺少特定数据,我们无法更精确地描述这一群体。与此同时,雇主不仅看重正规资格证书,同样看重工作经验。这个结论也许不具备特别的启示意义,但它仍然有理由值得我们去注意,因为它不仅得到了登记失业人口调查的证实(调查发现,在工作年限越短的群体中,失业的人数越多),也得到了定性研究的确认(Baba, 2007)。

技能不匹配背后的原因

有若干因素造成了技能不匹配现象(一方面,接受了通识教育的高校毕业生人数过多,另一方面,在同一时间,低学历劳动力出现短缺)。这些因素包括:人口迁移、信息不完整、1990 年后高等教育的结构和特点,以及 1999 年改革后的中等教育结构。

近年来,媒体和公众舆论将波兰缺乏行业专家的现象归咎于经济移民,特别是移民到其他欧盟国家。但是,关于此种移民的规模,我们尚缺乏足够多的可靠数据,更不用说有关移民受教育程度或职业资质的信息。已公布的估计人数(INFOS, 2006)从66 万到 120 万不等。媒体甚至推测,在波兰加入欧洲联盟后,多达 2 百万波兰人可能已经离开了波兰。

尽管计算移民的人数很困难,但是我们的确知道自 2002 年以来,随着欧盟国家对来自新成员国的务工者开放其劳动力市场,越来越多的波兰人离开波兰,去往国外生活。我们也可以识别出波兰人的主要移民路径。自我们加入欧洲联盟的那一刻起,波兰人多数选择移民到英国、爱尔兰和德国。其中,波兰人去德国主要从事季节性工作(Bukowski, 2007; Wisniewski, 2006; CBOS, 2006)。

有关移民受教育程度的信息相互之间并不一致,来自经合组织的数据表明,波兰移民的受教育层次相对高于欧盟成员国人口的平均受教育层次,但波兰劳动力调查结果显示,在国外工作的大部分波兰人接受过职业教育[受过中等职业教育的比例为28.1%;受过基础职业教育的比例为30.9%。(Grabowska-Lusinska & Okolski,2008)]。与此同时,受过更好教育的波兰人和大学生倾向于去国外短时驻留,但他们极少将职业生涯放在国外。我们在本章开头提到了伯劳悖论,而这就是该悖论的一个极佳体现:不回到祖国,便面临着无法完成高等教育的高风险,而这又将导致两个后果:一是未来收入的下降;二是花在原籍国教育经历上的前期投入被浪费了。

研究通常发现,移民往往填补了接收国劳动力市场中的空缺,并未将本国工人排挤出劳动力市场,因为后者通常不愿意从事移民所从事的低声望、兼职和/或低报酬的工作。以上发现与有关全球趋势的调查结果相符——造成移民加快的一个基本机制是:发达国家的低报酬工作越来越多,而愿意做这种工作的本国人却很少(Sassen,1998)。

如果这些假设是准确的,那么如今影响波兰劳动力市场的移民趋势主要有两个:第一,专家与技术工人的持续性外流(而在经济繁荣时期,波兰则急需这些人才);第二,受过更好教育的研究生和大学生先去国外短期驻留然后回国,这些人构成了波兰过度教育群体的主流。

造成技能不匹配的另一个因素是就业者对劳动力市场需求结构信息掌握的不完整(incomplete information)。这种情形也属于福利经济学家所谓的"不完备信息"(imperfect information)(例如,Barr,2004)。个人的教育投资,与所有类型的投资一样,都是有风险的,因为我们很难预测在一段较长时间后的就业需求情况。当然,也有一些人对一般趋势进行了预测——例如,劳动力市场对训练有素的专家和技术工人的需求日益旺盛(Kabaj,2004)。问题是这些预测的言外之意常常被人们忽视,或者从未被公开过。波兰的情况比较独特,一方面鼓励高等教育进行集约化发展,另一方面又努力增加民众负担得起的教育选项,促成这一结果的因素有很多。新建高等院校需要迅速聘用众多学术工作者,这在波兰很容易实现;社会科学家在波兰大学的教职工中占多数,所以他们深深影响了波兰高校的特质(GUS,2007a)。造就不完全信息的另一个因素是,无论是教育与经济收益之间的关系还是劳动力市场中的供需关系皆对时间非常敏感。在一项分析劳动力供需不匹配的研究中(Baba,2007:154),作者描述了两项针对分类广告的调查。第一次调查始于1997年。此次调查显示,雇主在招聘时一般不设置或描述教育门槛,也没有详细说明期望应聘者具备什么样的资质。2004年进行的另一项类似调查研究显示,大多数雇主在招聘时更精确地描述了应聘条件,包括受教育层次和具备的资质。在此期间,雇主们之所以将自己的要求描述得更精确,可能是由劳动力市场分割及其最新发展趋势引起的。

自波兰教育改革一发端,人们就开始倡导如下观念:首先以及最重要的一点是,现代经济要求劳动力具备灵活性,而灵活性则受惠于通识、非职业教育。随着劳动力市场发生变化,这种想法可能已变得有点不合时宜,只有经过一段时间的延迟后,才会重新获得劳动者的认可。

劳动力市场对专业化劳动力的需求与高等教育培养出的毕业生之间的不匹配促使我们去思索体制因素——波兰教育体系的结构。如前所述,自20世纪90年代初以来,波兰高等教育市场的结构以及中学毕业生的偏好都已发生了改变。就学于师范、技术和人文等学科的学生数量有所减少,而学习商科、管理和社会科学等学科的学生人数却有所增长(参见:表11-2)。

表11-2 2006年波兰高等院校毕业生人数(按学科类型划分)

修习专业	大学生		研究生	
	以千计	%	以千计	%
教育科学和教师培训	2 506	128	599	152
艺术	222	11	37	09
人文	1 565	80	331	84
社会和行为科学	2 647	135	567	144
新闻和信息	168	09	37	09
商业与管理	5 018	257	1 117	284
法律	546	28	82	21
生命科学	137	07	31	08
物理科学	345	18	61	15
数学与统计学	16	08	33	08
计算机科学	1 039	53	172	44
工程及工程行业	1 535	79	227	58
制造和加工	281	14	39	10
建筑和建设	565	29	81	21
农业、林业和渔业	397	20	63	16

续　表

修习专业	大学生		研究生	
	以千计	%	以千计	%
兽医学	43	02	06	02
卫生	921	47	19	48
社会服务	19	01	0	00
个人服务	642	33	13	33
交通运输	16	08	23	06
环境保护	557	29	106	27
安保服务	65	03	09	02

资料来源：GUS，2007，table.16；外加自己的计算结果。

在小学和中学教育层面，1999年开展的改革带来了结构性变化，改革目标包括：增加入学机会、提高入学人数以及扩大教育选择空间。在早先的教育体系中，为期三年的职业培训或为期五年的中专教育确保了职业教育与普通教育并行不悖。现在的中学课程并不一定传授劳动技能，而中等专业学校只开设一些职业教育课程。中等职业学校的课程体系中往往涵盖了与高等教育中最受欢迎课程相对应的科目。在某种意义上说，这就大大鼓励了学生们去高等院校继续接受教育（至少完成大学/学士水平的教育）。同时，在中等教育阶段，学校往往会要求学生参加毕业考试：在以前，除了准备报考高等院校的学生，那些准备报考三年制高职的学生却无需参加毕业考试。

波兰的另一个问题是该国的教学标准不太可靠。国际学生评估项目（PISA）认知能力调查结果显示，在数学能力是否满足技术类和科学类课程的要求方面，波兰学生的表现低于经合组织国家的平均水平（不断变化的形势表明这种情况正在得到改善，特别在普通中学层面——参见：MEN，2006）。此外，成人识字率调查也显示，几乎一半的波兰人口不具备实用的识字技能。

综上所述，波兰的教育体系已经过重新设计，其目的在于提供通识教育以及降低教育门槛，而不是传授那些在劳动市场上真正有价值的技能。教育必须迎合劳动力市场需求的道理却被忽略了。作为教育改革的一个意外副作用，技能不匹配造就了一种结构性紧张：在教育的鼓舞下，充满抱负的年轻人对现有的空缺职位感到不满意。而这些工作岗位又几乎无法与其他地方提供的就业岗位相比拟。关于如何应对这些问题，波兰的教育系统似乎尚未准备好。

12

欧盟境内移民的社会经济融入：原籍国和目的地国对第一二代移民的影响

费奈拉·弗莱施曼　雅普·庄科斯

移民融入受到社会科学研究者的大量关注,但该领域的研究一直聚焦传统移民国家,尤其是美国。同化理论更是在美国芝加哥学派(20世纪20至30年代)的研究基础上发展起来的。同化理论预测,随着时间的推移,移民会在社会经济、空间、社会文化和政治等方面变得越来越接近原住民。然而,二战后,来自更多不同国家的一波波移民潮给同化理论带来了挑战。在对美国不同城市环境中的不同族群进行研究后,研究者发现,并不是所有的移民群体在抵达目的地国后会实现向上的社会流动。有一些移民群体确实实现了向社会上层流动,不过还有些移民群体却被向下同化,成为社会经济意义上的、按种族或民族界定的底层阶级;另外一些群体既没有被纳入到中产阶级,也没有沦落到底层阶级,而是始终聚集于一个个民族生态位或民族飞地(ethnic niches or enclaves)之中。

美国社会正在进行一场论辩,一方认为所有群体都会最终走向同化,而另一方则认为同化是多向分层进行的(Alba & Nee, 1997; Portes & Rumbaut, 2001; Zhou, 1997)。在欧洲,有关移民融入的争论和研究起步得更晚一点,因为大多数西欧国家刚刚开始承认自己是移民社会。更何况,欧洲各国继续将自己定义为民族国家,并且制定了千差万别的移民融入政策与方针,而"民族国家"(nation-states)一词则带有浓重的民族内涵。不过,这些不同的政策往往被视作欧盟各国以不同方式成功实现移民融入的重要原因。因此,为了评估这些政策差异及其重要性,我们有必要对阻碍或促进移民融入的因素进行跨国比较。欧盟正在争取制定一个共同的移民与融入政策,因此这样的比较显得尤为重要。

为了避免混淆,我们需要明确移民"社会经济融入"(socio-economic integration)的意指:我们认为移民实现融入的表现是,在控制了同样适用于移民和原住民的相关后果预测因子后,移民的劳动参与率、失业率、职业地位以及获取顶级职位的机会与原住民没有显著差异。换句话说,成功融入的特征是移民身份未发挥显著影响。

因此,我们希望通过综合考虑目的地国和原籍国的个体特征,弄清楚哪些特征促进或阻碍了移民融入。在本章,我们着重考察移民在劳动力市场上的地位,因此我们的研究范围被限定为社会经济融入。我们这样做的一部分原因是出于实用目的:我们的数据能提供最有关该方面融入的信息;此外,一章的篇幅根本无法容纳多维度研究。另一部分原因是,我们与许多学者一致认为,移民的社会经济融入是融入的第一步,也是后续空间、社会文化和政治融入的先决条件(Geddes et al., 2004；Waldenrauch, 2001)。

影响移民社会经济融入的因素除了目的地国家之间在政策等方面上的差异，原籍国也发挥了影响。高与汤普森(Kao & Thompson, 2003)认为，由于移民在宗教和文化价值观上存在差异，所以我们应该应用不同的成就评估标准，以在一定程度上阐释来自世界不同地区的移民所体现出的不同融入成果。此外，原籍地不同的移民群体在劳动力市场上预期遭遇和已遭遇的歧视存在程度差异，部分原因可能是他们受到的关注度不一。

虽然相比于传统移民目的国，欧洲的移民融入研究还很有限，但是已有众多研究比较了欧洲不同国家间的移民融入进程和成果。然而，其中的许多研究仍局限于少数目的地国或一小部分移民群体(例如，参见 Koopmans & Statham, 1999)。也有些研究试图将更多的目的地国纳入研究视野，要么单独分析更多的国家(例如，Heath & Cheung, 2007)，要么比较国家统计数据(例如，Werner, 2003)。可是，这种类型的研究存在若干问题。很显然，单独分析不同目的地国，无法实现跨国统计检验，所以比较研究仍然停留在抽象与理论层面。更何况，由于目的地国家之间对移民的定义各不相同(使事情更加复杂化的是，所用术语也各不相同)，人们不禁怀疑比较不同国家的全国统计数据是否有用。然而，更严重的问题是，只考察比较多个目的地国内的同一个移民群体，或单个目的地国中的多个移民群体，无法区分目的地国与原籍国的各自影响。这是一个严重的缺陷，因为欧洲各国移民人口的组成结构大不相同。单一的比较研究或作为研究对象的目的地国数目太少，无法确定移民融入成果的成因：原籍国/目的地国的个别因素/宏观因素。

已出版的相关研究成果不仅较少，而且存有诸多缺点，如使用双重多层次比较方法(主要是由数据可用性存疑导致的)。图柏金关于诸多国家移民融入的著作(Tubergen, 2004；Tubergen, Maas, & Flap, 2004)考察了目的地国和原籍国的宏观特性对移民融入的影响，但他的数据只涵盖了第一代移民。虽然他的研究相对来说有极大的进步，但是忽略第二代移民仍是一个严重的缺点，因为第二代移民的命运更能强有力地体现融入的成功程度。此外，上述研究并不完全专注于欧洲，所以无法详细衡量欧洲内部的移民融入差异。

类似的研究方法还揭示了目的地国和原籍国对移民学生学业成绩的显著影响(Dronkers & Levels, 2007；Levels & Dronkers, 2008；Levels, Dronkers, & Kraaykamp,

2008)。这些研究明确指出原籍国和接收国的境况会影响移民子女的教育成就(仅次于微观和中观特征的常规影响,比如父母的背景和学校学生的构成结构),还揭示了移居地和原籍地影响移民子女教育成就的显著宏观特征,如人均 GDP 和宗教构成等。

科根(Kogan,2007)专门考察比较了移民在欧洲各国劳动力市场上取得的成果。她以欧盟十五国为研究对象,考察了一系列宏观特征的影响,尤其是福利体制与劳动力市场结构对移民所获职位的影响。然而,她的数据不包含有关移民确切原籍国的信息,这意味着她无法在研究中兼顾原籍国的特征,也无法衡量这些特征对移民融入的影响。此外,她的数据也不包括第二代移民。

第二轮的欧洲社会调查帮助我们克服了这些问题,因为此次调查收集了受访者及其父母的出生地信息,从而将第一代和第二代移民的原籍国区分开来。此外,因为我们完全依赖于同一个数据源,所以我们对各国移民身份的定义是一致的,而做跨国比较时各国对移民身份的定义并不一定是统一的。在下文中,在分析十三个欧盟国家第一代和第二代移民的劳动力市场结果时,我们详述了移民个人的微观特点以及原籍国和目的地国的宏观特性。

数据与方法

我们采用的研究数据源自 2004—2005 年间实施的第二波欧洲社会调查(Jowell 等,2005),此次调查涵盖了 23 个国家的 4 500 余人。本章的主要目的是评估目的地国的社会和劳动力市场政策对移民的影响。我们借助欧洲公民资格和融合指数(European Civic Citizenship and Inclusion Index)来权衡各国社会政策的包容性(Geddes et al.,2004)。不幸的是,在写作这篇文章的时候,该指数仅被欧盟 15 国[①]采纳。由于尚无来自意大利的数据,因此我们的研究对象只有十四个目的地国。由于芬兰的移民受访者人数少,所以我们排除了来自该国的数据,于是这一数字进一步减少到十三个。此外,我们只选择了年龄段在 25 至 60 岁的受访者,因为在这个年龄跨度

---

① 欧盟 15 国(EU-15)专指欧盟于 2004 年大规模扩大成员国数目(由 15 个扩大到 25 个)前的 15 个成员国:法国、德国、意大利、荷兰、比利时、卢森堡、丹麦、英国、爱尔兰、希腊、西班牙、葡萄牙、奥地利,瑞典以及芬兰等国。——译者注

中，绝大部分受访者已经完成了教育，并且他们的经济活动也集中在这个区间。我们的最终样本共有 15 602 名受访者，其中包括来自 132 个不同国家的 2 541 名移民（1 209 名男性和 1 332 名女性）。在本章的剩余部分中，我们分析了男性移民，有关女性移民的分析结果在别处出版了（Fleischmann & Dronkers, 2007）。

若受访者的父母一方或双方出生于调查对象国境外，那么我们就将之归为移民。若受访者在国外出生，但其父母为本国人，我们不将之划为移民，因为我们认为相比于跨国婚姻诞生的子女或第一代移民的子女，侨居国外家庭的子女与母国人更接近。我们确定原籍国的依据是：若受访者自己及其父母都出生在同一个国家，那么这个国家则被认定为原籍国。如果三方（父母加子女）中有两方出生在同一个国家，那么该国则被认定为原籍国，除非其中两方都是被调查国的本国人。如果三方分别出生于不同的国家，那么我们以他们在家中所说语种为评判标准。如果所用语言对应三国中任一个，那么该国被划为原籍国。如果以上情形皆不适用，那么我们将母亲而非受访者的出生国定为原籍国，因为我们认为，对于子女的社会化，影响更大的是父/母的文化（而受访者出生国的影响可能只是暂时的，尤其是当家庭背景各不相同时，情况更是如此），同时主张："母亲身份是一个事实，而父亲身份只是一种看法。"如此这般，我们界定了 132 个原籍国，但其中许多只涉及到若干案例。因此，如果涉及的原籍国对应的移民人数少于 20 个，那么我们参照联合国地理区划（略有调整）将之归总入"原籍地区"（UN Statistical Office）。[1] 最后，我们的研究对象变为 27 个原籍国和另外 21 个原籍地区，它们对应的移民数量从 2 人（法语加勒比）到 209 人（德国）不等。

一方面，我们确定移民身份的上述准绳比仅考虑国籍（这种做法问题重重，因为不同国家的入籍率存在差异，并且许多移民的原籍国受殖民历史也存在差异）或受访者的出生国（这种做法排除了第二代移民）更加准确（Kogan, 2007）。另一方面，这种方法也有一些问题，而这些问题却不是此处采用的数据集或其他可用的跨国数据能解决的。

其中一个定义性问题牵涉到不断改变的国界，这对欧洲来说尤为重要。由于欧洲的政治疆域于 1945 年后发生变迁（有一些前德国领土被并入波兰；而另一些波兰领土则被并入俄罗斯）以及大量人口随后进行的迁移，导致数目不详的"土著"受访者被认定为出生在本国之外（例如，本人或父母出生在东普鲁士柯尼斯堡、现居住在德国的德裔受访者；以及本人或父母出生在乌克兰的利沃夫、现居住在波兰的波兰裔受访者）。鉴于我们没有根据边界变化对真正的移民进行区分，所以我们可能高估了高融入度移民的人数。这一缺憾凸显了定义移民时所遭遇到的一个概念性问题：波兰家庭需要在德国居住多少代才会不再被当做是波兰人?这个问题同样延伸到了大量第三国移民身上:他们的祖籍为前欧洲殖民地,其(外)祖父母移民到了欧洲。他们的孙辈由于出生在移民接收国因而被划为原住民。然而,在这些国家,他们这样的移民第三代通常仍然被视为是"移民",特别是如果他们属于显性少数族裔,情况更是如此。因此,他们的教育程度和劳动市场结果可能都低于原住民(Portes & Rumbaut, 2001)。

此外,鉴于应用于构建此处所用数据集的抽样程序,我们的数据不大可能包括目的地国所说的非法移民和技能水平低的移民。

因变量

我们在分析移民的社会经济融入时,重点关注了他们融入劳动力市场的情形。我们采用了四项指标来评估此种融入的不同方面。首先,我们分析了移民的劳动力市场参与率是否与本国人不同。在该二分变量所反映的经济活跃度上,受访者呈现两极分化,有些人从事有报酬的工作或者虽然失业但仍积极寻找工作;另一些人却不积极就业。其次,在经济活跃的受访者中,我们区分了失业者和在职者。第三,对于那些带薪就业的受访者,我们使用 ISEI 量表①检视了他们的职业地位(Ganzeboom 等,1992)。[2] 职业地位变量有 307 个缺失值,其中 51 个与移民相关。为了避免信息丢失,我们借助一个回归过程来估算 ISEI 量表中的缺失值,在此过程中,我们考虑了移民的世代、原籍国、最高教育程度以及受访者的性别。鉴于这一职业地位量表不断遭受争议,以及第二代移民获得最高等级职业的可能性比本国人低(Tesser & Dronkers, 2007),我们还需要分析存在于劳动力市场中的更多特定障碍。因此,我们检视了受访者是否进入了上层中产阶级,依据是他们的职业在 EGP 阶级分类法中是否属于较高和较低控制者(controllers)类别(Erikson, Goldthorpe & Portocarero, 1979)。

自变量:宏观层面

这里重点讨论的是,在所调查的 13 个欧盟国家中,目的地国和原籍国在宏观层面上的指标是否影响了移民的社会经济融入?如果影响了,那么影响方式是什么?

我们使用欧洲公民资格和融合指数来衡量各国移民融入政策(Geddes et al.,

---

① ISEI 的全称为 International Socio-Economic Index of Occupational Status,汉语全译名为"国际标准职业社会经济地位指数"。——译者注

2004），该指数是专门为欧盟 15 个成员国研制的。该指数涵盖了五个范畴：劳动力市场的包容性、长期居留权、家庭团聚、入籍和反歧视措施。我们重新设置了指数评分，−1 至 0 分代表融入政策对上述范畴内容的促进作用较小，而 0 至 1 分表示融入政策的促进作用较大，也就是说，面向移民的政策更具包容性。对各国相关政策的评估依托于一个理想而非真实的法律框架，这就意味着：该指数的创建者们评判了某些事关移民融入的国家政策离他们心目中的理想化政策相距有多远。在分析了融入政策在每个范畴中的得分后，我们接下来计算了它们的平均分。

我们对这样一个假设进行了测试：在欧洲融合指数（任一范畴）上得分越高的移民，越能更好地融入所在国的社会经济，而得分越低的移民，融入程度越低。此外，由于不同目的地国推行的福利制度在类型上各不相同，因此我们也分别测试了不同福利制度对移民融入的影响。基于艾斯平－安德森（Esping-Andersen，1990）的经典分类以及其他学者的著作（Kogan，2007），我们将福利体制划为四种类型。

自由主义福利体制：以英国和爱尔兰为代表，特点是市场化运作的社会保险政策和缺乏积极的就业措施。在这种福利体制下，一般性转移支付的金额并不高，通常只有社会最低阶层才能申请，从而导致这些国家的公民认为福利依赖是一种巨大的耻辱。因此，人们强烈渴望在劳动力市场上获得成功，从而避免福利依赖。自由主义福利体制与无管制的劳动力市场相结合，能提高移民的就业机会并降低失业风险，不过，移民是否由此更容易斩获高端职位还不得而知。

社会民主主义体制：以瑞典和丹麦为代表，其特点是公民普遍享受高标准的社会保险，正好与自由主义福利体制相反。社会民主主义体制的目标在于平衡阶级差异，使之均衡化。由于这种普遍主义福利制度在转移支付方面相当慷慨，因此国民（包括移民）从事低技能、收入一般工作的意愿大大降低。一方面，这可能会降低劳动力市场参与率，尤其是人力资本薄弱的移民，但另一方面，移民从事低端工作的概率又要低于自由主义福利制度下的移民。

保守或合作主义体制：为社会保险提供保障的是国家而非市场；不过，与社会民主主义福利体制相反的是，合作主义福利体制并不试图平衡地位与阶级间的差异。相反，转移支付的目的在于维持地位上的差别，由此产生的结果是劳动力市场中的新入职者，尤其是资质有限的新人，很难向上层流动。我们把比利时、法国、德国、卢森堡和荷兰等五国归类为实施保守主义福利体制的国家。

南欧或地中海福利体制：以希腊、葡萄牙和西班牙为代表，这一地区实行的福利体制既在某些方面上与保守主义福利体制一致,但与此同时,又体现出劳动力市场高度僵化、福利受益水平低等特点。

考虑到科根(Kogan,2007)发现自由主义福利体制对移民的社会经济融入发挥了积极作用,因此我们认为在分析移民的劳动力市场融入方面存在的国家间差异时,应兼顾移民所在国的福利制度。我们预想,相较其他类型的福利体制,在自由主义福利体制中,外来者进入劳动力市场和社会福利体系更加容易,因而移民的社会经济融入的成功率也会更高。

劳动力市场僵化的程度更是关乎到移民的就业机会以及随后的职业地位,因为更严厉的就业保护法(employment protection legislation,简称EPL)很可能会放大统计性歧视的影响以及增加作为外来者的移民在劳动力市场中可能遭遇到的障碍(Kogan,2007)。有关就业保护法的数据取自经合组织的劳动力市场统计(OECD,2006)。为了尽可能准确地衡量劳动力市场的僵化程度,我们计算了1990、1998以及2003年这三年的平均分。在我们的数据中,就业保护法得分最低的为英国的0.65,得分最高的为希腊的3.33。我们预测,在劳动力市场更具弹性的国家,移民能更好地实现社会经济融入——换言之,在这些国家里,就业的法律保障程度较低。

我们以过去的三十年为限,额外对照了政府中左翼政党的存在状况。关于移民融入的前期跨国研究中也使用了这一测度(Tubergen,2004;Tubergen等,2004;Levels等,2008),但这一指标的问题在于它只是具体政策的间接表现形式。结合上文所述的各项政策指标,我们期望多了解一点左翼政党在政府中的影响。基于贝克(Beck,2000)等人提供的数据,我们计算了每个国家的总得分:若政府完全由左翼政党组建,那么每年的得分为1;若政府是由一个左翼政党与一个或多个中间或右翼政党的联盟组建,那么每年的得分0.5。我们预测,政府中左翼政党的存在会促进移民的社会经济融入。

此外,我们对照了人均GDP(以购买力平价表示)以及目的地国和原籍国的基尼系数。这些指标可以用以测量一国的经济状况以及国内财富分配的平等程度,因此我们利用它们进行国际比较。所有指标的数值都取自美国中央情报局编纂的《世界概况》(World Factbook,2007),因为该书提供了各国的最新信息。[3] 从同一本书中,我们也获得了目的地国与原籍国的净迁移率信息。我们假设,若上述指标在目的地国与原籍国间的差异程度极小,那么移民在目的地国的社会经济融入程度更高。

对于原籍国,我们还应用了考夫曼、克雷和马斯特鲁济(Kaufmann, Kraay & Mastruzzi, 2005)等人提出的政治稳定性指标,用以评估当前政府在不久的将来被推翻的概率。除了法罗群岛、格陵兰岛和南斯拉夫，政治稳定性指标基本上涵盖了世界上的所有国家，可用于国际比较。此外，我们还采用了一项反映政治自由和公民权利的指数（Freedom House，2006），该指数由自由之家（Freedom House）制定并在过去的三十年里不断发布。为了体现值越高代表的政治自由度越高，我们对这个七分制指数进行了重新赋值。

通过计入这些反映原籍国政治结构的指标，我们引入了一项对照标准，用以评估迁移的潜在政治动因。虽然经济移民和政治移民往往很难严格区分，但是我们认为迁移的动机有可能对移民融入发挥了影响。鉴于政治难民进行迁移的政治背景，他们有可能与原籍国保持更稳固的联系，因为他们可能在原籍国政权发生更迭后希望再度回国；此外，相对于劳工移民，他们被劳动力市场积极选择的可能性较低。我们预测，若移民来自政治不稳定和不自由的国家，那么他们的社会经济融入程度较低。

为了综合评估原籍国的经济和社会发展状况，我们采用了人类发展指数（Human Development Index）(2006)量表。该指数综合评估了人均GDP、教育、预期寿命和性别不平等等指标，并根据这些指标对各国进行排名。由于原籍国和目的地国之间存在较大的经济和文化差异，来自指数排名较低国家的移民很难融入欧盟内部的目的地国。我们预测，若移民来自欠发达国家，那么他们的社会经济融入水平较低。

最后，我们计入一个虚拟变量代表原籍国的盛行宗教。盛行宗教的划分标准为：一国50%以上的人口隶属于某一教派（数据来源为：中央情报局2007年版的《世界概况》）。如果一国隶属于任一教派的人口比例均低于50%，那么该国则被认定为无盛行宗教。作为一项反映原籍国与目的地国之间文化差异的指标，原籍国的盛行宗教已在类似研究中加以考量（Tubergen，2004；Tubergen等，2004；Levels等，2008）。在本文分析中，我们区分了移民个人信仰的宗教和原籍国的主导性宗教，而早期研究并未进行如此区分。我们预计，若移民来自非基督教国家，那么他们在欧盟国家的劳动力市场中无法取得良好结果。

自变量：个人层面

由于我们预想不同移民世代间的社会经济同化过程会各不相同，因此我们区分出两代移民。第一代移民：出生于目的地国境外。在我们的样本中，第一代移民占58.3%左右。第二代移民：出生于目的地国，但父母双方至少有一人出生于目的地国之外的地区。在我们的样本中，第二代移民占41.7%左右。[4] 我们假设：第二代移民在劳动力市场上取得的成果要优于第一代。

移民是否能进入劳动力市场并获取成功在很大程度上取决于教育资质。因此，我们采用总分七分的 ISCED-97①（UNESCO，1997）量表，对受访者所取得的最高教育层次进行比照，得分依次为 0 分（未完成初等教育）到 6 分（完成第三级教育的第二阶段）。由于英国有一套自己的分类标准，因此我们不得不合并"高中"（upper secondary）与"中学后"（postsecondary）、"非第三级"（nontertiary）这两个类别，以及"第三级第一阶段"（first stage of tertiary）和"第三级第二阶段"（second stage of tertiary）两个类别。受访者父母取得的最高教育程度取自父母双方所获学历中的最高学历。对受访者父母最高教育程度进行测度的依据依然是 ISCED 量表。由于此表没有设置国别偏差，所以我们保持原表不变，但我们须提醒读者注意教育程度的测度标准在受访者和他们的父母之间有所不同。我们估算出与受访者及其父母最高学历相关的缺失值：与受访者相关的缺失值有 10 个，其中 3 个涉及移民；与父母有关的缺失值有 219 个，其中有 55 个涉及移民。估算方法是先将受访者分组，然后计算所有组的平均值。当分析受访者的教育程度和移民身份时，分组依据为：性别、移民身份、移民世代、原籍国；当分析移民父母的教育程度时，分组依据为：原籍国与受访者的教育程度。为了对照计算结果，我们（逐步）计入了若干二分变量，以显示我们每次使用教育变量时，是否估算了这些二分变量。我们关于教育程度的假设是，受访者及其父母的学历层次越高，他们越能更好地实现社会经济融入。

此外，我们在此步骤的分析中还计入了受访者的宗教信仰。我们为穆斯林和没有宗教信仰的人设置了虚拟值。[5] 此外，我们让受访者使用一个十分制的尺度表来自我评估自己的信仰虔诚度，从"根本不信教"到"非常虔诚"。最后，我们对照了受访者参与宗教活动的强度，方法是借助一个七分制的复合测量量表来评估他们参与祈祷和宗教仪式的频率，受访者的得分越高表明他们参与宗教活动的强度越大。

在分析移民的社会经济融入时，计入个人的宗教信仰并不常见，而我们这样做是出于两个理由。第一，教派的文化惯习可能会影响个人的劳动力市场成果——例如，通过对成就进行差别化评价来发挥影响。（Kao & Thompson，2003）。第二，欧洲社

---

① 国际教育标准分类法（International Standard Classification of Education，简称 ISCED）由联合国教科文组织制定。它的主要目的是为使各会员国在国内和国际间收集、整理和提供教育统计资料时有一个国际通用的适当工具，便于在国际间编制和比较各种教育资料。——译者注

会对不同教派的反应各不相同，最主要体现在欧洲社会在9·11事件后对穆斯林态度的转变。我们对于宗教的假设是，宗教归属以及个人在多大程度上参与所属宗教团体所举办的宗教活动将影响他/她的社会经济融入，但就不同教派的以上影响迹象而言，我们并没有明确的预测。

此外，我们也兼顾了受访者在家里是否说少数民族语言、是否持有目的地国的国籍、是否出生于一个由原住民与移民共同组建的混合家庭。基于前人的研究成果（Levels & Dronkers，2008），我们假设：在家里讲少数民族语言的移民不会在劳动力市场上取得良好结果。此外，我们预测，移民若持有目的地国的国籍，或其父母双方一为本国人，一为移民，那么他/她的社会经济融入水平会更高。

我们认为，就社会经济融入而言，来自某些特定原籍国的移民的表现可能会优于来自其他原籍地区或国家的移民。因此，我们参照如下标准对信息进行加工：原籍国与目的地国是否是邻邦、[6] 原籍国是否是欧盟15国的成员国（再加上瑞士和挪威，这两国与欧盟十五国极为类似，也就是所谓的"沉默欧盟成员国"），以及原籍国是否是目的地国的前殖民地或领土。[7] 我们预测，若移民的原籍国符合上述任一情形，那么他们的社会经济融入水平会更高，而若移民的原籍国与目的地国之间的历史文化联系程度较低，那么移民的社会经济融入水平会也会更低。

影响移民社会经济融入的宏观因素

在本部分中，我们列出了如下内容的分析结果：劳动力市场参与率、失业、职业地位和上层中产阶级地位。图12-1和12-2以13个欧盟成员国为考察对象，从劳动力市场的四个侧面，清楚地显示了原住民与移民之间差异的方向和强度。图12-3显示了各国人数最多的移民群体之间在社会经济融入的四个维度上的差异。各图中所示差异并未控制个体特征所产生的影响。

为了估算宏观指标的影响，有必要引入一个多层模型进行交叉分类，因为移民的个人数据既嵌套在原籍国的数据中，也嵌套在目的地国的数据中。另外，这两个层面相互横切，并非相互嵌套。在这个多层次的分析中，我们只以移民为分析对象，因为原住民不存在原籍国和目的地国之分。由于我们将本国人口的因变量均分作为一个自变量计入每个模型之中，所以我们可以将方程式的常数解释为第一代移民和原住民之间的差异。

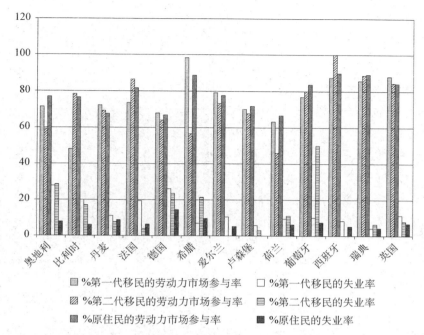

图 12-1　13 个欧盟国家内第一、二代男性移民以及男性原住民的劳动力市场参与率和失业率

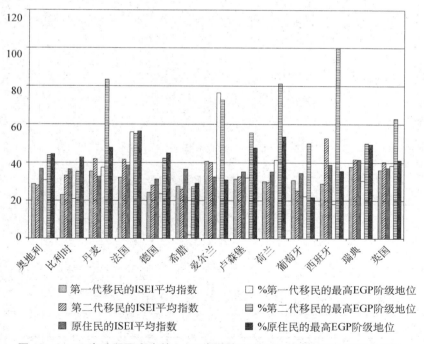

图 12-2　13 个欧盟国家内第一、二代男性移民以及男性原住民的职业地位

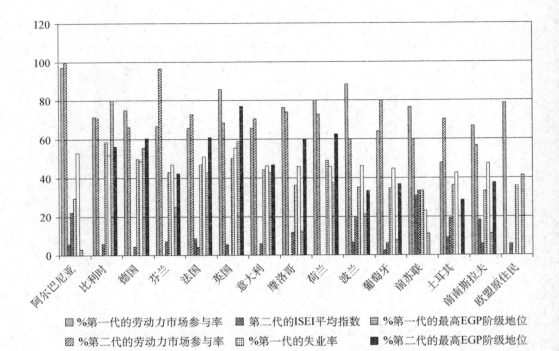

图 12-3 13个欧盟国家内的男性原住民以及来自最大移民来源国的第一、二代男性移民的劳动力市场结果

为了方便理解,我们用一张汇总表列出最终结果(表 12-1)。对统计分析规范以及模型系数差异感兴趣的读者可参阅弗莱施曼和庄科斯(Fleischmann & Dronkers, 2007)的著作。我们此处的描述仅限于宏观特征的重大影响。有些宏观特征在表 12-1 中并不显著,但在更经济的模型中却会变得显著起来,我们将以文字的形式予以讨论。

表 12-1 影响男性移民劳动力市场参与率、失业率、职业地位 (ISEI)和社会阶级的个体和宏观因素

	劳动力市场参与率	失业率	职业地位(ISEI)	最高职业阶级(EGP)
个人层面				
第二代	0.122	0.029	**2.924**	**0.801**
父母一方为原住民,另一方为移民	−0.132	**2.370**	−2.375	1.133
在家里讲少数民族语言	0.340	−0.466	4.841	0.622

续　表

	劳动力市场参与率	失业率	职业地位(ISEI)	最高职业阶级(EGP)
目的地国国籍	0,108	0,142	0,160	0,260
年龄	**0,423**	-0,223	0,425	0,026
年龄^2	**-0,005**	0,002	-0,003	0,000
最高学历	0,162	0,030	**7,086**	**1,384**
最高学历的缺失值	-0,025	0,274	**-7,063**	-1,312
父母教育最大值	**-0,142**	-0,021	**0,992**	**0,181**
父母教育的缺失值	0,300	1,222	-7,274	-0,746
子女数量	0,091	0,192	-0,978	-0,056
无宗教信仰	-0,129	-0,090	0,314	-0,163
信仰伊斯兰教	-0,086	**1,904**	2,844	0,106
虔诚度	0,022	0,002	-0,057	-0,025
参与宗教活动的强度	-0,026	0,101	0,680	0,081
教育*父母一方为原住民,另一方为移民	-0,027	**-0,638**	0,249	-0,466
教育*少数民族语言	-0,044	0,196	-1,873	-0,282
教育*伊斯兰教	-0,005	-0,689	-2,102	-0,202
宏观层面：目的地国				
原住民的因变量平均得分	2,032	**12,954**	0,135	1,942
EII：入籍政策	0,567	不显著	不显著	1,265
就业保障立法	不显著	不显著	-3,325	-0,685
社会民主主义福利体制	不显著	-0,056	不显著	不显著
保守主义福利体制	**-0,693**	0,134	不显著	不显著
政府中存在左翼政党	不显著	不显著	不显著	-0,027
人均国内生产总值	不显著	0,010	不显著	不显著
基尼系数	0,043	不显著	不显著	不显著
宏观层面：原籍国				
基尼系数	不显著	-0,013	不显著	不显著
净迁移率	**-0,085**	不显著	不显著	不显著

续　表

	劳动力市场参与率	失业率	职业地位(ISEI)	最高职业阶级(EGP)
人类发展指数	不显著	0,008	-0,008	不显著
政治稳定	不显著	-0,153	不显著	-0,009
政治自由	-0,016	不显著	0,077	不显著
普遍信奉东正教的原籍国	不显著	不显著	-0,587	-0,281
原籍地:				
欧盟15国	0,605	0,328	0,362	0,076
原籍地:周边国家	0,248	-0,573	1,716	-0,032
原籍地:前殖民地/领土	0,085	-0,055	1,648	-0,121
原籍地:后社会主义国家	**0,672**	0,698	**-7,161**	-0,625
常数	**-9,781**	0,118	11,155	**-5,028**
N	**1 188**	799	799	799

备注:粗体部分的显著性水平至少为0.05。

劳动力市场参与率

表12-1的第一列显示了移民劳动力市场参与率的多级逻辑回归的结果。目的地国的宏观特征对移民的劳动力市场参与率拥有巨大的影响力。在入籍政策更有利于移民的国家,其移民的劳动力市场参与率和活跃程度都要高于实施保守主义福利体制的国家,而在更不平等的社会(即,具有较高基尼系数的国家),移民的劳动力市场参与率和活跃程度还要更低。除此之外,在同一国家中,如果原住民的劳动力市场参与率更高,那么其就会对移民的劳动力市场参与率发挥积极影响。

另外,我们发现原籍国的一些重大宏观特征也对移民的劳动力市场参与率具有影响力。原籍国的出境侨民越多,来自该国移民的活跃度越低[①],这意味着在同一时间,来自上述国家(出境移民率较高)的移民——即,典型的劳工移民——的劳动力市场参与率越高。原籍国的政治自由度越高,移民的劳动力市场参与率越低。来自欧盟国家和东欧后社会主义国家的移民的劳动力市场参与率比原住民高。

我们的模型成功地解释了原籍国和目的地国层面的各种差异。[8] 通过计入原住民

---

① 原文如此,疑为"越高",否则与下文的论述相冲突。——译者注

的平均劳动力市场参与率，目的地国之间的差异得到大幅度的减少。一般来说，目的地国之间的差异要小于原籍国之间的差异。原因在于，13个欧盟国家之间的相似性要大于132个原籍国之间的相似性，后者的数量更多、国情差别也更大。造成目的地国之间的移民劳动力市场参与率差异的主要原因似乎是各国境内移民个性特征的构成各不相同。

失业率

在表12-1的第2列中，我们分析了移民的失业风险。我们发现，在控制了个体的人力资本特征之后，第一、二代移民与原住民之间的差异变得不显著起来——这意味着在失业率方面不存在一般性的移民罚分。如果目的地国原住民的失业率很高，那么该国境内移民的失业率同样很高。

至于原籍国，我们在宏观层面只发现了若干影响因素，并且绝大多数不显著。来自周边国家的移民在失业频次方面通常要低于其他移民。导致上一现象产生的原因，或为选择效应（他们之所以迁移，是因为他们在邻国已找到一份工作），或是因为他们更清楚地知晓某些工作在邻国的就业机会，因而他们实现卓有成效移民的可能性更大。此外，由于邻国之间在劳动力、房地产市场方面存在差异，他们可能会进行跨国通勤。

职业地位

表12-1第3列表明，在控制个体人力资本特征后，第一代移民与原住民在职业地位方面上的差别并不显著。一旦我们控制个体特征，那么第二代移民的职业地位明显高于第一代。[9] 在上述多层次回归模型中，绝大部分的职业地位变异量（80.4%）存在于个人层面，我们成功地为其中的22.5%提供了阐释。不过，零模型（参见：Fleischmann & Dronkers, 2007）却显示，移民的职业地位在不同目的地国之间（占总差异的5.6%）、不同原籍国之间（占总差异的14.0%）皆各不相同。这些国家的宏观特征成功地解释了上述两个层面的所有职业地位差异。我们发现，在劳动力市场更加僵化（即，就业保护立法的水平更高）的国家，移民多从事地位低下的工作。上述发现同样适用于来自欠发达国家（人类发展指数得分较高）以及后社会主义社会的移民。

跻身中上层阶级

表12-1的第4列显示了移民跻身中上层阶级概率的多层次逻辑回归结果。遍

览所有模型，我们发现，与原住民相比，第一代移民进入最高职业阶级的概率远远低于前者；至于第二代移民，尽管情况稍好一些，但是他们跻身中上阶级的可能性仍低于原住民。

在目的地国层面，我们发现更优惠的入籍政策能提高移民进入中上阶级的可能性，而在所有模型中，更严格的就业保护立法则降低了此种可能性。计入这些解释性因素能说明该层面相当一部分的差异。与许多其他分析的结果一样，此种差异在原籍国层面要大于目的地国层面，我们成功地用宏观指标解释了所有的此类差异。我们发现，来自后社会主义社会的移民进入中上层阶级的概率较小。

探讨

本研究的结果为我们深入研究十三个欧盟国家境内来自不同原籍国的移民的社会经济融入提供了一些重要的启示。首先，我们发现，在劳动力市场参与率、失业率、职业地位以及跻身劳动力市场最高区段的机会方面，影响因素之间存在显著差异。因此，这四个指标应被区别对待，尽管社会经济融入的各个层面彼此关联。若研究者在研究移民在目的地国的劳动力市场融入时只考察上述其中一个因素，那么其研究必然只会给出片面、偏颇的解释。出于同样的原因，移民融入的某些层面（除去劳动力市场）可能拥有不同的流程和机制。

宏观层面的影响因素：原籍地和移居地的重要性

我们并未发现原籍国的盛行宗教发挥了任何作用。这一发现并不支持如下论点：文化距离——体现为目的地国与原籍国之间的宗教差异——是移民融入的重要预测指标，至少在社会经济层面是如此。我们的数据并不提供"文明冲突"（Huntington, 1996）的直接证据——"文明冲突论"认为在宗教信仰不同的社会之间（尤其是在伊斯兰世界和非伊斯兰世界之间），文明冲突在他们的彼此交往中发挥支配性作用。不过，我们也可以将个体的穆斯林归属所产生的显著影响视为间接冲突的证据。此种影响的成因之一是伊斯兰教的宗教惯习；可能性更大的另一成因是，在类似美国的传统移民国家中存在的"伊斯兰教效应"之类的负效应以及对穆斯林的歧视在欧洲劳动力市场并不存在。

原籍在欧盟内/外。一般情况下,相比于来自欧盟周边国家的移民,来自欧盟15国、瑞士和挪威的移民能取得更好的结果。来自东欧和中亚地区后社会主义国家的移民所取得的结果相当糟糕,而来自目的地国前殖民地或前领土的移民不受原籍地影响。来自欧盟成员国或周边国家的移民之所以能取得更好的结果,一个可能的原因是原籍国和目的地国之间的文化差异较小。原籍国为欧盟成员国的移民的较高融入率证明了欧盟的运作效率,并说明其如下目标得到了实现:资本、商品和人员的自由流动。欧盟各国的劳动力市场日益融入欧洲经济体系,欧洲职业和高等教育体系的均衡化水平不断得到提升,以及制约欧盟内部移民的行政障碍得到清除,以上皆是欧盟内部移民进入劳动力市场时遭遇更少障碍的可能原因。欧盟取得上述成就的反面是,来自欧盟境外的移民在欧盟各国的劳动力市场上遭遇到更多的障碍。

目的地国的融入政策。欧洲公民资格和融合指数(Geddes et al.,2004)的五个维度并不能提供强有力的解释。不过,我们发现,更优惠的入籍政策往往与较高的劳动力市场参与度有关。这一发现为该指数背后的论证提供了支持。然而,该指数的其他几个维度并未对劳动力市场融入的四个方面产生任何重大影响。

欧洲公民资格和融合指数及其五个维度的贫乏结果表明,十三个目的地国之间针对来自彼此国家移民的政策方针差异对这些移民的社会经济融入并没有大的影响。

目的地国的劳动力市场保护。在十三个欧盟国家中,移民在劳动力市场上取得的结果各有不同,就业保护立法(EPL)是造成这一现象的最重要原因之一。在劳动力市场越僵化的国家,移民所获得的职业地位越低下,跻身中上阶级的难度越大。这意味着,拥有地位较高工作的原住民从更严格的就业保护中受益最大,因为他们无需与移民展开竞争,而从事低端工作的原住民则需要与移民进行激烈竞争。

EPL格外地阻碍了移民获得地位更高的岗位,这一发现表明更严格的EPL可能会导致更高程度的统计性歧视,因为在一个更僵化的劳动力市场,雇主若雇用外人(移民),则会承担更大风险,原因在于解雇效率低下员工的成本更高。统计歧视难以证明,政策制定者也很难应对。因此,为了促进移民在欧洲的劳动力市场中获得更平等的机会,放宽事关就业保护的法律法规是一种更有效的措施。虽然就业人口并不乐意看到较低水平的就业保障,这是可以理解的,但相对于不稳固的劳动力市场地位,对就业进行严厉保护的负面影响可能会对社会造成更大的问题。如果移民(不论他们是第几代)的社会经济融入程度较低,那么这会造成他们所属族群长期处于社会阶级结构的底层。一方面是严厉的就业保护,另一方面是移民的社会经济融入程度较低,在这两者之间做出选择似乎很难。只要以欧洲为目的地的移民趋势无法阻挡,那么这个问题就会变得越来越迫切。

福利国家与移民。除去劳动力市场的特点,我们发现福利制度也有助于解释移民进入劳动力市场的过程。与科根(Kogan,2007)观点相反的是,我们并没有发现自由主义福利体制发挥了特别有利的影响。我们的分析却表明,与实施保守主义或南欧福利体制的国家相比,在实施社会民主主义福利体制的国家中,移民的社会经济融入程度略高于前者。更准确地说,在社会民主主义福利体制下,移民的失业率更低,就业热情也更高。与此相反的是,在保守主义福利制度中,移民的劳动力市场参与率较低,这也凸显了保守主义福利体制国家的目标——维护社会经济边界(在此处论述的情形中,维护劳动力市场内部人员与外来者之间的边界)。

原籍国的政治自由和迁移率。我们发现,原籍国的政治自由度越高,移民的劳动力市场参与率就越低。正如我们在导言中所说的,原籍国的政治稳定与自由可能在一定程度上反映了移民的移民动机,以及在原籍国成功发生政权更迭之后重返原籍国的意愿程度。我们没有发现此类移民会作出反向选择的迹象。倘若原籍国的出境移民比例较高(如许多后社会主义国家以及摩洛哥),那么来自这些国家的移民参与劳动力市场的意愿更高,不过他们获得高地位工作的可能性则较低。这清楚地表明,这些移民属于典型的劳工移民,因为在目的地国的劳动力市场中积极就业是他们移民的主要动机;他们经常会选择那些能在短期内带来经济收入的职业,但从长远来看这些职业的经济回报率却较低。

个人层面的影响因素

宗教归属

虽然在针对移民融入的对比分析中,按照惯例一般不考虑个人宗教信仰,但我们的分析结果表明,个人宗教信仰非常值得考虑。我们发现,在我们所考察的所有目的地国中,即使在控制了人力资本之后,穆斯林依然处于相当不利的地位:穆斯林移民的失业率明显高于非穆斯林移民,并且在所有四种不同劳动力市场结果方面,他们的教育回报率也相对更低。我们可以从以下三个原因出发解释以上研究结果。首先,穆斯林与众不同的宗教习性使得他们不太可能在劳动力市场中获得成功——例如,他们的部分宗教价值观(荣誉)与在现代资本主义(生产力)中获得成功的部分条件相冲突。这一宗教缘由值得进一步地详细研究——比如,研究穆斯林世界内部(例如,逊尼派和什叶派之间)的巨大差异。[10]

第二个原因是穆斯林在欧盟国家的劳动力市场中受到直接或间接的歧视。即使在控制了人力资本,特别是教育低回报率之后,穆斯林身份仍然持续招致负面影响,这给第二种解释带来了说服力。第三个原因是"客籍劳工"(guest workers)选拔的异常性。此处所指的客籍劳工主要来自三个伊斯兰国家(摩洛哥,阿尔及利亚,土耳其)。这些客籍劳工的选拔方式与来自绝大多数其他地区的移民有所不同:他们来自上述国家中最贫穷、最不发达的地区,被送往欧洲国家(比利时、法国、德国、荷兰)从事临时性工作;与此同时,欧洲内部移民和中国移民则来自中下阶层,而不是最贫穷、最不发达的地区。由于受到负向选择的影响,这些客籍劳工与他们的子女在欧洲劳动力市场中遭遇更多的问题;另一个原因是他们只与来自同一原籍地区的家庭通婚。

国籍

我们发现,目的地国的入籍政策并未对移民在劳动力市场获取成功发挥显著影响。国籍影响的缺席是一项重要的发现,因为学者们一再主张,更慷慨的入籍政策有利于移民融入所在国的社会之中。欧洲公民资格和融合指数(Geddes et al., 2004)创设者的立场与之类似,因为他们将入籍政策并列为五个政策维度之一,并认为这五个维度俱对移民融入发挥至关重要的影响。虽然各个目的地国之间的不同入籍率可能会影响到移民的社会文化融入,但是我们的分析显示国籍对移民的社会经济融入并不那么重要。虽然这项发现可能会引起争议,但是我们对它的可靠性相当有信心,因为我们并未发现国籍影响存在国别差异,尽管在考察的欧盟国家之间入籍率千差万别。

在家庭中使用目的地国的语言

在控制了其他个体特征(特别是受教育程度)之后,我们发现:在家庭中不使用目的地国的语言并不影响移民的劳动力市场参与度以及跻身更高阶级的机会。关于语言与移民之间的关系,在整个欧洲引发了激烈的辩论。与普遍预期相反的是,说目的地国的语言对移民的社会经济融入的影响并不大。

"原住民+移民"的父母组合

父母一方为原住民、另一方为移民的组合对移民的社会经济融入的四个维度中的三个并无影响。虽然诞生于跨国婚姻家庭的子女的确有着更高的失业率,但与此同时,他们的教育回报率也更高,有能力避免失业。因此,原住民和移民之间的跨国婚姻几乎不影响子女的社会经济或教育融入。我们必须为我们的意外发现附上一条说明:将父母双方各自的出生国当作跨国婚姻的一项指标,用来考察跨国婚姻对子女的影响,其结果可能是不可靠的,因为出生国的偶然性太强。然而,更好的指标却难以开发,并且目前尚无可用的更佳指标。

教育

移民的最高学历与他们的劳动力市场参与度之间不存在显著相关,但对于出生于跨国婚姻家庭(一方为原住民,另一方为移民)的移民来说,接受更多的教育有助于他们避免失业。更高的学历能提高移民就业的职业地位以及跻身更高阶级的可能性。

父母的教育程度

就社会经济融入的四个维度而言,父母受教育层次发挥的影响并不总是与子女的教育程度相同。父母更高的受教育层次一方面会降低子女的劳动力市场参与度,另一方面却会提高子女的职业地位以及跻身更高阶级的机会。

父母的教育程度与移民世代之间不存在显著的交互效应,这表明对原住民和移民而言,父母拥有较高的教育程度一样重要。在移民融入方面,相比于影响更小的父母跨国婚姻、在家庭说目的地国的语言以及拥有目的地国的国籍等因素,父母的教育背景远比前者更为重要。这个发现对有关移民同化的辩论尤为重要:鉴于第一代移民的受教育层次低以及父母的受教育程度对子女的劳动市场结果的巨大影响,移民的跨代社会流动似乎很难实现。

结论:第二代取得进步了吗

在前文中,我们概述了原籍国和目的地国宏观指标的影响,结果表明在分析各国移民的社会经济融入时应要考虑宏观指标的影响。虽然目的地国的特征对第一代移民及其子女的影响显而易见（事实上，第二代及以后世代受接收国环境的影响可能更大），但是第二代移民的融入受原籍国特征的持续影响却不那么明显。然而，我们发现上述宏观进程对第一、二代移民的影响方式完全一样，尽管第二代移民与原籍国之间并无联系。一个可能的原因包括移民家庭内部的社会化进程、大众传媒使跨国联系信手可得、到原籍国旅行的机会变得经济实惠。原籍国对第一代移民的影响究竟是如何转移到后代身上的（这种影响在多少代人之后才会消失）？对今后的研究来说，这确实是一个既有趣又具有挑战性的课题。

我们的发现——原籍国特征对移民后代具有重要影响——之所以重要，还有一个原因：在欧洲，融入进程在移民世代之间显然并非千篇一律。同时，原籍地对移民社会经济融入的影响程度也参差不一。虽然第二代移民的劳动力市场结果优于第一代，但与原住民相比，即使在控制人力资本之后，第二代仍然处于劣势。因此，在移民世代之间，一定程度的向上社会流动是可能的，尽管天花板效应会阻碍移民在欧洲国家的劳动力市场上取得最理想的地位。

注释

1. 我们所做的改编只涉及加勒比和美洲地区。此处，我们没有严格遵守联合国的地理区划，而是考虑了国家语言的因素。我们构建了一个新的类别："加勒比和南美"，下分"西班牙语"、"英语"、"法语"和"荷兰语"等子类别。我们之所以背离联合国的一般分类方案，其依据如下：不同的殖民历史导致迥异的移民模式，而这些地区所使用的语言则深受殖民历史的影响。
2. 欧洲社会调查依据四位数的 ISCO-88 代码①对职业名称进行编码，而我们使用这些代码将原始变量重新编码为更全面和使用更广泛的 ISEI 量表。
3. 《世界概况》（CAI, 2007）并未涵盖所有国家的基尼系数信息；不过，世界银行的数据库提供了所有相关信息。有关数据来源的详细说明，以及我们对宏观变量缺失值的处理方式，请参阅弗莱施曼·庄科斯（Fleischmann Dronkers）的著作（2007）。
4. 我们也曾试图在研究中纳入所谓的第1.5代——出生于目的地国以外的地区，年幼时移民到目的地国，在目的地国接受了大部分或全部的教育。不过，构建这个类别存在一个障碍：欧洲社会调查（Jowell 等，2005）未能提供有关第1.5代在移民后的确切信息，因为此类信息是经过分类测量的。即使将这些类别的范围最大化，第1.5代所占的比例仍然很小。因此，我们放弃单独分析这批移民。
5. 由于信仰其他宗教的人数较少，因此这个参考类别主要由基督徒组成。

---

① International Standard Classification of Occupations，国际职业标准分类，简称 ISCO。——译者注

6. 我们对"邻国"的定义很宽泛，与目的地国领海接壤的国家也被定义为邻国。弗莱施曼·庄科斯(2007)列出了相邻国家的配对列表。
7. 首先，这些国家过去曾是或现在仍然是殖民地（例如，印度之于英国、拉丁美洲说西班牙语国家之于西班牙以及巴西之于葡萄牙）。但就奥地利、德国、英国和瑞典而言，移民原籍国也包括那些曾是其前领土一部分的国家（例如匈牙利、捷克斯洛伐克、前南斯拉夫之于奥地利，瑞典之于挪威）。
8. 弗莱施曼·庄科斯(2007)列出了不同模型的方差分量。
9. 在积极主效应的影响下，第二代的职业地位高于人力资本相当的原住民。但是，如果人力资本不设为常数，那么第二代移民与原住民在职业地位方面上的差别并不显著。由此可见，第二代移民的人力资本构成不如原住民。
10. 不幸的是，欧洲社会调查并未测量穆斯林世界内部的这种宗教差异。

13
性别、机会感知和教育投入

安吉尔·L·哈里斯

一直以来,社会学界始终注重从艾弥尔·涂尔干①的作品出发,去理解社会条件与个人行为之间的联系。学者们纷纷在教育社会学的范畴内评估了现行的社会流动体系如何通过学生的信念来潜移默化地影响他们的教育行为(比如:Ogbu,1978;Mickelson,1990;Harris,2008)。奥格布(Ogbu,1978)指出,学生们希望最大限度地提高自身教育程度动机源于这样的信念:接受更多的教育会带来更好的工作、更丰厚的工资以及更高的社会地位。然而,他提醒到,并不是每个人都认可这个"教育通往成功"的假定。由于结构性不平等的存在,有些群体在将来就业和收入方面遭遇或察觉到一些阻碍自身获得成功的顽固性障碍,因而,他们变得对未来不再抱有幻想,甚至开始怀疑教育的价值。鉴于女性的教育回报更低(Joy,2003),因此女孩们降低自己的教育、职业期望值的做法貌似更合理、更符合她们所遭遇的现实。然而,有研究表明,女孩对教育的投入要多于男孩(Buchmann & DiPrete,2006;Jacobs,1996;Livingston & Wirt,2004)。

这种看似自相矛盾的现象——一方面,女性的教育回报低于男性,另一方面,女孩的教育投入却高于男孩——被称为"女性成绩异常"(the anomaly of women's achievement)(Mickelson,1989)。尽管上述现象最近收获了一些关注(Mickelson,2003),但是有关于女孩对机会结构的感知以及这些感知对女孩教育投入的潜在影响的研究还不多。有许多人研究机会结构感知与学业投入之间的关系,不过大多数此类研究都将重点放在了种族之上。奥康纳(O'Connor,1999)考察了青少年群体对机会颇具性别化的描述。虽然,她的样本只包括了黑人青少年,不过,由于她的研究对象是一群具有相同社会定位和社群空间的青少年,并且研究目的在于说明他们如何以不同的方式证明限制人们向社会上层流动的结构性障碍的存在,所以她的做法也无可厚非。

由于在女孩对机会结构的感知方面缺乏相关研究,目前还不清楚造成女孩对教育的投入多于男孩的原因是否是两者对劳动力市场回报的感知存在差异。本章通过将性别因素引入机会结构感知的分析之中以图补救相关研究的缺失。本章的目的在于

---

① 艾弥尔·涂尔干(法语:Émile Durkheim,1858年4月15日—1917年11月15日),是法国犹太裔社会学家、人类学家,与卡尔·马克思及马克斯·韦伯并列为社会学的三大奠基人,《社会学年鉴》创刊人,法国首位社会学教授。他的译名比较繁多,包括:涂尔干、迪尔凯姆、杜尔凯姆、杜克海姆、杜尔克姆、德克海姆、杜尔干等,较常见的为涂尔干、迪尔凯姆。香港、台湾和澳门通常译为"涂尔干"。本译文出于译名的国际通用性考量,遂统一采用"涂尔干"的译法。参见:https://zh.wikipedia.org/zh-hans/爱米尔·涂尔干。——译者注

考察在美国青少年对机会结构的感知中是否存在性别差异,以及这些差异是否造成了女孩对教育的投资高于男孩。我的目的是要弄清楚造成女孩对学业的投入程度更高的原因:到底是由于她们感知到的障碍少于男孩,所以投入更高;抑或是,尽管她们感知到的障碍多于男孩,却仍然在学业上投入更多。若原因是前者,那么这就意味着,女孩在预料到会遭遇障碍时,会缺乏获得成就的动机;如果原因是后者,那么这意味着,女孩有决心克服机会结构中的种种障碍。总之,调查以上反常现象——虽然女性的教育回报低于男性,但女孩的学业投入却高于男孩——非常重要,因为它能帮助我们理解如下问题:感知到或遇到障碍的群体如何保持成就取向。

这项研究考量了种族因素和性别因素的交叉影响。一些学者强调,我们在研究它们的交叉影响时,应该参考社会学中对社会分层体系的研究。(相关文献综述参见:Browne & Misra, 2003; Chafetz, 1997)。布朗和米斯拉写到,"种族具有'性别化'属性,而性别也有'种族化'特质,所以,对所有群体来说,种族和性别相互融合为他们带来独特的经历和机会"(Browned Misra, 2003:488)。例如,只注重女性在经济关系中的劣势会让我们忽略了更为复杂的交互效应:在许多城市,白人女性挣得比黑人男性更多(McCall, 2000)。此外,由于黑人女性身兼两种社会属性,所以她们一方面易受种族歧视的伤害,另一方面又会跟白人女性一样遭遇性别歧视的侵害。奥康纳(O'Connor, 1999)研究了上述交叉影响的另一个案例。她发现,黑人男孩承受着"更容易滥用暴力和遭受监禁"的污名,而且这一污名致使他们的教育经历有别于"白人小孩"或"黑人姑娘"的教育经历。因此,我们在研究青少年对未来机会的感知时应该同时考虑种族和性别。在下文中,我将简约介绍女性在劳动力市场中遭遇更低回报以及女孩的教育投入高于男孩的现象。

构成女生的教育投入更大这一异常现象的基础

女性在劳动力市场中普遍遭受持续性的不平等。例如,在 20 世纪 80 年代期间,不同性别间的收入差距虽然快速缩小,不过,自 1990 年以来,收入差距的弥合就已经陷入了停滞之中。如今,男性每挣一美元,女性只能相应地挣约 77 美分(Cotter, Hermsen, & Vanneman, 2004)。不同性别在大学期间所选择的专业只能大约解释两者之间十分之一的工资差距(Joy, 2003; Marini & Fan, 1997),其原因也许是性别隔离在过去的二十年间减弱了(NCES,1996)。在类似的研究领域中,学者们依然发现,女性的收入低于男性(Peter & Horn,2005)。乔伊(Joy,2003)发现,即使女性拥有与男性类似的教育资历以及劳动力市场偏好,她们从劳动力市场中获得的薪酬仍然低于男性。她指出,假如女性在教育资质上能获得与男性类似的回报,那么她们的工资将会增加25%。

由于不同性别在劳动力市场中获得的回报存在差异,所以学龄女生从同等程度的教育资证上收获的回报不及男生。根据反抗性文化理论(oppositional culture theory),假如某一群体在机会结构中遭遇或感知到歧视,那么他们就会停止教育投入。照此逻辑,女孩应该会敌视社会流动体系。然而,有研究表明,女孩对教育的投入要多于男孩。平均来说,女生在高中阶段(Marini & Fan,1997)和大学阶段(Buchmann & DiPrete,2006年)取得的平均绩点通常要高于男生、留级率更低、毕业率更高(Jacobs,1996)。与此同时,女生在高中阶段修习的大学预备课程(college preparatory courses)数目以及参加的进阶先修考试(advanced placement examinations)数目都要多于男生(Bae et al.,2000)。此外,趋势统计学(trend statistics)显示,在过去的半个世纪以来,相对于男性,女性在受教育程度方面取得了巨大进步;在1960年,65%的学士学位被授予男性,而在2004年,58%的学士学位被授予女性(Buchmann & DiPrete,2006)。女性在名目繁多的专业中拿到了四年制学位,其增长幅度要大于男性(Livingston & Wirt,2004)。

前期研究在审视不同性别间机会观差异方面存在的局限性

虽然有许多文献关注青少年机会感知中的性别差异,不过由于多方面的原因,这些文献都存在局限性。首先,学者们主要侧重于种族因素。导致这一现象的部分原因在于学者们广泛关注反抗性文化理论(Ogbu,1978)。反抗性文化理论也许是考察现行社会流动体系与学生教育行为之间关系的一个卓越理论框架。该框架假定,那些在社会流动体系中遭遇不公平的人会停止教育投入。虽然在考察学生行为与劳动力市场中社会条件之间关系的领域中,反抗性文化理论是主流理论,但是这个理论却往往被用于理解学业成绩中的种族差异。因此,评估该框架在后者层面中功用的研究主要集中于种族之上(Ainsworth-Darnell & Downey,1998;Akom,2003;Carter,2005;Cook & Ludwig,1997;Harris,2006;O'Connor,1997;Tyson,Darity,& Castellino,

2005；Mickelson，1990）。

其次，很少有人专门研究青少年在机会结构中察知的障碍对其教育投入的影响。先前的研究已经表明，社会状况借助个人对机会结构的感知来影响个人成就（Ford & arris，1996；Mickelson，1990）。这方面研究的典型发现是，信奉成就意识形态（即，教育带来地位获得）的学生会斩获学业成就，而那些怀疑成就意识形态的学生则无法取得学业成就。因此，群体间在障碍感知上的差异通常被处理为它们之间在教育回报感知上的差异。然而，将研究重点放在回报感知上只能部分评估劳动力市场中的社会条件如何影响教育行为。要想充分评估劳动力市场与教育行为之间的关系，我们需要审查个人对机会结构中障碍的感知，而不是基于教育回报感知对其进行估计。因此，本章考察了女孩在向上流动中感知到的障碍到底是少于、接近抑或是多于男孩；以及两者在障碍感知上出现的差异能否解释他们之间在学业投入上的性别差异。

涉及机会结构的性别化信念：波丽安娜假说

立足于前人研究成果（Ford & Harris，1996；Mickelson，1990），我们似乎可以合理地预测：如果女孩子们意识到她们的机会相对于男孩出现减少，或者相信性别分层会影响到她们的机会结构，那么她们就会停止教育投入。因此，在女孩成绩优势之下暗藏着如下假设：年轻女性要么没有意识到性别分层的存在，要么认为性别分层已成为过去时了。这种观点被冠以"波丽安娜假说"（Pollyanna hypothesis）之名，该假说认为"年轻女性相信她们'已经取得了长足进步'，那些阻挠她们在职场和家庭中赢得成功的障碍已经被甩脱了"（Mickelson，1989：55）。

米克尔森（Mickelson，1989）对有关波丽安娜假说的研究文献进行了综述，其结果暗示：年轻女性将成家和事业看得一样重要，并不认为这两者不可兼顾。在过去，一些学者们立足于来自"监测未来"（Monitoring the Future）的数据做了一些趋势分析，而这些分析表明：女孩们通常并没有预见到自己将来会像母亲那样遭遇性别歧视的壁垒（参见：Johnston，Bachman，& O'Malley，1975，1985）。米克尔森在自己的著作中回顾了这些分析。"监测未来"是一项具有全国代表性的研究，研究对象为大约18 000名中学高年级学生。不过，她提醒到，虽然有一些研究考察了青少年看待婚姻、家庭生活、工作以及性别角色的态度，不过其研究发现只能间接地检验"波丽安娜假说"。

因此，目前尚不清楚青少年之间对机会结构中障碍的感知是否存在性别差异。在本章，我将直接检验波丽安娜假说，具体思路如下：既然女孩的学业投入水平高于男孩，那么我检验了她们在向上流动中感受到的壁垒是否少于男孩。由于前人的研究表明，相信壁垒的存在会导致个体停止或减少教育投入，因此女孩必然相信这种壁垒不存在，或最起码她们的相信程度与男孩持平。同时，我还考察了青少年对于向上流动中基于性别和种族的障碍的认知情况，并评估了其对学业投入中性别差异的潜在影响。

在机会结构感知中存在一个种族化的要素，这一点必须要强调。由于黑人在美国长期经受歧视，所以黑人儿童的父母已经总结出了一套适应性策略，特别适用于应对他们在更大社会中进行自我定位的问题（Taylor et al.，1990）。自适应策略视角与社会化理论非常接近，后者描述了个人在所生活社会中逐渐承担职能的过程（Elkin & Handel, 1984）。因此，位于儿童社会化进程核心之中的是父母对某些重要因素的感知：机会、危险以及儿童将来可能会在社会中遭遇的障碍，等等。泰勒等人（Taylor et al.，1990：994）指出：种族社会化是黑人儿童社会化过程中的一个主要特征，黑人家长试图"让子女明白美国黑人所处的真实情境，并为此做好准备"。因此，目前尚不清楚白人女性和黑人女性之间对向上流动障碍的感知是否类似。

方法

数据

本研究所采用的数据来自"马里兰州青少年发展的环境研究"（Maryland Adolescence Development in Context Study，简称 MADICS），该研究的样本——1 480 名青少年（男性占51%，女性占49%）——全部取自位于美国东海岸的一个县，研究者们还启用了一系列独特的测度。起初，心理学家借助这项研究来理解那些决定青少年行为和发展轨迹的心理因素；其数据的丰富程度是大多数全国性数据集所无法比拟的，因此学者们可以利用此中的数据做一些特殊的分析。样本是从 5 000 余名于1991年间进入初中的青少年中挑选出来的。该研究采用分层抽样法，旨在确保在每所中学（该县共有二十三所中学）中，都按照一定比例抽取家庭背景相似的学生。在样本中，学生们的社会经济（SES）背景各异，其家庭居住环境也各不相同，包括低收入的城区、中产阶级郊区以及农村中的农场地区。学生样本的平均家庭收入通常为 45,000—49,000 美元

（变动区间为5,000—75,000美元），白人家庭报告的平均家庭收入（50,000—54,999美元）明显高于黑人家庭（40,000—44,999美元）。

数据收集的时限为：自目标青少年进入初中开始，截至他们从高中毕业三年后为止。当前研究中所使用的白人和黑人学生数据分别来自MADICS的前三波和最后一波调查，收集时段分别为7年级（$n=1407$）、8年级（$n=1004$）、11年级（$n=951$），以及高中毕业三年后（$n=853$）。在未显示的补充分析中，黑人学生样本在整个调查周期中的减损量与白人学生基本一致；此外，在每一波调查中，样本中白人和黑人的比例始终保持一致（黑人占66%，白人占34%）。需要注意的是，大多数的自然减员发生在7到8年级之间；而在8至11年级期间，样本只减员了3%，这表明，样本减损不太可能是由学生从高中辍学导致的。

分析方案

本分析首先评估了女孩对向上流动壁垒的感知是否与男孩不同。因此，我按种族类型的划分展开了一系列的性别比较，考查了青少年（测量时间为7、8年级）在多大程度上相信基于性别的歧视将阻止他们获得意向中的工作和受教育程度以及性别是否阻碍了他们在各自的人生中实现"进步"。我也在分析中考量了种族问题，以确定女孩是否沿着社会结构的两个维度来感知壁垒的存在。我对三个群体的结果进行了回归分析：黑人女性、白人女性和黑人男性（省略了白人男性）。在分析中，我还控制了与种族相关的社会经济（SES）因素，比如家庭收入、父母的受教育程度和家庭结构等。

在接下来的分析中，我考察了青少年对机会结构的认知是否潜在地影响了他们的教育投入和学业后果（测量时间为11年级）。我对两种类型的投入进行了评估：心理层面和行为层面。心理投入的测量标准包括：学生的教育理想、教育期望，以及在多大程度上认为教育将来会在劳动力市场中影响到他们所能取得的成就大小。行为投入的测量标准包括：为了提高学业成绩而向他人寻求帮助的频率，以及分别投入到校园活动、会社（例如，学生自治会）、家庭作业和校外教育活动中的时间量等。最后，我对两种学业结果进行了分析：成绩（即，分数）和大学入学率。首先，我从性别和种族的交互作用角度对这些结果进行了回归，以确定教育投入中的组别差异程度。接下来，我将学生对机会结构中障碍的感知纳入到回归模型之中，以检验他们的感知是否会导致教育投入发生下降。

表13-1包含了所有结果的详细信息。由多个项目构成的结构体是加权和；表中

表 13-1 未经调整的均值、标准差以及分析所用变量的描述

变量名称	描述	度量标准	白人		黑人	
			男性	女性	男性	女性
心理投入（高中）						
教育理想	如果你可以为所欲为,那么你会在教育之路上走多远?	1=低于高中 8=法学博士、哲学博士、医学博士	6.25 (1.60)	6.76 (1.39)	6.45 (1.54)	7.04 (1.35)
教育期望	鉴于我们无法总能心想事成,那么你认为自己实际能在教育之路上走多远?	1=低于高中 8=法学博士、哲学博士、医学博士	5.54 (1.64)	6.15 (1.46)	5.56 (1.61)	6.28 (1.58)
教育输入	学业上的成败和付出能在将来带来职场成功。	1=完全不同意 5=非常同意	3.78 (.95)	4.23 (.80)	4.00 (.88)	4.27 (.79)
行为投入（高中）						
寻求帮助 (Alpha值=.61)	当你在课业中遇到困难时,你向以下人等求助的频率有多高?(a)自己老师;(b)学校里的其他成年人,比如指导教师;(c)其他同学;(d)自己父母;(e)自己朋友等。	1=几乎从来不 5=几乎总是	2.57 (.72)	2.79 (.78)	2.71 (.72)	2.93 (.74)
校园活动/会社	在过去的一年中,你参与其他校园活动(如会社或学生自治会)的频率多大?	1=从不参加 7=通常每天都参加	2.76 (2.06)	3.75 (2.07)	2.60 (2.14)	3.42 (2.25)
家庭作业	回想一下,在过去的两个星期中,你做家庭作业的频率大约有多高?	1=从不 6=每天多于一个小时	3.99 (1.74)	4.70 (1.54)	3.99 (1.56)	4.45 (1.59)

续表

变量名称	描述	度量标准	白人		黑人	
			男性	女性	男性	女性
教育活动 (Alpha 值 = .62)	回想一下，在过去的两个星期中，你从事以下活动的频率大约有多高？(a) 观看电视中的新闻播报，教育或文化节目；(b) 阅读书籍杂志以自娱；(c) 读报。	1 = 从不 6 = 每天多于一个小时	3.40 (1.15)	3.21 (1.09)	3.28 (1.18)	3.28 (1.25)
学业成就						
成绩：11 年级	自我报告的平均绩点 (GPA)。	0—4.0	2.89 (.82)	3.16 (.74)	2.63 (.72)	2.99 (.68)
进入大学学习与否	高中毕业三年后在大学就读与否。	0 = 不在 1 = 在	.65 (.48)	.79 (.41)	.59 (.49)	.74 (.44)
基于性别与种族的预期歧视（初中）						
性别/工作	你认为性别歧视会在多大程度上阻挠你得到想要的工作？	0 = 一点也不 1 = 程度极小至程度很大	.08 (.28)	.48 (.50)	.34 (.48)	.60 (.49)
性别/教育	你认为性别歧视会在多大程度上阻挠你获得理想中的受教育程度？	0 = 一点也不 1 = 程度极小至程度很大	.08 (.27)	.28 (.45)	.31 (.46)	.48 (.50)
性别障碍	你认为你的性别（男/女）致使你的人生发展变得更难还是更容易？	1 = 变得容易的多 5 = 变得困难很多	2.66 (.55)	3.24 (.64)	2.74 (.81)	3.22 (.84)

续 表

变量名称	描 述	度量标准	白人 男性	白人 女性	黑人 男性	黑人 女性
种族/工作	你认为种族歧视会在多大程度上阻挠你得到想要的工作?	0＝一点也不 1＝程度极小至程度很大	.18 (.38)	.30 (.46)	.62 (.49)	.69 (.46)
种族/教育	你认为种族歧视会在多大程度上阻挠你获得理想中的受教育程度?	0＝一点也不 1＝程度极小至程度很大	.08 (.27)	.25 (.43)	.57 (.50)	.55 (.50)
种族障碍 (Alpha 值＝.84)	(a) 由于你的种族出身,所以无论你如何努力,你总是需要比其他人付出更多才能证明自己;(b) 因为你的种族,所以你必须要取得比其他孩子更好的成绩才能继续进步。	1＝完全不同意 4＝非常同意	1.63 (.62)	1.50 (.64)	2.52 (.89)	2.48 (.97)

备注:括号中的数字是标准差。在 MADICS 中,有效案例的范围为 777—948 例(占总样本数的 82%或更高)。

添加了应答选项,并且总和除以项目数。虽然表 13-1 列出了组别间的均值差异,但在对社会经济地位(SES)因素进行调整后,我们可以利用上文讨论的模式进行系统性的性别与种族比较。为了考虑缺失数据,模型中的每个预测因子都被赋予了一个测量"缺失信息"的测度:代码"0"代表无缺失值;"1"代表存在缺失值。由此产生的估计值与通过"列表删除法"处理拥有替代值的变量得出的估值相同。这一做法还可以将所有拥有有值结果的案例保留在分析之中。最后,因为分析对象仅限于就读于 11 年级的学生,所以附录还对排除偏倚(exclusion bias)进行了评估。[1]

结果

障碍认知的差异

表 13-2 显示了波丽安娜假说的直接测试结果。表 13-2 的顶部面板显示,女孩更有可能相信她们将在就业市场和教育中体验到性别歧视(在前者中,黑人女性的 logit 值 = 2.918,白人女性的 logit 值 = 2.312;在后者中,黑人女性的 logit 值 = 2.418,白人女性的 logit 值 = 1.536)。有趣的是,黑人男性相信性别歧视的概率是白人男性的五倍以上。总体而言,相比男孩,女孩更把自己的性别视为一种障碍(黑人女性:b = .594;白人女性:b = .576)。表 13-2 的底部面板重复了种族角度的分析,结果显示,相比于白人,黑人更认为种族因素会在劳动力市场、教育、生活领域制造障碍。然而,相对于白人男性,白人女性更容易相信,基于种族的歧视将使她们更难以得到想要的教育与工作。总之,表 13-2 不支持如下假说:女孩感知到的障碍比男孩少。相反,研究发现,白人男性最不可能将自己的性别和种族视为机会结构中的障碍。

表 13-2 基于性别和种族的预期歧视(波丽安娜假说)(未标准化的回归系数)

自变量	性别歧视				障碍
	性别/工作		性别/教育		
	(Logit)	比值比	(Logit)	比值比	(OLS)
黑人女性	2.918*** (.347)	18.511	2.418*** (.357)	11.218	.594*** (.083)
白人女性	2.312*** (.358)	10.099	1.536*** (.379)	4.647	.576*** (.091)

续 表

自变量	性别歧视				
	性别/工作		性别/教育		障碍
	(Logit)	比值比	(Logit)	比值比	(OLS)
黑人男性	1.909*** (.349)	6.748	1.691*** (.362)	5.424	.126 (.084)
常数	−3.800*** (.684)		−2.677*** (.686)		2.344*** (.211)
χ^2, df/R^2	123***,9		76***,9		.112

自变量	种族歧视				
	种族/工作		种族/教育		障碍
	(Logit)	比值比	(Logit)	比值比	(OLS)
黑人女性	2.536*** (.277)	12.631	2.749*** (.358)	15.634	.906*** (.092)
白人女性	.746* (.294)	2.108	1.400*** (.382)	4.054	−.106 (.101)
黑人男性	2.215*** (.275)	9.165	2.889*** (.360)	17.977	.939*** (.093)
常数	−2.730*** (.643)		−3.538*** (.688)		1.316*** (.236)
χ^2, df/R^2	148***,9		144***,9		.241

备注：括号中的数字是标准误差。在种族范畴的分析中，未设置"白人男性"这一类别。所有的分析均控制了家庭结构、家庭收入、父母的受教育程度和学生的学习成绩等变量。观测例数的区间是777—794。

鉴于我们假定障碍感知会对学业投入产生负面影响，以及我们发现女孩的教育投入通常高于男孩，因此分析结果并不支持第二个假说——女孩的教育投入水平更高的原因在于她们感受到的障碍更少——给出的预测。从根本上说，我们的研究发现，尽管女孩对机会结构中障碍的感知更为强烈，但是她们对学业的投入仍然要高于男孩。这一结果质疑了障碍认知与教育成果之间的负相关关系，而这种关系则是前文讨论过的反抗性文化模型的关键组成部分。下文的分析会进一步检验这一关系。

障碍感知对心理投入的影响

表13-3运用OLS（普通最小二乘法）回归模型，考察了三种后果——教育理想、

教育期望和教育的重要性。对于每一项后果,表13-3中的第一个模型并没有给出意外的发现。与前人的研究发现类似,我们也注意到,女孩对教育的心理投入要多于男孩。具体说来,在排除掉社会经济因素后,黑人女孩拥有的教育理想最高(b=.983),而白人女孩(b=.586)和黑人男性(b=.348)次之;白人男性拥有的教育理想最低。在教育期望层面,情况与之类似(黑人女孩和白人女孩的b值分别等于1.058和.708)——黑人男孩与白人男孩的表现没有区别。同样,所有的三个群体都比白人男孩更加相信:努力学习能在未来的劳动力市场中创造成功。不过,女生的这种信念还要强于男生(黑人女孩、白人女孩和黑人男孩的b值分别等于.547、465和.277)。国家教育纵向研究(National Educational Longitudinal Study,简称NELS)观察到的模式与之类似。在过去的十至十五年间,NELS也许是教育研究人员最常用的一个全国性数据集(见图13-1)。然而,在第二个模型中,每个后果都得出了惊人的结果。在性别在多大程度上抑制了教育机会的问题上,学生们的认知负面地影响了他们的教育理想(b=-.420)。除此之外,学生们对性别障碍和种族障碍的感知并未影响到他们对教育的心理投入。[2]

表13-3 对于预期歧视的心理投入(未标准化系数)

自变量	教育理想		教育期望		教育的重要性	
	(1)	(2)	(1)	(2)	(1)	(2)
组别:						
黑人女性	.983*** (.148)	.946*** (.165)	1.058*** (.156)	.997*** (.174)	.547*** (.088)	.587*** (.098)
白人女性	.586*** (.161)	.515*** (.169)	.708*** (.169)	.622*** (.179)	.465*** (.096)	.494*** (.101)
黑人男性	.348* (.148)	.324* (.165)	.288 (.156)	.265 (.174)	.277** (.088)	.302** (.098)
性别歧视						
性别/工作	—	.263 (.149)	—	.237 (.157)	—	-.032 (.089)
性别/教育	—	-.420** (.159)	—	-.231 (.168)	—	-.103 (.096)
性别障碍	—	.067 (.073)	—	.070 (.077)	—	-.019 (.044)
种族歧视						

续 表

自变量	教育理想		教育期望		教育的重要性	
	(1)	(2)	(1)	(2)	(1)	(2)
种族/工作	—	-.107 (.151)	—	-.115 (.160)	—	.082 (.091)
种族/教育	—	.284 (.158)	—	.188 (.167)	—	.070 (.095)
种族障碍	—	-.046 (.067)	—	-.035 (.071)	—	-.056 (.040)
常数	3.733*** (.312)	3.621*** (.230)	2.164*** (.328)	2.127*** (.401)	3.433*** (.184)	.203 (.238)
R^2	.124	.138	.169	.179	.053	.069

备注：括号中的数字是标准误差。在种族范畴的分析中，未设置"白人男性"这一类别。所有的分析均控制了家庭结构、家庭收入、父母的受教育程度等变量。观测例数的区间是844—870。
$^*p<.05, ^{**}p<.01, ^{***}p<.001$（双尾检验）。

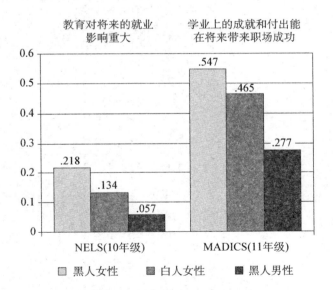

图13-1 在两个忽略社会经济地位因素的数据集中，青少年间对教育重要性相对于白人男性的认知差异：NELS与MADICS

备注：调查结果排除了家庭收入、父母的受教育程度和家庭结构等因素。NELS的计量区间为1—4（常数=3.285, n=7 690）；MADICS的计量区间为1—5（常数=3.433, n=870）所有的值都是显著的，$p<0.05$。

障碍感知对行为投入的影响

已有学者对教育的行为投入进行了测量与分析。表13-4再度重复了他们的分析。这些分析的结果与我们在心理投入层面的发现类似,对于表13-4中的每一项后果来说,第一种模型普遍揭示女孩的教育投入要多于男孩。具体来说,三个组别在做功课时寻求帮助的频率都要高于白人男孩;女孩对校园活动/会社的参与度高于男孩(黑人女孩和白人女孩的b值分别等于0.875和1.092),她们花在家庭作业上的时间也要多于男孩(黑人女孩和白人女孩的b值分别等于0.632和0.757)。各个组别在校外教育活动中所花费的时间上没有差异。然而,与上文中的分析一样,在第二个模型中,每个后果的分析结果表明,学生们对于机会结构中性别和种族障碍的认知不会影响他们在教育上的行为投入,只有一个例外——他们对教育领域中种族障碍的感知会导致他们增加花在校外教育活动上的时间。

表13-4 对于预期歧视的行为投入(未标准化系数)

自变量	寻求帮助		花在校园活动/会社上的时间		花在家庭作业上的时间		花在教育活动上的时间	
	(1)	(2)	(1)	(2)	(1)	(2)	(1)	(2)
组别								
黑人女性	.368*** (.078)	.323*** (.087)	.875*** (.213)	.796*** (.237)	.632*** (.161)	.693*** (.178)	-.094 (.121)	-.188 (.133)
白人女性	.228** (.085)	.221* (.090)	1.092*** (.234)	1.045*** (.247)	.757*** (.178)	.752*** (.186)	-.185 (.133)	-.242 (.139)
黑人男性	.171* (.078)	.143 (.087)	.054 (.213)	.044 (.234)	.181 (.160)	.186 (.175)	-.087 (.121)	-.177 (.132)
性别歧视								
性别/工作	—	.023 (.078)	—	.237 (.157)	—	-.030 (.161)	—	.190 (.121)
性别/教育	—	-.031 (.084)	—	-.231 (.168)	—	-.237 (.171)	—	-.220 (.130)
性别障碍	—	.030 (.039)	—	.070 (.077)	—	-.067 (.079)	—	-.012 (.059)
种族歧视								

续 表

自变量	寻求帮助		花在校园活动/会社上的时间		花在家庭作业上的时间		花在教育活动上的时间	
	(1)	(2)	(1)	(2)	(1)	(2)	(1)	(2)
种族/工作	—	.011 (.080)	—	-.115 (.160)	—	.052 (.164)	—	-.206 (.122)
种族/教育	—	-.012 (.083)	—	.188 (1.67)	—	.305 (.172)	—	.365** (.129)
种族障碍	—	.031 (.036)	—	-0.35 (.071)	—	-.138 (.071)	—	0.11 (.053)
常数	2.450*** (.166)	2.260*** (.201)	.012 (.437)	-.274 (.534)	2.103*** (.331)	2.619*** (.400)	2.884*** (.247)	2.987*** (.299)
R^2	.039	.052	.093	.097	.080	.097	.009	.031

备注：括号中的数字是标准误差。在种族范畴的分析中，未设置"白人男性"这一类别。所有的分析均控制了家庭结构、家庭收入、父母的受教育程度等变量。在"寻求帮助"、"花在校园活动/会社上的时间"、"花在家庭作业上的时间"以及"花在教育活动上的时间"等类别中，观察例数分别为830例、948例、924例和934例。

$^*p<.05, ^{**}p<.01, ^{***}p<.001$（双尾检验）。

障碍感知对学业后果的影响

由于女孩对机会结构中的性别歧视存在担忧，所以人们可能预测她们的学业成绩会更低。然而，正如上文所示，研究发现女孩对教育的投入要多于男孩，而且这一发现是稳健的。女孩在学校取得更大成绩的事实与对抗模型的预测和暗示完全相反，因为后者认为学生对社会流动体系的看法对其学业成绩的影响微乎其微。

表13-5检验了青少年对不公平机会结构的看法是否会影响到他们的学业后果。模型（1）显示了在控制了过往成绩（即，分数）之前和之后，各个组别在学业成绩上的差异（所有的素模型均控制了过往学业成绩）。如前文所述，全国性的数据也反映了这种性别化的模式——女孩所取得的分数要高于男孩（见图13-2）。虽然过往成绩能解释黑人男性的劣势（在模型（1）中，其b值等于-0.174，而在模型（1'）中，其b值并不显著），却不能解释女孩能取得更好成绩的原因。模型（2）显示，基于性别的预期歧视并不危及学习成绩。相反，一旦有学生认为，在就业市场中，自己的性别会成为一种障碍，那么他们的学业成绩会高于那些不持有此种观点的学生。模型（2）也表明，黑人女性的学习成绩胜过白人男性的原因在于她们预料自己将在劳动力市场中遭遇歧视。模型（2'）

表 13-5 预期歧视对学业后果的影响(未标准化系数)

自变量	成绩(11年级)[a]						大学入学率			
	(1)	(1')	(2)	(2')	(3)	(3')	(1)	比值比	(2)	比值比
组别										
黑人女性	.199** (.078)	.186** (.073)	.136 (.083)	.146 (.078)	.195* (.084)	.174* (.079)	1.094*** (.279)	2.986	.874** (.313)	2.396
白人女性	.296*** (.085)	.182* (.080)	.237** (.088)	.145 (.083)	.279*** (.085)	.173* (.080)	1.040*** (.309)	2.829	.934*** (.328)	2.546
黑人男性	-.174* (.078)	-.023 (.074)	-.198* (.080)	-.033 (.076)	-.168* (.085)	-.032 (.081)	.303 (.279)	—	.054 (.312)	—
性别/工作	—	—	.162* (.067)	.088 (.063)	—	—	—	—	.488 (.301)	—
性别歧视										
性别/教育	—	—	-.096 (.069)	-.068 (.064)	—	—	—	—	-.395 (.329)	—
性别障碍	—	—	.044 (.038)	.045 (.035)	—	—	—	—	.009 (.156)	—
种族歧视										
种族/工作	—	—	—	—	.126 (.068)	.112 (.064)	—	—	.019 (.298)	—
种族/教育	—	—	—	—	.047 (.069)	.026 (.064)	—	—	.646* (.320)	1.908

续　表

自变量	成绩(11年级)[a]						大学入学率		
	(1)	(1')	(2)	(2')	(3)	(3')	(1)	(2)	比值比
种族障碍	—	.121 (.230)	1.763*** (.193)	.022 (.251)	−.084* (.035)	−.053 (.033)	—	−.051 (.129)	
常数	1.903*** (.164)	.242			1.975*** (.174)	.203 (.238)	−4.026*** (.632)	−4.156*** (.796)	
R^2	.120	.242	.131	.249	.136	.254	χ^2, df	99.7	124,19

备注：括号中的数字是标准误差。在种族范畴的分析中，未设置"白人男性"这一类别。所有的分析均控制了家庭结构、家庭收入、父母的受教育程度等变量。在"成绩"、"大学入学率"的类别中，观测例数分别为789例与668例。

[a] 某模型控制了过往任学业成绩(在7年级期间测量)。

* $p<.05$, ** $p<.01$, *** $p<.001$ (双尾检验)。

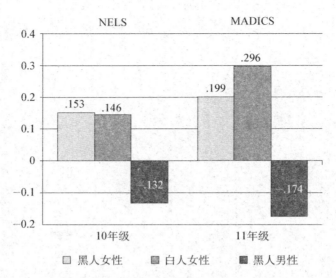

图 13-2 在两个忽略社会经济地位因素的数据集中,青少年间相对于白人男性的分数差异:NELS 与 MADICS。

备注:调查结果排除了家庭收入、父母的受教育程度和家庭结构等因素。在 NELS ($n=6\,328$)中,分数值域为 0—4,常数为 1.996;在 MADICS($n=789$)中,分数值域同为 0—4,常数为 1.903。所有的值都是显著的,$p<0.05$。

显示,当我们同时控制过往成绩和性别歧视预期时,女性的成绩优势变得不再显著。最后,模型(3)显示,虽然种族障碍预期会对学习成绩产生负面影响,但是学生们对社会流动体系中种族歧视的相信程度对学业成绩的组别差异的影响微乎其微。

表 13-5 中的第二个模型系列检验了青少年对不公平机会结构的看法是否会影响到他们的大学入学率。第一种模式显示,在排除掉社会经济地位因素后,女孩被大学录取的概率要高于男孩。黑人男孩与白人男孩之间并无差异。然而,在控制社会经济地位因素之前,黑人男孩被大学录取的概率要低于白人男孩(此表未显示)。我们从模型(2)中得出的发现极易引发争议:学生们感知到的障碍并不会对其大学入学概率产生负面影响;相反,相对于一些并不将种族视为教育障碍的学生,那些将种族视为一种障碍的学生被大学录取的概率几乎是前者的两倍(比值比=1.908)。

分析讨论

本研究的目的在于将性别问题纳入到关于青少年对机会结构的感知的讨论之中。

本研究探讨了在青少年对机会结构的感知中是否存在性别差异,以及这些感知是否影响了学生们对教育的投入。本研究所采用的数据集包含一套测量机会结构感知的独特测度,这些测度评估了学生们对劳动力市场中性别障碍和种族障碍的认知。本文的分析说明了种族和性别所起的交互效应,以之为基础,我们进而考量了性别因素的种族化层面。本研究的发现揭示了年轻人是如何看待向上流动中的性别障碍和种族障碍的。他们的看法比较有趣。此外,另一些重要发现揭示了女性并不削减教育投入的原因,尽管她们在社会流动体系中体验并感知到了顽固性障碍。下文将对各类发现逐一进行讨论。

本研究的发现并不支持波丽安娜假说。女孩们知道,她们将会在机会结构中遇到一些障碍。有趣的是,黑人男孩察觉到的性别障碍多于白人男孩。这一现象可能是由下面几个原因引起的。一方面,黑人少女和成年黑人女性的教育成就率和职业获得率继续上升,另一方面,黑人男孩和成年黑人男性的相关比率却出现了下降(Cohen & Nee, 2000; Cross & Slater, 2000)。因而,黑人男性可能会认为自身的教育/职业潜力要低于黑人女性。此外,黑人男性坐牢的概率以及他们与刑事司法系统的接触率更高(Brown et al., 2003)可能会导致人们对其形成负面成见——黑人男性不具备向社会上层流动的能力。奥康纳(O'Connor, 1999:153)的研究发现:学生们意识到,人们一想到黑人男性,立刻就会将之与一些独特的刻板形象联系起来:罪犯、帮派分子以及作恶者,他们认为人们的上述刻板印象会限制黑人男性的教育机会和就业前景。一些学生认为"这种污名(或刻板印象)意味着,在必要的课业辅导方面,非洲裔美国男孩获得辅导的概率会低于白人青年或非洲裔美国女孩,而且,在违反学校纪律时,他们也更容易受到严厉的惩戒"(O'Connor, 1999:152)。弗格森(Ferguson, 2000)发现,学校工作人员认为黑人男性的着装和行为具有不服管教的及对抗悖逆的物质,因而对黑人男性的衣着和行为执行了严格控制。她注意到,关于黑人男性的文化假设导致黑人男性的衣着、行为和言论不断受到管制。从这一角度来看,黑人男孩有理由将自己的性别视为阻碍其向上流动的另一障碍。

本研究发掘出的另一个有趣发现是,相比于白人男孩,白人女孩更加将自己的种族视为制约其向上流动的障碍。然而,这一发现似乎更加说明,在种族障碍感知方面,白人男孩感受到的"保障"与"特别优待"要强于白人女孩。白人男孩似乎意识到:他们的特别待遇来自于他们既是男性又是白人的双重身份。因此,其他群体与白人男性之间对种族劣势的感知存在差异。

一个令人惊讶的发现是，女孩对机会结构中性别分层的认识程度与她们的教育投入（心理投入和行为投入）以及学业后果研究发现表明，学生们依然认为教育是促进自己向上流动的一种机制，而他们对不公平社会流动体系的预测——关乎劳动力市场、学校和一般生活——不会危及这一信念。看来，女孩们并未沉溺于社会流动体系的消极方面。相反，表13-5中的发现表明，女孩们没有因未来的障碍而气馁，反而将之当作提升自己学业成绩的动力。奥康纳（O'Connor, 1999）同样发现，高成就者高度适应机会结构中的障碍。鉴于以上发现，我重新考虑了如下问题：女性的成绩优势是否是一种反常现象？既然相对于得到了更好回报、占据优势的男性，女性拿到的教育回报更低、在劳动力市场中预期遇到的障碍更多，那么她们对社会流动体系的投入为什么还要高于前者呢？

女性的成绩优势是一种异常现象吗？

本研究的导入部分提到，从反抗性文化理论的视角来看，女孩的成绩优势是一种异常现象。鉴于女性获得的教育回报更低，因此研究者们一旦关注她们的教育投入更高的问题，他们几乎一定会将这一问题置于反抗性文化理论的分析范畴之内。在分析学生们的学业投入与他们对机会结构中不平等现象的感知和体验之间的关系时，反抗性文化理论一直是唯一的主导理论。与此同时，众多学科也对该理论给予了极大关注。遵循该理论的逻辑，人们就会将女孩的成绩优势视为一种反常现象。然而，米克尔森（Mickelson, 1989）指出，如果更宽松地界定女性的公共生活与私人生活之间的界限，将两者视为一个连续体而不是对其区别对待，那么女孩的成绩优势便不是一种异常现象。依托女权主义理论，她指出，女性将自己的公共角色和私人角色视为一个密不可分的统一体，因而她们更有可能寻求同时适合于这两个角色的教育回报。不同于男性，女性在对教育进行投入时，她们不会对教育回报执行成本与效益的比较分析。若将女孩的成绩优势视为一种反常现象，那么我们就需要假定教育回报仅有一种测量标准。

为什么女孩的教育投入会高于男孩？

如果女性从相对价值角度来考虑问题，那么她们在实际中可能会更倾向于加大教育投入。米克尔森（Mickelson, 1989）提出了这种可能性（即，参照组理论），并指出，那种认为女性不在乎男子获得的教育回报更大的观点需要得到转变。然而，女性并不是将自己与男性——甚或其他女性——相比,相反,女孩可能会把自己与反事实中的自己相比:如果停止教育投入,那么她们的生活会变成什么样子?她们知道(或,如当前发现所暗示的那样,相信),教育投入会提高她们在就业市场中取得成功的概率,如果不这样做,就会出现相反的结果。

造成女孩教育投入更高的另一个可能原因是,她们可能意识到,女性的境遇实际上一直在改善,无论是在教育领域(即,目前女性的大学毕业率以及研究生中女性的比例都要高于男性)还是在工作场所。虽然在职场中女性仍然会遭遇无形顶障(玻璃天花板),但目前的研究表明,她们不仅感知到这一晋升障碍,更有动力去粉碎它。由于女孩的职业前景与十到二十年前的情形相比更加乐观,因此她们可能会觉得自己获得高级职位的概率处于历史最佳状态。研究表明,近几十年来,完成大学教育所带来的价值——对未来收益、婚姻、生活水准和保障收入不受剥夺等方面的综合影响——越来越大,而且在其价值增速方面,女性要高于男性(DiPrete & Buchman, 2006)。此外,布克曼和迪普雷特(Buchmann & DiPrete, 2006)发现,女孩在完成大学教育方面的优势部分源于性别在家庭背景中发挥的独特影响;如果父亲只有高中学历或父亲在家庭生活中缺席,那么男孩的易受伤害程度只会越来越大,并且还将导致他们的受教育程度发生下降。

结语

尽管女孩们感知到她们将来会在劳动力市场中遇到种种障碍,但是她们仍然继续对学业保持投入。造成这一现象的原因似乎是女孩们的障碍感知并没有对她们的教育投入发挥了潜在影响。未来的研究应考虑:青少年对机会结构中障碍的感知在发挥作用时是否需要一些前提条件。例如,女性和少数族群易受到刻板印象的伤害,并承受由此产生的不利影响(Steele, 1988)——他们需要不断否认各自群体自带的负面反馈。斯蒂尔(Steele, 1997)指出,在特定领域中增加提示障碍和刻板印象的信号可以削弱个人的表现。他将这种现象称之为"刻板印象威胁"。每当个人担心他们的行为可能会证实他人对其所属群体的刻板印象(往往是负面的)时,这种威胁就会出现。斯蒂尔和阿伦森(Steele & Aronson, 1995)发现:在完成学术任务时,自身种族不被强调的黑人大学生的表现会优于自身种族得到强调的黑人大学生。因此,对于立志成为工程师的女性来说,她们的表现同样受到她们对该领域(例如,工程学)中障碍认知的影响。

青少年对向上流动中结构性障碍的认知并未对其学业后果产生影响,这表明所有遭遇更低教育回报的群体都能够各自保持对教育的心理投入和行为投入。同样,当前的研究发现也很好地说明了社会条件与学生的学业投入之间的联系。本研究显示,学生对相关障碍的认知不会降低其对学业的投入。相反,就学业后果而言,障碍认知反而会激励女孩取得更好成绩。

附录

请参阅表13-6。

注释

在此,我向以下人士致以最诚挚的谢意,感谢他们给本文提出了有益的评论:香农·卡瓦诺(Shannon Cavanaugh)、罗伯特·赫默(Robert Hummer)、钱德拉·穆勒(Chandra Muller)、凯瑟琳·里格尔-克鲁伯(Catherine Riegle-Crumb)、基思·鲁滨逊(Keith Robinson)、玛丽·罗斯(Mary Rose)以及克里斯汀·威廉姆斯(Christine Williams)。本研究得到了以下两个研究项目的部分资助:美国国家儿童健康和人类发展研究院(NICHD)资助项目♯R01 Hd33437,该项目被授予杰奎琳·S·埃克尔斯(Jacquelynne S. Eccles)和阿诺德·J·萨莫诺夫(Arnold J. Sameroff);麦克阿瑟基金会研究网络资助项目"高风险环境中青少年的成功发展"(MacArthur Network on Successful Adolescent Development in High Risk Settings),主持人为杰瑟(R. Jessor)。

1. 附录(表13-6)进一步检查了失访偏倚(attrition bias)。每个组的前三列显示了各项测度在7年级(第一波次调查)时的均值,这里的测度与本研究中的各项后果类似(测量教育重要性的测度为"要想获得成功人生,我就必须在学校取得良好成绩")。测量对象分为:完整样本、研究样本(即,11年级学生)和未被纳入研究的样本(即,未升入11年级学习的学生)。列2-1显示了每一种后果在各个组别的研究样本和完整样本之间并无显著差异。列3-2说明了被排除样本的情况,并且显示,在研究样本和被排除样本之间存在一些差异。与研究样本中的白人男性相比,那些被本研究排除在外的白人男性参与校园或会社活动的程度更低,功课得分也更低。与研究样本中的白人女性相比,那些被本研究排除在外的白人女性的教育期望值低于前者,并且重视教育的程度也不及前者。与研究样本中的黑人男性相比,那些被本研究排除在外的黑人男性的教育期望值低于前者,并且重视教育的程度同样不及前者。最后,在黑人女性的组别中,研究样本与被排除样本之间并无差异。在32个比较项中,被排除样本与研究样本虽然在其中6项上存在差异,但是我们有理由认为这些差异对歧视/障碍效应的潜在影响可以忽略不计。
2. 在补充分析中,一些交互项被纳入到每个后果的第三种模型之中,以确定歧视测度的影响在不同组别之间是否存在差异(例如,黑人女性×性别障碍)。不过,交互项的值并不显著(如有需求,作者可提供相关结果)。

表13-6 按种族和性别划分的完整样本、研究样本和未被纳入研究的样本在七年级时的测量均值（测度与本研究的各项后果类似）以及三个样本之间的平均差异

	白人男性					白人女性					黑人男性					黑人女性				
	完整(1)	研究(2)	未纳入(3)	差异(2-1)	差异(3-2)	完整(1)	研究(2)	未纳入(3)	差异(2-1)	差异(3-2)	完整(1)	研究(2)	未纳入(3)	差异(2-1)	差异(3-2)	完整(1)	研究(2)	未纳入(3)	差异(2-1)	差异(3-2)
心理投入																				
教育理想	7.45	7.55	7.23	.10	-.32	8.01	8.25	7.46	.24	-.79	7.53	7.67	7.30	.14	-.37*	8.23	8.11	8.53	-.12	.42
教育期望	7.56	7.44	7.83	-.12	.39	7.02	7.17	6.66	.15	-.51	6.84	7.09	6.40	.25	-.69	7.95	8.19	7.37	.24	-.82
教育重要性	4.34	4.34	4.32	.00	-.02	4.40	4.48	4.22	.08	-.26*	4.42	4.50	4.27	.08	-.23*	4.60	4.60	4.61	.00	.01
行为投入																				
寻求帮助	2.88	2.88	2.88	.00	.00	3.24	3.24	3.23	.00	-.01	3.10	3.12	3.06	.02	-.06	3.20	3.22	3.14	.02	-.08
校园活动	1.40	1.64	0.90	.24	-.74*	1.48	1.48	1.48	.00	.00	1.19	1.18	1.21	-.01	.03	1.68	1.57	1.94	-.11	.37
合社																				
家庭作业	4.85	4.86	4.83	.01	-.03	4.99	4.97	5.04	-.02	.07	4.85	4.88	4.79	.03	-.09	4.99	5.05	4.85	.06	-.20
教育活动	2.92	3.00	2.74	.08	-.26	2.77	2.82	2.64	.05	-.18	2.87	2.89	2.84	.02	-.05	2.90	2.94	2.83	.04	-.11
学业后果																				
成绩	3.19	3.30	2.97	.11	-.33*	3.42	3.44	3.39	.02	-.05	2.96	3.00	2.90	.04	-.10	3.21	3.23	3.16	.02	-.07
N=	224	154	70			245	171	74			493	312	181			445	314	131		

备注：*代表差异值具有显著性，$p < 0.05$（双尾）。

参考文献

Ackerlof, George. 1976. "The Economics of Caste, and of the Rat Race and Other Woeful Tales." *Quarterly Journal of Economics* 90(4):599–617.

Ainsworth-Darnell, James W., and Douglas B. Downey. 1998. "Assessing the Oppositional Culture Explanation for Racial/Ethnic Differences in School Performance." *American Sociological Review* 63:536–553.

Akom, A. A. 2003. "Reexamining Resistance as Oppositional Behavior: The Nation of Islam and the Creation of a Black Achievement Ideology" *Sociology of Education* 76:305–325.

Alba, R., and V. Nee. 1997. "Rethinking assimilation in a new era of immigration." *International Migration Review* 31(4):826–874.

Altbach, Philip, and Jane Knight. 2006. *The Internationalization of Higher Education: Motivations and Realities*. NEA Almanac of Higher Education. Washington, DC: National Educational Association.

American Association of Community Colleges 2010. Accessed May 30, 2010; http://www.aacc.nche.edu/AboutCC/Pages/default.aspx.

Arneson, R. 1989. "Equality and Equality of Opportunity for Welfare." *Philosophical Studies* 56:74–94.

Arrow, K. 1973. "The Theory of Discrimination." In *Discrimination in Labor Markets*, O. Ashenfelter and A. Rees, eds. (pp. 3–33). Princeton, NJ: Princeton University Press.

Arrow, K., S. Bowles, and S. Durlauf. 2000. *Meritocracy and Economic Inequality*. Princeton, NJ: Princeton University Press.

Arum, Richard, Adam Gamoran, and Yossi Shavit. 2007. "More Inclusion than Diversion: Expansion, Differentiation, and Market Structure in Higher Education." In *Stratification in Higher Education: A Comparative Study*, Yossi Shavit, Richard Arum, and Adam Gamoran, eds. (chap. 1). Stanford, CA: Stanford University Press.

Ashenfelter, O., and C. Rouse. 1998. "Income, Schooling, and Ability: Evidence from a New Sample of Identical Twins." *Quarterly Journal of Economics* 113(1):353–384.

Attias-Donfut, C. 2000. Rapports de générations: transferts intrafamiliaux et dynamique macrosociale, *Revue française de sociologie* 41(4):643–684.

Auerbach A. J., J. Gokhale, and L. J. Kotlikoff. 1994. "Generational Accounting: A

Meaningful Way to Evaluate Fiscal Policy (in Symposia: Generational Accounting). " *Journal of Economic Perspectives* 8(1):73 – 94.

Aviezer, O. , and M. Rosental. 1997. "A Comparison of Pre-School & Toddlers in City and Kibbutz. " In *Kibbutz Education in Its Environment*, Y. Dror, ed. (pp. 37 – 58). Tel Aviv: Tel Aviv University School of Education and Ramot Publishing. (Hebrew)

Avrahami, A. 1997. *Learning on the Way to the Future: Why Do Kibbutz Children Study?* Ramat Efal, Israel: Yad Tabenkin. (Hebrew with English abstract)

Baba, M. 2007. "Niezaspokojony pop ytna prace. " In *Edukacja dla pracy. Raport o rozwoju spolecznym Polska 2007*, Ursula Sztanderska, ed. Warsaw: United Nations Development Program.

Bae, Yupin, Susan Choy, Claire Geddes, Jennifer Sable, and Thomas Snyder. 2000. *Trends in Educational Equity of Girls and Women*. U. S. Department of Education, National Center for Education Statistics. Washington, DC: U. S. Government Printing Office.

Ball, S. 2003. *Class Strategies and the Educational Market: The Middle Classes and Social Advantage*. London: Routledge Falmer.

Ball, S. , M. Maguire, and S. Macrae. 2000. *Choice, Pathways and Transitions Post-16: New Youth, New Economies in the Global City*. London: Routledge Falmer.

Bambra, C. 2007. "Going Beyond the Three Worlds of Welfare Capitalism: Regime Theory and Public Health Research. " *Journal of Epidemiology and Community Health* 61:1098 – 1102.

Barbier J. C. , and J. Gautié (dir.). 1998. *Les politiques de l'emploi en Europe et aux Etats Unis, Cahiers du CEE*. Paris: PUF.

Barr, Nicholas. 2004. *The Economics of the Welfare State*. New York: Oxford University Press.

Bashir, Sajitha. 2007. *Trends in International Trade in Higher Education: Implications and Options for Developing Countries*. Working paper series, no. 6. Washington, DC: World Bank.

Baudelot, R. Establet. 2000. *Avoir trente ans, en 1968 et 1998*. Paris: Éd. du Seuil.

Beck, T. , et al. 2000. *New Tools and New Tests in Comparative Political Economy: The Database of Political Institutions*. Working paper series, no. 2283. Washington, DC: World Bank.

Becker, Gary S. 1967. *Human Capital and the Personal Distribution of Income*. Ann Arbor: University of Michigan Press.

——. 1971. *The Economics of Discrimination*. Chicago: Chicago University Press.

——. 1975. *Human Capital. A Theoretical and Empirical Analysis with Special Reference to Education*. New York: National Bureau of Economic Research.

Becker, H. A. 2000. "Discontinuous Change and Generational Contracts. " In *The Myth of Generational Conflict. The Family and State in Ageing Societies*, S. Arber and C. Attias-Donfut, eds. (pp. 114 – 132). London/New York: Routledge.

Behrman, J. R. , and P. Taubman. 1989. "Is Schooling 'Mostly in the Genes'? Nature-Nurture Decomposition Using Data on Relatives. " *Journal of Political Economy* 97(6):1425 – 1446.

Behrman, J. R. , M. R. Rosenzweig, and P. Taubman. 1994. "Endowments and the Allocation of Schooling in the Family and in the Marriage Market: The Twins Experiment. " *Journal of Political Economy* 102(6):1131 – 1173.

Belfield, Clive R. 2000. *Economic Principles for Education: Theory and Evidence.* Cheltenham: Edward Elgar.

Bell, D. 1973. *Coming of Post-Industrial Society: A Venture in Social Forecasting.* New York: Basic Books.

Bell L. , G. Burtless, T. Smeeding, and J. Gornick. 2007. "Failure to Launch: Cross-National Trends in the Transition to Economic Independence. " In *The Price of Independence*, S. Danziger and C. E. Rouse, eds. (chap. 2). New York: Russell Sage Foundation.

Beller, M. 1994. "Psychometric and Social Issues in Admissions to Israeli Universities. " *Educational Measurement: Issues and Practice* 13(2):12 – 20.

Belzil, C. , and J. Hansen. 2002. "Unobserved Ability and the Return to Schooling. " *Econometrica* 70(5):2075 – 2091.

Benabou, R. 2000. "Meritocracy, Redistribution, and the Size of the Pie. " In *Meritocracy and Economic Inequality*, K. Arrow, S. Bowles, and S. Durlauf, eds. (chap. 12). Princeton, NJ: Princeton University Press.

Benavot, Aaron, Yun-Kyung Cha, David Kamens, John Meyer, and Suh-Ying Wong. 1991. "Knowledge for the Masses: World Models and National Curricula, 1920 – 1986. *American Sociological Review* 56(1):86 – 92.

Bennett, M. J. 2000. *When Dreams Came True: The GI Bill and the Making of Modern America.* Washington, DC: Brassey's.

Berman, Eli, John Bound, and Stephen Machin. 1998. "Implications of Skill-Biased Technological Change: International Evidence. " *Quarterly Journal of Economics* 113(4): 1245 – 1279.

Bernstein, Basil. 1971. *Class, Code and Control.* London: Routledge & Kegan Paul.

Betts, J. R. , and J. E. Roemer. 2005. "Equalizing Opportunity for Racial and Socio-Economic Groups in the United States through Education Finance Reform. " In *Schools and the Equal Opportunity Problem*, P. Peterson, ed. (pp. 209 – 238). Cambridge, MA: MIT Press.

Blanden, J. , P. Gregg, and S. Machin. 2005. "Intergenerational Mobility in Europe and North America. " Working Paper for London School of Economics' Center for Economic Performance. London, UK: http://cep. lse. ac. uk/about/news/IntergenerationalMobility. pdf.

Blanden, J. , and S. Machin. 2004. "Educational Inequality and the Expansion of UK Higher Education. " *Scottish Journal of Political Economy* 51(2):230 – 249.

Blau, Peter. M. 1994. *Structural Context of Opportunities.* Chicago: University of Chicago Press.

Blau, Peter, and O. D. Duncan. 1967. *Occupations in America.* New York: Basic Books.

Blinder, Alan. 1973. "Wage Discrimination: Reduced Form and Structural Estimates. " *Journal of Human Resources* 8(4):436 – 455.

Boarini, R., and H. Strauss. 2007. *The Private Internal Rates of Return to Tertiary Education: New Estimates for 21 OECD Countries*. Economics Department working papers series, no. 591. Paris: Organization for Economic Cooperation and Development.

Boudon, R. 1974. *Education, Opportunity and Social Inequality*. New York: John Wiley.

Bourdieu, Pierre. 1977. "Cultural Reproduction and Social Reproduction." In *Power and Ideology in Education*, Jerome Karabel and A. H. Halsey, eds. (pp. 487–510). New York: Oxford University Press.

——. 1984. *Distinction*. Cambridge, MA.: Harvard University Press.

——. 1986. "The Forms of Capital." In *Handbook of Theory and Research for the Sociology of Education*, J. G. Richardson, ed. (pp. 241–258). New York: Guilford Press.

——. 2003. *Distinction: A Social Critique of the Judgement of Taste*. London: Routledge.

Bourdieu, Pierre, and Jean Claude Passeron. 1977. *Reproduction in Education, Culture and Society*, Richard Nice, trans. Los Angeles: Sage.

Bourguignon, F., F. Ferreira, and M. Menendez. 2002. *Inequality of Outcomes, Inequality of Opportunities and Intergenerational Education Mobility in Brazil*. Working paper. Washington, DC: World Bank.

Bowles, S. 1973. "Understanding Unequal Opportunity." *American Economic Review* 63(2): 346–356.

Bowles, Samuel, and Herbert Gintis. 1976. *Schooling in Capitalist America*. New York: Basic Books.

——. 2002. "Schooling in Capitalist America Revisited." *Sociology of Education* 75:1–18.

Bowles, Samuel, Herbert Gintis, and Melissa Osborn Groves. 2001. "The Determinants of Earnings: Skills, Preferences, and Schooling." *Journal of Economic Literature* 39(4):1137–1176.

——. 2005. *Unequal Chances: Family Background and Economic Success*. Princeton, NJ: Princeton University Press.

Braudel, Fernand. 2002. *El Mediterráneo y el Mundo mediterráneo en la época de Felipe II*. México: Fondo de Cultura Económica.

Brantlinger, E. 2007. "(Re) Turning to Marx to Understand the Unexpected Anger Among 'Winners' in Schooling: A Critical Social Psychology Perspective." In *Late to Class: Social Class and Schooling in the New Economy*, J. A. Van Galen and G. W. Noblit, eds. (pp. 235–268). Albany: State University of New York Press.

Braslavsky, Cecilia. 2001. "Los procesos contemporáneos de cambios de la educación secundaria en América Larina: Análisis de casos en América del Sur." In *La Educación Secundaria, ¿Cambio o inmutabilidad?*, Cecilia Braslavsky, org. (pp. 165–192). Buenos Aires: Santillana.

Breen, R. 1996. *Regression Models: Censored, Sample Selected or Truncated Data*. Thousand Oaks, CA: Sage.

Breen, Richard, and Jan O. Jonsson. 2005. "Inequality of Opportunity in a Comparative Perspective: Recent Research on Inequality and Social Mobility." *Annual Review of Sociology* 31:223–243.

Brown, Michael, Martin Carnoy, Elliot Currie, Troy Duster, David Oppenheimer, Marjorie Shultz, and David Wellman. 2003. *Whitewashing Race: The Myth of a Color-Blind Society.* Berkeley: University of California Press.

Brown, Tamara L. 2000. "Gender Differences in African American Students' Satisfaction with College." *Journal of College Student Development* 41:479-487.

Browne, Irene, and Joya Misra. 2003. "The Intersection of Gender and Race in the Labor Market." *Annual Review of Sociology* 29:487-513.

Brzinsky-Fay, C. 2007. "Lost in Transition? Labour Market Entry Sequences of School Leavers in Europe." *European Sociological Review* 23:409-422.

Buchel, Felix, Andries de Grip, and Antje Mertens (Eds). 2003. *Overeducation in Europe: Current Issues in Theory and Policy.* Cheltenham, UK: E. Elgar.

Buchmann, Claudia, and Thomas A. DiPrete. 2006. "The Growing Female Advantage in College Completion: The Role of Family Background and Academic Achievement." *American Sociological Review* 71:515-541.

Bukowski, M. (ed.). 2007. *Zatrudnienie w Polsce 2006-produktywnosc dla pracy.* Warsaw: Ministerstwo Pracy i Polityki Spoleczny (Ministry of Labor and Social Policy).

Bynner, John. 2005. "Rethinking the Youth Phase of the Life-course: The Case for Emerging Adulthood?" *Journal of Youth Studies* 8(4):367-384.

Bynner, John, Heather Joshi, and M. Tstatsas. 2000. *Obstacles and Opportunities on the Route to Adulthood: Evidence from Rural and Urban Britain.* London: Smith Institute.

Bynner, John, and Samantha Parsons. 2002. "Social Exclusion and the Transition from School to Work: The Case of Young People Not in Education, Employment, or Training (NEET)." *Journal of Vocational Behavior* 60(2):289-309.

Calsamiglia, C. 2004. *Decentralizing Equality of Opportunity.* Working paper, Department of Economics. Barcelona: Univeritat Autonoma de Barcelona.

Caplan, T., O. Furman, D. Romanov, and N. Zussman. 2006. "The Quality of Israeli Academic Institutions: What the Wages of Graduates Tell about It?" Samuel Neaman Institution for Advanced Studies in Science and Technology. Haifa, Israel: Technion-Israel Institute of Technology.

Card, David. 2001. "Estimating the Return to Schooling: Progress on Some Persistent Econometric Problems." *Econometrica* 69(5):1127-1160.

Card, David, and John E. DiNardo. 2002. "Skill-Based Technological Change and Rising Wage Inequality: Some Problems and Puzzles." *Journal of Labor Economics* 20(4):733-783.

Card, David, and T. Lemieux. 2000. *Can Falling Supply Explain the Rising Return to College for Younger Men?: A Cohort-Based Analysis.* Working paper series, no. 7655. Cambridge, MA: National Bureau of Economic Research.

Carnoy, Martín. 2007. "Improving Quality and Equity in Latin American Education: A Realistic Assessment." In *Pensamiento Educativo*, no. 40. Santiago: Facultad de Educación Universidad Católica de Chile.

Carnoy, Martín, Gustavo Cosse, Cristián Cox, and Enrique Martínez Larrechea. 2004. *Las* reformas educativas en la década de 1990. Un estudio comparado de la Argentina, Chile y Uruguay. Buenos Aires: Ministerios de Educación de Argentina, Chile y Uruguay, Grupo Asesor de la Universidad de Stanford.

Carter, M. R., and J. May. 2001. "One Kind of Freedom: Poverty Dynamics in Post Apartheid South Africa." *World Development* 29(12):1967–2148.

Carter, Prudence. 2005. *Keepin'it Real*. New York: Oxford University Press.

Case, A., and A. Deaton. 1998. "Large Cash Transfers to the Elderly in South Africa." *Economic Journal* 108(450):1330–1361.

Castel, R. 2003. *From Manual Workers to Wage Laborers: Transformation of the Social Question*. New Brunswick, NJ: Transaction.

Centeno, Miguel, and Katherine S. Newman (Eds.). 2010. *Discrimination in an Unequal World*. New York: Oxford University Press.

Central Bureau of Statistics (CBS). 1997. "Statistical 5." Jerusalem. Accessed June 1, 2010; http://www.cbs.gov.il/www/statistical/qibu-heb.pdf. (Hebrew)

——. 2007. "Statistical Abstract of Israel." Jerusalem. Accessed June 1, 2010; http://www.cbs.gov.il/reader/shnaton/shnatone_new.htm? CYear = 2007&V01 = 58&CSubject = 2.

Central Intelligence Agency (CIA). 2007. *World Factbook*. Accessed February 2007; https://www.cia.gov/cia/publications/factbook/index.html.

Centrum Badania Opinii Spolecznej (CBOS). 2004. *Opinie i Diagnozy nr 2: Mlodziez 2003. Raport z badan*. Warsaw: author.

——. 2006. *Praca Polakow w krajach UE Komunikat z badan*. Warsaw: author.

——. 2007. *Czy warto się uczyć? Komunikat z badan*. Warsaw: author.

Chan, T. W., and J. T. Goldthorpe. 2007. "Class and Status: The Conceptual Distinction and Its Empirical Relevance." *American Sociological Review* 72(4):512–532.

Chafetz, Janet Saltzman. 1997. "Feminist Theory and Sociology: Underutilized Contributions for Mainstream Theory." *Annual Review of Sociology* 23:97–120.

Chauvel L. 1997. "L'uniformisation du taux de suicide masculin selon l'âge: effet de génération ou recomposition du cycle de vie?" *Revue française de sociologie* 38(4):681–734.

——. 1998. *Le destin des générations: structure sociale et cohortes en France au XXe siècle*. Paris: Presses Universitaires de France.

——. 2000. "Valorisation et dévalorisation sociale des titres: une comparaison France — Etats-Unis." In *L'état de l'école*, A. van Zanten, dir. (pp. 341–352). Paris: La Découverte.

——. 2002. *Le destin des générations, structure sociale et cohortes en France au XXe siècle* [2e éd. mise à jour, avec nouvel avant-propos pp. xiii-xxxiii]. Paris: PUF.

——. 2003. *Génération sociale et socialisation transitionnelle: Fluctuations cohortates et stratification sociale en France et aux Etats-Unis au XXe siècle*. Paris: Mémoire d'Habilitation à Diriger des recherches, Sciences-Po.

——. 2006. "Social Generations, Life Chances and Welfare Regime Sustainability." In

Changing France: *The Politics that Markets Make*, Pepper D. Culpepper, Peter A. Hall, and Bruno Palier, eds. (pp. 341 – 352). Basingstoke, UK: Palgrave Macmillan.

———. 2007. "Generazioni sociali, prospettive di vita e sostenibilità del welfare." *La Rivista delle Politiche Sociali* 4(3):43 – 72.

Checchi, D. 1997. "Education and Intergenerational Mobility in Occupations: A Comparative Study." *American Journal of Economics and Sociology* 56(3):331 – 351.

Checchi, D., A. Ichino, and Rustichini, A. 1999. "More Equal but Less Mobile? Education Financing and Intergenerational Mobility in Italy and in the U. S." *Journal of Public Economics* 74:351 – 393.

Chicello, P, M. Leibbrandt, and G. Fields. 2001. "Are African Workers Getting Ahead in the New South Africa? Evidence from KwaZulu Natal, 1993 – 1998." *Social Dynamics* 27:1.

Christensen, Ronald. 1990. *Log-linear Models*. New York: Springer-Verlag.

Clogg, Clifford C., and E. S. Shihadeh. 1994. *Statistical Models for Ordinal Variables*. Thousand Oaks, CA: Sage.

Cohen, Cathy J., and Claire E. Nee. 2000. "Sex Differentials in African American Communities." *American Behavioral Scientist* 43:1159 – 1206.

Cohen, G. A. 1989. "On the Currency of Egalitarian Justice." *Ethics* 99:906 – 944.

Coleman, J. S. 1988. "Social Capital in the Creation of Human Capital." *American Journal of Sociology* 94:95 – 120.

Colley, H., and P. Hodkinson, 2001. "Problems with *Bridging the Gap*: The Reversal of Structure and Agency in Addressing Social Exclusion." *Critical Social Policy* 21:335 – 359.

Collins, Randall. 1971. "Functional and Conflict Theories of Educational Stratification." *American Sociological Review* 36:1002 – 1019.

———. 1979. *The Credential Society: An Historical Sociology of Education and Stratification*. New York: Academic.

———. 1988. *Theoretical Sociology*. New York: Harcourt.

Comisión Económica para América Latinay Caribe (CEPAL). 2007. *Panorama Social de América Latina*, 2006. Santiago, Chile: División de Desarrollo Social y División de Estadística y Proyecciones Económicas.

Conley, D. 2001. "Capital for College: Parental Assets and Postsecondary Schooling." *Sociology of Education* 74:59 – 72.

Cook, Philip J., and Jens Ludwig. 1997. "Weighing the 'Burden of Acting White': Are There Race Differences in Attitudes toward Education?" *Journal of Policy Analysis and Management* 16:256 – 278.

Côté, J. E. 1996. "Sociological Perspective on Identity Formation: The Culture-Identity Link." *Journal of Adolescence* 19:417 – 428.

Cotter, David A., Joan M. Hermsen, and Reeve Vanneman. 2004. *Gender Inequality at Work*. New York: Russell Sage.

Cox, Cristián. 2007. "Educación en el Bicentenario: dos agendas y calidad de la política." *Pensamiento Educativo* 40:175 – 204.

———. 2008. "Las Reformas Educativas y su impacto sobre la cohesión social en Latinoamérica." In *Redes, estado y mercados. Soportes de la cohesión social latinoamericana*. Eugenio Tironi, ed. Santiago, Chile: Uqbar, Colección Cieplan.

Crompton, R. 1998. *Class and Stratification: An Introduction to Current Debates*, 2nd ed. Cambridge, UK: Polity Press.

Cross, Theodore, and Robert Bruce Slater. 2000. "The Alarming Decline in the Academic Performance of African-American Men." *Journal of Blacks in Higher Education* 27:82–87.

Crouch, L. A. 1996. "Public Education Equity and Efficiency in South Africa: Lessons for Other Countries." *Economics of Education Review* 15(2):125–137.

Crouch, Luis, Amber Gove, y Martin Gustafsson. 2007. *Educación y Cohesión Social*. Documento de Trabajo Proyecto Nacsal. Santiago, Chile: Cieplan-iFHC.

Czapinski, Janusz, and Panek Tomasz (Eds.). 2003. *Diagnoza spoleczna 2003. Warunki i jakosc zycia Polakow*, Warszawa: Wyzsza Szkola Finansow Zarazadzania (WSPiZ) (College of Management, Finance, and Public Administration).

———. 2005. *Diagnoza spoleczna 2003. Warunki i jakosc zycia Polakow*. Warsaw: Wyzsza Szkola Finansow Zarazadzania (WSPiZ) (College of Management, Finance, and Public Administration).

———. 2007. *Diagnoza spoleczna 2003. Warunki i jakosc zycia Polakow*. Warsaw: Rada Monitoringu Spolecznego.

Dahan, M., N. Mironichev, E. Dvir, and S. Shye. 2003. "Have the Gaps in Education Narrowed? On Factor Eligibility for the Israel Matriculation Certificate" *Israel Economic Review* 1(2):37–69.

Dar, Y. 1994. "Academic Achievement in Kibbutz and Urban Schools: Does Progressiveness Educe Achievement?" *Megamot Behavioral Science Quarterly* 35(4):344–58. (Hebrew)

De Ferranti, David, et al. 2004. *Inequality in Latin America. Breaking with History?* Washington, DC: World Bank.

Deaton, A. 1997. *The Analysis of Household Surveys: A Microeconometric Approach to Development Policy*. Baltimore: Johns Hopkins University Press.

Deng, Zhong, and Donald J. Treiman. 1997. "The Impact of Cultural Revolution on Trends in Educational Attainment in the People's Republic of China. *American Journal of Sociology* 103:391.

Department for Children, Schools and Families (DCSF). Undated. *Statistical Bulletin: Youth Cohort Study: Education, Training, and Employment of 16–18 Year Olds in England and the Factors Associated with Non-Participation*. London: author.

Department for Education and Skills (DFES). 2005. *Participation in Education, Training and Employment by 16–18 Year Olds in England*. London: author.

Devine, F. 2004. *Class Practices: How Parents Help Their Children Get Good Jobs*. Cambridge, UK: Cambridge University Press.

Dinkelman, T., and F. Pirouz. 2002. "Individual, Household and Regional Determinants of Labour Force Attachment in South Africa: Evidence from the 1997 October Household

Survey." *South African Journal of Economics* 70(5):865–891.
Di Gropello, Emmanuela. 2004. *Education Decentralization and Accountability Relationships in Latin America*. Policy Research working paper, no. 3453. Washington, DC: World Bank.
DiPrete, Thomas A., and Claudia Buchmann. 2006. "Gender-Specific Trends in the Value of Education and the Emerging Gender Gap in College Completion." *Demography* 43:1–24.
Domanski, H. 1997. "Mobilnosc i hierarchie stratyfikacyjne." *In Elementy nowego ladu*, H. Domański and A. Rychard, eds. Warsaw: Instytut Filozofii i Socjologii Polskiej Akademii Nauk.
Dronkers, J., and M. Levels. 2007. "Do School Segregation and School Resources Explain Region-of-Origin Differences in the Mathematics Achievement of Immigrant Students?" *Educational Research and Evaluation* 13:435–462.
Dryzek, John S. 1990. *Discursive Democracy: Politics, Policy and Political Science*. Cambridge, UK: Cambridge University Press.
Duncan, G. J., and S. D. Hoffman. 1981. "The Incidence and Wage Effects of Overeducation." *Economics of Education Review* 1(1):75–86.
Duru-Bellat, M. 2006. *L'inflation scolaire: les désillusions de la méritocratie*. Paris: Le Seuil.
Dworkin, R. 1981. "What Is Equality? Part 2: Equality of Resources." *Philosophy and Public Affairs* 10:283–345.
Easterlin R. A. 1961. "The American Baby Boom in Historical Perspective." *American Economic Review* 51(5):869–911.
Easterlin, R. A. 1966. "On the Relation of Economic Factors to Recent and Projected Fertility Changes." *Demography* 3(1):131–153.
Easterlin R. A., C. M. Schaeffer, and D. J. Maucunovich. 1993. "Will the Baby Boomers Be Less Well off than Their Parents? Income, Wealth, and Family Circumstances over the Life Cycle in the United States." *Population and Development Review* 19(3):497–522.
Economic Commission for Latin America (ECLAC-UNESCO). 1992. *Education and Knowledge: Basic Pillars of Changing Production Patterns with Social Equity*. Santiago, Chile: author.
Education Bureau, Hong Kong. 2010. Accessed May 30,2010; http://www.edb.gov.hk/index.aspx? nodeID=2&langno=1.
Education Commission Report. 2000. *Learning for Life, Learning through Life, Reform Proposals for the Education System in Hong Kong*. Hong Kong: Government printer.
Education For All (EFA-UNESCO). 2006. *Literacy for Life*. Global Monitoring Report. Paris: author.
Elkin, Frederick, and Gerald Handel. 1984. *The Child and Society: The Process of Socialization*. New York: Random House.
Elliot, James. 2001. "Referral Hiring and Ethnically Homogeneous Jobs." *Social Science Research* 30:401–425.
Erichsen, G., and J. Wakeford. 2001. *Racial Discrimination in South Africa Before and*

After the First Democratic Election., Working paper, no. 01:49. Cape Town: Development Policy Research Unit.

Erikson, R., and J. H. Goldthorpe. 1992. *The Constant Flux: A Study of Class Mobility in Industrial Societies.* Oxford: Clarendon Press.

Erikson, R., J. H. Goldthorpe, and L. Portocarero. 1979. "Intergenerational Class Mobility in Three Western Societies: England, France and Sweden." *British Journal of Sociology* 30 (40):415 – 441.

Esping-Andersen, Gøsta. 1990. *The Three Worlds of Welfare Capitalism.* Cambridge, UK: Polity Press.

——. 1999. *Social Foundations of Postindustrial Economies.* Oxford: Oxford University Press.

Esping-Andersen G., D. Gallie, A. Hemerijck and J. Myles. 2002. *Why We Need a New Welfare State.* Oxford: Oxford University Press.

Estevez-Abe, M., T. Iversen, and D. Soskice. 2001. "Social Protection and the Formation of Skills: A Reinterpretation of the Welfare State." In *Varieties of Capitalism*, Peter A. Hall and David Soskice, eds. (pp. 145 – 183), New York: Oxford University Press.

European Commission, 2005. *Key Data on Higher Education in Europe — 2005 Edition.* Luxembourg: Office for Official Publications of the European Communities.

European Group for Integrated Social Research (EGISR). 2001. "Misleading Trajectories: Transition Dilemmas of Young Adults in Europe." *Journal of Youth Studies* 4(1):101 – 118.

Eurostat. 2004. *European Commission Population and Social Conditions Statistics.* Luxembourg: author.

Farkas, George. 1996. *Human Capital or Cultural Capital? Ethnicity and Poverty Groups in an Urban School District.* New York: De Gruyter.

Ferguson, Ann Arnett. 2000. *Bad Boys: Public Schools in the Making of Black Masculinity.* Ann Arbor: University of Michigan Press.

Feres Jr., João. 2005. "Ação afirmativa no Brasil: a política pública entre os movimentos sociais e a opinião douta." Trabalho apresentado no Seminário Internacional Ações afirmativas nas políticas educacionais: o contexto pós-Durban, September 20 – 22, Brasília.

Ferrer, Guillermo. 2004. *Las reformas curricutares de Perú, Colombia, Chile y Argentina. ¿Quién responde por los resultados?* Working paper, no. 45. Lima: Grade.

——. 2006. *Estado de situación de los sistemas de evaluación de logros de aprendizaje en América Latina.* Santiago, Chile: Partnership for Educational Revitalization in the Americas (PREAL).

Ferrera, M. 1996. "The 'Southern Model' of Welfare in Social Europe". *Journal of European Social Policy* 6(1):17 – 37.

Filgueira, Fernando, Juan Bogliaccini, and Carlos Gerardo Molina. 2006. "Centralismo y Descentralización como Ejercicio Iterativo." In *Descentralización de la Educación Pública en América Latina*, M. F. F. Filgueira, ed. Río de Janeiro: K. Adenauer Stiftung.

Fiske, Susan. 1998. "Stereotyping, Prejudice, and Discrimination." In *The Handbook of Social Psychology*, Daniel Gilbert, Susan Fiske, and Gardner Lindzay, eds. (pp. 357 – 411).

New York: Oxford University Press.

Fleischmann, F., and J. Dronkers. 2007. *The Effects of Social and Labor Market Policies of EU Countries on the Socio-economic Integration of First and Second Generation Immigrants from Different Countries of Origin.* Working paper, RSCAS 2007/19. San Dominico di Fiesole, Fl, Italy: European University Institute.

Flynn, James R. 2007. *What Is Intelligence?* Cambridge, UK: Cambridge University Press.

Ford, Donna Y., and J. John Harris, III. 1996. "Perceptions and Attitudes of Black Students toward School, Achievement, and Other Educational Variables." *Child Development* 67:1141–1152.

Fourastié, J. 1979. *Les Trente Glorieuses ou la révolution invisible.* Paris: Fayard.

Franzen, Eva M., and Anders Kassman. 2005. "Longer-term Labour-market Consequences of Economic Activity during Young Adulthood: A Swedish National Cohort Study." *Journal of Youth Studies* 8(4):403–424.

Freedom House. 2006. "Freedom in the World Country Ratings 1972–2006." Accessed March 2007; http://www.freedomhouse.org/template.cfm?page=15.

Freeman, R. B. 1976. *The Overeducated American.* New York: Academic Press.

Fry, Peter, et al. 2007. *Divisões Perigosas.* Rio de Janeiro: Record.

Furlong, Andy. 2006. "Not a Very NEET Solution: Representing Problematic Labour Market Transitions among Early School-Leavers." *Work, Employment and Society* 20(3):553–569.

Gajardo, Marcela. 1999. *Reformas Educativas en America Latina. Balance de una década.* Documentos PREAL no. 15. Santiago, Chile: PREAL.

Gallie, Duncan, and Serge Paugam (Eds). 2000. *Welfare Regimes and the Experience of Unemployment in Europe.* Oxford: Oxford University Press.

Gamoran, Adam. 1986. "Instructional and Institutional Effects of Ability Grouping." *Sociology of Education* 59:185–198.

Ganzeboom. H. B. G., P. de Graaf, D. J. Treiman, and J. De Leeuw. 1992. "A Standard International Socio-Economic Index of Occupational Status." *Social Science Research* 21:1–56.

García-Huidobro, Juan Eduardo. 2005. "A modo de síntesis: Políticas Educativas y Equidad en Chile." In *Políticas Educativas y Equidad.* Santiago, Chile: Universidad Alberto Hurtado.

Geddes, A., et al. 2004. *European Civic Citizenship and Inclusion Index 2004.* British Council. Brussels. Accessed February 2007; http://www.britishcouncil.org/brussels-europe-inclusion-index.htm.

Gellner, Ernest. 1991. *Narody i nacjonalizm* [Nations and Nationalism]. Warsaw: Panstwowy Instytut Wydawniczy (PIW, National Institute for Publication).

Gilboa, Y. 2004. "Kibbutz Education: Implications for Nurturing Children from Low-Income Families." *Israel Economic Review* 2(2):107–123.

Glewwe, P. 1996. "The Relevance of Standard Estimates of Rates of Return to Schooling for Education Policy: A Critical Assessment." *Journal of Development Economics* 51:267–290.

Goldin, Claudia, and Lawrence Katz. 2008. *The Race between Education and Technology.*

Cambridge, MA: Harvard University Press.

Goldthorpe, J. H. 1997. "Class Analysis and the Reorientation of Class Theory: The Case of Persisting Differentials in Educational Attainment." *British Journal of Sociology* 47: 481 – 505.

———. 2000. *On Sociology: Numbers, Narratives, and the Integration of Research and Theory*. Oxford: Oxford University Press.

Gomes, Joaquim Barbosa. 2001. *Ação Afimativa e Princípio Constitucional da Igualdade*. Rio de Janeiro: Renovar.

Gordon, Robert J., and Ian Dew-Becker. 2008. *Controversies about the Rise of Amenrican Inequality: A Survey*, Working paper, no. 13982. Cambridge, MA: National Bureau of Economic Research (NBER).

Grabowska-Lusinska I., and M. Okolski. 2008. *Migracja z Polski po 1 maja 2004 r.: jej intensywnosc i kierunki geograficzne oraz alokacja migrantow na rynkach pracy krajow Unii Europejskiej*. Working paper, no. 33/91. Warsaw: Centre of Migration Research, University of Warsaw.

Granovetter, Mark. 1974. *Getting a Job: A Study of Contacts and Careers*. Cambridge, MA: Harvard University Press.

Greene, W. H. 2003. *Econometric Analysis*, 5th ed. Upper Saddle River, NJ: Prentice-Hall.

Greene, W. 1999. "Marginal Effects in the Censored Regression Model." *Economics Letters* 64 (1): 43 – 50.

Griliches, Z. 1969. "Capital-Skill Complementarity." *Review of Economics and Statistics* 5: 465 – 468.

Grindle, Merilee. 2004. *Despite the Odds. The Contentious Politics of Education Reform*. Princeton, NJ: Princeton University Press.

Groot, W., and M. van den Brink. 2000. "Overeducation in the Labor Market: A Meta-Analysis." *Economics of Education Review* 19: 149 – 158.

Grotkowska, G, and U. Sztanderska. 2007. "Czas trwania edukacji a aktywnosc zawodowa." In *Edukacja dla pracy. Raport o rozwoju spolecznym Polska 2007*, John Szczycinski, ed. Warsaw: United Nations Development Program.

Guimarães, Antonio S. A. 2003. "The Race Issue in Brazilian Politics (the Last Fifteen Years)." In *Brazil since 1985; Economy, Polity and Society*, Maria D'Alva Kinzo and James Dunkerley, eds. (pp. 251 – 268). London: Institute of Latin American Studies.

Glowny Urzad Statystyczny (GUS) (Central Statistical Office). 2007a. *Szkoly wyzsze i ich finanse w 2006 roku*. Warsaw: Central Statistical Office.

———. 2007b. *Struktura wynagrodzen wedlug zawodow w pa ździerniku 2006*. Warsaw: Central Statistical Office.

——— 2007c. *Popyt na pracę w 2006 roku*. Warsaw: Central Statistical Office.

Hall, P. A., and C. R. Taylor. 1996. "Political Science and the Three New Institutionalisms." *Political Studies* 44: 936 – 957.

Halsey, A. H., A. F. Heath, and J. M. Ridge. 1980. *Origins and Destinations: Family*,

Class and Education in Modern Britain. Oxford: Clarendon Press.

Hanley, Eric, and Matthew McKeever. 1997. "The Persistence of Educational Inequalities in State Socialist Hungary: Trajectory Maintenance versus Counterselection." *Sociology of Education* 70:1-18.

Hannum, Emily, and Yu Xie. 1994. "Trends in Educational Gender Inequality in China 1949-1985." *Research in Social Stratification and Mobility* 13:73-98.

Hansen, M. N. 1997. "Social and Economic inequality in the Educational Career: Do the Effect of Social Background Characteristics Decline?" *European Sociological Review* 13(3):305-321.

Hart, B., and T. R. Risley. 1995. *Meaningful Differences in the Everyday Experiences of Young American Children*. Baltimore: Brookes.

Harris, Angel L. 2006. "I (Don't) Hate School: Revisiting 'Oppositional Culture) Theory of Blacks' Resistance to Schooling." *Social Forces* 85:797-834.

Hastings D. W., and L. G. Berry. 1979. *Cohort Analysis: a Collection of Interdisciplinary Readings*. Oxford, OH: Scripps Foundation for Research in Population Problems.

Haveman, R., and K. Wilson. 2007. "Economic Inequality in College Access, Matriculation, and Graduation." In *Higher Education and Inequality*, Stacey Dickert-Conlin and Ross Rubinstein, eds. New York: Russell Sage Press.

Heath, A., and S. Cheung (Eds.). 2007. *Unequal Chances. Ethnic Minorities in Western Labor Markets*. Oxford: Oxford University Press.

Heckman, James, Alan Kreuger, and Benjamin Friedman. 2004. *Inequality in America: What Role for Human Capital Policies?* Cambridge, MA: MIT Press.

Heckman, James, Jora Stixrud, and Sergio Urzula. 2006. "The Effects of Cognitive and Noncognitive Abilities on Labor Market Outcomes and Social Behavior." *Journal of Labor Economics* 24(3):411-481.

Hega, G. M., and K. G. Hokenmaier. 2002. "The Welfare State and Education: A Comparison of Social and Educational Policy in Advanced Industrial Societies." *German Policy Studies* 2(1):1-29.

Heller, D. E. (Ed.). 2002. *Conditions of Access: Higher Education for Lower Income Students*. Westport, CT: Praeger.

Hertz, T. 2003. "Upward Bias in the Mincerian Returns to Education: Evidence for South Africa." *American Economic Review* 93(4):1354-1368.

Heston A., R. Summers, and B. Aten. 2006. *Penn World Table Version 6.2*. Center for International Comparisons of Production, Income and Prices, University of Pennsylvania.

Hirst, Paul Q. 1994. *Associative Democracy: New Forms of Economic and Social Governance*. Cambridge, UK: Polity Press.

Hong Kong Census and Statistics Department. *Summary Results for the Years of 1971, 1981, 1991, 2001, and 2006*. Hong Kong: Government Press.

Hong Kong Education Bureau. 2010. Accessed May 30, 2010; http://www.edb.gov.hk/index.aspx?nodeID=2&langno=.

Horn, Daniel. 2007. "Conservative States, Stratified Education, Unequal Opportunity: A Hypothesis on How Educational Regimes Differ." Paper presented to the ASPAnet Conference, Vienna, Austria.

Hout, Michael. 2004. *Maximally Maintained Inequality Revisited: Irish Educational Mobility in Comparative Perspective*. Working paper. Berkeley, CA: Survey Research Center, University of California.

———. 2006. "Maximally Maintained Inequality and Essentially Maintained Inequality: Crossnational Comparisons." *Sociological Theory and Methods* 21:237-52.

Human Development Index. 2006. Accessed February 2007: http://hdr.undp.org/hdr2006/statistics.

Huntington, S. 1996. *The Clash of Civilizations and the Remaking of World Order*. New York: Simon & Schuster.

Iaies, Gustavo, and Andrés Delich. 2007. *Sistemas educativos y cohesión social: La reconstrucción de "lo común" en los estados nacionales del siglo XXI*. Documento de Trabajo Proyecto Nacsal. Santiago, Chile: Cieplan-iFHC.

Instituto Internacional de Planeamiento Educativo, Organización de Estados Iberoamericanos-UNESCO (IIPE-OEI). 2006. *Informe sobre Tendencias Sociales y Educativas en América Latina*. Buenos Aires: IIPE-UNESCO Buenos Aires and OEI. INFOS. 2006. "Migracje zarobkowe Polakow do krajow UE." Mimeo. Warsaw: Biuro Analiz Sejmowych.

Inui, A. 2005. "Why Freeter and NEET are Misunderstood: Recognizing the New Precarious Conditions of Japanese Youth." *Social Work and Society* 3:244-251.

International Organization for Migration (IOM). 2008. *World Migration Report 2008: Managing Labour Mobility in the Evolving World Economy*. Geneva: author.

Jackson, B., and D. Marsden. 1962. *Education and the Working Class*. London: Routledge and Kegan Paul.

Jacobs, Jerry. 1996. "Gender Inequality and Higher Education." *Annual Review of Sociology* 22:153-185.

Jencks, C. 1988. "Whom Must We Treat Equally for Educational Opportunity to Be Equal?" *Ethics* 98:518-533.

Jin, Shen. 2000. "Elitist Educational System and Focus Schools." *Modern Education Study* 1:3-9.

Johnston, Jack, and John Dinardo. 1997. *Econometric Methods*. New York: McGraw Hill.

Johnston, Lloyd D., Jerald G. Bachman, and Patrick M. O'Malley. 1975. *Monitoring the Future*. Ann Arbor, MI: Survey Research Center, Institutes for Social Research.

———. 1985. *Monitoring the Future*. Ann Arbor, MI: Survey Research Center, Institutes for Social Research.

Jowell, R., et al. 2005. *European Social Survey 2004/2005: Technical Report*. London: Centre for Comparative Social Surveys, City University.

Joy, Lois. 2003. "Salaries of Recent Male and Female College Graduates: Educational and Labor Market Effects." *Industrial and Labor Relations Review* 56:606-621.

Kabaj, M. 2004. "Prognoza poda ży i popytu absolwentów wedóug poziomów wykształcenia." Mimeo. Warsaw: Instytut Pracy i Spraw Socjalnych (Institute for Labor and Social Affairs).

Kao, G., and J. S. Thompson. 2003. "Racial and Ethnic Stratification in Educational Achievement and Attainment." *Annual Review of Education* 29:417 – 442.

Kaufmann, D., A. Kraay, and M. Mastruzzi. 2005. *Governance Matters IV: Governance Indicators for 1996 – 2004*. Policy Research working paper, no. 3630. Washington, DC: World Bank.

Kaufman, Robert R., and Joan M. Nelson. 2005. *Políticas de Reforma Educativa. Comparación entre Países*. Documentos PREAL no. 33. Santiago, Chile: PREAL.

Kerckhoff, Alan C. 1995. "Institutional Arrangements and Stratification Processes in Industrial Societies." *Annual Review of Sociology* 21:323 – 347.

Kingdon, J. W. 2003. *Agendas, Alternatives and Public Policies*. New York. Longman.

Kingdon, G., and J. Knight. 1999. "Unemployment and Wages in South Africa: A Spatial Approach." Oxford: Centre for the Study of African Economies, Institute of Economics and Statistics, University of Oxford.

——. 2003. "Unemployment in South Africa: the Nature of the Beast." *World Development* 32(3):391 – 408.

Kogan, I. 2007. *Working Through Barriers: Host Country Institutions and Immigrant Labor Market Performance in Europe*. Dordrecht: Springer.

Kohn, M. L. 1977. *Class and Conformity: A Study in Values*, 2nd. ed. Chicago: University of Chicago Press.

Kooiman, J. 1993. "Governance and Governability: Using Complexity, Dynamics and Diversity." In *Modern Governance*, J. Kooiman, ed. (pp. 35 – 50). London: Sage.

Koopmans, R., and P. Statham. 1999. "Challenging the Liberal Nation-State? Postnationalism, Multiculturalism, and the Collective Claims Making of Migrants and Ethnic Minorities in Britain and Germany." *American journal of Sociology* 105(3):652 – 696.

Korea Educational Development Institute (KRDI). 1994. *A Study of Consciousness of Education of Koreans*, RR 94 – 8. Seoul: author.

Korea National Statistical Office (KNSO). 2006. *Social Indicators of Korea 2006*. Seoul: author.

——. 2008. *Reports on the Private After School Education*. Seoul: author.

Koubi, M. 2003. "Les trajectoires professionnelles: une analyse par cohorte," *Économie et Statistique* 369 – 370:119 – 147.

Kozol, Jonathan. 1991. *Savage Inequalities: Children in America's Schools*. New York: Crown.

KPMG. 2007. "Migracje pracownikow — szansa czy zagrozenie? Raport z badan." Mimeo. Warsaw: author.

Krugman, P. R. 1992. *The Age of Diminished Expectations: US Economic Policy in the 1990s*. Cambridge, MA: MIT Press.

Lam, D. 2001. "The Impact of Race on Earnings and Human Capital in Brazil, South Africa, and the United States." Paper presented at DPRU/FES Conference on Labour Markets and Poverty, Johannesburg, South Africa.

Lareau, A. 2000. *Home Advantages: Social Class and Parental Intervention in Elementary Education*. Lanham, MD: Rowman and Littlefield.

———. 2002. "Invisible Inequality: Social Class and Childrearing in Black Families and White Families." *American Sociological Review* 67 (October): 747–776.

———. 2003. *Unequal Childhoods: Class, Race and Family Life*. Berkeley, CA: University of California Press.

Levels, M., and J. Dronkers. 2008. "Differences in Educational Performance between First and Second-Generation Migrant-Pupils from Various Regions and Native Pupils in Europe and the Pacific Rim." *Ethnic and Racial Studies* 31(8): 1404–1425.

Levels, M., J. Dronkers, and G. Kraaykamp. 2008. "Educational Achievement of Immigrants in Western Countries: Origin, Destination, and Community Effects on Mathematical Performance. *American Sociological Review* 73(5): 835–853.

Lewis, O. 1959. *Five Families: Mexican Case Studies in the Culture of Poverty*. New York: Basic Books.

Livingston, Andrea, and John Wirt. 2004. *The Condition of Education 2004 in Brief*. NCES no. 2004–076, National Center for Education Statistics, Institute of Education Services. Washington, DC: U. S. Department of Education.

Lucas, Samuel R. 1999. *Tracking Inequality: Stratification and Mobility in American High Schools*. New York: Teachers College Press.

———. 2001. "Effectively Maintained Inequality: Educational Transitions and Social Background." *American Journal of Sociology* 106: 1642–1690.

Lundberg, S., and R. Startz. 1998. "On the Persistence of Racial Inequality." *Journal of Labour Economics* 16(2): 292–323.

Luxembourg Income Study (LIS). 2010. Accessed May 31, 2010; http://www.lisproject.org.

Lynch, K., and Moran, M. 2006. "Markets, Schools and the Convertibility of Economic Capital: The Complex Dynamics of Class Choice." *British Journal of Sociology of Education* 27(2): 221–235.

MacLeod, J. 2004. *Ain't No Makin' It: Aspirations and Attainment in a Low-Income Neighbourhood*. Boulder, CO: Westview.

Maddala, G. 1983. *Limited Dependent and Qualitative Variables in Econometrics*. New York: Cambridge University Press.

Maddison A. 1982. *Phases of Capitalist Development*. Oxford: Oxford University Press.

Mannheim K. 1928/1990. *Le problème des générations*. Paris: Nathan.

Marini, Margaret Mooney, and Pi-Ling Fan. 1997. "The Gender Gap in Earnings at Career Entry." *American Sociological Review* 62: 588–604.

Marshall, G., A. Swift, and S. Roberts. 1997. *Against the Odds*. Oxford: Clarendon Press.

Martin, J. P., and D. Grubb. 2001. "What Works and for Whom: A Review of OECD Countries' Experiences with Active Labour Market Policies." *Swedish Economic Policy*

Review 8:956.

Mason K. O., W. M. Mason, H. H. Winsborough, and W. H. Poole. 1973. "Some Methodological Issues in Cohort Analysis of Archival Data." *American Sociological Review* 38:242 – 258.

Mayer, K. U. 2005. "Life Courses and Life Chances in a Comparative Perspective." In *Analyzing Inequality: Life Chances and Social Mobility in Comparative Perspective*, S. Svallfors, ed. (pp. 17 – 55). Palo Alto, CA: Stanford University Press.

Mayer, S. E. 1997. *What Money Can't Buy: Family Income and Children's Life Chances*. Cambridge, MA: Harvard University Press.

McCall, Leslie. 2000. "Explaining Levels of Within-group Wage Inequality in U. S. Labor Markets." *Demography* 37:415 – 430.

McDonald, J., and R. A. Moffitt. 1980. "The Uses of Tobit Analysis." *Review of Economics and Statistics* 62:318 – 321.

Mead, M. 1970. *Culture and Commitment; A Study of the Generation Gap*. New York: Doubleday (Published for the Natural History Press).

Mendras, H. 1988. *La seconde révolution française: 1965 – 1984*. Paris: Gallimard.

Mentré, F. 1920. *Les générations sociales*. Paris: Éd. Bossard.

Mickelson, Roslyn Arlin. 1989. "Why Does Jane Read and Write so Well?: The Anomaly of Women's Achievement." *Sociology of Education* 62:47 – 63.

———. 1990. "The Attitude-Achievement Paradox among Black Adolescents." *Sociology of Education* 63:44 – 61.

———. 2003. "Gender, Bourdieu, and the Anomaly of Women's Achievement Redux." *Sociology of Education* 76:373 – 375.

Mincer, J. 1974. *Schooling, Experience and Earnings*. New York: Columbia University Press.

Mingpao. 2006. Accessed December 8; http://www.mingpaonews.com/20061208/gfd1.htm.

———. 2007a. Accessed January 16; http://www.mingpaonews.com/20070116/faa1.htm.

———. 2007b. Accessed July 5; http://www.mingpaonews.com/20070705/gxg1.htm.

———. 2007c. Accessed November 1; http://www/mingpaonews.com/20071101/gaa1.htm.

Ministerio de Educación. 2005. *Objetivos Fundamentales y Contenidos Mínimos Obligatorios de la Educación Media-Actualización 2005*. Santiago, Chile: author.

Ministerstwo Edukacji Narodowej (MEN). 2006. *Program Miedzynarodowej Oceny Umiejętnosci Uczniow PISA. Wyniki badania 2006 w Polsce*. Warsaw: author.

Ministerstwo Gospodarki i Pracy (MgiP). 2005. *Informacja o bezrobotnych wedluggrup zawodow i specjalno ści w II polroczu 2005 roku*. Warsaw: author. Available at http://www.praca.gov.pl/index.php?page=publications.

Ministerstwo Pracy i Spraw Socjalnych (MPiPS). 2006a. *Zarejestrowani bezrobotni oraz oferty pracy wedlug zawodow i specjalnosci w II polroczu 2007 roku*. Warsaw: author. Available at http://www.praca.gov.pl/index.php?page=publications.

———. 2006b. "Bezrobotni pozostajacy bez pracy powyzej 12 miesięcy. Analiza od 1993 roku."

Mimeo. Warsaw: author.

———. 2008. *Ministerstwo Pracy i Spraw Socjalnych*, *Informacja o bezrobociu w grudniu 2007 roku do konca czerwca 2006 roku*. Warsaw: author.

Ministry of Education and Human Resource Department. 2006. *Statistical Yearbook of Education*. Seoul, Korea: author.

Ministry of Regional Development (MRD). 2007. *Human Capital Operational Programme. National Strategic Reference Framework 2007 – 2013*. Warsaw: author.

Mitchell, Michael. 1985. "Blacks and the Abertura Democrática." In *Race, Class and Power in Brazil*, Pierre-Michel Fontaine, ed. (pp. 95 – 119). Los Angeles: Center for Afro-American Studies, University of California.

Mokrzycki, E. 1997. "Od protokapitalizmu do prosocjalizmu: makrostrukturalny wymiar dwukrotnej zmiany ustroju." In *Elementy nowego ladu*, H. Domanski and A. Rychard, eds. Warsaw: IFiS PAN (Institute for Philosophy and Sociology of the Polish Academy of Sciences).

Moll, P. 1996. "The Collapse of Primary Schooling Returns in South Africa, 1960 – 1990." *Oxford Bulletin of Economics and Statistics* 58:185 – 209.

Moore, R. 2004. *Education and Society: Issues and Explanations in the Sociology of Education*. Cambridge, UK: Polity Press.

Moura, Clóvis. "Organizações Negras." 1981. In *São Paulo: O povo em movimento*, Paul Singer, and Vinicius Caldeira Brant, eds. Petrópolis: Vozes.

Mulligan, C. 1997. *Parental Priorities and Economic Inequality*. Chicago: University of Chicago Press.

Murnane, Richard, Frank Levy, and John Willett. 1995. "The Growing Importance of Cognitive Skills in Wage Determination." *Review of Economics and Statistics* 72 (2):251 – 266.

Nash, R. 2006. "Controlling for 'Ability': A Conceptual and Empirical Study of Primary and Secondary Effects." *British Journal of Sociology of Education* 27(2):157 – 172.

Nash, R. 2002. "The Educated Habitus, Progress at School, and Real Knowledge." *Interchange* 33(1):27 – 48.

National Center for Education Statistics (NCES). 1996. *Integrated Postsecondary Education Data System (IPEDS) "Completions" Survey*. Washington, DC: U.S. Department of Education.

———. 2008. *Projections of Educational Statistics to 2017*. NCES study, no. 2008 – 078. Institute for Education Sciences. Washington, DC: U.S. Department of Education.

Nattrass, N. 2000. "The Debate about Unemployment in the 1990s." *Studies in Economics and Econometrics* 24(3):129 – 142.

Navarro, Juan Carlos. 2006. *Dos clases de políticas educativas. La política de las políticas públicas*. Study no. 36. Santiago, Chile: PREAL.

Neumark, D. 1988. "Employer's Discriminatory Behavior and the Estimation of Wage Discrimination." *Journal of Human Resources* 23(3):279 – 295.

——. 2000. *On the Job: Is Long Term Employment a Thing of the Past?* New York: Russell Sage.

Newell, A., and B. Reilly. 2007. *Rates of Return to Educational Qualifications in the Transitional Economies*. Discussion Papers in Economics, University of Sussex, Paper no. 03/97; available at http://citeseer.ist.psu.edu/newell97rates.html.

Newman, Katherine S. 1999. *Falling from Grace: Downward Mobility in Age of Affluence*. Berkeley, CA: University of California Press.

——. (Ed.). 2008. *Laid Off, Laid Low: The Social and Political Consequences of job Instability*. New York: Columbia University Press.

Ng, J., and K. Y. Cheng. 2002. "Transfer of Associate Degree Students in Hong Kong: What Can We Learn from the US Model?" Mimeo. Conference on Continuing Education and Lifelong Learning, Hong Kong.

Oakes, Jeannie. 1985. *Keeping Track: How Schools Structure Inequality*. New Haven: Yale University Press.

Oaxaca, R. 1973. "Male-Female Wage Differentials in Urban Labor Markets." *International Economic Review* 14:693–709.

Oaxaca, R., and M. Ransom. 1994. "On Discrimination and the Decomposition of Wage Differentials." *Journal of Econometrics* 61:5–21.

O'Connor, Carla. 1997. "Dispositions toward (Collective) Struggle and Educational Resilience in the Inner City." *American Educational Research Journal* 34:593–629.

——. 1999. "Race, Class, and Gender in America: Narratives of Opportunity among Low-Income African American Youths." *Sociology of Education* 72:137–147.

Office of Prime Minister, 1994. *Annual Opinion Survey*. Tokyo, Japan: author.

Ogbu, John U. 1978. *Minority Education and Caste: The American System in Cross-Cultural Perspective*. New York: Academic Press.

Organization for Economic Cooperation and Development (OECD). 1998. *Human Capital Investment: An International Comparison*. Centre for Educational Research and Innovation. Paris: author.

——. 2004. *Reviews of National Policies of Education: Chile*. Paris: author.

——. 2007a. *Education at a Glance 2007:*. OECD Indicators. Paris: author.

——. 2007b. *No More Failures: Ten Steps to Equity in Education*. Paris: author.

——. 2007c. *Science Competencies for Tomorrow's World: PISA 2006. Vol. 1: Analysis. Vol. 2: Data*. Paris: author.

——. 2008. *Education at a Glance: OECD Indicators*. Centre for Educational Research and Innovation. Paris: author. Available at http://www.oecdbookshop.org/oecd/display.asp? CID=&LANG=EN&SF1=DI&ST1=5KZN0WRKCDTG.

Park, HyunJoon. 2007. "South Korea: Educational Expansion and Inequality of Opportunity for Higher Education." In *Stratification in Higher Education: A Comparative Study*, Yossi Shavit, Richard Arum, and Adam Gamoran, eds. (chap. 5). Stanford, CA: Stanford University Press.

Park, Hyunjoon, and Jeroen Smits. 2005. "Educational Assortative Mating in Korea: 1930 - 1988. " *Research in Social Stratification and Mobility* 23:103 - 127.

Parkin, Frank. 1971. *Class Inequality and Political Order: Social Stratification in Capitalist and Socialist Societies.* New York: Praeger.

Parish, William L. 1984. "Destratification in China." in *Class and Social Stratification in Post-Revolution China*, J. L. Watson, ed. (pp. 84 - 120). Cambridge, UK: Cambridge University Press.

Pavin, A. 2006. "The Kibbutz Movement — Facts and Figures 2006." Yad Tabenkin Research and Documentation Center of the Kibbutz Movement, Ramat Efal, Israel.

Pemberton, Simon. 2007. "Tackling the NEET Generation and the Ability of Policy to Generate a 'NEET' Solution — Evidence from the UK." *Environment and Planning C: Government and Policy* 26(1):243 - 259. Accessed June 2, 2010; http://www.envplan.com/abstract.cgi? id = c0654.

Peugny, C. 2009. *Lé déclassement.* Paris: Grasset.

Peter, Katharin, and Laura Horn. 2005. *Gender Differences in Participation and Completion of Undergraduate Education and How They Have Changed Over Time.* NCES no. 2005 - 169, National Center for Education Statistics, Institute of Education Services. Washington, DC: U. S. Department of Education.

Pinto, Regina Pahim. 1993. *O movimento negro em São Paulo: luta e identidade.* São Paulo: FFLCH/USP.

Plug, E. 2004. "Estimating the Effect of Mother's Schooling on Children's Schooling Using a Sample of Adoptees." *American Economic Review* 94(1):358 - 368.

Pohl, Axel, and Andreas Walther. 2007. "Activating the Disadvantaged. Variations in Addressing Youth Transitions Across Europe." *International Journal of Lifelong Education* 26(5):533 - 553.

Pohoski, M. 1995. "Nierownosci społeczne w Polsce — kontynuacje i zmiany w okresie transformacji ustrojowej." In *Ludzie i instytucje. Stawanie się ladu spolecznego. Pamietnik IX Ogolnopolskiego Zjazdu Socjologicznego.* Lublin: Uniwersytet Marii Curie-Sklodowska [People and Institutions, Proceedings of the IX National Congress of Sociology, vol. I, Lublin].

Polawski, P. 1999. "Dzieci i mlodziez w sferze ubostwa. Dziedziczenie biedy i spolec-znego nieprzystosowania." In *Marginalnos i procesy marginalizacji*, Kazimierz Frieske, ed. Warsaw: Instytut Pracy i Spraw Socjalnych (IPiSS) (Institute for Labor and Social Studies).

Popham, I. 2003. *Tackling NEETs: Research on Action and Other Factors that Can Contribute to a Reduction in the Numbers of Young People Not in Education, Employment or Training* (NEET). Nottingham: Department for Education and Skills Publications.

Portes, A., and R. G. Rumbaut. 2001. *Legacies: The Story of the Immigrant Second Generation.* Berkeley: University of California Press.

Post, D. 1993. "Focus on Educational Attainment: Educational Attainment and the Role of the State in Hong Kong." *Comparative Education Review* 37(3):240 - 262.

Powell, Arthur G. 1996. *Lessons from Privilege: The American Prep School Tradition*. Cambridge, MA: Harvard University Press.

Power, S., T. Edwards, G. Whitty, and V. Wigfall. 2003. *Education and the Middle Class*. Buckingham, UK: Open University Press.

Powers, Daniel A., and Yu Xie. 2000. *Statistical Methods for Categorical Data Analysis*. New York: Academic Press.

Prince's Trust. 2007. *The Cost of Exclusion. Counting the Cost of Youth Disadvantage in the UK*. London, UK: The Prince's Trust. Accessed June 2, 2010; http://www. princes-trust. org. uk/PDF/Princes%20Trust%20Research%20Cost%20of%20Exclusion%20apr07. pdf.

Programa de Provisión de la Reforma Educativa (PREAL). 1999. *Descentralización educacional: aprendizaje de tres decadas de experiencia*. Series de Resúmenes de Políticas, no. 3. Santiago, Chile: author.

———. 2006. *Cantidad sin Calidad. Infonme de Progreso Educativo en América Latina*. Santiago, Chile: author.

Pschararopoulos, G. 1994. "Returns to Investmentin Education." *World Development* 22(9): 1325–1343.

Pschararopoulos, G., and H. Patrinos. 2002. *Returns to Investment in Education: A Further Update*. Policy Research working paper, no. 2881. Washington, DC: World Bank.

Putnam, Robert. 2000. *Bowling Alone the Collapse and Revival of American Community*. New York: Simon & Schuster.

Queiroz, D. M. 2004. *Universidade e Desigualdade: brancos e negros no ensino superior*. Brasília: Liber Livros.

Quintini, Glenda, John P. Martin, and Sébastien Martin. 2007. *The Changing Nature of the School-to-Work Transition Process in OECD Countries*. Bonn: Institute for the Study of Labor.

Rabe-Hesketh, S., and B. Everitt. 2004. "Random Effects Models: Thought Disorder and Schizophrenia." In *A Handbook of Statistical Analyses Using Stata*, S. Rabe-Hesketh and B. Everitt, eds. (pp. 151–178). Boca Raton, FL: Chapman & Hall/CRC.

Raffo, Carol, and Michelle Reeves. 2000. "Youth Transitions and Social Exclusion: Developments in Social Capital Theory." *Journal of Youth Studies* 3(2):147–166.

Raftery, A. E. 1986. "Choosing Models for Cross-Classifications." *American Sociological Review* 51:145–146.

Raftery, Adrian E., and Michael Hout. 1993. "Maximally Maintained Inequality: Expansion, Reform, and Opportunity in Irish Education." *Sociology of Education* 66:41–62.

Reimers, Fernando. 2000. "Educational Opportunity and Policy in Latin America." In *Unequal Schools, Unequal Chances*, F. Reimers, ed. (chap. 1). Cambridge, MA: Harvard University Press.

Richiardi, Matteo. 2002. "What Does the ECHP Tell Us about Labour Status Misperception?" Working Paper Series #10. Moncalieri, Italy: LABORatorio R. Revelli (Center for Employment Studies), Collegio Carlo Alberto.

Roemer, J. E. 1996. *Theories of Distributive Justice*. Cambridge, MA: Harvard University Press.

———. 1998. *Equality of Opportunity*. Cambridge, MA: Harvard University Press.

———. 2000. "Equality of Opportunity." In *Meritocracy and Economic Inequality*, K. Arrow, S. Bowles, and S. Durlauf, eds. (chap. 2). Princeton, NJ: Princeton University Press.

Roemer, J. E., et al. 2003. "To What Extent Do Fiscal Regimes Equalize Income Acquisition among Citizens?" *Journal of Public Economics* 87 (3-4): 539-565.

Royster, Deidre. 2003. *Race and the Invisible Hand*. Berkeley: University of California Press.

Rutkowski, J. 1996. "High Skills Pay Off: The Changing Wage Structure During Economic Transition in Poland." *Economics of Transition* 4(1):89-111.

———. 1997. "Low Wages Employment in Transitional Economies of Central and Eastern Europe." *MOCT-MOST: Economic Policy in Transitional Economies* 7(1):105-130.

Rychard, A. 2000. "Przestrzen instytucjonalna." In *Strategie i system. Polacy w obliczu zmiany systemowej*, A. Giza-Poleszczuk, M. Marodyand, and A. Rychard, eds. Warsaw: Instute for Philosophy and Sociology of the Polish Academy of Sciences (IFiS PAN).

Ryder, N. B. 1965. "The Cohort as a Concept in the Study of Social Change." *American Sociological Review* 30:843-861.

Sassen, Saskia. 1998. *Globalization and its Discontents. Essay on the New Mobility of People and Money*. New York: New Press.

Saunders, P. 2002. "Reflections on the Meritocracy Debate in Britain: A Response to Richard Breen and John Goldthorpe." *British Journal of Sociology* 53(4):559-574.

Savage, M. 2000. *Class Analysis and Social Transformation*. Buckingham, UK: Open University Press.

Savage, M., and M. Egerton. 1997. "Social Mobility, Individual Ability and the Inheritance of Class Inequality." *Sociology* 31(4):645-672.

Sayer, A. 2005. *The Moral Significance of Class*. Cambridge, UK: Cambridge University Press.

Scarr, S., and D. Yee. 1980. "Heritability and Educational Policy: Genetic and Environmental Effects on IQ, Aptitude and Achievement." *Educational Psychologist* 15(1):1-22.

Schnitzer, K., W. Isserstedt, J. Schreiber, and M. Schrödr. 1996. "Students in Germany: The 1994 Socio-Economic Picture." Bonn, Germany: Federal Ministry of Education, Science, Research and Technology.

Schofer E., and J. W. Meyer. 2005. "The World-wide Expansion of Higher Education in the Twentieth Century." *American Sociological Review* 70:898-920.

Schriewer, Jurgen. 2004. *Multiple Internationalities: The Emergence of World-Level Ideology and the Persistence of Idiosyncratic World-Views*. Comparative Education Centre, Research paper, no. 14. Berlin: Humboldt University.

Schultz, G. 1961. "Investment in Human Capital." *American Economic Review* 51(1):1-17.

Schütz, G., H. W. Ursprung, and L. Woessmann. 2005. "Education Policy and Equality of

Opportunity." Discussion paper, no. 1906. Bonn: Institut zur Zukunft der Arbeit (IZA) (Institute for the Study of Labor).

Sen, A. K. 1980. "Equality of What?" In *Tanner Lectures on Human Values*: Volume 1, S. McMurrin, ed. Cambridge, UK: Cambridge University Press.

Sennett, R. and J. Cobb. 1972. *The Hidden Injuries of Class*. New York and London: Norton and Company.

Shavit, Yossi, Richard Arum, and Adam Gamoran. 2007. *Stratification in Higher Education: A Comparative Study*. Stanford, CA: Stanford University Press.

Shavit, Yossi, and Hans Peter Blossfeld (Eds.). 1993. *Persistent Inequality: Changing Educational Attainment in Thirteen Countries*. Boulder, CO: Westview Press.

Shavit, Yossi, S. Bolotin-Chavhashvili, H. Ayalon, and G. Menahem. 2003. "Diversification, Expansion and Inequality in Israeli Higher Education." Pinhas Sapir Center for Development, discussion paper, no. 1. Tel Aviv: University of Tel Aviv.

Sherer, G. 2000. "Intergroup Economic Inequality in South Africa: The Post Apartheid Era." *American Economic Review* 90(2):317–321.

Shorrocks, A. 1978. "The Measurement of Mobility." *Econometrica* 46:1013–1024.

Sicherman, N. 1991. "Mismatch in the Labor Market." *Journal of Labor Economics* 9(2):101–122.

Simkus, Albert, and Rudolf Andorka. 1982. "Educational Attainment in Hungary." *American Sociological Review* 47:740–751.

Slomczynski, K., and W. Wesolowski. 1974. "Uklady zgodności i niezgodnosci pozycji społecznych." In *Zroznicowanie spoleczne*. Wroclaw: Ossolineum.

Smith, Sandra. 2003. "Exploring the Efficacy of African Americans' Job Referral Networks." *Ethnic and Racial Studies* 26(6):1029–1045.

Smits, J., W. Ultee, and J. Lammers. 1998. "Educational Homogamy in 65 Countries: An Explanation of Differences in Openness Using Country-Level Explanatory Variables." *American Sociological Review* 63:264–285.

Social Exclusion Unit. 1999. "Bridging the Gap: New Opportunities for 16–18 Year-olds not in Education, Employment or Training." Cm 4405, Social Exclusion Unit. London: Stationery Office.

Solon, G. 2002. "Cross-Country Differences in Intergenerational Earnings Mobility." *Journal of Economic Perspectives* 16(3):59–66.

Sorokin, P. A. 1927. *Social Mobility*. New York: Harper.

Spence, M. 1974. *Market Signaling: Informational Transfer in Hiring and Related Screening Devices*. Cambridge, MA: Harvard University Press.

StataCorp. 2005. *Survival Analysis and Epidemiological Tables*. College Station, TX: Stata Press.

Steele, Claude. 1988. "The Psychology of Self-Affirmation." *Advances in Experimental Social Psychology* 21:261–302.

——. 1997. "A Threat in the Air: How Stereotypes Shape Intellectual Identity and

Performance. " *American Psychologist* 52:613 – 629.

Steele, Claude M., and Joshua Aronson. 1995. "Stereotype Threat and the Intellectual Test Performance of African Americans. *Journal of Personality and Social Psychology* 69:797 – 811.

Strawinski, P. 2007. "Changes in Return to Higher Education in Poland, 1998 – 2004. " MPRA paper, no. 5185. Accessed June 2, 2010; http://mpra.ub.uni-muenchen.de/5185/.

Suter, Brigit, and M. Jandl. 2006. *Comparative Study on Policies towards Foreign Graduates. Study on Admission and Retention Policies towards Foreign Students in Industrialised Countries*. Vienna: International Centre for Migration Policy Development (ICMPD).

Sweeting, A. 2004. *Education in Hong Kong, 1941 to 2001: Visions and Revisions*. Hong Kong: Hong Kong University Press.

Szreter, S. R. S. 1993. "The Official Representation of Social Classes in Britain, the United States, and France: The Professional Model and "Les Cadres. " *Comparative Studies in Society and History* 35(2):285 – 317.

Taylor, Robert, Linda M. Chatters, M. Belinda Tucker, and Edith Lewis. 1990. "Developments in Research on Black Families: A Decade Review. " *Journal of Marriage and the Family* 52:993 – 1014.

Teichler, Ulrich. 2007. *Higher Education Systems: Conceptual Frameworks, Comparative Perspectives, Empirical Findings*. Rotterdam: Sense Publishers.

——. 2009. *Higher Education and the World of Work: Conceptual Frameworks, Comparative Perspectives, Empirical Findings*. Rotterdam: Sense Publishers.

Tesser, P., and J. Dronkers. 2007. Equal Opportunities or Social Closure in the Netherlands? In *Unequal Chances. Ethnic Minorities in Western Labor Markets*, A. Heath and S. Cheung, eds. (pp. 359 – 402). Oxford: Oxford University Press.

Thernstrom, S. 1973. *The Other Bostonians: Poverty and Progress in the American Metropolis, 1880 – 1970*. Cambridge, MA: Harvard University Press.

Thomas, D. 1996. "Education across Generations in South Africa. " *AEA Papers and Proceedings* 86(2):330 – 339.

Thorat, S., and K. Newman. 2009. *Blocked by Caste*. Oxford: Oxford University Press.

Thurow, L. C. 1969. "Poverty and Human Capital. " In *Problems in Political Economy: An Urban Perspective*, David M. Gordon, ed. (pp. 85 – 90). Lexington MA: D. C. Heath.

Tilly, C. 1998. *Durable Inequality*. Berkeley: University of California Press.

Torres, C. A., and A. Antikainen (Eds). 2003. *International Handbook on the Sociology of Education: An International Assessment of New Research and Theory*. Lanham, MD: Rowman and Littlefield.

Treiman, Donald J., and Kam-Bor Yip. 1989. "Educational and Occupational Attainment in 21 Countries. " In *Cross-National Research in Sociology*, Melvin L. Kohn, ed. (pp. 373 – 394). Newbury Park, CA: Sage.

Tubergen, F. van. 2004. *The Integration of Immigrants in Cross-National Perspective:*

Origin, Destination and Community Effects. PhD dissertation, Utrecht University.

Tubergen, F. van, I. Maas, and H. Flap. 2004. "The Economic Incorporation of Immigrants in 18 Western Societies: Origin, Destination, and Community Effects." *American Sociological Review* 69:704-727.

Tyson, Karolyn, William Darity, Jr., and Domini Castellino. 2005. "Black Adolescents and the Dilemmas of High Achievement." *American Sociological Review* 70:582-605.

UNESCO. 1997. *International Standard Classification of Education* (ISCED). Paris: author.

——. 2005. *Education Trends in Perspective: Analysis of the World Education Indicators, 2005 Edition*. Montreal, Canada: UNESCO Institute for Statistics.

Ultee, W. C., and R. Luijkx, 1990. "Educational Hegerogamy and Father-to-Son Occupational Mobility in 23 Industrial Nations: General Societal Openness or Compensatory Strategies of Reproduction?" *European Sociological Review* 6:125-149.

United Nations Statistical Office. 2007. "Composition of Macro Geographical (Continental) Regions, Geographical Sub-regions, and Selected Economic and Other Groupings." Accessed January-February 2007; http://unstats.un.org/unsd/methods/m49/m49regin.htm.

Van De Velde, C. 2008. *Devenir adulte, Sociologie comparée de la jeunesse en Europe*. Paris: Presses Universitaires de France.

Van Galen, J. A., and G. W. Noblit (Eds). 2007. *Late to Class: Social Class and Schooling in the New Economy*. Albany: State University of New York Press.

Veall, M., and K. Zimmerman. 1992. "Psuedo-R^2 in the Ordinal Probit Model." *Journal of Mathematical Sociology* 16:333-342.

Vegas, Emiliana, and Jenny Petrow. 2007. *Raising Student Learning in Latin America: The Challenge for the 21st Century*. Washington, DC. World Bank.

Wacquant, Loic. 1998. "Negative Social Capital: State Breakdown and Social Destitution in America's Core." *Journal of Housing and the Built Environment* 13(1):25-40.

Waldrauch, H. 2001. *Die Integration von Einwanderern. Ein Index der rechtlichen Diskriminierung*. Wien: Campus.

Walther, Andreas. 2006. "Regimes of Youth Transitions. Choice, Flexibility and Security in Young People's Experiences across Different European Contexts." *Young: Nordic Journal of Youth Research* 14(2):119-139.

Walther, Andreas, and Axel Polh. 2005. *Thematic Study on Policy Measures Concerning Disadvantaged Youth: Study Commissioned by the European Commission: Final Report*. Tubingen: Institute for Regional Innovation and Social Research (IRIS).

Walther, Andrea, Barbara Stauber, Andy Biggart, Manuela du Bois-Reymond, Andy Furlong, Andreu Lopez Blasco, Sven Morch, and Jose Machado Pais (Eds.). 2002. *Misleading Trajectories — Integration Policies for Young Adults in Europe?* Opladen, Germany: Leske+Budrich.

Waters, J. L. 2006. "Emergent Geographies of International Education and Social Exclusion." *Antipode* 38(5):1046-1068.

Weir, M. 2002. "The American Middle Class and the Politics of Education." In *Social

Contracts Under Stress: The Middle Classes of America, Europe, and Japan at the Turn of the Century, O. Zunz, ed. (pp. 178 – 203). New York: Russell Sage.

Werner, H. 2003. "*The Integration of Immigrants into the Labor Markets of the EU.*" IAB topics, no. 52. Nuremberg, Germany: Institute for the Study of Labor (IAB).

Wesolowski, Wlodzimierz. 1980. *Klasy, warstwy i wladza*. Warsaw: Wydawnictwo Nalikowe PWN (Polish Scientific Publishers).

Wesolowski, Wlodzimierz, and Bogdan Mach. 1986. *Systemowe funkcje ruchliwosci spolecznej w Polsce*. Warsaw: Instytut Filozofii i Socjologic PAN (Insitute for Philospohy and Sociology of the Polish Academy of Sciences).

Whyte, Martin. 1975. "Inequality and Stratification in China." *China Quarterly* 64:684 – 711.

———. 1981. "Destratification and Restratification in China." In *Social Inequality*, G. Berreman, ed. (pp. 309 – 336). New York: Academic Press.

Willis, P. 1977. *Learning to Labour*. Farnborough, UK: Saxon House.

Willis, Robert J. 1986. "Human Capital and the Rise and Fall of Families: Comment." *Journal of Labor Economics* 4(3):S40 – 47.

Winkler, Don, and Alec I. Gershberg. 2000. *Los efectos de la descentralización del sistema educacional sobre la calidad de la educación en América Latina*. Documento de Trabajo, no. 17. Santiago, Chile: PREAL.

Wisniewski, Jakub. 2006. *Migracje zarobkowe Polaków po 1 maja 2004*. Warsaw: Instytut Spraw Publicznych.

Wittenberg, M. 2003. "Job Search in South Africa: A Nonparametric Analysis." *South African Journal of Economics* 70(8):1163 – 1197.

Wong, Y. L. 2004. "A Unified Middle Class or Two Middle Classes? A Comparison of Career Strategies and Intergenerational Mobility Strategies between Teachers and Managers in contemporary Hong Kong." *British Journal of Sociology* 55(2):167 – 186.

———. 2007. "How Middle-Class Parents Help Their Children Obtain an Advantaged Qualification: A Study of Strategies of Teachers and Managers for Their Children's Education in Hong Kong Before the 1997 Handover." *Sociological Research Online* 12 (6); http://www.socresonline.org.uk/12/6/5.html.

Wooldridge, Jeffrey M. 2002. *Econometric Analysis of Cross Section and Panel Data*. Cambridge, MA/London: MIT Press.

World Bank. 2004. *Making Services Work for Poor People*. World development report, 2005. Washington, DC: author.

———. 2005. *Equity and Development*. World development report, 2006. Washington, DC: author.

Wright, Erik Olin. 1985. *Classes*. London: Verso.

———. 1997. *Class Counts*. Cambridge, UK: Cambridge University Press.

Yang Dongping. 2003. "China Education Development Report 2002." In *China in 2003 – 2004: Analysis and Forecast of Social Situation*, Lu Xin, Lu Xiuyi, and Li Peilin, eds. (pp. 55 – 59). Beijing: Social Science Press.

Yates, Scott, and Malcolm Payne. 2006. "Not so NEET? A Critique of the Use of 'NEET' in Setting Targets for Interventions with Young People." *Journal of Youth Studies* 9(3):329-344.

Yuji, G. 2005. "The NEET Problem in Japan." *Social Science japan* 32:3-4.

Zhou, M. 1997. "Segmented Assimilation: Issues, Controversies and Recent Research on the New Second Generation." *International Migration Review* 31(4):975-1008.

Zhou, Xueguang, Phyllis Moen, and Nancy Brandon Tuma. 1998. "Educational Stratification in Urban China: 1949-94." *Sociology of Education* 71:199-222.

索 引

备注：1. 页码后的"*f*"和"*t*"分别表示图形和表格。
2. 索引中的数字为原版书页码，请参考中文版边码。

ABC Federal University（UFABC） ABC 联邦大学。参见 Universidade Federal do ABC；Federal University of ABC；UFABC
access to education 受教育机会，6，12，19，22，30，34，43，56，82，128-130，152，157，242（另参见单独条目）
 Latin America countries 拉丁美洲国家，56-57
 socioeconomic status 社会经济地位，140
Ackerlof, G., 12
adequacy of resources 充足的资源 125，127*f*
adequate level of achievement 适当的成绩水平，125
adulthood socialization 成年期社会化，218-219
affirmative action 肯定性行动，5，20，21，25，59，62，80*n*1
affluent students/families 富裕学生/家庭，4，5，15，24-25，30，157
age cohorts 年龄世代，26-27，97，236
age-period-cohort models 年龄-时期-同期群模型，217，224
Andorka, R., 141
Anglophone universities 说英语的大学，6
anomaly of women's achievement 女性成绩异常，29，284，285，304

apartheid 种族隔离，21，82，90，103（另参见 South Africa 南非）
 racial classification during 种族隔离期间的种族差别待遇，103*n*5
Argentina 阿根廷，34，35，35*t*，36*t*，45，46，53，54*t*，55*t*，56
 administrative decentralization 行政分权，40
 educational expenditure 教育支出，39
 financial equalization 财政均等化，43
 Plan Social program 社会规划计划，43
 public universities 公立大学，237
 social segmentation 社会分割，50
Armed Forces Qualification Test 武装部队资格考试，10
Aronson, J., 306
Arrow, K., 12
assimilation theory 同化理论，258，267，281（参见 immigrant integration 移民融入）
Attias-Donfut, C., 238*n*4
Australia 澳大利亚，5，6
Austria 奥地利，62，32*n*5
 NEET 啃老族，187
Aviezer, O., 133
baby boom 婴儿潮，211，216，222，223，225，234

Ball, S., 179
Bantu Education Act of 1954, South Africa 南非班图教育法(1954), 82
Becker, G., 7-8, 102, 240
Ben-Gurion, D., 131
Betts, J. R., 124, 137n1
Between-school variance 校际方差, 51, 53-54, 54t, 55t
black students 黑人学生, 21-22, 284, 285, 288-289, 293, 295
  at USP 圣保罗大学内的黑人学生, 60-62, 64-66, 72-75, 76, 77, 78t, 79-80
Blanden, J., 129
Blau, P. M., 241, 254
Blossfeld, H. P., 141
Bolivia 玻利维亚, 35, 35t, 36t, 38
  administrative decentralization 行政分权, 40
Bologna Process 博洛尼亚进程, 5
Bolsa Escola/Bolsa Familia program 助学金/家庭补助计划, 43
Bourdieu, P., 48, 140, 171, 174, 188
Brantlinger, E., 184n15
Braudel, F., 47
Brazil 巴西, 4, 20
  access to public higher education 受公立高等教育机会, 59
  administrative decentralization 行政分权, 40
  black movement 黑人运动, 59
  black people in 巴西黑人, 37
Bolsa Escola/Bolsa Familia program 助学金/家庭补助计划, 43
  EDUCAFRO 非裔与困难群体教育与公民权组织, 81n10
  educational expenditure 教育支出, 39
  Escola Paulista de Medicina 圣保罗医学院, 76, 81n6
  financial equalization 财政均等化, 43

private universities 私立大学, 62
  PROUNI (Programa Universidade para Todos, or University for All Program) 大学为全民服务计划, 66, 76
public universities 公立大学, 59-60, 62-63
quotas in education 教育配额, 60t
quotas in work 工作配额, 60t
social segmentation 社会分割, 50
Universidade Federal do ABC (Federal University of ABC; UFABC) ABC联邦大学, 76, 81n6
University of São Paulo 圣保罗大学(参见 University of São Paulo (USP) 圣保罗大学)
Browne, I., 285
Buchmann, C., 305
Bynner, J., 186, 187, 188
Canada 加拿大, 6
capacity-building approach 能力建设途径, 6
Caplan, T., 138n11
Card, D., 9, 102
Carter, M. R., 90
Case, A., 90
Central Intelligence Agency 中央情报局
  World Factbook 世界概况, 266, 267
Chauvel, L., 26-27
Chile 智利, 35t, 36t, 46, 56
  administrative decentralization 行政分权, 40
  curriculum reform 课程改革, 44t
  educational expenditure 教育支出, 39
  P900 program P900 计划, 43
  social segmentation 社会分割, 50
  Subvención de Reforzamiento Educativo 教育强化拨款, 43
China 中国 参见 People's Republic of China 中华人民共和国
公民 education 民办教育, 239
classical-errors-in-variables (CEV) assumptions

经典变量误差假设, 96
class inequalities in education 教育领域的阶级不平等, 7, 15, 16-17, 20, 23-25, 74, 105(参见 South Korea 韩国, social class and educational inequality 社会阶级与教育不平等)
　　educational credentials 教育资证, 18
cognitive skills 认知技能, 10
Coleman, J. S., 140
college-educated labor force 接受过大学教育的劳动力, 9, 27, 244-245
Colley, H., 185
Collins, R., 13, 15
Colombia 哥伦比亚, 35t, 36t, 53, 56
　　administrative decentralization 行政分权, 40
　　educational expenditure 教育支出, 39
　　Escuela Nueva program "新学校"计划, 43
Colonialism 殖民主义, 5, 14
Communist Party, PRC 中国共产党, 24, 143
community college 社区学院, 166-167, 170-171(参见 Hong Kong 香港)
competition, for education 教育竞争, 15-16
competition struggles, in education 教育领域的竞争斗争, 48, 49
Conley, D., 129
conservative (corporatist) welfare regimes 保守主义(或合作主义)福利体制, 18, 29, 53, 212-213, 264-265
Cox, C., 19
Credentialism 文凭主义, 13-15, 18, 107
credential inflation 学历通货膨胀, 12, 215, 232, 234
credential jobs 有资证限制的工作, 14-15
cross-border programs 跨境项目, 6
Crouch, L., 50
cultural capital 文化资本, 15, 25, 45, 49, 143, 152, 155
　　and educational credentials 文化资本与教育资证, 107
cultural reproduction theory 文化再生产理论, 140
Czapinski, J., 247
danwei system 单位体制, 142, 143, 144, 147, 148, 158, 159t, 161n2
Dar, Y., 133
Deaton, A., 89, 90
Decentralization in Latin America 拉丁美洲地方分权, 40-42
déclassement scolaire 教育降级, 226, 235
democracy 民主, 90, 105
democratization 民主化, 239-240
demographic generation 人口世代, 216
Deng, Z., 139, 141
Denmark 丹麦
　　NEET 啃老族, 187
Devine, F., 177
Dew-Becker, I., 9
differentiated educational institutions 差异化的教育机构, 30
DiNardo, J. E., 9
DiPrete, T. A., 305
discrimination 歧视
　　in earnings 收入歧视, 8, 22
　　in hiring 就业歧视, 12-13
distribution of achievement 成绩分布, 126
dominant theory 主流理论, 304
Dronkers, F., 282n3, 283n6
Dronkers, J., 28, 272
Durkheim, E., 284
early retirement 提前退休, 212-213
earnings 收入
　　disparities/inequalities in earnings 收入差距/不平等, 28, 86(参见南非)
　　and education 收入与教育, 7-8
　　and human capital investment 收入与人力资本投资, 7

racial disparities in earnings 收入的种族差异, 21-22
Eastern European countries 东欧国家, 141
economically advantaged families 经济条件优越的家庭, 5
economically inactive category 经济不活跃者类别, 187
Economic Commission for Latin America and Caribbean 拉丁美洲和加勒比经济委员会, 40, 58n2
 recommendations for schools decentralization and autonomy 办学权力下放与自治建议, 41
economic capital 经济资本, 49, 143, 153, 192-193, 196, 199, 200-201t, 205, 208
economic decline of youth 青年人的经济衰退, 219-224
educational decentralization 教育分权, 40-42
educational expansion 教育扩张, 3, 8, 16-17, 30-31, 105, 162-163（另参见单独条目）
 consequence of 教育扩张的后果, 225, 232
 regime theory 体制理论（另参见 regime theory 体制理论）
educational expenditure 教育支出, 39, 110
Educational Priority Areas 教育优先区，英国, 42
educational stratification 教育分层, 16, 25, 220-221, 238n2
Education and Citizenship for Afro-descendents and Those in Need（EDUCAFRO）非裔与困难群体教育与公民权组织, 4, 81n10
education signal 教育信号, 11, 13
 rat race signal "你死我活"信号, 12
efficiently maximized inequality 有效最大化不平等, 17
elite students 精英学生, 17（另参见 socioeco-nomic status 社会经济地位）

El Salvador 萨尔瓦多
 administrative decentralization 行政分权, 40
 EDUCO program 社区管理学校项目, 43
emotional dimensions of class gaps 阶级差距的情感维度, 25
employment-centered welfare regime 以就业为中心的福利体制, 18
employment protection legislation 就业保护立法，欧盟, 265
empowerment 授权, 239
equality of opportunity 机会平等, 84-89, 88, 105, 125-128
 framework for 机会平等框架, 85-89
 hypothesis tests 机会平等假设检验, 102t
 testing for 机会平等测试, 100-102
equity 公平
 作"fairness 公正"解, 19, 20, 34, 37, 49-56, 57
 作"inclusion 全纳"解, 19, 20, 34, 37, 45-49
 作"justice 正义"解, 34
equity-oriented policies 以公平为导向的政策, 57
Erichsen, G., 95
Erikson, R., 183n8
Escola Paulista de Medicina 圣保罗医学院, 76
Escuela Nueva program, Colombia 哥伦比亚"新学校"计划, 43
Esping-Andersen, G., 18, 53, 188-189, 264（参见 regime theory 体制理论）
EU-15 countries 欧盟15国, 260-261, 264, 268, 277
Europe 欧洲, 25-26, 42（参见 immigrant integration 移民融入）
 NEET 啃老族, 187
 overeducation in 欧洲过度教育, 242
European Civic Citizenship and Inclusion Index 欧洲公民资格和融合指数, 261,

264
European Community Household Panel(ECHP) 欧洲共同体住户调查小组, 193, 194
European Labour Force Survey database 欧洲劳动力调查数据库, 187
European Social Survey 欧洲社会调查, 261
European Union(EU) 欧洲联盟(欧盟), 32n7, 240, 243
employment decline 就业下降, 249-250
employment protection legislation(EPL) 就业保护立法, 265, 277-278
　　Muslims in labor markets 劳动力市场中的穆斯林, 276
Eurostat 欧盟统计局, 193
explained inequality 已解释的不平等, 86
familialistic welfare regime 家庭主义福利体制, 214-216
families 家庭, 23(另见 class 阶级; socioeconomic status(SES)社会经济地位)
Federal University of Bahia(UFBA) 巴伊亚联邦大学, 74
Federal University of São Paulo(UNIFESP) 圣保罗联邦大学, 62
feminist theory 女权主义理论, 304
Ferguson, A. A., 303
Finland 芬兰, 228, 235, 236
　　NEET 啃老族, 187
first-generation immigrants 第一代移民, 28
Fleischmann, F., 28, 272
fracture générationnelle 代际断裂, 210, 219
　　economic decline of youth 青年人的经济衰退, 219-224
　　cohorts, international comparison 同期群, 国际比较, 227-232
　　cohort-specific socialization 具有同期群特异性的社会化, 222-225
　　credential inflation 学历通货膨胀, 232-234

déclassement scolaire 教育降级, 226, 235
déclassement social 社会降级, 226
fracture générationnelle 代际断裂(参见 fracture générationnelle 代际断裂)
grandes écoles 大学校, 225
inter-cohort inequality 同期群间不平等, 28-29
intergenerational sustainability 代际可持续发展,
　　lack of 代际可持续发展缺乏, 226-227
intra-cohort inequality 同期群内不平等, 231
relative adjusted disposable income(RADI) 相对调整后的可支配收入, 228
solidarités familiales 家庭团结, 238n4
stratification 分层, 220-221, 238n2
Trente glorieuses 辉煌三十年, 219, 222
welfare regime 福利体制
　　and balance between social generations 福利体制与社会世代间的代际平衡, 235-237
　　and return to education 福利体制与教育回报, 232-235
Zones Educatives Prioritaires 教育优先区, 42
Franciscan Solidarity Service(SEFRAS) 方济各会团结服务, 81n10
Franzen, E. M., 187
Gellner, E., 240
genealogical generation 家系世代, 216
generation, definitions of 世代定义, 216
generational catch-up dynamics 代际追赶动力, 224
generational gaps 代际差距, 219-220
generational research 代际研究, 216
　　definitions 代际研究定义, 216
　　scarring effect 疤痕效应, 224-227
　　time in 代际研究中的时间, 217
Germany 德国, 26, 32n5
Gilboa, Y., 23, 24, 138n13

Goldin, C., 9
Goldthorpe, J. H., 167, 180, 183n8, 183n9
Gordon, J. R., 9
government, role in public education 政府在公共教育中的角色, 125
grandes écoles 大学校, 225
Greece 希腊
   NEET 啃老族, 187
Greene, W., 89
Greg, P., 129
Groot, W., 241
gross national product (GNP) 国民生产总值, 4
Guimarães, A. S., 20
Hansen, M. N., 129
Harris, A., 29
Erikson, B., 137n2
Hertz, T., 82, 95, 96
hidden curriculum 隐性课程, 15
higher education internationalization 高等教育国际化, 5-6
   purposes 高等教育的目的, 7
high-prestige courses 高声誉课程, 74
hiring 就业, 11
   discrimination in 就业歧视, 12-13
historical generation 历史世代, 216
Hodkinson, P., 185
Hong Kong 香港, 162
   Community College 社区学院, 166-167, 169-170
   failure students, attitude of 失败学生的态度, 170-171
   education system in 香港的教育体制, 164-167
   higher education 高等教育, 169-172
   Hong Kong Advanced Level Examination (HKALE) 香港高级程度会考, 164, 180
   Hong Kong Certificate of Education Examination (HKCEE) 香港中学会考, 164
   meritocratic principle in explaining success 用以解释成功的用人唯才原则, 170
   middle-class losers study 中产阶层输家研究, 25, 162, 172-181
   alternate strategy for education 教育的备用策略, 179-180
     blame on parents 归咎于父母, 177, 179-181
     career strategy 职业策略, 180
     emotional aspects 情感方面, 182
     feeling agonized 痛苦感, 177-178
     feeling ashamed 羞耻感, 173-175
     feeling guilty 内疚感, 175-177
     future research directives 未来研究方针, 182-183
     parent-child relationships 亲子关系, 179-181
   Primary One Admission Scheme 小一入学统筹办法, 164
   provision of local education 当地教育资源的供给, 164-166
   Secondary School Placement Allocation Scheme (SSPAS) 中学学位分配办法, 164
   secondary schools 中学, 184n13
   self-financing community college programs 自资的社区学院项目, 166
   subdegree program 副学位课程, 166
   Yi-Jin program 毅进计划, 166
household income 家庭收入, 205
Hout, M., 16
hukou system 户口制度, 143, 155-157, 156t, 160
human capital 人力资本, 7-11, 84, 102-103, 240, 279, 283n9
Human Development Index (HDI) 人类发展指数, 81n11, 207, 266
"identity capital" "身份资本", 188
ideology 意识形态, 140, 240
immigrant integration 移民融入, 258, 259
   first-generation immigrants 第一代移民,

260，267
indicators 指标，263－269
individual level effects 个人层面的影响
 citizenship 公民权，280
 education 教育，281
 language 语言，280
  native and immigrant parents combination "原住民＋移民"的父母组合，280－281
  parental education 父母的教育程度，281
 religious affiliation 宗教归属，279－280
 labor market outcomes 劳动力市场结果，271f
 labor-market participation 劳动力市场参与率，269f，272
 macro effect on socioeconomic integration 影响社会经济融入的宏观因素，269－272
 macro level effects 宏观层面的影响，276
 destination countries, integration policies 目的地国，融入政策，277
 destination countries, labor-market protection 目的地国，劳动力市场保护，277－278
 origin inside or outside the EU 欧盟内/外的原籍地，277
 political freedom and migration rate in origin 原籍地的政治自由和迁移率，278－279
 welfare states and immigrants 福利国家与移民，278
  occupational status 职业地位，270f，275
  country of origin 原籍国，28，135，254，260，262，268
1.5 generation 第1.5代，282－83n4
 political stability 政治稳定，266
 religion 宗教，266－267，268

second-generation immigrants 第二代移民，260，267，281－282
unemployment rate 失业率，269f，272－275
upper-middle-class entrance 跻身中上层阶级，271f，275－276
immigrants 移民（参见 first-generation immigrants 第一代移民；second-generation immigrants 第二代移民）
inclusion index 融合指数，50－51
income inequality 收入不平等，8，26－27（另见 earnings 收入）
 "fan pattern" "扇形形态"，8－9
India, reservations in 印度的保留制度，5
in-group individuals 圈内人，14
Inter-American Bank 美洲开发银行，38，41
international education 国际教育，5－6，30，123n3（另见 immigrant integration 移民融入）
 impact of 国际教育影响，6
internationalization, of higher education 高等教育国际化，5－6
International Labour Organisation (ILO) 国际劳工组织，194
 NEET 啃老族，194
International Organization for Migration 国际移民组织，6
International Standard Classification of Education (ISCED) 国际教育标准分类法，196
investment in education 教育投资，4，135，239，241，248－249
IQ tests 智商测试，10
Israel 以色列
 access to public higher education 受高等教育机会，128－130
  and socioeconomic status 受高等教育机会与社会经济地位，128－129
 Kibbutzim 基布兹（集体农场），23－24，124，130－133

  child raising 子女抚养, 131-132
  education system of 基布兹的教育体制, 132-133
  empirical estimation 实证估算, 133-136, 134t
investment in child's education 对子女的教育投资, 135
  origin-dependence in 基布兹内部对原籍地的依赖, 136
Israel 以色列(续)
  parents' education 父母教育, 135
  psychometric scores 心理测试得分, 134
  psychometric test 心理测试, 133, 138n9
  kibbutz standard 基布兹标准, 127
  matriculation exams 大学入学考试, 128, 132-133
  middle-class children 中产阶层子女, 24
  Open University 开放大学, 128
  sibling studies 同胞研究, 127
  universities 大学, 129
  Weizmann Institute 魏茨曼研究所, 128
  Italy 意大利, 27, 29, 32n7
Japan 日本
  NEET research 啃老族研究, 187
Jencks, C., 138
Joshi, H., 186
Joy, L., 286
Justman, M., 23, 24
Kao, G., 259
Kaufmann, D., 266
Kassman, A., 187
Katz, L., 9
Keswell, M., 21
Kibbutzim 基布兹参见 Israel 以色列
Kingdon, G., 82, 90, 95
Kingdon, J. W., 58n3
Knight, J., 82, 90, 95
Kogan, I., 260-261, 265
Kraay, A., 266
labor market 劳动力市场, 240

  in EU 欧盟劳动力市场, 265, 269f, 271f, 272, 276-278
  in Poland 波兰劳动力市场, 249-255
Labour Force Surveys (LFS) 劳动力调查, 90
Lam, D., 87
Lammers, J., 107
Lareau, A., 137n2
Latin America countries 拉丁美洲国家, 19, 33
  access to education 受教育机会, 56-57
  administrative decentralization 行政分权, 40-42
  assessment and accountability evaluation 评估和问责制的评价, 45
  curriculum reform 课程改革, 44-45, 44t
  educational expenditure 教育支出, 39
  education Gini coefficient 教育基尼系数, 36t, 49
  education policies 教育政策, 38
  components 组成部分, 38-45
  equity-oriented policies 以公平为导向的政策, 57
  fairness agenda 公平议程, 49, 56, 57
  family background 家庭背景, 20
  gender parity 性别均等, 37
  income Gini coefficient 收入基尼系数, 36t, 49
  inclusion agenda 融入议程, 45-49, 57
  learning outcomes between and within schools 校际与校内学习成果, 51-53, 57
  mean years of schooling 平均受教育年限, 35t
  per capita income 人均收入, 35t, 37
  PISA test 国际学生评估项目(PISA)测试, 38, 49-50, 50f
  pro-equity policies 有利于公平的政策, 57
  Public education 公共教育, 40
  quality-oriented policies 以质量为导向的

政策,57
    race and ethnicity, impact on educational inequality 种族和族裔,对教育不平等的影响,37
    rural location, impact on educational inequality 乡村地区,对教育不平等的影响,38
    social segmentation in schools 学校里的社会分割,49-56
    targeting strategies 定向策略,42-43
    TIMSS 国际数学与科学教育成就趋势调查(TIMSS)测试,38
Lee, B.-H., 22
leveling the playing field 创造公平竞争环境,84, 85, 88
Lexis diagram of social change 反映社会变革的列克西斯图,218
liberal welfare regimes 自由主义福利体制, 18, 27, 53, 213, 235, 264
Li Chunling 李春玲,24
longue durée upward movement of inclusion, 全纳教育的长时段长开趋势,47
low education 受教育程度低,205
Lucas, S. R., 17
Luxembourg Income Study Project data 卢森堡收入研究项目数据,227-228
Machin, S., 129
MacLeod, J., 171
Macrae, S., 179
Maguire, M., 179
mandatory primary education 强制性的初等教育,3
Mannheim's theory 曼海姆理论,218
marginal effect 边际效应
    decomposition of 边际效应递减,89
    Tobit marginal effect 受限因变量模型(Tobit)边际效应,92t, 96-97
marginal return 边际收益,72
Martin, J. P., 194, 209n2
Martin, S., 194, 209n2

Maryland Adolescence Development in Context Study (MADICS) 马里兰州青少年发展的环境研究,288
Mastruzzi, M., 266
maximally maintained inequality (MMI) 最大化维持不平等,16-18, 23
May, J., 90
Mayer, K. U., 137n2
McDonald, J., 89
medium-prestige courses 中等声誉课程,74
meritocracy 唯才是用,105, 225
Merton, J. K., 242
Mexico 墨西哥,35t, 36t
    educational expenditure 教育支出,39
    Pare program 减轻教育落后计划(PARE), 43
    Progresa/Oportunidades program 进步与机会计划,43
    social segmentation 社会分割,50
    Telesecundaria 电视中学,43
Mickelson, R. A., 287, 304, 305
middle-class losers 中产阶级输家,25, 162, 172-181
    another strategy for education 另一种教育策略,179-180
    blame on parents 归咎于父母,177, 179-181
    career strategy 职业策略,180
    emotional aspects 情感方面,182
    feeling agonized 痛苦感,177-178
    feeling ashamed 羞耻感,173-175
    feeling guilty 内疚感,175-177
    future research directives 未来研究方针, 182-183
    parent-child relationships 亲子关系,179-181
middle-class parents 中产阶级父母,177-178
middle-class students 中产阶级学生,23
    educational aspirations 教育抱负,174

middle-income countries 中等收入国家，3，31n1
Mincer, J., 7, 85, 102
Mincerian equation 明瑟方程，85，86，89，92t
Misra, J., 285
Moffitt, R. A., 89
Moll, P., 82, 99
Monte Carlo experiments 蒙特卡洛实验，89
multinational companies 跨国公司，14
National Educational Longitudinal Study (NELS) 国家教育纵向研究，296
NEET 啃老族，25-26，185，194t（参见unemployment 失业）
    analytic strategy 分析策略，196
    control variables 控制变量，196
    correlates of being 啃老族的关联因素，186-187
    cross-national comparisons 跨国比较，188-192
    economic-capital outcomes 经济-资本后果，196，199，205，208
    forms of capital 资本形式，188
    international perspective 国际视野，187-188
    later-life outcomes 今后生活后果，187
    and macro-economic phenomena 啃老族与宏观经济现象，207
    measurement considerations 测量中要考虑的因素，193-195
    persistence of 啃老族的持久化，196-199
    qualitative research limitations 定性研究的局限性，207-208
    risk factors 风险因素，186
    social-capital outcomes 社会-资本后果，196-197，199
    transition regimes theory 过渡体制理论，199-205，208
"neither in education, nor employment, nor training" "不升学、不就业、不进修"。参见NEET 啃老族

neo-Weberian perspective 新韦伯主义视角，15
Netherland, the 荷兰，32n5
Newell, A., 248
Nicaragua 尼加拉瓜
    administrative decentralization 行政分权，40
    conditional cash transfers to families 向家庭有条件地现金转移支付，43
No Child Left Behind 不让一个孩子掉队，125
nondiscrimination 无歧视，84-85，88
nonelite students 非精英学生，17（另见socioeconomic status (SES)社会经济地位）
North America 北美洲，42
occupational status 职业地位，13，28，149，152，259，263，265，269，270f，273-274t，275，281
O'Connor, C., 284, 285, 303, 304
Ogbu, J. U., 284
1.5 generation 第1.5代，282-283n4
oppositional culture theory 反抗性文化理论，286
Ordinary Least Squares (OLS) 普通最小二乘法，89，92t，97
Organization for Economic Cooperation and Development (OECD) 经济合作与发展组织（经合组织），3，31n1，32n3，32n4，240-241
    NEET 啃老族，187-188
    social homogeneity in 经合组织内的社会同质化，50
origin-dependence 对出身的依赖，136
origin-independence 自立于原籍地，124，125-126
other inactive 其他不活跃的人，194
overeducation 过度教育，27，241-242
overseas education 海外教育。参见international education 国际教育
Panek, T., 247

parents 父母
　　blame on 归咎于父母,177,179-181
　　class-based cultural factors impact 基于父母阶级的文化因素影响,105
　　material resources 物质资源,127
　　native and immigrant parents combination "原住民＋移民"的父母组合,280-281
　　parental education 父母的教育程度,135,281
　　and educational opportunity 父母的教育程度与受教育机会,126
　　socioeconomic status 社会经济地位,126,177-178
Pare program, Mexico 墨西哥"减轻教育落后计划",43
Parish, W. L., 141
Parkin, F., 141
Parsons, S., 186, 187
Patrinos, H., 95
Payne, M., 185
People's Republic of China 中华人民共和国,24-25,30
　　annual family income impact on educational attainment 家庭年收入对教育程度的影响,153
　　capacity-building approach 能力建设途径,6
　　class dynamics of educational access 受教育机会的阶级动态,25
　　Cultural Revolution 文化大革命,141
　　danwei (work unit) system 单位体制,142,143,144,147,148,159t,161n2
　　　　impact on educational attainment,单位体制对教育程度的影响,158
　　educational inequalities in modern societies 现代社会中的教育不平等,140
　　educational opportunities distribution (1949—1978) 教育机会分布(1949-1978),140-141

　　educational reform 教育改革,141-142
　　education during employment 在职教育,144-145
　　education effects on inequality,教育对不平等的影响,139
　　elitism in education,精英主义教育,141-142
　　entrance examinations 入学考试,24,142,155
　　family origins 家庭出身,142-143,148-149,160
　　family's class status 家庭的阶级成分,153-155,161n1
　　father's education 父亲的教育程度,152-153
　　father's occupation,父亲的职业,149-152
　　Hong Kong 香港(参见 Hong Kong 香港)
　　household registration system 户籍制度,142,143-144,155-157
　　liberal economy 自由经济,24
　　market-oriented reforms 市场化改革,141-142
　　National Population Census 全国人口普查,141
　　SSCC project data SSCC(1949年以来的中国社会结构变迁)项目数据,144-145
　　urban-rural differences 城乡差异,157
per capita income 人均收入
　　Latin America countries 拉丁美洲国家,35t
Peru 秘鲁
　　social segmentation 社会分割,50
Plan Social program, Argentina 阿根廷"社会规划计划",
P900 program P900计划,43,43
Pohl, A., 187
Poland 波兰,27-28
　　Adult Literacy Survey 成人识字率调查,257
　　commercialization 商业化,243-244

"decomposition of social stratification components" "社会分层成分解体", 242-243
economic activity rates 经济活动率, 249-250
educational miracle and aspirations 教育奇迹与抱负, 242-247
investment in education 教育投入, 248-249
job vacancy rates 职位空缺率, 253
labor-force participation rate 劳动力参与率, 27-28
labor market 劳动力市场, 249-253
　imperfect information about demands 需求信息不完备, 254-255
　lack of qualified workers 合格职工匮乏, 253
　migration trends 移民趋势, 253, 254-255
　motivational changes 动机变迁, 246-247
NEET 啃老族, 187
overeducation in 波兰的过度教育, 242
PISA cognitive competence surveys PISA 认知能力调查, 257
Polish Labor Force Survey 波兰劳动力调查, 254
profit from education 教育收益, 247-249
public consciousness 公众意识, 246
recomposition of social structure 社会结构重组, 243
secondary schools 中学, 256
skills mismatch 技能不匹配, 252-253, 257
　causes behind 技能不匹配背后的成因, 253-257
tertiary educational institutions 第三级教育机构, 243, 245-246, 255-256
unemployment rate in 波兰的失业率, 250-252
vocational education 职业教育, 249-250

wage structure 工资结构, 28
Polawski, P., 27
political capital 政治资本, 143, 153, 155
Pollyanna hypothesis 波丽安娜假说, 29, 287-288, 294t, 303
postapartheid South Africa 后种族隔离时代的南非, 21-22, 82, 95
post-secondary education, increase in 中学后教育的增长, 3
potential experience 潜在经验, 85-86
prep schools 预备学校, 32n6
Primary One Admission Scheme, Hong Kong 香港"小一入学统筹办法"
Prince's Trust report 王子信托基金报告, 185
priority action programs for education in Latin America 拉丁美洲教育优先行动计划, 42-43
private educational providers 私立教育机构, 4
private tuition-driven higher education, 以学费为导向的私立高等教育, 30
privileged families 特权家庭, 15
pro-equity policies 有利于公平的政策, 42, 53, 57
profit from education 教育收益, 247-249
Progresa/Oportunidades, program Mexico 墨西哥"进步与机会计划", 43
Project for Statistics on Living Standards and Development (PSLSD) 生活水准和发展统计项目, 90
Psacharopoulos, G., 95
public institutions 公立机构, 5
public investment in education 公共教育投入, 4
"pure race" effects "纯净种族"效应, 22, 87, 100101t, 102
quality-oriented policies 以质量为导向的政策, 57
Quintini, G., 194, 209n2

Raffo, C., 188
Raftery, A. E., 16
rational choice theory 理性选择理论,29
Reeves, M., 188
regime theory 体制理论,18-19,26-27,28,199-205
 and balance between social generations 体制理论与社会世代间的代际平衡,235-237
 conservative (corporatist) regimes 保守主义(或合作主义),18,29,53,212-213,264-265
 employment-centered regime 以就业为中心的体制,18
 familialistic regime 家庭主义体制,214-216
 liberal regimes 自由主义体制,18,27,53,213,235,264
 responses to economic stresses 对经济压力的反应,211-212
 and return to education 体制理论与教育回报,232-235
 social-democratic regimes 社会民主主义体制,18
 subprotective regime 亚保护型体制,18-26
 universalistic regime 普遍主义体制,18,214
regions of origin 原籍地区,262,268,280
Reilly, B., 248
religion 宗教,266-267
return to education 教育回报,91-96
 effect of school quality 学校质量影响,99-100,100t
  Mincerian 明瑟方程法,92t
 regression results 回归结果,93-94t
Richiardi, M., 194
Risley, T. R., 137n2
Robson, K., 25-26
Roemer, J. E., 84,124,137n1

Rosental, M., 133
Rutkowski, J., 248
Sam, K. Y., 110
São Paulo 圣保罗,66
 University of São Paulo 圣保罗大学(参见 University of São Paulo (USP)圣保罗大学)
satellite campuses 卫星校园,6
saturated-level education 教育饱和,16
Sayer, A., 171
Scandinavian universities 斯堪的纳维亚地区的大学,32n7
"scarring effect" "疤痕效应",27
Schnitzer, K. W., 129
schooling 教育,284
 academic outcomes 学业后果,293
  perceptions of barrier on 对学业后果障碍的感知,299-302
 adolescents' investment in 青少年对教育的投入,287
 behavioral investment 行为投入,289
  perceptions of barrier on 对行为投入障碍的感知,299
 differences in perceptions of barriers 障碍感知的差异,293-295
 gender difference in perception of opportunities 机会感知中的性别差异
 limitations of previous research 前期研究的局限性,286-287
 Pollyanna hypothesis 波丽安娜假说,287-288
 girls' achievement advantage an anomaly 女孩成绩优势异常,29,284,285,304
 girls investment in 女孩对教育的投入,284,285-286,304
  versus boys investment 男女孩教育投入对比,305
 girls' perceptions of opportunity structure 女孩对机会结构的感知,284-285
 perception of barriers 障碍感知,303

Pollyanna hypothesis 波丽安娜假说, 303
psychological investment 心理投入, 289
 perceptions of barrier on 对心理投入障碍的感知, 295-299
school personnel view the dress and behavior 学校工作人员看待着装和行为, 303
School Register of Needs 学校需求登记, 99
school socialization 学校社会化, 49-56
Schultz, T., 7
Secondary School Placement Allocation Scheme (SSPAS), Hong Kong 香港"中学学位分配办法", 164
second-generation immigrants 第二代移民, 28, 29
self-financing community college programs, Hong Kong 香港自资的社区学院课程, 166
Sen, A. K., 85
Serrano v. Priest 塞拉诺诉普里斯特案, 125
Shavit, Y., 128, 141
Shin, K.-Y., 22
signaling model of education 教育的信号传递模型。参见 education signal 教育信号
silent class war 无声的阶级战争, 23, 106
silent curriculum 无声课程, 49
Simkus, A., 140
"skill-biased technological change" theory "技能偏向型技术变革"理论, 9-10
Slovakia 斯洛伐克
 NEET 啃老族, 187
Slovenia 斯洛文尼亚
 NEET 啃老族, 187
Smiths, J., 107pec
social capital 社会资本, 51, 140, 149, 154, 188, 193, 196, 199, 202-203t, 208
social-democratic welfare regimes 社会民主主义福利体制, 18, 28-29, 53, 234-235, 264
Social Exclusion Unit's report 社会排斥研究小组报告, 185

social generation 社会世代, 216
social homogeneity, in Latin America 拉丁美洲的社会同质化, 49-51
socialization 社会化, 217
social mobility 社会流动性, 7
social networks 社交网络, 14
social stratification 社会分层, 13, 139
socioeconomic status (SES) 社会经济地位 (另见 class 阶级；以及单独条目)
 and educational achievement 社会经济地位和教育成就, 126-127, 177-178
 lower status pupils, lower 劣势地位学生, 劣势社会经济地位, 15, 17
 and return to education 社会经济地位与教育回报, 140
sociology 社会学, 284
soft skills 软技能, 10
solidarités familiales 家庭团结, 238n4
South Africa 南非
 apartheid 种族隔离政策, 82
 earnings inequality 收入不平等
  age cohorts 年龄世代, 97
  data censoring and 数据删失与收入不平等, 96
  estimating standard earnings functions 标准收入预算函数, 89-90
  Labour Force Surveys (LFS) 劳动力调查, 90
  measurement error relating to schooling 与学校教育有关的测量误差, 96-97
  omitted school quality effect on 已略去的学校质量对收入不平等的影响, 99-100, 100t
  personal *versus* nonpersonal characteristics in 收入不平等中的个人与非个人特征, 86-88
  Project for Statistics on Living Standards and Development (PSLSD) 生活水准和发展统计项目, 90
  mean educational attainment 平均受教育

程度,91*t*

Ministry of Education 教育部,110

postapartheid 后种族隔离制度（参见 post-apartheid South Africa 后种族隔离时代的南非）

Project for Statistics on Living Standards and Development（PSLSD）生活水准和发展统计项目,90

racial classification during apartheid 种族隔离期间的种族划分,103*n*5

racial distribution of earnings 收入的种族分布,82,83*f*

rates of return to education 教育回报率,91-96,95*t*,98*f*

school quality measurement 学校质量测度,99-100,100*t*

School Register of Needs 学校需求登记,99

wage differential decomposition 工资差异分解,101*t*

zero earners 零收入者,89

South Korea, social class and educational inequality 韩国,社会阶级与教育不平等,22-23,106

assortative marriage 相配婚姻,107-108

children education 子女教育程度,114,116-118

attainment 成就,114-116

economic growth and educational attitude 经济增长和教育态度,108

educational credentials 教育资证,107

educational expenditure 教育支出,110

educational system, in comparative perspective 比较视野中的教育体制,106-113

enrollment expansion 扩招,109-110

fertility rate 生育率,108

general high schools,普通高中,108

high educational aspirations 远大的教育抱负,107

Korean Education and Employment Panel（KEEP）韩国教育和就业固定样本,113

log-linear model, for social class and educational inequality 对数线性模型,适用于分析社会阶级和教育不平等,118-122

middle-class students 中产阶级学生,23

private after-school education 私人课外辅导教育 112-113

Sam, K. Y., 110

silent class war 无声的阶级战争,23

social status system 社会地位体系,107

tertiary education 第三级教育,107,108

university education 大学教育,106,108

university system 大学体系,110-112

vocational schools 职业学校,108

Soviet Union 苏联,141

Spain 西班牙,29

NEET 啃老族,187

special demographic subgroups, precedence to 特殊人口亚群,优先权,42

Spence, M., 11

state investment in education,国家对教育的投入,4

statistical discrimination 统计性歧视,12

status groups 地位群体

definitions 定义,13

and educational credentialism 地位群体与教育文凭主义,13-14

Steele, C., 305, 306

stereotype threat 刻板印象威胁,305-306

Strawinski, P., 248

subprotective welfare regime 亚保护型福利体制,18, 26

Sub-Saharan Africa 撒哈拉以南非洲,95

Subvención de Reforzamiento Educativo, Chile 智利"教育强化拨款政策",43

Sweden 瑞典

NEET research 啃老族研究,187

Taylor, R., 388

technological change and income inequality 技术变革与收入不平等,9-10

Teichler, U., 7, 32n5
Telesecundaria 电视中学,43
Thompson, J. S., 259
Tobit estimator Tobit模型估计法,89, 92t,96
Tobit marginal effect Tobit模型边际效应, 92t,96-97
transition regimes theory 过渡体制理论。参见regime theory 体制理论
Treiman, D. J., 139, 141
Trente glorieuses 辉煌三十年,219
Tstatsas, M., 186
Tubergen, F., 260
tuition from foreign students 来自留学生的学费,6
Ultee, W., 107
unanticipated consequences 非预期结果,242
unemployed, definition of 失业者的定义,194
unemployment 失业,10, 27, 28, 89, 195, 215, 247, 250-252, 272-275, 273-274t(另见NEET 啃老族)
UNESCO 联合国教科文组织,38, 40
    ECLAC 拉丁美洲和加勒比经济委员会, 40, 41, 58n2
    World Education Indicators Program 世界教育指标方案,31n1
    youth unemployment 青年失业,27, 186, 191, 206f, 207, 208, 211, 212, 214
unidentified class status of a family 家庭的阶级成分不明,161n5
United Kingdom 英国,26
    Educational Priority Areas 教育优先区, 42
    NEET 啃老族(参见NEET 啃老族)
    socioeconomic status and access to higher education 社会经济地位与受高等教育机会,129
United States 美国,27, 137n1, 258
    education rates 教育率,9
    socioeconomic status and access to higher education 社会经济地位与受高等教育机会,129
universalistic welfare regimes 普遍主义福利制度,18, 214
Universidade Federal de São Paulo (UNIFESP) 圣保罗联邦大学,76
Universidade Federal do ABC (Federal University of ABC; UFABC) ABC联邦大学,62, 76, 81n6
University for All program (PROUNI), USP 圣保罗大学,"大学为全民服务计划", 62, 66
university-level curriculum 大学层次的课程,11
University of Brasilia (UnB) 巴西利亚大学,74
University of São Paulo (USP) 圣保罗大学,20-21(另见Brazil 巴西)
    annual intake by color and type of high school 按肤色和高中类型划分的年度招生人数,61t
    approval rates by color and type of high school 按肤色和高中类型划分的录取率,61t
    black students at 圣保罗大学里的黑人学生,60-62, 64-66, 72-75, 76, 77, 78t,79-80
    bonus system (INCLUSP) 奖励制度(INCLUSP:USP社会融合项目),77-80
    considerations in generalizing the model of 推广圣保罗大学模式的考量因素, 69, 72
    demand for 对圣保罗大学的需求,62-63
    differences in approval marks 录取分数的差异,79-80, 79t
    distribution 分布
        by type of color 按肤色类型,78t,79
        by type of high school 按高中类型, 77t,79
        by type of income 按收入类型,78t,79

entrance examination 入学考试
  approval rates by campus and color 按校区和肤色划分的录取率,68t
  fee exemption 费用豁免,64-66,64t,65f
  Escola de Artes, Ciências e Humanidades (EACH) 艺术、科学和人文学院,66,69,72
  Foundation for the University Entrance Examination (FUVEST) 大学入学考试基金会,60,62,69,76
  low-prestige courses 低声誉课程,73-74
  marginal returns of family income, schooling, and color 家庭收入、教育和肤色的边际收益,72t
  measures 测度,52
  metropolitan campuses 都市校园,62,66,76,69
  number of registrations, fall in 报名人数的下降,75-76
  Pró-Reitoria de Graduação (Graduation Affairs Administration) 毕业事务管理处,77
  response to black movement 对黑人运动的响应,60
  social inclusion model 社会融合模式,72-73
  social prestige of courses 课程的社会声誉,73-74,75t
  spatial de-concentration 空间分散,66-73
USP-East 圣保罗大学东校区,67,72,73
USP-West 圣保罗大学西校区,67,72
University of São Paulo (USP) 圣保罗大学,60
Uruguay 乌拉圭,36t,37t,46
Vestibular scores/approval 入学考试分数/录取,20,21,59-60,66,66t,74t
  annual registration in 年度报名人数,64t,65f

factors affecting black students success in 影响黑人学生入学考试成功通过的因素,74-75,75t
Van den Brink, M., 241
wage differential 工资差异。参见 earnings inequality 收入不平等
Wakeford, J., 95
Walther, A., 18, 187, 189, 199
Ward, L. F., 85
Weber, M., 13
welfare regime theory 福利体制理论(参见 regime theory 体制理论)
West Germany 西德
  access to higher education 受高等教育机会,129
Whyte, M., 141
Williams v. State of California 威廉姆斯诉加利福尼亚州案,125
Willis, P., 171
within-school variance 校内方差,53,54t,55t
Wong, Y.-L., 25
working-class children 工人阶级子女
  educational aspirations 教育抱负,174
working-class winners 工人阶级赢家,163
work position dominance 工作岗位支配,183n8
work time dominance 工作时间支配,183n8
World Bank 世界银行,37,38,41,58n5
Yates, S., 185
Yi-Jin program 毅进计划,166
Youth 青年人
  economic decline of 青年人的经济衰退,219-224
  youth unemployment 青年失业,27,186,191,206f,207,208,211,212,214
  "yo-yo" transitions "溜溜球式"转变,186
zero earners 零收入者,89
Zones Educatives 教育领域
  Prioritaires, France 优先权,法国,42

图书在版编目(CIP)数据

日趋加大的差距：世界各地的教育不平等/(美)阿特威尔,(美)纽曼主编；张兵译. —上海：华东师范大学出版社, 2017
（教育公平研究译丛）
ISBN 978-7-5675-7260-7

Ⅰ.①日… Ⅱ.①阿…②纽…③张… Ⅲ.①教育制度-对比研究-世界 Ⅳ.①G512

中国版本图书馆CIP数据核字（2018）第203857号

本书由上海文化发展基金会图书出版专项基金资助出版
教育公平研究译丛

日趋加大的差距
世界各地的教育不平等

主　　编	[美]保罗·阿特威尔(Paul Attewell) [美]凯瑟琳·S·纽曼(Katherine S. Newman)
译　　者	张　兵
策划编辑	彭呈军
审读编辑	王瑞安
责任校对	胡　静
装帧设计	卢晓红

出版发行	华东师范大学出版社
社　　址	上海市中山北路3663号　邮编 200062
网　　址	www.ecnupress.com.cn
电　　话	021-60821666　行政传真 021-62572105
客服电话	021-62865537　门市(邮购)电话 021-62869887
地　　址	上海市中山北路3663号华东师范大学校内先锋路口
网　　店	http://hdsdcbs.tmall.com

印 刷 者	常熟高专印刷有限公司
开　　本	787×1092　16开
印　　张	23.25
字　　数	392千字
版　　次	2018年10月第1版
印　　次	2018年10月第1次
书　　号	ISBN 978-7-5675-7260-7/G·10823
定　　价	68.00元

出版人　王　焰

（如发现本版图书有印订质量问题，请寄回本社客服中心调换或电话021-62865537联系）